河南省文物考古研究院
学术文库乙种第36号

中国早期文明研究

——庆祝王巍先生七十寿辰论文集

河南省文物考古研究院◎编

中国社会科学出版社

1996 年夏获得第二个博士学位时与母亲合影

1994 年春三年留学日本归国后与妻子合影

2019 年春 65 岁生日时与妻子合影

1985 年夏向苏秉琦先生介绍北京琉璃河西周燕国贵族墓出土青铜礼器

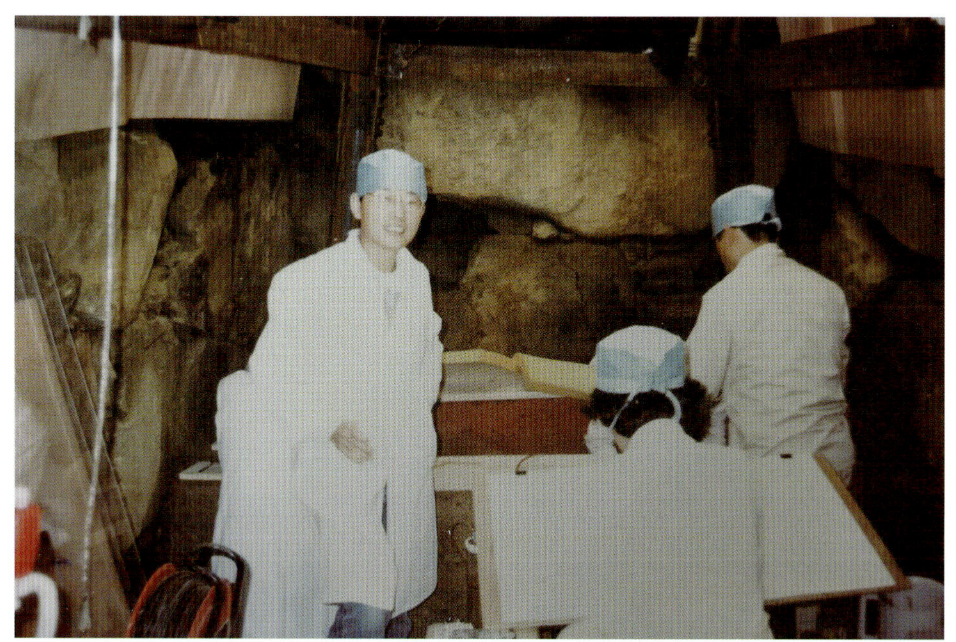

1988 年秋在日本奈良参加六世纪末高级贵族墓——藤之木古坟的发掘

2008 年夏在新疆考察

2014 年夏在考古研究所所长办公室

2014 年秋领队在乌兹别克斯坦发掘明铁佩古城

2016 年春领队在洪都拉斯科潘遗址发掘玛雅文明的贵族墓地

2016 年秋在埃及考察，选择合作发掘的遗址

2018 年秋领队发掘埃及新王国时期神庙遗址期间
在发掘区旁的卡尔纳克神庙留影

2024 年春在埃及考察

2023 年冬，主编的《中国考古学百年史》获第五届世界考古论坛（上海）“世界重要研究成果奖”

2022 年 5 月 27 日为中共中央政治局第三十九次集体学习讲解

70 岁生日纪念会上接受学生献花

序

时光荏苒，光阴似箭。到今年五月四日，我来到这个世上已经整整 70 年了。我这 70 年的人生经历还是比较丰富的。初中毕业，我不到 16 岁就到吉林省农村插队，经历了两年的农村务农生活，干遍了所有的农活，深深体会了农民的不容易。农村的艰苦生活使尚未成年的我经受了磨练，锻炼了意志。从农村抽调回城后，我在长春的工厂当了四年的工人。我从工人师傅那儿学到了耿直、率真、纪律性和团队精神。尤其是在毛主席“工业学大庆”的号召下，工厂开展生产大会战和各车间班组劳动竞赛，极大地激发了全厂工人的积极性，大家不计时间，不取报酬，你追我赶，奋勇争先，全厂处处是热火朝天的劳动场面，使我深受教育，至今记忆犹新。我也在这一热潮中加入了中国共产党。此后又经历了一年的城区公社副书记的工作，锻炼了我的领导工作能力，我也从前辈领导身上学到了秉公办事、具体事务具体分析的工作方法。

1977 年 10 月国家恢复高考，使我实现了本来以为根本没有希望的上大学的理想。仅仅一个月的备考时间，全凭原来的知识“老本”——对文学、历史、地理的爱好及在工厂做学徒期间自学的几何和三角函数，已经 24 岁的我顺利地以第一志愿考上了吉林大学历史系考古专业。

四年的大学生活，我比较系统地学习了考古学的知识。同时，在恩师张忠培先生的教导下，我的辩证思维和问题意识得到培养。两次共计近一年在河北省蔚县的田野考古实习，让我真切体会到田野考古的辛苦，更重要的是，感受到通过自己的辛勤付出取得的考古收获为研究相关问题提供了新资料所产生的成就感，这让我深深地热爱上了考古学，树立了铁心干一辈子考古的决心。

1982 年 2 月，我从吉林大学毕业，被分配到中国社会科学院考古研究所商周考古研究室北京队，参加了为期五年的对北京房山琉璃河西周都城和贵族墓的发掘。确认了西周燕国都城和诸侯墓，为研究西周燕国的历史提供了重要资料，也打下了比较坚实的研究基础。

1987 年秋到 1990 年夏，考古研究所派我到日本研修，学习日本考古学和东亚地区古代文化的交流。三年的日本留学，使我开阔了眼界，培养了我从更广大的视野来研究学术问题的思考方式。当时日本将各种自然科学技术应用于考古学研究，在世界上处于比较先进的地位。这让我认识到自然科学技术运用于考古学能够产生巨大的能量。同时，大学者做科普、写小书、做公共讲座，给我带来心灵的震撼，也让我意识到，考古学不应该只在自己的学术领域发声，而应该走向大众。三年的留学经历，我完成了第一部专著——《从中国看邪马台国和倭政权》，进行中国夏商周时期与日本弥生古坟时代社会的比较研究，被日本九州大学授予博士学位。意义更加深远的收获是，留学日本的所见所思让我明确了中国考古学的发展方向：应该坚持科学化、国际化、大众化。这为我后来担任社科院考古研究所所长和考古学会理事长，推动中国考古学的发展奠定了思想基础。

1996 年夏，我完成了我的第二篇博士论文，从中国社会科学院研究生院获得了第二个博士学位后回到考古研究所。遵照恩师张忠培先生和王仲殊先生的建议，回归主战场，担任考古研究所商周考古研究室主任。当年秋季，我率领商周考古研究室近十位专业人员，开展了对河南偃师商代早期都城宫城的大规模发掘。杜金鹏、王学荣是我最好的合作伙伴，我们合作取得了发掘的丰硕成果，荣获国家文物局田野考古二等奖（一等奖空缺）。

1998年春夏之交，我被任命为考古研究所副所长，协助所长刘庆柱先生领导全所的科研业务。八年的副所长经历，使我得到了一个全面的锻炼和提高的机会，我从刘庆柱先生那儿学到了很多工作方法和思维方法，为后来十年担任考古所所长打下了基础。

2006年夏天，我被任命为中国社会科学院考古研究所所长。到2017年1月初卸任，一共当了十年半的所长。在此期间，在院党组和所党委的领导下，我积极开拓进取，率领全所职工于2011年秋季通过努力实现全所第一批进入哲学社会科学创新工程。全所职工的收入得到大幅增加；获得自主设置项目的权利，并得到相应的经费支持。我们抓住这个机会，积极开拓，在原有不到20支考古队的基础上，在全国布局，考古项目扩展到近40个。同时，积极购置科研设备和田野考古装备，使考古所各方面都上了一个新的台阶。我要深深感谢院党组对我的信任，深深感谢全所职工对我的支持。

自2002年起，我和北大赵辉教授受命领导国家重大研究项目——“中华文明探源工程”。在全国考古工作者的支持下，在直接参加工程的400多位学者的共同努力下，工程取得了显著成果。揭示了中华文明起源、形成与早期发展的历史脉络，实证了中华五千多年文明；提出了判断进入文明社会标准的中国方案；揭示了中华文明从多元起源到中原引领的一体化进程。2022年5月27日，我在中南海为第十九届中共中央政治局第三十九次集体学习讲解了中华文明探源工程的主要收获，并就下一步深入开展探源研究提出了意见建议。习近平总书记发表重要讲话，对探源工程取得的成果给予充分肯定，并对进一步开展探源研究和宣传探源研究成果做出了重要指示。近两年来，我遵照习近平总书记的指示，把主要精力用于探源研究成果的宣传，出了两本面向公众的小书——《听首席专家讲述探源工程》和《溯源中华文明》，受到好评，入选2023年度好书。我还将于5月7日出版一本更加通俗易懂的《源来如此》，并在组织推动一部面向少年儿童的读物，力求深入浅出地介绍探源研究的收获。

2013 年秋季，中国考古学会换届，我当选第六届考古学会理事长，并于 2018 年连任第七届考古学会理事长，直到 2023 年秋卸任。担任十年考古学会理事长期间，我和全国考古界同仁一道，大力推进中国考古学的改革，促进考古学会的蓬勃发展。创办了两到三年一次的中国考古学大会；相继成立了近 30 个专业委员会，使一批具有丰富实践经验和深厚研究造诣的中年学者担任专委会主任，领导某一领域考古学的发展，充分发挥中国考古学的群体优势，使考古学会呈现出前所未有的繁荣景象和良好的发展态势。

担任所长的十年期间，我下大力气推进中国考古学“走出去”，先后促成并亲自率队参加丝绸之路重镇乌兹别克斯坦明铁佩古城、中美洲洪都拉斯玛雅文明首都科潘遗址、北非埃及新王国时期战神神庙的发掘，扩大了中国考古学的国际影响力。2016 年，我还带领在乌兹别克斯坦合作发掘的中方考古队员接受了习近平总书记的亲切接见。

为了扩大中国考古学的国际影响力，2012 年，我受中国社会科学院和上海市政府的委托，着手组织创办“世界考古论坛（上海）”，克服重重困难，使论坛得以顺利举办。2013—2023 年，已成功举办了五届。每届论坛设一个主题，还组织全世界的考古学家推荐评选世界重大考古发现和重要研究成果各十项。论坛的颁奖仪式十分隆重，被誉为“世界考古学界的奥斯卡奖”。中国的良渚古城遗址、石峁遗址、土司遗址、海昏侯墓和三星堆遗址等先后入选世界重大考古发现，中华文明探源工程等入选世界重大研究成果。论坛的成功举办，使游离于世界考古学外围的中国考古学一举进入核心，显著提高了中国考古学的国际地位和影响力。推动考古“走出去”和组织世界考古论坛（上海）是我为推动中国考古学国际化做得最重要也是最成功的事业。

我从 1998 年担任中国社会科学院考古研究所副所长开始，兼任研究生院考古系主任。从 2012 年开始，担任研究生院历史学部主任和研究生院学术委员会副主任。从 1997 年成为博士生导师开始，我相继培养了近 10 位考古学的硕士和近 20 位考古学的博士。这次 70 周年庆寿论文集就是我的学生们提议编撰的。

社科院大学的导师和普通大学有所不同，招生名额少，学生住所离研究所远，导师又都承担着比较繁重的科研任务，所以很少能够经常、系统地给学生讲述某一门课程，这就要求学生有比较强的独立学习的能力。我既要完成自己的科研任务，还要承担研究所的业务管理工作，所以，我对学生的培养付出的精力比其他导师还要少一些，很难系统地给他们讲述课程。因此，我对我的学生们是怀有歉意的，没有能够花更多的时间和精力为他们的学业提供更大的帮助。学生们很体谅我的苦衷，他们自己都非常努力，我很感谢他们。

我培养研究生有一个信条就是，首先要让学生热爱考古，立志为考古事业献身。还有就是培养他们研究分析考古资料的能力。我主张读研究生特别是攻读硕士学位，最重要的是打好专业基础。学位论文应该主要从某一个遗址或一个墓地的考古资料出发，对这批资料进行整理分析研究，然后再结合其他相关资料的研究得出认识，以此培养他们通过考古资料进行研究的能力，为他们今后的学术发展打下坚实基础。我培养的学生的学位论文都是比较扎实的，观点比较能够立得住。尤其令我欣慰的是，我培养的研究生毕业后都投身于考古事业中，或在研究机构从事考古发掘与研究，或在大学考古文博专业任教，没有一个“改行”的。现在，他们大都成为了研究员、副研究员、教授、副教授，他们是我的骄傲!

2023 年 5 月 4 日，是我 69 周岁生日。我的学生们在郑州给我举办了一个祝寿的活动。20 多位学生从全国各地会聚郑州，为我送上美好祝福。那个时刻，我深切感觉到了“桃李满天下”的幸福感，体会到作为一个教师的幸福感、成就感。编撰这本论文集就是当时我的学生们的动议。一年来，他们在百忙之中撰写论文，编撰了这部论文集。学生们让我在本书前做一个序，我就把我 70 年来的一些人生经历和感悟写在这里，权且当作序言吧。

我接触考古 46 年，走上考古工作岗位 42 年。经历、见证了改革开放后中国考古学取得的发展。我深深体会到，个人的成长发展与国家的发展息息相关。我们的国家不断发展强大，成为世界第二大经济体，国家地位和影响与日俱增。中国考古学也迎来了真正意义的黄金时代。我对现在的青年人能够赶上这样好的时代而心生羡慕。我最大的心愿之一就是我的这些学生们事业都能有很好的发展，都能有幸福、快乐的家庭，做到事业、家庭双丰收。希望他们能够把几代中国考古学者薪火相传形成的严谨求实、甘于奉献、艰苦奋斗的优良传统传下去，不断发扬光大，为中国考古学的发展，为中华民族现代文明建设做出贡献！

42 年的考古生涯，我从一个对考古几乎一无所知的青年，成长为具有较丰富经验的“老专家”，中国考古学的“领军人物”，我要对在我成长道路上给予帮助和支持的各方人士表示衷心感谢！特别要感谢为我的成长指明方向的我的两位恩师——张忠培先生和王仲殊先生！要感谢我工作了 42 年的中国社会科学院考古研究所的几代同仁，感谢 40 多年期间中国社会科学院和考古研究所历代领导对我的关心、爱护和提携！特别要感谢我担任考古研究所所长期间给予我非常重要而全面支持的陈奎元院长和王伟光院长！正是由于方方面面的领导和几代学者以及社会各方人士的帮助支持，我才有了前进的动力、开拓的空间，按照自己的设想去推动各方面的工作，也在这一过程中实现了人生价值。

衷心祝愿帮助过、支持过我的所有人身体健康，工作顺利，阖家幸福！

王　巍

2024 年 4 月 10 日于北京

目　　录

中国东北地区史前玉器发展阶段初论*

刘国祥
（中国社会科学院中国历史研究院）

这里所言东北地区包括黑、吉、辽三省及内蒙古东部、东南部地区，所探讨玉器的年代范围自新石器时代至早期青铜时代。从现已发表的资料看，东北地区史前玉器出土地点已达100余处，可分成五个相对集中的区域，即内蒙古东南部和辽宁西部地区，辽宁中、东部地区，吉林地区，黑龙江地区及呼伦贝尔草原地区。相比而言，内蒙古东南部和辽宁西部地区田野考古工作进展较快，新石器时代至早期青铜时代考古学文化年代序列和谱系关系已大体明确，为该地区史前玉器的深入研究打下了良好的基础。其余四个地区田野考古工作进度各有差异，所见史前玉器多系征集或采集品，正式考古发掘出土品数量较少，从而在一定程度上制约了对东北地区史前玉器总体特征的认识。本文在已有研究成果的基础上，拟对上述五个区域内史前玉器的发展阶段逐一进行划分，进而对我国东北地区史前玉器的发展阶段特征进行总结，并借此探索不同区域间史前玉器的文化交流关系。

* 本文刊发于《东北文物考古论集》（科学出版社2004年版）。在收录本文集的过程中，对文中插图和注释进行了修订。谨以此文祝贺恩师王巍先生七十生辰！

一　内蒙古东南部和辽宁西部地区

在该地区已确认的新石器时代至早期青铜时代的考古学文化中，除小河西文化和富河文化外，兴隆洼文化、赵宝沟文化、红山文化、小河沿文化和夏家店下层文化中均有不同数量的玉器出土。在长达4000余年的历史发展进程中，玉器的雕琢和使用一脉相承，已成为内蒙古东南部和辽宁西部地区史前考古学文化核心内涵之一，并使该地区成为东北乃至整个中国史前雕琢和使用玉器的中心地区之一。从现有的资料看，该地区史前玉器的发展可分成三个不同的阶段。

第一阶段：以兴隆洼文化和赵宝沟文化玉器为代表，距今约8000—6500年。

兴隆洼文化是中国东北地区现已确认的年代最早的新石器时代考古学文化之一，距今8200年—7400年[①]。兴隆洼文化玉器是中国迄今所知年代最早的玉器[②]，主要出土地点有敖汉兴隆洼、阜新查海[③]、林西白音长汗[④]、巴林右旗锡本包楞[⑤]等。玉器出土总量有50余件，器体偏小，器类略显单一。玉器的造型题材可分成装饰类与工具类两种，主要器类有玦、匕形器、弯条形器、管、斧、锛、凿等。玉玦的出土数量最多，常成对出自墓主人耳部，是兴隆洼文化最典型的玉器。其形制可分为两类，一类呈圆环状，另一类呈矮柱状，体侧均有

---

① 中国社会科学院考古研究所内蒙古工作队：《内蒙古敖汉旗兴隆洼遗址发掘简报》，《考古》1985年第10期；《内蒙古敖汉旗兴隆洼聚落遗址1992年发掘简报》，《考古》1997年第1期。

② 杨虎、刘国祥：《兴隆洼文化玉器的发现及其意义》，《中国文物报》1995年4月30日。

③ 辽宁省文物考古研究所：《辽宁阜新县查海遗址1987—1990年三次发掘》，《文物》1994年第11期。

④ 内蒙古文物考古研究所：《内蒙古林西县白音长汗新石器时代遗址发掘简报》，《考古》1993年第7期。

⑤ 朝格巴图：《内蒙古巴林右旗锡本包楞出土玉器》，《考古》1996年第2期。

一道窄缺口。匕形器的出土数量仅次于玉玦，多成对出自墓主人颈部、胸部或腹部。器体均呈长条状，一面略内凹，另一面外弧，前端呈圆弧形，缘部磨薄，末端平齐，靠近中部有一小圆孔。弯条形器数量较少，出自墓主人颈部，器体弯曲呈弧状，末端较粗，端面多不齐整，前端渐细，呈圆尖状，靠近末端中部有一小圆孔。玉管多散落在墓主人颈部周围，器体呈长柱状，两端面多不齐整，中部有一道自两面对钻而成的长孔。玉斧、锛、凿是兴隆洼文化较常见的器类，多出自遗址、房址的堆积层内或房址的居住面上，其形制分别与石质同类器相近，可形体明显偏小，有的通体磨光，刃部锋利，也有的侧面或顶部留有明显的切割痕或疤痕。

赵宝沟文化与兴隆洼文化之间具有直接性承继发展关系，距今7200年—6500年①。赵宝沟文化玉器出土数量不多，目前仅知翁牛特旗小善德沟遗址②一座房址的居住面上出土几件算珠形玉玦，对于赵宝沟文化玉器特征的总体认识尚不清楚，在今后的田野考古工作中应努力寻找。

第二阶段：以红山文化玉器为代表，距今约6500年—5000年。

红山文化是在直接或间接吸收赵宝沟文化、兴隆洼文化诸多因素的基础上发展起来的，同时受到了中原仰韶文化的强烈影响。红山文化目前分为四期③，第一期以兴隆洼F133为代表，第二期以兴隆洼F106为代表，第三期以西水泉、蜘蛛山遗存为代表，第四期以牛河梁、东山嘴遗存为代表。现已发表的红山文化玉器绝大多数属于第四

---

① 中国社会科学院考古研究所：《敖汉赵宝沟——新石器时代聚落》，中国大百科全书出版社1997年版。

② 刘晋祥：《翁牛特旗小善德沟新石器时代遗址》，《中国考古学年鉴》（1988年），文物出版社1989年版。

③ 朱延平：《东北地区南部公元前三千纪初以远的新石器考古学文化编年、谱系及相关问题》，《考古学文化论集》（4），文物出版社1997年版。

期，属于第三期的仅知克什克腾旗南台子遗址[①]出土的两件玉玦，红山文化第一、二期遗存中迄今尚未发现玉器。经过调查或发掘出土红山文化玉器的主要地点有建平、凌源两县交界处的牛河梁[②]、阜新胡头沟[③]、喀左东山嘴[④]、巴林右旗那斯台[⑤]、巴林左旗葛家营子[⑥]、尖山子[⑦]、翁牛特旗三星他拉[⑧]、克什克腾旗南台子等，牛河梁和那斯台遗址是出土玉器数量最多的两个地点。红山文化玉器的出土总数为300余件，其造型题材可分为装饰类、工具类、动物类、特殊类四种。

装饰类玉器主要有环、玦、珠、曲面牌饰、菱形饰等。玉环均呈圆形，表面光素，内缘较厚，外缘较薄，横截面近三角形。玉玦呈圆环形，一侧有一道窄缺口。玉珠数量较多，形制多样，有的呈亚腰状，还有的呈圆球形、半球形或扁圆薄片形。曲面牌饰上半部呈长方形，下半部呈半圆形，正面弧曲，其上分布有规整的瓦沟纹。菱形饰器体扁薄，平面近似菱形，边缘磨薄似刃，中部偏上有一个椭圆形钻孔。工具类玉器有斧、钺、棒形器、纺瓜等。玉斧呈长方形，弧顶，斜刃。玉钺呈长方形或为圆角长方形，中心部位有一较大的圆孔，内外侧边缘磨薄，靠近一侧长边有1个或2个钻孔。棒形器一类呈短柱状，一端作圆弧状凸起，靠近此端有两匝凸棱，另一端作漫圆尖状；

① 内蒙古自治区文物考古研究所：《克什克腾旗南台子遗址发掘简报》，《内蒙古文物考古文集》第一辑，中国大百科全书出版社1994年版。

② 辽宁省文物考古研究所：《辽宁牛河梁红山文化“女神庙”与积石冢群发掘简报》，《文物》1986年第8期；《辽宁牛河梁第五地点一号冢中心大墓（M1）发掘简报》，《文物》1997年第8期；《辽宁牛河梁第二地点一号冢21号墓发掘简报》，《文物》1997年第8期；魏凡：《牛河梁红山文化第三地点积石冢石棺墓》，《辽海文物学刊》1994年第1期。

③ 方殿春、刘葆华：《辽宁阜新县胡头沟红山文化玉器墓的发现》，《文物》1984年第6期。

④ 郭大顺、张克举：《辽宁省喀左县东山嘴红山文化建筑群址发掘简报》，《文物》1984年第11期。

⑤ 巴林右旗博物馆：《内蒙古巴林右旗那斯台遗址调查》，《考古》1987年第6期。

⑥ 王未想：《巴林左旗出土的红山文化玉器》，《辽海文物学刊》1994年第1期。

⑦ 王未想：《巴林左旗出土的红山文化玉器》，《辽海文物学刊》1994年第1期。

⑧ 翁牛特旗博物馆：《内蒙古翁牛特旗三星他拉村发现玉龙》，《文物》1984年第6期。

另一类呈长柱状，一端作椭圆形斜面，另一端作圆尖状，通体光素。玉纺瓜呈桂叶形或椭圆形，体侧有一周凹槽。动物类玉器有猪龙、双猪首环形器、双猪首璜、兽面形器、鸟、鸮、龟、鱼、蚕等。玉猪龙一类体蜷曲如环，首尾相距甚近，头部较大，双耳呈圆尖状竖起；另一类首尾明显分开，颈后竖起一道弯勾状长鬣，不见双耳。双猪首环形器呈长条形，顶侧呈三联弧状，底侧平直，器身中部并排横穿 3 个较大的圆孔，两端各雕出一个猪首形象，底面居中并排有 4 个漏斗状小孔。双猪首璜呈弧形，两端猪首外伸，吻部凸出。兽面形器略呈三角形，扁平体，双耳作圆尖状，朝斜上方竖起，双目及鼻孔各用一对圆孔表示，双唇紧闭，下颌亦呈圆尖状。玉鸟均头部外凸，双翅展开，尾部平伸，通体光素或双翅及尾部正面刻有浅凹槽。玉鸮一类双翅略展，双爪作攀附状；另一类双翅奋力展开，呈圆弧状，未见双爪。玉龟一类平面呈椭圆形，背、腹之间前后各刻两道楔形槽，首、尾、足没有雕出，龟背隆起，其上刻有规整的龟背纹；另一类龟背平面呈椭圆形或圆形，略外鼓，光素无纹，头、尾及四足明显外伸。玉鱼一类体扁平，有鳍、尾，头部穿一孔成目，通体光素；另一类呈扁锥形，颈部有一周阴刻弦纹，体左侧有一竖道浅槽，双目对穿成孔。玉蚕均呈圆柱状，顶端较粗，端面雕琢出眼、鼻等器官，尾部呈圆尖状，向一侧略翘。特殊类玉器有勾云形器、箍形器、璧、双联璧、三联璧等。勾云形玉器多呈长方形，中心部位镂空，左、右两侧各外伸一对勾角。一类中心部位作圆形镂空，两侧外伸勾角弯曲度较小，两面光平；另一类中心部位镂空作勾云状盘卷，外围琢磨出相应走向的浅凹槽纹路，两侧外伸勾角弯曲明显。箍形器均呈扁圆筒状，腹壁斜直，一端为平口，另一端为斜长口。玉璧外缘呈圆形或方圆形，内缘呈圆形，内、外侧边缘磨薄，绝大多数在靠近器体一侧边缘中部钻有圆孔。三联璧一类与双联璧造型相近，体中部有三个自上而下依次渐大的圆孔，体两侧各有两道凹痕；另一类器体呈长条状，一侧平直，另一侧呈三联弧状，体中部并排有3个大小相近的圆孔。

红山文化玉器的使用方式可以分为三类：一是直接佩戴在墓主人身体的某部位上；二是通过穿绳等间接方式佩戴在墓主人身体的某部位上，或缀挂在衣物之上；三是在殓葬时有意将玉器放置在墓主人身体上、下或四周等特定位置。考古资料显示，红山文化晚期出现了专业化制玉队伍，玉雕业已成为当时社会重要的手工业部门①。与兴隆洼文化和赵宝沟文化玉器相比，红山文化玉器的种类和数量十分丰富，雕琢技艺明显提高，在用玉制度方面已经出现了比较完备的玉礼制系统②，代表了内蒙古东南部和辽宁西部地区史前雕琢和使用玉器的鼎盛阶段。

第三阶段：以小河沿文化和夏家店下层文化玉器为代表，距今约4500—3500年。

小河沿文化玉器出土数量很少，属于该文化的大南沟墓地共发掘墓葬83座③，仅有M51和M56两座墓葬各出土1件玉器。M51内出土1件小玉锛，略呈梯形，一面光平，另一面隆起，刃部较薄，略外弧。长3.4、宽2.2厘米。M56内出土1件玉管，放置在墓主人胸前，呈细柱状，中部有一道自两面对钻而成的长孔。长2厘米。另外，大南沟墓地中出土石璧3件、石环31件、石镯11件。由此推断，小河沿文化玉器可能以装饰类玉器为主。

大甸子墓地保存较好，且经过大面积发掘，共清理夏家店下层文化墓葬804座④，其中有49座墓内随葬玉器，总计94件。其造型题

---

① 刘国祥：《论红山文化建筑与手工业技术进步》，《汉唐与边疆考古研究》第一辑，科学出版社1994年版。

② 刘国祥：《牛河梁玉器初步研究》，《文物》2000年第6期。

③ 辽宁省文物考古研究所、赤峰市博物馆：《大南沟——后红山文化墓地发掘报告》，科学出版社1998年版。

④ 中国社会科学院考古研究所：《大甸子——夏家店下层文化遗址与墓地发掘报告》，科学出版社1996年版。

材分为装饰类、工具类、动物类、特殊类四种，装饰类玉器占绝大多数。

装饰类玉器有珠、玦、环、弧形、直条形、弯条形、圆柱形、矩形、楔形器、曲面牌饰等。玉珠的数量最多，器体均呈柱状，中部有对钻的长孔，两端面多不齐整，可分成长管状、算珠状及侧面有一道窄缺口的柱状玉珠三类。玉玦均呈圆环形，侧面有一道窄缺口，横截面呈多角形或椭圆形。玉环分为三类，一类呈圆形，通身光素，横截面呈椭圆形；另一类上下两端面平直，体外侧中部有一匝凸棱，横截面近似长方形；还有一类呈椭圆形，器体一侧较高，另一侧渐矮，横截面呈棱形，内侧光素，外侧雕满纹样。弧形器两端多不齐整，平面呈圆弧状，横截面呈椭圆形或长方形。直条形器呈窄长条状，体扁平，靠近顶端中部有 1 钻孔，有的两侧刻有对称的浅齿。弯条形器两端斜直，器体弯曲，呈窄长条形，靠近顶端中部有 1 钻孔。圆柱形器分为三类，一类呈细柱状，两端面光平，靠近一端有 1 个钻孔；另一类顶端光平，自端面中心至侧面通穿 1 孔，周围刻有细线纹，尾端呈圆尖状；还有一类器体分为上、下两段，上段较短，呈凹腰状，下段较长，略粗，尾端呈圆尖状。矩形器两面光平，器体较薄，靠近一端中部有 1 钻孔。楔形器上段较粗，下段较细，呈圆尖状，器体中部有一匝刻痕。曲面牌饰平面呈梯形，正面隆起，琢磨出较规整的瓦沟纹，四角各有 1 个圆形钻孔。工具类玉器有斧和钺。玉斧器体扁平，多数靠近顶端有 1 个或两个圆形钻孔，平面呈长方形或梯形。玉钺平面呈梯形，两侧斜直，顶、刃两端均呈外凸弧形，器体中部偏上钻 1 圆孔。动物类玉器有鸟、鱼、龟。玉鸟头部较短，双翼展开，尾部较宽，器体扁平，鸟体各部位均用简练的短凹槽加以表现，靠近头部有 1 个圆孔。玉鱼略呈长方形，器体扁薄，头部一端用凹弧表现出鱼嘴，其下刻划出两道平行的浅凹槽表现出腮部，尾端亦用凹弧表现，两侧向外略翘，腮部正中有 1 圆孔。玉龟亦为扁平体，头部近方形，正中有1圆孔，前腿外伸呈弯钩状，后腿呈圆尖状，腹两侧较直，尾端折收呈尖状，龟背刻有稀疏的线纹。特殊类玉器有勾云形器、钩形器、箍形器、璧等。勾云形器左、右两侧各外伸一对相背的勾角，每对勾角间各有一对柱状小凸，主体部分上侧边缘呈外凸弧形，两端各外伸一个不明显的小凸，下侧边缘略直，两端及中部各外伸三个小凸，中部均作倒V字形缺刻，中心部位有一勾云状镂空和1圆形钻孔，四周琢磨有相应的浅凹槽纹路，靠近上侧边缘中部有1圆形小孔。钩形器柄、身分界处起两道凸棱，柄部略窄，呈长方形，靠近顶端渐薄，并有1圆形小孔，身部作弯钩状，两侧边缘磨薄，中部琢磨出相应走向的浅凹槽纹路。箍形器呈长筒状，无底，一端平口，另一端斜长口，内壁有琢磨加工痕迹。

二　辽宁中、东部地区

辽宁中部和东部地区史前考古学文化面貌有相近之处，也存在明显的差异。从现已确认的考古学文化看，辽中地区新乐下层文化受辽西地区赵宝沟文化影响较重，而其后偏堡子文化则明显吸收了辽东地区土著文化因素。辽东地区小珠山下层文化（以小珠山下层遗存和后洼下层遗存为代表）与辽西地区赵宝沟文化存在较密切的文化交流关系；而自小珠山中层文化（以小珠山中层遗存和郭家村三至五层遗存为代表）以后，辽东地区史前文化则更多地表现出与胶东半岛大汶口文化和龙山文化之间先后存在过特定的亲缘关系。辽宁中、东部地区出土史前玉器的地点和数量不多，但从一个侧面能够反映出该地区玉器雕琢和使用的土著因素及文化交流所产生的重要影响。从现已发表的资料看，辽宁中、东部地区史前玉器也可以分成三个不同的发展阶段。

第一阶段：以新乐下层文化和小珠山下层文化玉器为代表，距今

7500 年—6000 年。

新乐下层文化玉器目前仅知新乐遗址[①]下层 F2 内出土 5 件，工具类玉器有斧、锛、凿，共 4 件；装饰类玉器仅玉珠 1 件。玉斧两面光平，两侧斜直，顶端呈外凸弧形，刃端较薄，略外弧。玉锛分为两类，一类体扁平，两侧竖直，横截面近长方形，两端均为平直刃；另一类体窄长，横截面呈椭圆形，两端明显变薄，平直刃。玉凿顶部呈圆尖状，体中部横截面近圆形，刃部平直。玉珠体侧圆弧外鼓，两端面平整，中部钻一道弧形长孔。

小珠山下层文化玉器出土地点主要有后洼遗址[②]下层和北吴屯遗址[③]下层，且多出自探方堆积层内，个别玉器系采集品。后洼下层遗存出土玉鸟 1 件，扁平体，头部昂起，略呈方圆形，中部钻一小孔为目，腹部略外弧，尾端呈圆尖状，微微上翘。另有一件竹节状坠饰为采集品，器体扁平，呈长条状，一面有三道凸棱，将器体分割成竹节状，靠近一端对钻一小孔。北吴屯下层遗存出土玉器 6 件，其中，玉斧有 4 件，器体扁薄，平面略呈梯形，两侧斜直，顶端略外弧，刃端较宽，平直或略外弧。玉锛有 2 件，器体窄长，两侧竖直，刃部略外弧。

第二阶段：以小珠山中层文化和三堂一期文化玉器为代表，距今 6000 年—5000 年。

小珠山中层文化玉器出土地点主要有北吴屯遗址上层、吴家村遗址[④]和三堂遗址[⑤]一期遗存。北吴屯上层遗存出土玉器共 10 件，其中

---

① 沈阳市文物管理办公室、沈阳故宫博物院：《沈阳新乐遗址第二次发掘报告》，《考古学报》1985 年第 2 期。

② 许玉林、傅仁义、王传普：《辽宁东沟县后洼遗址发掘概要》，《文物》1989 年第 12 期。

③ 辽宁省文物考古研究所、大连市文物管理委员会、庄河市文物管理办公室：《大连市北吴屯新石器时代遗址》，《考古学报》1994 年第 3 期。

④ 辽宁省博物馆、旅顺博物馆、长海县博物馆：《长海县广鹿岛大长山岛贝丘遗址》，《考古学报》1981 年第 1 期。

⑤ 辽宁省文物考古研究所、吉林大学考古学系、旅顺博物馆：《辽宁省瓦房店市长兴岛三堂村新石器时代遗址》，《考古》1992 年第 2 期。

有3件明确出自房址居住面上。工具类玉器有9件，主要是斧和锛。玉斧可以分为三类，一类平面略呈梯形，两侧斜直，顶端呈外凸弧形，刃部平直或略外弧；另一类平面呈三角形，两侧斜直，顶端呈尖弧状，刃部略外弧；还有一类平面近似长方形，两侧竖直，顶端斜直，刃部平直或微外弧。玉锛均为窄长体，两侧竖直，顶端平直，单面刃，平直或略外弧。动物类玉器仅玉鸟1件。头部呈圆弧状，有一对钻圆孔为目，一侧翅尖明显上翘，尾端呈尖弧状，底侧平直。吴家村遗址出土玉器9件，均为采集品。工具类玉器有7件，主要是斧、锛、凿。玉斧平面呈梯形，两侧斜直，顶端和刃部略外弧。玉锛分为两类，一类器体宽扁，平面近梯形，两侧斜直，弧顶，单面刃，平直或斜直；另一类器体窄长，两侧竖直，顶端和刃部平直。装饰类玉器仅知1件玉环，器体扁平，呈圆形，内外侧边缘磨薄。特殊类玉器仅知牙璧1件，主体近圆形，两面光平，内外侧边缘渐薄，中部有一椭圆形孔，外侧伸出三个圆尖状牙角，按顺时针方向排列。

三堂一期文化玉器仅知2件，均出自三堂遗址探方堆积层内。玉璜1件，器体扁平，呈弧形，两端不齐整，靠近一端中部有一个单钻小圆孔。玉牙璧1件，已残，从复原结果看，器体扁平，主体呈圆形，中部有一圆孔，外伸牙角呈方圆形，按顺时针方向排列。

第三阶段：以四平山积石墓内出土玉器为代表，距今4500年—4000年。

大连四平山积石墓①在1941年被日本人发掘，正式报告尚未出版，从零星公布的资料看，第35、36、37号墓葬内均有玉器出土，尤以36号墓葬内出土玉器数量最多。玉器种类有牙璧、环、锥形器、斧、锛及玉料等。玉牙璧可大体分成四类：一类是主体呈圆形，体中部有较大的圆孔，外伸三个对称的牙角，均呈圆尖状，按顺时针或逆

① ［日］澄田正一、［日］秋山进午、［日］冈村秀典：《1941年四平山积石墓的调查》，《考古学文化论集》（4），文物出版社1997年版。

时针方向排列；二类是器体呈圆形，体中部有一较小的圆孔，外侧三个牙角不突出，按逆时针方向排列；三类是器体中部有一较小的圆孔，外侧伸出的三个牙角呈不规则状排列，有的牙角呈圆尖状，也有的呈方圆形或圆弧状；四类是器体中部有一较大的圆孔，外侧对称伸出两个方形牙角，按逆时针方向排列。

三 吉林地区

吉林省处在东北地区中部，其东面和东南面分别同俄罗斯、朝鲜接壤，北、西、南三面分别同黑龙江、内蒙古、辽宁省交界，独特的地缘优势使其在东北地区史前玉器研究中占有十分重要的位置。目前所知，吉林省内出土史前玉器的地点共有 18 个，玉器总数为 49 件[①]，其中，经过正式发掘出土史前玉器的地点仅有 3 个，分别为农安左家山[②]、东丰西断梁山[③]、长岭腰井子遗址[④]。其它地点有镇赉聚宝山[⑤]、套什吐、洮南镇郊、通榆大岗[⑥]、獾子山、张俭佗子、农安宝城、辉南东横虎、辉发山、长白干沟子、前郭三岔沟屯、靖宇小南山、大安大赉城、通化窑上、永胜永吉等遗址。玉器种类有斧、锛、凿、铲、矛、镞、匕形器、珠、管、璜、环、璧、双联璧、椭圆形器、半圆形器等。通过初步分析，吉林史前玉器可分成三个不同的发展阶段。

第一阶段：以聚宝山、西断梁山一期、左家山一期、腰井子等遗址出土玉器为代表，距今约 7500 年—6500 年。

---

① 刘国祥：《吉林史前玉器试探》，《北方文物》2001 年第 4 期。

② 吉林大学考古教研室：《农安左家山新石器时代遗址》，《考古学报》1989 年第 2 期。

③ 吉林省文物考古研究所：《吉林东丰县西断梁山新石器时代遗址发掘》，《考古》1991 年第 4 期。

④ 吉林省文物考古研究所、白城地区博物馆、长岭县文化局：《吉林长岭县腰井子新石器时代遗址》，《考古》1992 年第 8 期。

⑤ 李景冰：《镇赉聚宝山砂场遗址调查》，《博物馆研究》1993 年第 1 期。

⑥ 王国范：《吉林通榆新石器时代遗址调查》，《黑龙江文物丛刊》1984 年第 4 期。

聚宝山遗址出土玉器18件，是目前所知吉林省内出土史前玉器数量最多的一个地点，主要器类有玉斧、锛、匕形器、环、珠、璧等。玉斧平面略呈梯形，顶端和刃端平直或略外弧。玉锛平面呈三角形，尖弧顶，平直刃。玉匕形器呈长条形，上端较窄，呈尖弧状，下端略宽，靠近上端正中有一个对钻而成的小圆孔。玉环均呈圆形，一类体扁平，内缘有一周浅槽，横截面略呈长方形；另一类内外侧边缘磨薄，横截面呈梭形。玉珠两端面光平，体侧外鼓，正中均有一个对钻而成的长孔。玉璧呈圆形，两面中部略鼓，边缘渐薄。聚宝山玉器均系调查所获，缺乏可供断代的地层学依据和其它类共存遗物，对其年代认识只能通过相关资料的比较加以推断。从玉器的组合关系及玉锛、匕形器、珠等典型器类的形制看，聚宝山玉器与黑龙江饶河小南山M1①内出土玉器存在明显的共性，年代应大体相近。后者属于新开流文化早期，与兴隆洼文化中晚期接近，距今7500年左右②。由此推断，聚宝山玉器的年代亦应为距今7500年左右，是吉林省内迄今所知年代最早的玉器。

西断梁山遗址房址居住面上出土1件玉凿，属于西断梁山一期文化。器体窄长，两侧竖直，横截面呈椭圆形，外凸弧刃。长5.7、宽1厘米。西断梁山一期文化与兴隆洼文化晚期、赵宝沟文化早期相当，距今7400年左右。

左家山遗址探方堆积层内出土1件玉凿，属于左家山一期文化。器体窄长，中部较厚，顶端略残，单面刃，呈斜弧状，残长2.8、宽0.7厘米。其年代距今7000年左右。

腰井子遗址探方堆积层内和房址居住面上各出土1件玉器，另有

① 佳木斯市文物管理站、饶河县文物管理所：《黑龙江饶河县小南山新石器时代墓葬》，《考古》1996年第2期。

② 刘国祥：《黑龙江饶河小南山遗存的文化性质与年代探讨》，《中国文物报》1999年3月24日版。

4 件玉器系采集品。玉器种类有椭圆形器、半圆形器、璧、珠、镞。椭圆形器外缘呈椭圆形，正中有一个较大的椭圆形孔，靠近窄侧一端边缘有一个圆形小孔，孔下端磨出一道窄长的豁口。半圆形器一侧较直，另一侧弧起，呈半圆形，正中有一较窄的梭形长孔，内外侧边缘磨薄，靠近一端有一圆形小孔。玉璧均呈圆形，一类中部略厚，内外侧边缘较薄；另一类内缘较厚，外缘渐薄。玉珠呈细柱状，体侧略外弧，两端面光平，正中有一道自两面对钻而成的长孔。玉镞为扁平体，近三角形，尖端和尾部均残，两侧边磨薄，形成较锐利的边锋。腰井子遗址的年代距今 7000 年—6500 年。

第二阶段：仅知西断梁山二期遗存中出土 1 件玉环，器体扁平，呈圆形。其年代为距今 5500 年左右。

第三阶段：仅知大岗墓葬中出土 3 件玉璜，器体扁薄，略呈弧形，两端面多不齐整，靠近一端正中钻有一个圆形小孔。其年代为距今 4000 年左右。

四　黑龙江地区

根据现已发表的资料统计，黑龙江省内出土史前玉器的地点已有 26 处，分布在北部大、小兴安岭以外的广阔地域内，玉器总数为 173 件①。经过正式发掘的地点有 4 处，另有 6 处能够明确玉器出自墓葬内②。自西向东可大体分成三个区域，西部区有泰来县塔子城、东翁根山、齐齐哈尔市滕家岗子、长寿湖、胜和、杜尔伯特蒙古族自治县毛都西那、九扇门、大山种羊厂、李家岗③、依安县乌裕尔河

① 孙长庆、殷德明、干志耿：《黑龙江新石器时代玉器研究——兼论黑龙江古代文明的起源》，《考古学文化论集》（4），文物出版社 1997 年版。

② 刘国祥：《黑龙江史前玉器研究》，《中国历史博物馆馆刊》2000 年第 1 期。

③ 杜尔伯特蒙古族自治县博物馆：《黑龙江省杜尔伯特李家岗新石器时代墓葬清理简报》，《北方文物》1991 年第 2 期。

大桥①、大庆市卧里屯、肇源县农场；中部区有庆安县莲花泡、双城市同心村②、五常县莲花村、汤原县东江村、依兰县倭肯哈达③、桦南县三道沟、延寿县火烧嘴子山、尚志市亚布力④；东部区有同江市街津口、抚远县亮子油库、友谊县凤林古城下层、饶河县小南山⑤、鸡西市刀背山⑥、密县三道岗等。玉器种类有斧、斧形器、锛、凿、铲、铲形器、匕形器、锥形器、纺轮、玦、管、珠、璜、环、双钮环形器、带齿环形器、有肩方圆形器、带尖圆形器、带钮椭圆形器、圆角方形器、菱形器、弯条形器、璧、双联璧、三联璧、勾云形器等。小南山遗址出土玉器 81 件，是黑龙江省内迄今所知出土玉器数量最多的一个地点。在对出土玉器的典型遗址进行综合性年代分析的基础上，可以将黑龙江省内史前玉器大体分成三个不同的发展阶段。

第一阶段：以小南山、莲花泡、火烧嘴子、乌裕尔河大桥、亚布力等遗址出土玉器为代表，距今约 7500—7000 年。

这五个地点共出土玉器 116 件，其造型可分成三大类。装饰类玉器有玦、环、珠、管、匕形器等。玉玦均呈圆环形，横截面近梭形，一侧有一道窄缺口。玉环呈圆形，一类器体内外侧边缘无明显棱线，横截面呈圆形、椭圆形、圆角长方形或近梭形；另一类内侧边缘磨薄，形成一周明显的棱线，横截面呈三角形或多角形；还有一类内外侧边缘磨薄，形成两周明显的棱线，横截面呈梯形或多角形。玉珠分为三类，一类呈圆球形；一类呈半球形，底面光平；还有一类器体上

---

① 于凤阁：《依安乌裕尔河大桥新石器时代遗址调查》，《黑龙江文物丛刊》1982 年第 2 期。

② 陈家本、范淑贤：《双城市同心乡同心村出土的玉斧》，《北方文物》1992 年第 2 期。

③ 李文信：《依兰倭肯哈达的洞穴》，《考古学报》第 7 册，1954 年。

④ 黑龙江省文物考古研究所：《黑龙江尚志县亚布力新石器时代遗址清理简报》，《北方文物》1988 年第 1 期。

⑤ 黑龙江省博物馆：《黑龙江饶河小南山遗址试掘简报》，《考古》1972 年第 2 期。

⑥ 武威克、刘焕新、常志强：《黑龙江省刀背山新石器时代遗存》，《北方文物》1987 年第 3 期。

小下大，两端面光平，呈截锥状。体中部多有一道自两面对钻而成的长孔。玉管为圆柱体，两端面多不齐整，正中有一道自两面对钻而成的长孔。匕形器均呈长条状，一类顶端呈圆弧状，两侧斜直或略外弧，前端呈圆尖状；另一类两侧竖直，两端平直。靠近顶端中部有一小圆孔。工具类玉器有斧、斧形器、铲、铲形器、凿、锛、纺轮、锥形器。玉斧平面呈梯形、窄长条形或三角形，刃部平直、斜弧或为外凸弧形。斧形器呈长条状，顶端为圆弧形或尖弧形，刃部较厚，呈圆弧或斜弧状，靠近顶端偏中部位有一圆孔。玉铲器体扁薄，两侧长边斜直，至前端向内折收呈尖状。铲形器平面多呈梯形，两侧斜直，两端平直或略内凹，有的器体正面有竖道凹槽。玉凿呈窄长条形，顶端稍宽，两侧留有明显的切割痕，刃部斜直。玉锛呈长方形，顶端斜直或平直，单面刃，呈外凸弧形。纺轮近圆形，边缘多不齐整，正中有一个单面钻成的小孔。锥形器一类器体窄长，一端平直有刃，另一端呈圆尖状；另一类器体扁宽，两面光平或略外鼓，前端呈扁尖状。玉璧呈圆形或椭圆形，内外侧边缘磨薄。三联璧器体上小下大，中部竖列三个圆孔，体两侧各有两道明显的凹缺，上端呈半圆形，中、下端呈方圆形，内外侧边缘磨薄。带钮椭圆形器平面呈椭圆形，正中有一道纵向梭形钻孔，一端弧曲渐细，形成一圆方形小钮，钮正中有一圆形小孔。圆角方形器为扁平体，平面呈圆角方形，一角钻有 1 个小孔。

第二阶段：以鸡西刀背山、杜蒙李家岗、泰来东翁根山等地点出土的玉器为代表，距今约 6000 年—5000 年。

这三个地点共出土玉器 18 件，其造型分为两大类。装饰类玉器有环、带齿环形器、带钮环形器、珠、匕形器等。玉环均呈圆形，有的加工规整，体侧明显外鼓，横截面呈椭圆形或半圆形。带齿环形器造型独特，器体呈圆形，外侧加工出 4 个相连的方形小齿，环体三分之一残断，残体上留有 3 个圆形小孔，呈 3 角状分布。带钮环形器亦呈圆形，一侧向外斜伸出 2 个方圆形小钮，双钮正中部及环体下侧偏中部各钻有 1 个圆形小孔。玉珠底面光平，体隆起呈半球状，正中有一道自两面对钻而成的长孔。匕形器呈窄长条状，两侧竖直，两端平直，偏一端中部有一小圆孔。特殊类玉器有璧、双联璧、菱形器、带尖圆形器、有肩方圆形器等。玉璧分为圆形、椭圆形、圆角方形三类，内外侧边缘较薄，似刃状。双联璧上小下大，上端呈半圆形，下端呈方圆形，两侧中部有明显的凹缺。菱形器两面光平，正中有一较大的圆孔，内侧边缘磨薄，形成一周明显的棱线，靠近一角有一个单面钻圆形小孔。带尖圆形器上段较细，平排外伸两个尖齿，下段外弧呈圆形，体正中有一个较大的圆孔，内外侧边缘磨薄，靠近双齿连接处正中有一个单面钻小孔。有肩方圆形器主体呈方圆形，正中有一较大的圆孔，内侧边缘磨薄，形成一周明显的棱线，上侧斜伸出一个圆角长方形短肩，近顶边正中有一个单面钻圆形小孔。

第三阶段：以倭肯哈达洞穴墓葬内出土玉器为代表，距今 4000 年左右。

倭肯哈达洞穴墓葬内共出土玉器 12 件，其造型分为两大类。装饰类玉器有管和璜。玉管为圆柱体或扁圆柱体，两端面多不齐整，体中部有一道自两面对钻而成的长孔。玉璜为扁平体，呈弧形，两端面多不齐整，靠近一端偏中有一个圆形小孔。特殊类玉器有璧和勾云形器。玉璧分为圆形、椭圆形、圆角方形三类，内外侧边缘均磨薄。勾云形玉器呈扁平条状，器体弯曲，内侧呈圆弧形，左右及上侧各有外伸的尖角，边缘磨薄，靠近上缘正中及体右侧各有一个单面钻圆形小孔。

五　呼伦贝尔草原地区

呼伦贝尔草原田野考古工作基础相当薄弱，新石器时代至早期青铜时代缺环甚大，至今还没有一个正式命名的考古学文化。1999 年秋季对海拉尔市团结遗址进行调查，发现了新石器时代彩陶，共出有一批精美的细石器及 7 件玉器，其年代大体与红山文化三期、西断梁山文化一期相当，距今 6000—5500 年左右①，为进一步了解呼伦贝尔草原新石器时代考古学文化面貌提供了重要线索，同时也填补了呼伦贝尔草原该阶段玉器研究的空白。1985 年，呼盟文物管理站在陈巴尔虎旗东乌珠尔清理过一座残墓②，出土随葬品较多，石器有 212 件，以细石器为主，骨器和牙器有 65 件，还出有一件玉璧，未见陶器。通过对出土人骨进行碳十四年代测定，距今 4000 年左右。根据上述两个地点出土的玉器资料，可以将呼伦贝尔草原地区史前玉器的发展初步分成两个阶段。

第一阶段：以团结遗址出土玉器为代表，距今 6000—5500 年。

主要器类有玉斧、锛、璧、环、珠等。玉斧分为两类，一类近长方形，顶部略弧，两侧竖直，器体一面光平，另一面略鼓，中部有一道竖脊，刃部平直，较锋利；另一类略呈梯形，顶端较窄，呈斜弧状，两侧斜直，刃端较宽，略外弧。玉锛呈梯形，两面光平，两侧斜直，两端刃部平直。玉璧分为两类，一类内外缘均呈圆形，两面光平，边缘较薄，呈刃状；另一类外缘呈椭圆形，内缘呈圆形，器体扁薄，两面光平，边缘亦磨成刃状。玉环呈圆形，两面光平，边缘较薄。玉珠呈矮柱状，外侧光滑，横截面呈椭圆形，一端较平，另一端略斜，器体中部有一道细长孔。

第二阶段：仅知东乌珠尔墓葬内出土 1 件玉璧，器体呈圆形，两面光平，边缘磨薄，距今 4000 年左右。

---

① 中国社会科学院考古研究所内蒙古工作队、呼伦贝尔盟民族博物馆：《内蒙古海拉尔市团结遗址的调查》，《考古》2001 年第 5 期。

② 王成：《呼伦贝尔东乌珠尔细石器墓清理简报》，《辽海文物学刊》1988 年第 1 期。

六　相关问题讨论

通过前文分析，这里拟讨论两个问题：

（一）中国东北地区史前玉器发展阶段及其特征

在上述五个区域内，除了呼伦贝尔草原地区缺少第一阶段史前玉器外，其余四个地区尽管不同阶段史前玉器出土数量多寡有别，但均能明确分成三个不同的发展阶段，由此可以将整个东北地区史前玉器初步分成三个不同的发展阶段，其特征如下：

第一阶段：距今 8000—6000 年左右。斧、锛、凿等工具类玉器占据主导地位，形制与石质同类器接近。兴隆洼文化工具类玉器特征突出，造型与石质同类器相近，可器体明显偏小。新乐下层文化发现有加工精良的两端刃玉器，该阶段其它区域内未见此类器。装饰类玉器以环形玉玦、长条状匕形器、弯条形器、环、珠为主，在整个东北亚地区距今 6000 年以远的玉器中，前三种装饰类玉器是最具有代表性的器类。目前所知，吉林地区，辽宁中、东部地区尚未发现玉玦，而内蒙古东南部和辽宁西部地区未见玉环。黑龙江和吉林地区还发现有玉璧，其它三个地区未见。呼伦贝尔草原该阶段玉器面貌尚不清楚。吉林腰井子遗址出土的椭圆形器和半圆形器与黑龙江亚布力遗址出土的带钮椭圆形器造型相仿，器体中部均有椭圆形或梭形的长孔，应属同类器，亦未见于其它地区。黑龙江饶河小南山 M1 内出土玉器 67 件，是整个东北地区出土史前玉器数量最多的一座墓葬，这说明该阶段黑龙江地区史前玉器雕琢和使用水平可能高于其它地区。从玉器的使用功能看，兴隆洼文化玉玦多出自墓主人耳部，每座墓内通常仅有 2 件，装饰功能比较突出[①]；而小南山 M1 内出土玉玦 11 件、玉环

① 杨虎、刘国祥：《兴隆洼文化玉器初论》，《东亚玉器》第一册，香港中文大学中国考古艺术研究中心，1998 年。

45件，除装饰功能外，可能还具有标志墓主人等级、地位、身份的功能。该阶段为东北地区史前玉器的初步发展阶段，不同区域间的诸多共性表明，我国东北地区乃至整个东北亚地区在玉器的起源阶段可能走过相近的道路。

第二阶段：距今6000—5000年左右。该阶段东北地区史前玉器的区域性特征更加突出，玉器发展水平出现明显的不平衡状态。以红山文化玉器为代表，内蒙古东南部和辽宁西部地区史前玉器雕琢和使用进入鼎盛阶段。动物类玉器和特殊类玉器在红山文化中占据主导地位，数量较多，雕琢工艺精良，装饰类玉器和工具类玉器数量明显偏少。勾云形器和箍形器是红山文化最典型的两种器类，该阶段东北其他地区未见此类玉器。在用玉制度方面，红山文化晚期已经形成了较完备的玉礼制系统，不仅随葬玉器数量多寡能够直接反映墓葬级差的变化，不同器类之间的组合关系也具有标志墓主人生前等级、地位、身份的功能。以牛河梁遗址为例，甲类大型墓中随葬玉器的种类和数量最多，且均出有勾云形器和箍形器，形成一种较稳定的组合关系；乙类大型墓和甲类小型墓中出有勾云形器或箍形器，未见两种器类共出的现象；乙类小型墓中随葬玉器的种类和数量最少，均无勾云形器和箍形器[①]。辽东地区和呼伦贝尔草原地区该阶段仍以工具类玉器为主，吴家村和三堂遗址出土牙璧在东北其他地区同期玉器中未见。吉林地区该阶段玉器资料较少，总体面貌尚不清楚。黑龙江地区该阶段玉器发展虽不及内蒙古东南部和辽西地区迅猛，但也保持了良好的发展势头，具有鲜明的地区特色。工具类玉器明显偏少，多数地点均不见斧、锛、凿等玉器，与第一阶段工具类玉器占据主导地位的现象区别显著。在装饰类玉器中，鸡西刀背山遗址出土的带齿环形器和双钮环形器造型奇特，在东北其他地区均未发现，是黑龙江地区具有

① 刘国祥：《牛河梁玉器初步研究》，《文物》2000年第6期。

代表性的器类。从整个东北地区史前玉器发展的水平看，以红山文化玉器为代表的内蒙古东南部和辽宁西部地区该阶段玉器雕琢和使用处于主导地位，这也是东北地区成为中国史前玉器发展重心地区的主要标志。

第三阶段：距今4500—3500年。由于生产力水平的提高，该阶段玉器雕琢工艺有明显进步，但在用玉制度方面与第二阶段相比却有回落之势。在内蒙古东南部和辽宁西部地区，个别玉器仍作为礼器使用，但红山文化晚期形成的玉礼制系统至此已经消失，装饰类玉器的种类和数量显著增多，玉玦、环、珠及各种窄条形玉器成为典型器类。大甸子M458内出土1件椭圆形玉环，外壁所雕纹样繁缛细密，层次分明，是夏家店下层文化玉器雕琢工艺的最佳体现。辽东地区玉牙璧的数量较之前一阶段明显增多，造型富于变化，成为该地区最典型的玉器。吉林和呼伦贝尔草原地区该阶段玉器特征尚不清楚。黑龙江地区玉器较好地保持了原有的传统，第一、二阶段流行的圆形、椭圆形、方圆形三种玉璧在该阶段仍旧存在，明显的变化在于工具类玉器少见或不见，装饰类玉器占据主导地位。由于青铜制品的出现和彩绘陶器作为主要随葬礼器的盛行，曾赋予玉器的特殊社会功能和崇高地位已被削弱，内蒙古东南部和辽宁西部地区在玉器雕琢和使用方面的先导地位已不复存在，突出玉器的装饰功能是整个东北地区该阶段史前玉器的显著特征。

（二）中国东北地区史前玉器的文化交流关系

中国东北地区幅员辽阔，史前考古学文化面貌各具特色，探讨玉器的文化交流关系应以深入分析相关考古学文化内涵为基础，仅凭单件玉器形制和工艺很难得出符合客观实际的结论。从第一阶段看，当时人已经能够将玉材从石材中分辨出来，并熟练地掌握了切割、抛光、钻孔等技术，玉器种类不同，使用功能大多有别，有些用玉方式

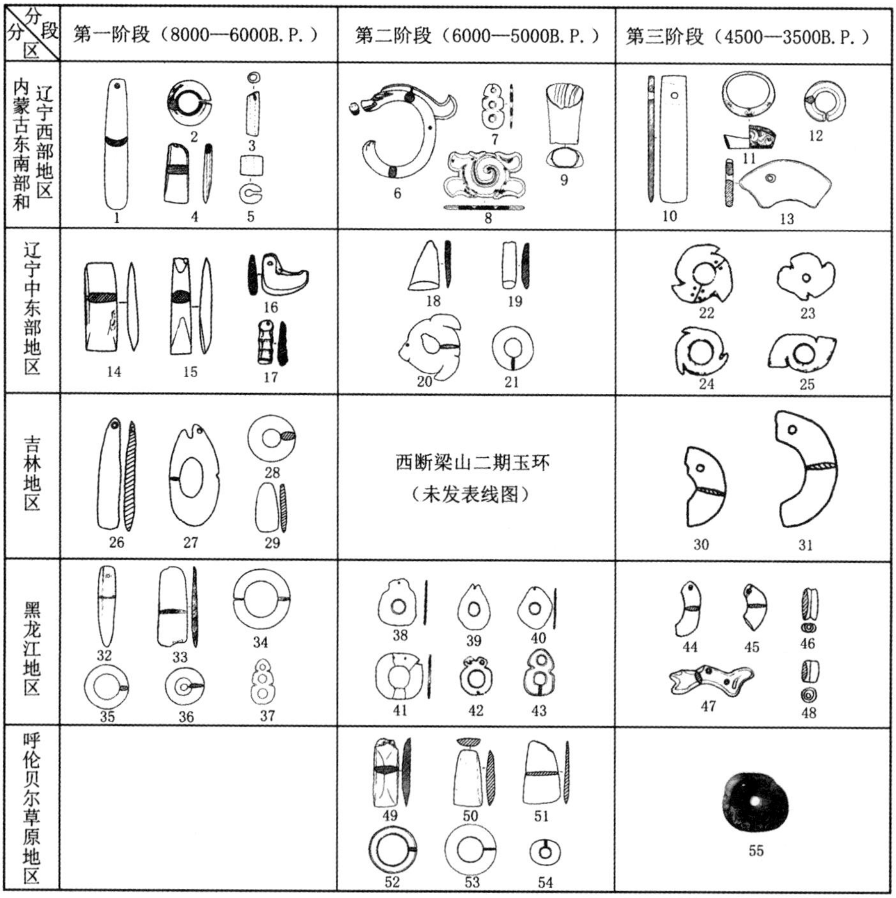

分段 分区	第一阶段（8000—6000B. P.）	第二阶段（6000—5000B. P.）	第三阶段（4500—3500B. P.）
内蒙古东南部和辽宁西部地区	1 2 3 4 5	6 7 8 9	10 11 12 13
辽宁中东部地区	14 15 16 17	18 19 20 21	22 23 24 25
吉林地区	26 27 28 29	西断梁山二期玉环 （未发表线图）	30 31
黑龙江地区	32 33 34 35 36 37	38 39 40 41 42 43	44 45 46 47 48
呼伦贝尔草原地区		49 50 51 52 53 54	55

图 1　中国东北地区史前玉器分区与分段图

1、26、32. 匕形器　2、5、12、34. 玦　3、46、48. 管　4、14、29、33、49、51. 斧　6. 龙　7、37. 三联璧　8、47. 勾云形器　9. 箍形器　10. 钺　11、21、35、52、53. 环　13、30、31、44、45. 璜　15、19. 凿　16. 鸟　17. 竹节形坠　18、50. 锛　20、22—25. 牙璧　27. 椭圆形器　28、36、41、54. 璧　38. 有肩方圆形器　39. 带尖圆形器　40. 菱形器　42. 双钮环形器　43. 双联璧

（1. 锡本包楞　2—4. 查海　5. 兴隆洼　6. 三星他拉　7. 胡头沟　8、9. 牛河梁　10—13. 大甸子　14、15. 新乐　16、17. 后洼　18、19. 北吴屯　20、21. 吴家村　22—25. 四平山　26、28、29. 聚宝山　27. 腰井子　30、31. 大岗　32. 莲花泡　33—36. 小南山　37. 亚布力　38—41. 李家岗　42. 刀背山　43. 东翁根山　44—48. 倭肯哈达　49—54. 团结　55. 东乌珠尔）

日趋固定化。从环形玉玦、长条状匕形器、弯条形器以及各种典型工具类玉器的普遍分布状况看，东北地区史前玉器的起源和初步发展阶段可能走过相近的道路，玉器之间的交流关系尚不明朗。从第二阶段开始，东北地区史前玉器的文化交流关系表现出异常强劲的势头。从红山文化玉器迅猛发展的状况看，其一方面出色地承继了本地区兴隆洼文化和赵宝沟文化的雕琢和使用玉器传统，另一方面也受到了东北其他地区史前玉器的强烈影响。以玉璧为例，兴隆洼文化和赵宝沟文化至今尚未发现玉璧，红山文化晚期玉璧却成为典型器类之一，出土数量较多，仅牛河梁第二地点 M21 内便出土 10 件，是红山文化墓葬内出土玉璧数量最多的一例。而在黑龙江和吉林地区，玉璧在第一阶段便已成为典型器类，形制多样。黑龙江杜蒙李家岗 M1 随葬玉器中，除玉璧外，还有菱形器、带尖圆形器和有肩方圆形器，后三种器类虽外形各异，但器体中部均有一个较大的圆孔，与同出玉璧的钻孔大小相近，应视为玉璧的变体。由此推断，红山文化玉璧的出现应是受黑龙江和吉林等地区史前玉璧影响的结果。

在探讨东北地区史前玉器的文化交流关系时，双联玉璧和三联玉璧的流向问题不可回避。在正式考古调查或发掘出土的红山文化玉器中，双联玉璧和三联玉璧的数量各有 2 件。双联玉璧造型相近，均出自牛河梁第二地点 M21 内；三联玉璧造型各异，一件出自那斯台遗址，另一件出自胡头沟 M3 内。在黑龙江地区现已发表的史前玉器资料中，双联玉璧有 4 件，其中毛都西那屯遗址出土 2 件，九扇门和东翁根山遗址各出土 1 件；三联玉璧仅 1 件，出自亚布力遗址。吉林张俭佗子遗址也出有 1 件双联玉璧。从形制比较看，亚布力和胡头沟出土的两件三联玉璧造型十分相近，以往的研究中多认为亚布力遗址出土的三联玉璧是受红山文化同类器影响的结果[①]，并将黑龙江地区划

① 孙守道：《中国史前东北玉文化试论》，《东亚玉器》第一册，香港中文大学中国考古艺术研究中心，1998 年。

定为红山文化玉器波及区，这在很大程度上制约了对于黑龙江地区史前玉器原貌的认识。关于亚布力遗址的年代问题，笔者以前曾有专文进行过讨论①。从出土陶器和石器资料看，亚布力遗址的年代应与兴隆洼文化晚期、赵宝沟文化早期相当，距今 7500 年左右，比胡头沟 M3 红山文化晚期墓葬早出 2000 余年。因缺乏可以进行年代比较的共存遗物，对黑龙江和吉林地区出土的双联玉璧的准确年代还需要进一步认定，其年代下限应不晚于红山文化晚期。考虑到黑龙江和吉林地区史前雕琢和使用玉璧的优势因素曾被红山文化所吸收，红山文化晚期出现的双联璧和三联璧亦应视为受黑龙江和吉林地区同类玉器影响的结果。应该肯定，东北地区史前玉器交流对推动红山文化晚期玉雕业的飞跃进步发挥了重要作用。与此同时，红山文化玉雕业所取得的突出成就对东北地区同期或后期的玉器也产生了深远的影响。大甸子墓地出土的玉箍形器和勾云形器与红山文化同类器造型基本相同；东翁根山和倭肯哈达出土的玉环和勾云形器，在造型和雕琢工艺方面均具有明显的红山文化玉器风格。此外，红山文化玉器造型和用制对夏商周三代玉器也产生了较大的影响。

辽东半岛和山东半岛史前文化交往密切，小珠山中层遗址中曾出土三足觚形器、圆锥足盆形鼎、实足鬶等大汶口文化早期典型陶器；小珠山上层文化遗址中曾出土蛋壳黑陶杯、扁凿足鼎、袋足鬶、镂孔豆等山东龙山文化典型陶器。从陶器因素分析，辽东半岛史前文化较多地接受了山东半岛史前文化的影响。从现已发表的资料看，玉器在文化交流中也占有十分突出的地位。玉牙璧是辽东半岛史前玉器中最典型的器类，在山东半岛大汶口文化和龙山文化遗址或墓葬中也有较多数量出土，造型大体相近。有关玉牙璧的流向问题学术界至今还存

① 刘国祥：《黑龙江尚志亚布力遗存试析》，《中国文物报》2000 年 1 月 12 日。

在不同的意见[①]，今后应以玉牙璧为主要线索加强对辽东半岛和山东半岛史前玉器综合性对比研究，使其成为拓宽东北地区史前玉器文化交流关系研究的有效途径。

① 安志敏：《牙璧试析》，《东亚玉器》第一册，香港中文大学中国考古艺术研究中心，1998年。

红山社会的分化与整合

贾笑冰

（中国社会科学院考古研究所）

社会分化与整合是社会发展变迁研究的两个重要指标，前者促进社会发生变化，后者则维持社会的平稳发展。牛河梁遗址所代表的红山社会已经出现了大型的祭祀礼仪活动中心和明显的社会等级分化，形成了以祭祀礼仪活动为中心的复杂的社会管理体系。本文在对牛河梁遗址进行系统分析的基础上，将视野扩展到整个红山社会，探讨红山社会的发展程度与整合方式。

生活在相近区域的社会群体在经济和生活上的交往愈加频繁，形成了互相依存、联系密切的地域共同体。制度化的社会垂直分化是红山社会的普遍特征，不仅地域共同体内部存在等级的差异，共同体之间也显示出发展程度的不同。以宗教和祭祀礼仪活动为核心的“礼制”不仅是社会等级秩序建立的基础，也是社会经济活动的核心，与祭祀礼仪行为相关的器物的生产代表了社会生产技术和生产管理能力的最高水平。

红山文化整合区域原有的多种信仰，以相对完善的祭祀礼仪活动规范（礼制）为社会的统一发展奠定意识形态的基础，与之密切相关的社会公共礼仪活动进一步强化了社会认同。统一的意识形态和规范的祭祀礼仪活动成为红山社会整合的主要方式。

红山文化是中国北方地区新石器时代晚期的考古学文化，与其他地区的考古学文化一样，在距今5300年前后进入文明社会[①]，其形成、发展及后续影响是中华文明起源研究的重要组成部分，也是认识多元一体的中华文明形成与演变的重要内容。

社会的分化与整合是社会发展与变迁的两个重要衡量要素，是打破原有的社会结构进而重构新的社会体系的过程。分化[②]意味着社会中异质性的增加，持续的分化将打破社会系统原有的稳定结构，导致原有社会秩序的解体；整合[③]则是对社会发展带来的问题进行融合和重构，以抵消分化所带来的社会分裂的趋向，将分化了的各个要素、部分重新结合为一个统一、协调的整体，实现社会的稳定和有序发展。[④] 分化是社会打破原有均衡状态进一步发展的结果，是衡量社会发展程度的重要指标，而整合则是在此基础上对社会组织和秩序的重构，二者共同促进了社会的发展与变迁。

本文试图通过对考古资料的分析，对红山社会的分化特征和整合路径加以分析，以期对红山社会发展状况有进一步的认识。

一　研究简史

20世纪80年代，制作精美的玉器和牛河梁遗址“坛庙冢”的发现引发了红山文化是否进入文明社会的讨论。苏秉琦认为以祭坛、女神庙、积石冢群和成批成套的玉质礼器为标志，出现了“早到五千年

---

① 参见“中华文明起源与早期发展综合研究”（第4期）研究成果发布会的信息，中华文明探源工程第五期重要成果发布进一步将这一时间向前提前到距今5800年。

② ［美］戴维·格伦斯基：《社会分层》（第2版），王俊等译，华夏出版社2005年版。

③ 社会整合是重要的社会学概念，此概念最早由涂尔干提出，虽然研究者对整合的内容和方式的认识有所不同，但都认为社会整合是实现社会团结并形成统一体的过程或结果。［法］埃米尔·涂尔干：《社会分工论》，渠东译，读书·生活·新知三联书店2013年版。上海社会科学院社会学研究所：《社会学简明词典》，甘肃人民出版社1984年版，第257页；郑杭生：《社会学概论新修》，中国人民大学出版社2003年版，第42页。

④ 杨建华：《从马克思到卢曼：社会分化与整合研究及启示》，《浙江学科》2008年第5期。

前的，反映原始公社氏族部落制的发展已达到产生基于公社又凌驾于公社之上的高一级的组织形式”①，即早期城邦式的原始国家。郭大顺进一步提出以祭坛、女神庙和积石冢群三位一体的大型遗址群为中心的牛河梁遗址，应就是五千年前古文化古城古国之所在。② 此后的新闻报道和研究也常将牛河梁遗址的这三类遗存比附历史时期的天坛、太庙和帝陵，牛河梁坛庙冢是“古国概念的一种模式”③，是红山古国的重要标志。

社会复杂化进程研究将关注重点从对红山古国“质”的判定转向“量”的累积，红山社会的分化及社会发展程度成为讨论的焦点。

根据墓葬特征的差异，郭大顺将牛河梁遗址墓葬分为中心大墓、台阶式墓、甲类石棺墓、乙类石棺墓和附属墓五个等级，“积石冢”内有中心大墓和其他规模较小的墓葬，显示以“积石冢”为代表的群体内部出现了分化，出现了“一人独尊”的现象。④ 多个中心大墓之间规模的差异则将垂直分化从群体内部扩展到群体之间，随即展开了对最高等级墓葬归属的讨论。刘国祥⑤认为第十六地点 M4 等级最高；栾丰实⑥提出第二地点二号积石冢的等级最高，N2Z2M1 为最高等级墓葬；朱乃城⑦则将 N2Z2M1、N5Z1M1 和 N16M4 都划归最高等级墓葬，认为这三座墓葬存在早晚关系，分别是不同时期的最高等级

① 苏秉琦：《中国文明起源新探》，生活・读书・新知三联书店 1999 年版，第 138 页。

② 郭大顺：《中华五千年文明的象征——牛河梁红山文化坛庙冢》，载辽宁省文物考古研究所编《牛河梁红山文化遗址与玉器精粹》，文物出版社 1997 年版。

③ 郭大顺：《红山文化研究回顾》，载严文明主编《中国考古学研究的世纪回顾——新石器时代考古卷》，科学出版社 2008 年版，第 235—258 页。

④ 郭大顺：《中华五千年文明的象征——牛河梁红山文化坛庙冢》，载辽宁省文物考古研究所编《牛河梁红山文化遗址与玉器精粹》，文物出版社 1997 年版，第 25 页。

⑤ 刘国祥：《牛河梁第十六地点四号大型墓及相关问题探讨》，载辽宁省博物馆《辽河寻根 文明溯源——中华文明起源学术研讨会论文集》，文物出版社 2012 年版，第 88 页。

⑥ 栾丰实：《试论牛河梁及周边地区的红山文化晚期社会》，载辽宁省文物考古研究所《红山文化学术研讨会论文集》，辽宁人民出版社 2013 年版，第 58—79 页。

⑦ 朱乃诚：《中国早期文明的红山模式》，载辽宁省文物考古研究所《红山文化学术研讨会论文集》，辽宁人民出版社 2013 年版，第 168—187 页。

墓葬。

虽然研究者对于最高等级墓葬的认定并不一致，但多认为至迟在以牛河梁遗址为代表的红山文化中晚期阶段，等级差别和分化已经成为较为普遍的社会现象。以牛河梁遗址为核心的大凌河地区，在积石冢内部、各地点内的积石冢群之间、各地点之间乃至区域内的多个遗址之间都已经出现了等级分化，是高度分化的分层社会①，或已经进入了文明化阶段②。

除了对牛河梁遗址的深入研究，调查在更广阔的空间范围也发现了社会分化的证据。蚌河和老虎山河流域③、半支箭河（老哈河支流）中游④、教来河流域等多个区域⑤的考古调查都发现了聚落规模的层级变化。区域系统调查⑥显示存在不同规模的聚落聚集分布的现象。聚落规模分化的出现意味着存在规模不等的社会群体，大规模社群的形成表明已经出现了相应的可以统一多个小群体的社会权力。

相关研究显示红山社会已经出现了明显的分化和相对集中的权力，社会权力的特征和来源是认识红山社会的基础。墓葬随葬品以玉器为主，并未显示出明显的社会权力和社会财富一体化的特征，⑦ 而根据牛河梁遗址是以积石冢、“女神庙”等特殊遗存为主的祭祀礼仪

---

① 栾丰实：《试论牛河梁及周边地区的红山文化晚期社会》，载辽宁省文物考古研究所《红山文化学术研讨会论文集》，辽宁人民出版社 2013 年版，第 58—79 页。

② 朱乃诚：《中国早期文明的红山模式》，载辽宁省文物考古研究所《红山文化学术研讨会论文集》，辽宁人民出版社 2013 年版，第 168—187 页。

③ 中国社会科学院考古研究所内蒙古工作队、内蒙古自治区敖汉旗博物馆：《内蒙古敖汉旗蚌河、老虎山河流域新石器时代遗址调查简报》，《考古》2005 年第 3 期。

④ 中国社会科学院考古研究所、内蒙古自治区文物考古研究所、吉林大学边疆考古研究中心：《半支箭河中游先秦时期遗址》，科学出版社 2002 年版。

⑤ 刘国祥：《红山文化研究》，科学出版社 2016 年版，第 105—118 页。

⑥ 赤峰中美联合考古研究项目：《内蒙古东部（赤峰）区域考古调查阶段性报告》，科学出版社 2003 年；辽宁省文物考古研究所、美国匹兹堡大学人类学系、美国夏威夷大学：《辽宁大凌河上游流域考古调查简报》，《考古》2010 年第 5 期。

⑦ 张弛：《比较视野中的红山社会》，《红山文化研究》，文物出版社 2006 年版。

活动中心，研究者提出牛河梁遗址应是红山文化以神权为特征的中心聚落，[①] 其领导权是建立在宗教信仰和仪式角色的基础上的。[②] 但对牛河梁遗址所代表的社会性质则有“神权古国”[③] 或“酋邦联盟”[④] 的不同观点。

二　牛河梁遗址群所代表的红山社会的分化与整合

牛河梁遗址是红山文化中晚期核心区的重要遗址，也是红山文化社会发展的缩影，代表红山社会发展的最高水平，对牛河梁遗址的分析将为全面认识红山社会奠定基础。

（一）社会分化

社会分化是人口数量和群体规模增加的必然结果，也是衡量社会发展程度的重要指标，可以分为水平分化和垂直分化两个维度，水平分化是一种与财富或等级无关的区分方式，其中包括年龄、性别以及社会群体（或称人群共同体）的分化；垂直分化主要体现为由于获取资源的机会和能力以及资源占有情况的不同所导致的社会财富、地位以及声望等方面的差异，这种分化可以出现在群体内部，也可以发生在群体之间。社会分化的两个方面并无明确的界限，而是彼此依托，

---

① 王震中：《中国古代国家的起源与王权的形成》，中国社会科学出版社 2011 年版，第 210 页。

② 王巍：《红山文化与中华文明起源研究》，载科技部社会发展科技司、国家文物局博物馆与社会文物司编《中华文明探源工程文集社会与精神文化卷（Ⅰ）》，科学出版社 2009 年版，第 121 页。

③ 李伯谦《中国古代文明演进的两种模式———红山、良渚、仰韶大墓随葬玉器观察随想》，《文物》2009 年第 3 期。

④ 戴向明：《中国史前社会的阶段性变化及早期国家的形成》，《考古学报》2020 年第 3 期。

从不同角度展现社会的发展程度。

墓葬的范围和边界清晰，出土遗物所属关系明确，是探讨社会分化最好的切入点。墓葬建造、使用和相关仪式行为中所消耗能量的不同是个体在财富占有和社会地位方面差异的体现，墓葬规模和随葬品的种类、数量是根据墓葬判断社会垂直分化的直观标准。墓圹大小、深度以及石棺的不同砌筑方式体现着墓葬建造过程中劳动消耗的不同，并由此体现墓主的社会或财富地位。玉器是牛河梁遗址最具特征的随葬品，其中玉镯、玉璧、斜口筒形玉器与勾云型玉器是牛河梁遗址出土数量多、使用规范最为明晰的玉器，器物组合及使用皆显示出规律性的特征。

1. 积石冢内部的垂直分化①

积石冢是由积石堆积和多组墓葬构成的、延续使用的历时性空间单位，多重冢墙、筒形器与积石冢中心位置的墓葬直接相关，并未在积石冢延续使用过程中持续发挥作用，晚于中心墓葬者打破界墙，而早于中心墓者则被界墙所叠压。② 冢墙和筒形器所构成的设施也是确定墓葬等级的重要指标。

牛河梁遗址第二地点 1 号冢（N2Z1），坍塌积石的分布虽略超过“冢外界墙”所限定的范围，但同与其相邻的 N2Z2 仍可明确区分。共发现红山文化墓葬 25 座，根据墓葬规模可以简单分为三组。

第一组位于积石冢北侧，墓葬两座，分别为 N2Z1M25 和 N2Z1M26，墓圹开口面积皆超过 10 平方米，南侧保留 5—6 级阶梯，墓穴凿入基岩，开口至墓底约 2 米。外侧以石墙③圈定区域面积约 340 平方米，其内不见其他墓葬。随葬品数量分别为 4 件和 7 件，略高于

① 郭明：《红山文化晚期社会的分层——以牛河梁遗址为例》，《庆祝郭大顺先生八秩华诞论文集》，文物出版社 2018 年版。

② 郭明：《浅谈牛河梁遗址上层积石冢》，《华夏文明》2019 年第 7 期。

③ 发掘报告将积石冢围墙分为内台壁、台壁、内界墙和外界墙，其中外界墙南侧不封口，此处的围墙特指内界墙。辽宁省文物考古研究所：《牛河梁——红山文化遗址发掘报告（1983—2003 年度）》，文物出版社 2012 年版。

积石冢内墓均随葬品数量。

第二、三组墓葬皆集中在南侧冢墙附近及以南区域。其中第二组墓葬墓穴较深、凿入基岩，墓圹开口略宽于底部，南侧略呈阶梯状，以规整石板叠砌石棺，如 N2Z1M21、N2Z1M27、N2Z1M24 等；随葬品数量约 2—4 件，其中可见勾云型玉器、斜口筒形玉器等造型规范的玉器。

第三组墓葬墓圹较浅或仅在地面开浅槽，以大石板立置构筑石棺，如 N2Z1M9、N2Z1M4 等。随葬品数量多不超过 3 件或无随葬品，以镯、环或璧为主。

根据墓葬规模的差异，可以将三组墓葬相应划分三个层级，墓葬修筑所耗费的工程量逐级减少。

随葬品的种类和数量通常也是与墓主财富、地位相关的重要指标，总体而言，各层级墓葬存在随葬品数量递减的趋势。N2Z1M21 则是其中的特例，依据墓葬规模所划分的社会层级与其随葬品数量并不相符，作为其中的异常值，或许可以为认识社会分层的机制提供线索。

N2Z1M21 位于积石冢南侧，属第二层级墓葬，却是目前牛河梁遗址发现的随葬玉器数量最多的墓葬，其随葬品的数量（20 件）几乎相当于 N2Z1 出土玉器总量的一半，也明显高于同积石冢的第一层级墓葬。随葬玉器的玉料来源复杂，其中有相当一部分可能来自于遥远的贝加尔湖①。然而从远方获取资源和财富的能力并未能相应提升其社会地位，排除掉贝加尔—吉黑系玉器之后的随葬品数量与墓主所处社会层级大体相当。

这表明，社会中可能存在相对严格的社会层级的判断标准、特殊

① 将 N2Z1M21 出土玉器根据玉料来源分为岫岩系和贝加尔—吉黑系两种，邓聪、刘国祥：《牛河梁遗址出土玉器技术初探》，《牛河梁——红山文化遗址发掘报告（1983—2003 年度）》，文物出版社 2012 年版，第 527 页。

产品分配和权力的获取体系，形成了相对完善的社会等级规范。既然社会地位的获取与个体的社会活动和资源、财富的获取能力并无直接相关，考虑到社会中已经形成了玉器的使用规范和玉器在祭祀礼仪活动中的特殊意义，在祭祀礼仪体系中的位置可能是社会地位的决定因素。积石冢内不仅出现了明显的垂直分化，且形成了较为明确的等级规范。

2. 同地点积石冢之间的垂直分化

牛河梁遗址第二、第五地点都有多个积石冢并存，排除破坏严重无法进一步分析的 N2Z6，第二地点至少包含 N2Z1、N2Z2 和 N2Z4A 三座积石冢。此三座积石冢有明确的空间上的区分，虽墓葬数量略有差异，石砌围墙所圈定的区域面积相差不大。

N2Z2 墓葬 4 座，其中 N2Z2M1 占据积石冢北侧的核心位置，在封闭冢墙所圈定的区域内只有此一座墓葬，应与 N2Z1 第一层级的墓葬相当。集中在南侧冢墙附近的墓葬与 N2Z1 的第二、三层级墓葬相当。

N2Z4A 的墓葬皆集中在南侧冢墙附近，部分墓葬打破冢墙，应与 N2Z1 的第二、三层级墓葬相当。积石冢北侧中心位置未发现墓葬。

第二、三层级墓葬较为普遍，每个积石冢都有发现，而第一层级墓葬却仅在 N2Z1、N2Z2 发现，N2Z4A 不见最高层级墓葬，其在第二地点的等级似乎略低，以积石冢为单位的社会群体的垂直分化程度略有差异。

上层积石冢阶段墓葬皆为东向或西向，结合墓主头向和墓葬特征的变化可以将这些墓葬的埋葬时间细分为五个时段①。（表 1）对照可知，第二地点等级最高的墓葬 N2Z1M25、N2Z1M26 与 N2Z2M1 分属第 1 和第 5 段，也就是说，第 1 段时 N2Z1 的等级高，而至第 5 段，

① 郭明：《牛河梁遗址墓葬分期再讨论》，《北方文物》2020 年第 6 期。

则是 N2Z2 的等级高，这意味着在不同时段，以积石冢为单位的群体在社会垂直分化中所处的位置也在不断变化。积石冢内最高层级墓葬同时也是第二地点的最高层级墓葬，每一时段只有一座（一组）最高等级墓葬的独一性则显示，垂直分化跨越以积石冢为单位的群体范围，并未形成群体之间的等级差异，也未形成固化的阶层。

表 1　　上层积石冢阶段墓葬分段特征对照表

时段划分	石棺特征	墓主头向
1 段	有底板无盖板	西
2 段	有盖板无底板	西
3 段	有盖板无底板	东
4 段	盖板底板俱全	东
5 段	盖板底板俱全	西

同样有两座积石冢并存的第五地点墓葬数量少，也可分为三个层级，以 N5Z1M1 等级最高，群体间垂直分化的特征与第二地点相同。

3. 不同地点之间的垂直分化

将视野放宽到整个牛河梁遗址，参照 N2Z1 的分层规范，以同样的分析方法，可以初步形成对牛河梁遗址的其他积石冢的层级划分的认识，进而讨论以地点为单位的人群之间的垂直分化。

第三地点的墓葬存在至少两个层级的划分，其中 N3M7 是第三地点等级最高的墓葬，但不见以石墙单独划分的“墓域”，随葬品数量也略少，约与 N2Z1 的第二层级墓葬相当。

第十六地点的 11 座墓葬也可分为三个层级，虽保存状况略差，但墓地布局与 N2Z1 基本相同，其中 N16M4 位于墓地北侧，可见石砌围墙残段，应也有石砌围墙圈定的墓域，与 N2Z1 第一层级墓葬相当。第二、三级墓葬集中在积石冢南侧区域。

对比表1，第五地点和第十六地点的最高等级墓葬分别处于上层积石冢阶段的3段和4段，也就是说，牛河梁遗址所发现的多座最高等级墓葬在时间上略有先后，分别是不同时段的等级、地位最高者。第三地点未见第一层级墓葬，应与同时的未产生最高等级个体的群体相当。从墓葬数量上来看，不同地点所显示的人口规模存在明显的差异，以第二地点规模最大，随葬品数量所显示的财富总量也较高，但不同地点墓均随葬品数量的差异并不明显，不同地点的人群之间并未出现明显的垂直分化。

简言之，牛河梁遗址红山文化晚期的垂直分化显示出明显的制度化特征，形成了对成员在社会体系中的地位予以区分的标准。[①] 最高等级墓葬的结构、布局以及特定种类随葬品相对固定的使用方式都表明，这些规范或制度得到了普遍的认可和遵守。垂直分化主要体现在高等级个体与普通社会成员之间，而牛河梁遗址以不同地点的积石冢为代表的群体之间阶层分化尚不明显。

4. 群体关系

研究表明关系较近的群体不仅在居住位置上较为接近，且在埋葬时也将选取较为接近的位置，[②] 因此考古学也以空间距离的远近来判断群体间在现实生活中关系的亲密程度。

牛河梁遗址由多个地点组成，第三、第十六地点墓葬分布相对集中，仅见一个埋葬区，为一地一冢；第二和第五地点还细分为多个积石冢，为一地多冢。虽然积石冢内可见墓葬间的叠压打破关系，但即便同一地点相邻的两座积石冢之间仍然存在清晰的边界，积石冢以相对独立而明确的空间范围及时间上的延续性成为最易区分的群体单位。

---

① 郭明：《牛河梁遗址红山文化晚期社会的构成》，社会科学文献出版社2019年版。

② John M. O'Shea, *Mortuary Variability: An Archaeological Investigation*, New York: Academic Press, 1984, pp. 83, 86.

从墓葬特点来看，不同积石冢之间仍存在一定的差异，如石棺的砌筑方式：第三地点的石棺采用下层立石上侧平铺石板的方式砌筑；第五地点采用长边两侧石板叠砌、两端立置大石板砌筑石棺；第二地点的 N2Z4A 采用外侧石板平铺叠砌，内侧再立置大石板的石棺砌筑方式；N2Z1 则较为明确地分为平铺叠砌和立置石板两种方式，并以之作为区分墓主等级的标志之一。积石冢内石棺砌筑方式遵循同一原则，同一地点内的相似性较不同地点之间更加明显。而另一墓葬特征——墓主头向也表现出相似的特点，虽然墓主头向变化趋势相同，但同地点的变化范围更为接近。随着时间的推移，不同地点墓主头向的差异逐渐减少，显示社会团结和一致性逐渐增强。

无论是一地多冢的多群体组合还是一地一冢的单一群体，以积石冢为单位的社会群体的规模大体相当。在环境因素不变的情况下，群体再分是人群应对人口增加最为常见的方式，通过群体的分裂维持相对稳定的人口规模，使人口与资源条件重新达成平衡。而从牛河梁遗址的情况来看，虽然也出现了社会群体的再分（同一地点有多个积石冢），但再分群体之间仍保持着稳定的联系和一致性。

墓葬特征及其空间分布表明牛河梁遗址已经出现了明显的群体分化，同一积石冢内的个体关系最为亲密，同一地点的积石冢群之间的相似性略高于不同地点之间，随着相似性的逐渐减弱，形成了从积石冢到遗址地点再到整个遗址群的外延不断扩展的复杂社会关系。

四组五座最高等级墓葬分属于上层积石冢阶段的 4 个不同埋葬时段，独一的最高等级个体显示区域的多个群体受同一个体领导，牛河梁遗址所代表的是由多个群体组成的统一的社会实体，以遗址点为单位的社会群体及其再分群体都是牛河梁社会的有机组成部分。牛河梁社会并未因群体分化的加剧而分裂，反而形成了相对统一的社会管理体系。

（二）社会整合

社会整合是以各种方式对社会系统中的多种要素加以调整，使之适应新的社会分化，重新实现社会团结的过程。社会整合的总体目标是增加社会成员及群体之间的依赖和认同，以维护社会团结及有秩序地运行，但整合方式[①]的选择可能各有偏重。

社会分工促进个性化的发展和社会内部异质性的增加，通过减少群体间的竞争、增加合作而实现社会团结，是社会整合最有效的方式之一。[②]

1. 手工业生产的专业化分工

手工业生产的专业化分工是社会分工最明显的表现，牛河梁遗址虽未发现居住区和作坊，却出土了大量的陶器和玉器，从器物的制作特征上可以窥见手工业生产专业化分工之一斑。

出土数量最多的B型陶筒形器相对集中出现于“积石冢”冢墙的边缘，其使用时间大体自墓葬营建开始延续至葬礼结束，是属于需要较短时间完成批量生产的器物。筒形器在制作成型、器物修整和纹饰制作等多道工序中都显示出多样化并延续发展的特征，每一种稳定、渐变的制作特征属于一个长期存在的技术群体。[③] 筒形器的生产汇集了多个制作者或制作群体，“流水线”式的生产分工将制作者分散到“生产线”上，制作者只需要熟练掌握其中一个环节的制作技术便可

---

① 社会整合的六种方式及其作用模式分别为：沟通交往以提升共同情感，提升社会归属感；规则整合以产生社会约束力，规则在空间范围内的推行，通过宗教、共同情感、教育实现整合；利益整合以增强社会吸引，凝聚有相同利益需求的人；交换整合以提升社会支持，包括经济上的交换和社会角色上的交换，如农民提供服务给军人或宗教活动者以换取安全或神的庇佑；参与整合以加强社会联系，社会活动的参与带来共同的情感认同；社会控制，对社会资源支出的控制，以提升社会服从。外部压力的介入也会一定程度上维护和促进社会团结。吴晓林：《社会整合理论的起源与发展：国外研究的考察》，《国外理论动态》2013年第2期。

② ［法］涂尔干：《社会分工论》，渠东译，读书·生活·新知三联书店2013年版，第213—238页。

③ 郭明：《牛河梁遗址红山文化晚期社会的构成》，社会科学文献出版社2019年版。

参与器物的生产。统一的技术标准让特定工序的生产者更容易熟练掌握生产技能，器物的标准化生产[①]抵消了由于手工生产方式下生产者的不同而带来的偏差，从而可以让更多的制作者或制作群体参与到生产中来，使大规模的量化生产成为可能。

除了烧制过程需要与专职工匠合作之外，不同制作工序上的特征的非规范组合方式显示了复杂的生产分工，这也意味着筒形器的生产除了制作者，还需要有专职的生产管理者来协调处于不同生产流程的生产者，在生产领域中已经形成了相对完善的可以快速推进陶器生产的多层级管理体系。

作为与高等级墓葬关系最为密切的、特殊社会公共空间最为常见的器物，需要动员大量人口短时制作完成的筒形器无疑是高等级个体丧葬礼仪的重要载体，筒形器的生产者也间接地成为社会公共礼仪活动的参与者。筒形器的生产分工成功动员了更多的人群共同参与筒形器的制作，有效扩大了社会活动的参与范围，通过彼此间的密切合作，增加群体及成员在活动中的联络，为同一目标共同奋斗的经历有助于提升群体的社会活动参与度和集体认同，促进社会团结。

玉器主要见于墓葬中，从器物的磨损情况看，在成为随葬品之前应经过较长时间的使用。玉器造型多样，不同造型的器物在制作工艺的选择上也有所不同：镯环类器物造型规整，内外皆为正圆形，采用管钻成型，肉厚薄一致几无偏差，显示了较高的工艺水平；璧可见圆形、方圆形和圆角方形等多种形态，由方取圆逐渐打磨成型，内孔多近圆形，可以看到制作者对于圆形的执着追求，却未采用镯环类器物所采用的成熟的管钻技术，而以先钻孔、后琢制或磨制扩孔的方式完

① ［美］普卢登丝·赖斯等：《陶器生产专业化演变——一个尝试性模型》，郭璐莎、陈力子、陈淳译，《南方文物》2014 年第 1 期。

成内孔的制作，虽然玉璧的原料来源[①]可见岫岩系和西伯利亚—吉黑系的不同，器物造型和制作方式基本一致；斜口筒形玉器为扁圆筒状，内部中空，采用先钻孔，而后以绳锯切割掏芯的方式，部分器物内壁可见清晰绳锯痕；勾云型玉器等扁平状的器物皆采用片锯切割，形成厚薄一致的粗坯后再做纹饰加工。

玉器造型和制作方式形成了相对稳定的组合，制作技术的区隔则提示着不同造型玉器的生产场所之间也可能存在差异，同类器物制作规范的一致与不同器物之间长期共存的差异特征提示着其制作地点和制作群体的不同。生产者和生产场所之间的差异意味着玉器的生产需要动员不同地域的人群，牛河梁遗址并非玉器的生产地，而是玉器的主要消费或使用地，器物按照一定的分配原则从多元的生产者汇集到使用者的手中。玉器生产的组织与产品的分配显示从生产到消费的完整链条中需涉及广泛的空间，玉器生产将更广阔地域的人群组织起来，参与到与之相关的社会活动中。

筒形器和玉器都与礼仪活动密切相关，生产分工使更多的人可以参与礼仪用品的生产，增加了成员乃至群体之间的相互依存，也使生产者间接地参与到社会公共活动之中，成为增加群体认同、维护社会团结的有效途径。

2. 社会公共空间的营建

社会公共空间和与之相关的社会公共活动的规律性开展是提升参与者的群体认同，形成社会共识，从而实现社会团结的重要途径。

除墓葬外，牛河梁遗址发现了相当数量的特殊功能遗迹，与埋葬区共存或单独占据独立空间，其使用人群的限制不如墓地严格，形成了使用人群和影响范围相对广泛的社会公共空间。

第一地点和第十三地点分别独立占据一处遗址点，有各自独特的

① 邓聪：《牛河梁遗址出土玉器技术初探》，载辽宁省文物考古研究所编著《牛河梁——红山文化遗址发掘报告（1983—2003 年度）》，文物出版社 2012 年版，第 525—540 页。

结构和布局。第一地点由多组功能建筑构成，在此前所确认的“女神庙”（N1J1）、“山台”（N1J2）、“陶片窝”（N1J3）和四号建筑址（N1J4）的基础上，确认这些遗迹都是“山台”上的功能相关建筑，虽然建筑的整体布局和功能尚未完全清晰，但可以确定第一地点的多个建筑是经过统一规划设计的一组建筑。

第十三地点由于工作有限，尚未能对其结构、功能有全面了解，从目前的发现来看仅能确定其整体为圆形，由中心部分直径 40 米的夯土和外围砌石组成，砌石石墙直径 60 米，残存高度约 7 米。在石墙范围内并未发现红山文化墓葬，虽然目前很难确定其功能如何，但可知其与埋葬等行为无关，且在牛河梁遗址区内并未发现与其形制相同的遗迹。

两遗址点的遗迹结构、布局皆与其他积石冢地点存在明显差别，是区域内较为特殊的两组功能建筑，皆未显示与特定积石冢地点存在特殊联系，可能为区域多个人群所共有的公共设施。

N2Z3 祭坛位于第二地点中部，是牛河梁遗址唯一的三重圆坛，砌筑祭坛的石料也与其他地点有所不同，采用红色安山岩石柱作为石界桩，以垫土和石界桩形成逐层高起的三重圆坛，在内界桩内侧放置筒形器，其内堆石。三重圆的比例和结构较为特殊，虽然在第二地点与“积石冢”并存，在牛河梁遗址的其他地点并未发现与之结构相似的遗迹，其在遗址中的独一性仍显示其为牛河梁遗址的特殊遗迹。

N2Z5 和 N5SCZ3，皆为长方形，以单层石块砌筑边界，结构与建造特征也较为相似，应不是作为墓地使用的积石冢，而是有独立祭祀礼仪活动功能的“方坛”，垫土上的人骨可能是方坛修筑过程中的祭祀活动的遗留。两方坛所在地点皆可见多冢共存的现象，与 N5SCZ3 并存的有 N5SCZ1 和 N5SCZ2 两座积石冢，发现墓葬 6 座；与 N2Z5 共存的积石冢 4 座，排除破坏严重无法确知其具体情形的 N2Z6，N2Z1、N2Z2、N2Z4A 三个积石冢内共发现墓葬 35 座。N5SCZ3 的面积约相当于 N2Z5 的 1/4，二者的规模差异可能与所对应群体的规模有关。方坛在空间上与积石冢有明确的区分，应并非专属某一积石冢人群的设施，可能为同一地点共存的多个社会群体所共同拥有和使用的公共设施。

根据社会公共活动区域的规模和影响人群的范围可以将牛河梁遗址的社会公共空间分为三个等级：最高等级者规模较大、结构特殊且独占一个区域，显示其在社会中的超然地位；虽与其他遗迹共处一地点，但结构较为特殊者次之；在多个遗址点发现的规模较小、结构功能相似者再次之。

N2Z5、N5SCZ3 这种规模较小的社会公共活动区域仅见于多个积石冢并存的地点，而只见一座积石冢，无法进一步进行埋葬区域划分的第三、第十六地点则不见。这表明与之相关的社会公共活动可能是维护再分群体之间稳定的团结与联系的保障。

以此类推，规模不同的社会公共空间①在不同的人群范围内发挥着维护社会团结与稳定的作用。牛河梁遗址的社会公共空间是祭祀礼仪活动的载体，空间结构的层级化表明社会中已经出现了相对较为严格的祭祀礼仪活动规范。不同规模的社会公共活动将牛河梁遗址的多群体社会有效的联系起来，通过共同的社会公共礼仪活动，提高社会认同，促进社会团结。

不断规范和完善的祭祀礼仪活动成为社会团结和发展的基础。与之相关的器物生产的复杂分工则是祭祀礼仪活动的扩展，一些不能直接参与礼仪活动的人群可以通过参与相关器物的生产间接地加入到社会公共活动中。各类人群以不同方式参与到社会生活的重要事件中，成为有效维持社会团结的动力。

社会分层和手工业生产专业化所体现的规范、高效的社会管理体

① 社会公共空间可以分为仪式空间和生活空间两种，因牛河梁遗址未见明确的生活空间，在此不作进一步区分。

系同时也是祭祀礼仪活动的影响力和效率的体现。

牛河梁遗址所代表的红山文化中晚期社会已经出现了明显的社会分化，不仅等级分化加剧，小群体分化的特征也愈加明显，社会公共礼仪活动、围绕公共礼仪活动形成的手工业生产的专业化分工，以及在此基础上形成的统一社会管理体系有效抵消了群体分化所带来的社会分裂的倾向，实现了高度分化的多群体社会的团结。[①]

三　区域社会组织模式与群体关系

与社会分化的加剧相伴随，牛河梁社会通过社会分工和社会公共礼仪活动成功实现了对多群体社会的整合，并建立了统一的社会秩序；社会垂直分化所显示的统一社会组织的形成又进一步强化了社会的团结和一致。前文分析所发现的社会分化与整合模式是仅适用于牛河梁遗址，抑或是红山文化中晚期的普遍特征，是我们进一步认识红山社会必须明确回答的问题。

考古调查的发现提供了更广泛空间范围里社会组织与群体关系的信息，多个区域的考古调查都发现了遗址的聚集分布现象，遗址的聚集分布区之间通常有一定的空白地带，这种遗址的集中分布现象亦被称为集群（表2）。[②] 虽然由于划分标准的不同，研究者对具体区域的集群划分略有差异，如刘国祥[③]未对半支箭河流域调查的遗址进行集

① 郭明：《牛河梁遗址红山文化晚期社会的构成》，社会科学文献出版社2019年版。

② 与之相关、涵盖范围基本相似的概念有“遗址集群”，参见滕铭予《半支箭河中游先秦时期遗址分布的空间考察》，《吉林大学社会科学学报》2009年第4期；“聚落集群”参见刘国祥《红山文化研究》，科学出版社2015年版；“超地方性社区”，参见辽宁省文物考古研究所、匹茨堡大学比较考古学中心《大凌河上游流域红山文化区域性社会组织》，匹茨堡2014年，概念所涵盖的空间范畴基本一致。

③ 刘国祥：《红山文化研究》，科学出版社2015年版，第152、153页。

群的再分；滕铭予[①]则根据反距离处理加权值的不同分为3或4个集群（加权值为3时，分为4个集群；加权值为8时则可分为3个集群），遗址的集群分布已是较为普遍的现象。

表2　**遗址集群分布统计**

<table>
<tr><th>调查区域</th><th>调查面积（km²）</th><th>遗址数量</th><th>集群数量</th></tr>
<tr><td>蚌河流域</td><td>70</td><td>23</td><td>2</td></tr>
<tr><td>教来河上游</td><td></td><td>127</td><td>5</td></tr>
<tr><td>少郎河流域</td><td></td><td>24</td><td>1</td></tr>
<tr><td rowspan="2">半支箭河流域</td><td rowspan="2">221</td><td rowspan="2">19</td><td>1</td></tr>
<tr><td>3/4</td></tr>
<tr><td>赤峰地区</td><td>1234</td><td></td><td>20</td></tr>
<tr><td>大凌河上游地区</td><td>200</td><td>134</td><td>4</td></tr>
</table>

同属一个集群、空间距离较近的遗址之间出现了功能的分化。敖汉旗的调查显示存在二至三个遗址就近使用一个窑区的现象[②]。上机房营子遗址[③]红山文化陶窑出土的筒形罐根据器形和纹饰特征可以分为两组，分别代表彼此间存在交流和纹饰特征借鉴的两个筒形罐的制作群体。[④] 这两个群体可能来源于同一个遗址，也可能分别来自共用陶窑的邻近遗址。

遗址间的功能分化打破了遗址内自给自足的生活方式，以集群为单位的区域社会逐渐形成。虽然对集群间的遗址是否存在层级的区分

① 滕铭予：《半支箭河中游先秦时期遗址分布的空间考察》，《吉林大学社会科学学报》2009年第4期。

② 邵国田：《概述敖汉旗的红山文化遗址分布》，《中国北方古代文化国际学术研讨会论文集》，中国文史出版社1995年；刘晋祥、董新林：《燕山南北长城地带史前聚落形态的初步研究》，《文物》1997年第8期。

③ 内蒙古自治区文物考古研究所、吉林大学边疆考古研究中心：《赤峰上机房营子遗址与西梁》，科学出版社2012年版，第11—25页。

④ 郭明：《牛河梁遗址红山文化晚期社会的构成》，社会科学文献出版社2019年版。

有不同的看法，但都认为集群内出现了相对规模较大的中心性遗址。有研究者①试图将这种集群分布现象与人群关系的讨论联系起来，将集群定义为超地方性社区，是有统一领导的行政单元。

根据考古调查的发现，红山文化区应存在多个集群，集群之间的关系是认识红山社会的基础。作为玉器主要消费和使用地的牛河梁遗址在玉器获取方面所显示的广泛的社会联系提示着，看似独立、自给自足，但发展程度有别的集群之间存在复杂的联系。以下将通过对公布资料较为丰富的几个遗址及其与牛河梁遗址关系的分析，探讨集群之间的关系。

胡头沟遗址②位于辽宁省阜新蒙古族自治县化石戈乡胡头沟村西南牤牛河东侧的山丘上，遗址西部被破坏无存，两次发掘共清理红山文化墓葬4座。规模最大的墓葬73M1位于北侧，墓圹深入基岩，南侧设生土台阶，以石板叠砌石棺，出土勾云型玉器、玉鳖、玉棒等玉器15件。墓上以墓葬为中心有石块垒砌的石围圈，外侧可见三重石墙，最外侧摆放筒形器。南侧小型墓葬3座，墓圹较浅，以石板或石块砌筑石棺，共出土玉器5件。综合考虑墓葬规模和随葬品的种类、数量，北侧的73M1应属于与牛河梁遗址中心大墓相类似的等级较高的墓葬。墓地中墓葬的等级划分中心墓葬的规模、附属设施的结构，以及大型墓葬位于北侧、小型墓葬位于南侧的墓地布局皆与牛河梁遗址相似。这表明，胡头沟遗址也存在与牛河梁遗址相似的社会垂直分化，并且出现了地位等级超然的个体。

① 辽宁省文物考古研究所、匹茨堡大学比较考古学中心：《大凌河上游流域红山文化区域性社会组织》，2014年，第50—52页。

② 方殿春、刘葆华：《辽宁阜新县胡头沟红山文化玉器墓的发现》，《文物》1984年第6期；方殿春、刘晓鸿：《辽宁阜新县胡头沟红山文化积石冢的再一次调查与发掘》，《北方文物》2005年第2期；赵振生：《辽宁阜新县胡头沟新石器时代红山文化积石冢二次清理研究探索》，《中国考古集成东北卷（5）》，北京出版社1997年版，第1657—1659页；辽宁省文物考古研究所：《辽海记忆——辽宁考古六十年重要考古发现（1954—2014）》辽宁人民出版社2014年版，第48—50页。

虽然目前胡头沟遗址只发现了残存4座墓葬的一个墓地，但4座墓葬并不同时，从墓地布局、墓葬特征所显示的与牛河梁遗址相似的特征可以推测，胡头沟遗址可能与牛河梁遗址一样，是由多个地点组成的遗址群，周边可能有多处墓地。社会结构和组织方式与牛河梁遗址相同，也是以具有独特性的墓葬附属设施为标志的、超乎众人之上的高等级个体为核心的相对统一的多群体社会。

田家沟遗址①位于大凌河支流渗津河左岸，由四个地点组成，分布面积近2平方公里。以墓葬为主要遗迹，石棺墓、随葬品以玉器为主，由多地点构成遗址群等特征皆与牛河梁遗址相似。也存在墓葬规模、随葬品种类和数量的差异，但差别并不明显，未发现与牛河梁遗址特征相似的高等级墓葬。随葬玉器以镯、璧类为主，另见玉斧等工具类玉器，不见牛河梁遗址中较为常见的斜口筒形玉器、勾云型玉器。遗址群规模、随葬品所显示的社会层级都明显低于牛河梁遗址。第一地点墓葬环形分布的布局模式与牛河梁遗址第三地点较为相似，其规格大体与牛河梁遗址中小墓地相当。

半拉山墓地②位于辽宁省朝阳市龙城区召都巴镇尹杖子村东北的山梁上，是一处延续使用的红山文化墓地，随葬玉器以装饰类的璧、镯为主，亦可见相当数量的工具类器物，如斧、钻等，而少见勾云形玉器等大型器物。无随葬品墓葬约占墓葬总数的一半，未见与牛河梁遗址相似的高等级墓葬。虽墓葬数量多，但墓葬规模和随葬品所显示的墓地的级别并不高。

田家沟与半拉山墓地在墓葬数量和分布特点上略有差异，随葬品以装饰类和工具类玉器为主的特征相似，两墓地的墓主头向变化多

---

① 王来柱：《凌源市田家沟红山文化墓葬群》，《中国考古学年鉴2010》，文物出版社2011年版。

② 辽宁省文物考古研究所、朝阳市龙城区博物馆：《辽宁朝阳半拉山红山文化墓地的发掘》，《考古》2017年第2期；辽宁省文物考古研究所、朝阳市龙城区博物馆：《辽宁朝阳市半拉山红山文化墓地》，《考古》2017年第7期。

样、缺乏明显规律的特征表明内部一致性都相对较弱，与牛河梁遗址明显等级分化和社会高度统一的特点差别明显。若二者分别代表一个集群的话，则意味着其与牛河梁遗址所代表的集群之间存在明显的发展程度的差异，甚至可能存在等级分化；若其是某一个集群的组成部分则意味着所在集群中可能也存在一个与牛河梁遗址或胡头沟遗址相似的中心性遗址。田家沟遗址与牛河梁遗址直线距离约 50 公里，墓葬单独设置脚厢并随葬陶器的特点也见于牛河梁遗址，或许可为判断其归属牛河梁集群提供依据。

分析可以发现，牛河梁、胡头沟这类等级较高的遗址虽距离遥远，但高等级墓葬较为相似，墓葬布局和随葬品使用方式显示的社会规则也基本相同，甚至在墓主头向等方面也显示出相对一致的变化规律。从直线距离上来看，田家沟墓地与牛河梁遗址更为接近，但在墓葬特征上却显示出明显的个性化特征。等级较低的墓地不仅与高等级墓地存在差异，等级大体相当的田家沟、半拉山墓地之间也存在不同。高等级墓葬的一致性显示社会上层之间密切的交流和高度的文化认同，低等级墓葬之间的差异则显示相对较弱的联系，这表明，社会联系与交流主要是通过上层社会展开的，社会团结也是采用自上而下的方式实现的。

胡头沟遗址与牛河梁遗址直线距离 150 公里，远超过考古调查所初步确认的相邻集群间的距离，二者相似的墓地布局、社会垂直分化和社会组织模式表明社会分层和多层级的社会组织结构已经是红山文化晚期普遍出现的社会形态。

墓地布局、最高等级墓葬特征相同的两遗址之间仍存在规模的差异。通过埋葬时间大体相同的牛河梁遗址 N2Z2M1 与胡头沟遗址 73M1 的比较可以发现，虽然二者石墙所圈定的墓域范围大体接近，石料及砌筑规整程度显示在墓葬营建过程中劳动力消耗的明显差异：牛河梁遗址采用相对规整的长方形石灰岩石块砌筑，胡头沟遗址则采用不规则石板，砌筑也相对潦草。

从出土遗物来看，胡头沟73M1出土玉器15件，包括勾云型玉器1件、玉鳖2件、玉鸟1件、玉鸮2件、璧1件、镯1件、珠3件、棒4件。对比牛河梁遗址，璧、镯、珠是较为常见的器物，单独出土镯、璧、珠及玉棒的墓葬皆属牛河梁遗址的一般墓葬，其数量的增加也无法提升墓主的身份和地位。代表墓主较高社会层级的勾云型玉器及一对玉鳖与牛河梁遗址发现的同类玉器造型相近，但器形明显缩小。勾云型玉器残长7.9、宽4.8、厚0.6厘米，与之形制相同的牛河梁遗址N2Z1M14出土者长15.8、宽6.9厘米；玉鳖（报告称玉龟）与N5Z1M1出土者相似，也为雌雄各一，长分别为3.9和4.8厘米，牛河梁遗址出土者则分别长9和9.4厘米。

胡头沟遗址标示墓主层级的各类器物齐全，玉器的器形小、玉质也略差，可视为牛河梁最高等级墓葬的缩微版。两遗址墓葬特征所显示的社会分层及区域社会组织结构基本相同，社会规范的同质性显示社会组织核心原则的一致，甚至可能存在相同的社会管理、运行的规范。

虽然组织结构显示二者可能皆为独立的社会行政实体，但相同社会规范下规模的差异提示二者之间存在等级分化。结合牛河梁遗址中出现的大规模礼仪活动中心、玉器所显示的社会分配原则，可以推测，二者之间的等级差异可能与其在祭祀礼仪活动中的地位有关。与祭祀礼仪相关的社会公共活动是红山社会团结的基础，也是红山社会秩序建立的依据。

若以牛河梁遗址代表一个集群，胡头沟遗址则可能是另外一个集群的代表，红山文化区内存在的多个集群可能就是通过规范化、制度化的礼仪活动整合成为统一的以信仰和文化认同为基础的社会。

四　社会的整合与发展

随着社会职能分化的不断完善，祭祀等公共礼仪活动逐渐出现神圣化的倾向，器物的制作、使用都出现了明确的圣俗之分，与礼仪活动相关的器物出现标准化特征。筒形器作为祭祀礼仪活动场所最为常见的器物，虽然皆在使用地附近制作，[①] 但在广泛地域内，造型、纹饰风格几无明显差异；筒形罐等日用生活陶器则存在个体差异。筒形器生产的标准化及专业化分工与筒形罐的个性化独立生产分别展现了统一与个性并存，重礼仪、轻世俗的社会的一个侧面。广泛空间内的一致性显示统一的信仰、礼仪活动体系对红山社会的整合发展起了重要作用。

红山文化延续了自兴隆洼文化就已经出现的巫术与偶像崇拜的传统，并将之通过统一的社会规范整合起来，通过一系列的礼仪活动，建立起统一规范的信仰体系。

人像被认为是“原始宗教”出现的重要特征，制作人像的传统可以追溯至兴隆洼文化，白音长汗遗址[②]的房址内发现的竖立于灶前的石雕人像是辽西地区目前发现年代最早的石雕人像。这一时期，人像[③]的体量大体相当，皆 50 厘米左右，虽对面部特征有所刻画，但相对较为模糊，着重表现凸起的腹部，显示为以“丰产”为主要追求的女神崇拜的出现。至红山文化，人像不仅出现了泥、陶、玉、石等多种质料，根据需求不同，人像的尺寸也开始多样化，并向大、小两极

---

① 李涛：《红山文化无底筒形器的“专业化”生产问题》，《北方文物》2019 年第 1 期。

② 内蒙古文物考古研究所：《白音长汗——新石器时代遗址发掘报告》，科学出版社 2004 年版。

③ 翁牛特旗南湾子北遗址和林西县西山遗址也发现了兴隆洼文化的石人。参见党郁《2016 年内蒙古自治区文物考古研究所考古发现综述》，《草原文物》2017 年第 1 期；王刚《从兴隆洼石雕人像看原始崇拜》，《昭乌达蒙族师专学报》（汉文哲学社会科学版）1998 年第 3 期。

发展，最大者约三倍于真人，小型人像仅相当于真人手掌大小。

小型人像多以表现怀孕女性形象为主，体形小，方便随身携带。红山文化中期的西水泉①、西台遗址②出土人像着重表现躯干特征，无头和四肢，以突出的乳房和浑圆的腰腹显示孕妇的特征；年代稍晚的牛河梁遗址、东山嘴遗址③的陶孕妇像体型缩小，制作也更加精美，多采用直立或倚坐姿势。

大型人像中最小的也相当于真人一半大小，着重表现面部形象。兴隆沟遗址出土的陶塑人像④较为完整，是以头部和躯干作为表现主体的坐像，胸腹部与筒形器略有相似，面部表情丰富，头饰清晰，四肢则相对细小瘦弱，以细泥条盘在中空圆底之外。对于人像的性别，研究者有不同的观点，性别判断争议的存在表明，这类人像着重刻画面部特征，而不再着重强调其性别或怀孕的特征。不仅如此，有学者甚至认为这尊陶塑人像是“女祝”形象，并进一步认为“敖汉女祝陶像性质的考证以及若干制度细节的揭示，其意义远不止于文字起源的探索，相关制度虽见于晚出之《周礼》，但其记载与敖汉女祝陶像的相互印证，则可将有确证可考的巫祝制度与形上观念的起源与形成上溯到红山文化时代，足见陶像学术价值的弥足珍贵”。⑤

体形最大的是牛河梁遗址“女神庙”出土的泥塑人像，泥塑人像可分为三倍于真人、两倍于真人、与真人等大三种规格，约与真人大

---

① 中国社会科学院考古研究所内蒙古工作队：《赤峰西水泉红山文化遗址》，《考古学报》1982年第2期。

② 林秀贞、杨虎：《红山文化西台类型的发现与研究》，中国社会科学院考古研究所编《考古学集刊第19集》，科学出版社2016年版，第59—99页。

③ 郭大顺、张克举：《辽宁省喀左县东山嘴红山文化建筑群址发掘简报》，《文物》1984年第11期。

④ 吉日嘎拉：《内蒙古赤峰市敖汉旗兴隆沟遗址挖掘报告》，《赤峰学院学报》（汉文哲学社会科学版）2012年第11期；中国社会科学院考古研究所内蒙古第一工作队 敖汉博物馆：《内蒙古敖汉旗兴隆沟遗址第二地点红山文化聚落》，《考古学报》2023年第4期。

⑤ 冯时：《敖汉旗兴隆沟红山文化陶塑人像的初步研究》，《中国社会科学院古代文明研究中心通讯（第24期）》，2013年。

小相当的“女神头像”的五官生动清晰。

石雕人像见于草帽山遗址、那斯台遗址和半拉山遗址，半拉山遗址的石雕人头像高额、深目，显示与牛河梁遗址所见的“女神头像”可能存在人种差别。

强调面部特征的人像多五官清晰，面部形象多样，所表现的可能是现实生活中存在的某位祖先的形象，是某一人群的祖先神。[①] 面部形象的差异表明红山文化中人群构成的多样性。

质料的选择可能因地制宜，而人像的大小则与重点表现的内容或偶像的功能有关。小型人像愈加显示出便携性，以孕妇形象为主，所属个体明确，显示为个体巫术的延续；大型人像则通过体形的大小来彰显神的能力与威严，显示信仰世界的等级与秩序。

动物通常被作为萨满或巫与天地、神灵沟通的媒介或助手，仿动物形象的物品亦可起到与动物相同的作用。红山文化墓葬中出土了相当数量的仿生动物造型的玉器，鸮、鸟、龟、鳖等的造型、比例与现实中同类生物完全相同，这类器物可能在一定程度上继承了其所模仿的动物的功能。玉器多出自墓葬，分析显示玉器的使用遵循了一定的社会规范，特别是抽象造型的勾云型玉器、斜口筒形玉器不仅在使用方式上相对固定，同时也是标示墓主身份地位的重要器物。仿生造型的玉器在墓葬中的规范化使用表明其原初造型所具有的功能已经被整合在统一的体系之内，并成为这一统一社会规范体系的重要组成部分。

女神庙出土的泥塑像则是信仰体系的进一步整合。泥塑包括人像和动物像两种，动物像主要见禽类（鹰）、兽类（熊）两类。鹰和熊是分别活跃于天空和地上的“霸主”，动物形象与人的形象在狭小空间共存，将与巫术有关的动物神崇拜和已经形成等级划分的祖先神的

① 苏秉琦先生论及女神庙出土的女性雕像，提出“这是红山文化的女祖，也是中华民族的共祖”的观点。参见苏秉琦《中国文明起源新探》，生活·读书·新知三联书店 1999 年版。

崇拜整合起来，重新确立了人和辅助沟通天地的动物神在信仰体系中的地位和功能。

红山社会整合了区域内早已出现的巫术和偶像崇拜的传统，形成了可以被广泛接受的新的信仰体系，成为红山文化的社会规范和等级秩序建立的基础，建立在此基础上的社会公共礼仪活动的分级是社会秩序的反映。

牛河梁遗址所建立起的多层级的祭祀礼仪活动及社会公共空间是红山社会的缩影，礼仪活动与相关设施的层级化在统一社会信仰的同时，进一步强化了社会秩序。

东山嘴遗址①是一处独立的祭祀遗迹，总面积约 1000 平方米，由南侧的圆形祭坛和北侧的长方形建筑基址组成。圆形祭坛包括三个南北相连的椭圆形石圈构成的三圆形祭坛，以及与方形基址之间的正圆形祭坛。二者的规模都不大，三圆形石圈以河卵石砌出边缘，其内以小石块铺平；正圆形祭坛以长方形规整石板砌筑边界，其内以大小相同的河卵石铺平。厚约 50 厘米的黄色垫土将二者的使用时间区分开来，南侧的三圆形祭坛略早于圆形祭坛，北侧的方形建筑基址的修筑时间与三圆形祭坛相同。虽然祭祀遗迹有规模逐渐缩小的趋势，但以其占据的独立空间所形成的“场域”范围凸显其重要性。

半拉山墓地的“祭坛”② 位于墓地北侧，有两道石墙，外墙挖槽砌筑，南端不封口。内墙为长方形封闭石墙，不挖槽、地面起筑，西墙的外侧可见保留于原位的筒形器，沿内墙相同位置可见大量筒形器残片，推测内墙外侧可能有一周筒形器。墓葬与筒形器、祭坛石墙之

① 郭大顺、张克举：《辽宁省喀左县东山嘴红山文化建筑群址发掘简报》，《文物》1984 年第 11 期。

② 辽宁省文物考古研究所、朝阳市龙城区博物馆：《辽宁朝阳市半拉山红山文化墓地的发掘》，《考古》2017 年第 2 期；辽宁省文物考古研究所、朝阳市龙城区博物馆：《辽宁朝阳市半拉山红山文化墓地》，《考古》2017 年第 7 期。

间的打破关系[①]显示祭坛与墓地占据同一区域并与墓葬互有早晚。

草帽山积石冢[②]第一地点发现墓葬 7 座及北侧砌石构成的“祭坛”，墓葬叠压于“祭坛”的垫土或石墙下的层位关系显示“祭坛”较墓葬的年代略晚。

田家沟遗址[③]也发现了与祭祀礼仪行为相关的遗迹，如第二地点的积石堆积以及第三地点的石围圈、白石头圈和白石头带等，这些遗迹与墓葬占据同一区域，交替出现。

半拉山、草帽山、田家沟等遗址墓葬与祭坛等祭祀礼仪活动遗迹的叠压、打破关系显示，区域使用过程中曾发生功能的变化，而田家沟墓地中墓葬与祭祀活动遗存之间反复的叠压打破关系则显示这种变化可能是同类遗址中的常态。

祭祀礼仪设施通常与墓地共同构成功能相关的遗址群，根据其与其他功能区域的组合关系大体可以分为以下三种。

第一种，与墓地位于同一区域，与墓葬年代略有先后。如草帽山第一地点、田家沟墓地，墓葬与祭祀功能区的交替意味着祭祀功能区延续使用时间较短，可能为临时设施或场所；半拉山墓地由于没有直接的地层关系加以确认，不能排除北侧的祭台与南侧的部分墓葬共存的可能，因此半拉山墓地可能存在祭祀与墓葬功能存在先后或二者为互补功能区两种可能。无论哪一种可能，半拉山墓地的祭祀功能区的人群指向都不超过使用墓地的人群。

---

① 发掘者提供的坛墙西侧筒形器的照片（《考古》2017 年第 7 期图六）显示筒形器叠压 M47、M48，线图（《考古》2017 年第 2 期图三）显示坛墙叠压 M47，M48 打破砌筑界墙时的挖槽，虽然不同信息所显示的各类遗存的早晚略有差异，但都能确认其并未同时存在。

② 《敖汉旗四家子红山文化积石冢》，《中国考古学年鉴 2002》，文物出版社 2003 年版，第 157 页；邵国田：《草帽山祭祀遗址群》，《敖汉文物精华》内蒙古文化出版社 2004 年版，第 27—29 页；刘国祥：《红山文化研究》，科学出版社 2016 年版，第 315—320 页；

③ 王来柱：《凌源市西梁头红山文化石棺墓地的发掘与研究》，载辽宁省博物馆编《辽河寻根文明溯源——中华文明起源学术研讨会论文集》，文物出版社 2012 年版，第 65—81 页；辽宁省文物考古研究所：《辽海记忆——辽宁考古六十年重要考古发现（1954—2014）》，辽宁人民出版社 2014 年版，第 53—59 页。

第二种，独立的祭祀礼仪场所。如东山嘴遗址，规模明显小于牛河梁遗址的独立祭祀地点，可能为区域的祭祀礼仪活动中心。①

第三种，由多个独立的社会公共设施组合而形成的祭祀礼仪活动的综合体。如牛河梁遗址由形制不同的第一、第十三地点共同构成大型的祭祀礼仪活动中心，单体规模超过了目前发现的其他遗址，应是可以动员和影响更广泛区域人群的更大规模的宗教和礼仪中心。

参照牛河梁遗址祭祀礼仪活动设施的规模及其所动员、服务人群的范围所确定的层级，也可以将红山文化多个区域内发现的祭祀礼仪活动遗迹进行相应的划分：牛河梁遗址多个独立的社会公共设施的组合等级最高，其建造和使用者可能并不只限于埋葬于牛河梁遗址的人群，也可能是红山文化时期更广泛区域内的人群所共同使用的公共设施；东山嘴遗址虽整体规模不大，但拥有独立的祭祀区域，略低一个等级，其面对和服务的范畴可能为某一地区的人群，是小区域的礼仪活动中心；与其他遗迹共用或交替使用同一区域的遗址为第三等级，其服务和影响的对象应该是与其并存的或与之占据同一区域的社会群体。

分析可知，不仅牛河梁遗址中存在与使用人群范围相关的祭祀礼仪活动设施规模的差异，不同地区之间也出现了祭祀礼仪活动区规模的差别，并显示出明显的等级分化的特征。大型社会公共活动设施面对的群体规模和空间范围更加广阔，小型设施则面对相对有限的人群。在红山文化区可能存在多个不同层级的社会礼仪活动中心，而建筑规模最大、结构最为特殊的牛河梁遗址区的特殊功能建筑可能是更广地域范围内的人群所共同的礼仪活动的场所，是整个红山文化区内人群共同的社会礼仪中心。

规模和等级略低的社会礼仪活动中心并非对更高等级礼仪活动设

---

① 辽宁省文物考古研究所、匹兹堡大学比较考古学中心：《大凌河上游红山文化区域性社会组织》，匹兹堡，非国内正式出版物，2014 年。

施的简单复制，东山嘴遗址与牛河梁遗址作为独立的祭祀礼仪活动区的第一和第十三地点的结构和布局皆不相同，显示社会公共活动不仅与涉及人群的规模相关，更显示礼仪活动的功能、对象甚至活动主体人群社会层级上的差异。各层级略有差异的祭祀礼仪活动是红山社会礼仪体系不可分割的组成部分。

前文分析发现牛河梁遗址与胡头沟遗址虽然都存在修筑方式和随葬品特征相对较为规范的高等级墓葬，但在墓葬及随葬品所显示的规模上来看仍略有差别，牛河梁遗址的高等级墓葬的随葬品的造型更为精致、用料更多、玉质也更好。根据不同层级的聚落或社会群体与祭祀礼仪活动场所规模的对应关系则可以推测，两遗址所显示的高等级墓葬规模的差异可能与二者所对应的礼仪活动设施及与之相关的礼仪活动的等级有关。在红山文化的社会分层规范中，礼仪活动的参与程度是重要的参考指标，礼制及与其相关的礼仪行为将红山社会凝结成有序发展的整体。

至迟在距今 5500 年前后，红山社会已经形成了相对统一的社会礼仪活动规范，在此后的时间里，统一的社会意识形态和据此展开的公共礼仪活动成为联合多个地域群体的力量。规范化、层级化的社会公共设施及与之相关的社会公共礼仪活动是社会秩序建立的基础，多群体共同参与的社会公共活动是促进社会团结的重要力量，成为红山社会整合的基础。

然而整合并不意味着完全的同质化，祭祀礼仪活动及与之相关“礼制”的规范并未影响日常生活领域的多样性，甚至同一遗址出土的筒形罐的特征仍有差异①，而未表现出如筒形器那般标准化的器形。

以祭祀礼仪活动作为基础的社会规范对不同层级的群体的影响程

① 内蒙古自治区文物考古研究所、吉林大学边疆考古研究中心：《赤峰上机房营子与西梁》，科学出版社 2012 年版；郭明：《牛河梁遗址红山文化晚期社会的构成》，社会科学文献出版社 2019 年版。

度也有所不同，等级较高、规模较大的墓葬在玉器的使用规范、墓葬结构及设施构成等方面基本相同，如牛河梁遗址与胡头沟遗址虽然直线距离 150 多公里，但二者之间的一致性明显超过了牛河梁遗址的高等级大墓所在的第二地点和不见高等级大墓的第三地点。与牛河梁遗址距离更近的田家沟遗址的墓葬特征也与牛河梁遗址的高等级大墓存在差别。以田家沟、半拉山墓地为代表的等级相对较低的社会群体在墓地的布局、墓主头向等墓葬风格方面表现出灵活多样的特点。这表明，社会地位相对较高的社会成员是受祭祀礼仪行为影响较为明显的群体，而社会地位相对较低的群体因在社会公共礼仪活动中的参与度有限，受到的约束也相对有限。

五　结语

与此前的时期相比，红山文化时期同样的环境需要承载数倍于此前的人口，人口数量与密度的增加同自然环境承载力之间的矛盾会转化为群体之间对自然资源的竞争，从而对社会组织模式产生影响。纵观红山文化繁荣发展的千余年时间，红山社会始终以一种相对平和而稳定的方式发展，并未发现明显的竞争与冲突的迹象。有些遗址中发现了仅存头骨或头骨不存的墓葬，可能与暴力行为有关，但这类墓葬数量相对较少，并未成为普遍的社会现象，这也意味着在红山社会并未出现系统性的暴力行为。红山社会采取了一种更为温和的、以祭祀礼仪活动为基础的社会整合方式。

重死轻生、重礼仪轻世俗是红山文化最为显著的特征，相对完善的祭祀礼仪活动体系的建立，为社会的统一发展奠定了意识形态的基础，并将之作为确立社会秩序、维系社会关系的基础。

礼仪活动设施的规模、构成与影响人群的范围成正比，由此形成了以牛河梁遗址为代表的红山文化规模最大的公共礼仪活动中心、以东山嘴遗址为代表的地区礼仪活动中心以及 N2Z5、N2SCZ3 等可能影响范围更小的再分群体的礼仪活动场所。与大型礼仪活动中心相对应，红山社会中最高等级的墓葬也仅出现在牛河梁遗址，社会公共礼仪活动的规格和参与度成为获取社会地位的主要途径。

社会公共礼仪活动也是经济与社会发展的核心。与日常生活类设施的建设和产品的生产相比，与礼仪行为相关的产品的生产采用了更先进的技术，投入了更多的力量，显示出较高水平的社会分工和管理的特征。围绕礼仪活动的开展，礼仪建筑的兴建显示社会高度的组织动员能力，与祭祀礼仪活动密切相关的陶器、玉器的生产和分配是社会权力的体现而非获取社会权力的途径，生产管理权从属于社会公共礼仪活动。

生产过程的高度分工和广泛动员无形中提升了成员对社会公共活动的参与度，并由此增加了社会认同。红山文化将区域原有的多种信仰整合入同一体系中，并通过社会公共礼仪活动起到了教育和强化的作用。

红山文化存在多个在经济上互相依托、往来密切的群体，这些群体空间距离较近，在经济或设施上存在相对明显的共生关系，从而形成了地域共同体。相同的意识形态和礼仪行为所建立起来的社会秩序将不同的地域群体整合成为联系更为紧密的，超越了地域、经济和军事的文化共同体。

以牛河梁遗址群为代表的红山文化社会初步形成了基于祭祀行为的礼制，并以礼制整合社会，形成了社会关系准则和管理体系。

从不同的礼仪性遗存来看，出现了以规模和构成的差异为标志的等级化礼仪中心：最高等级为牛河梁遗址群，其特点是由多个独立的社会公共设施组合而成，其建造和使用者可能并不只限于埋葬于牛河梁遗址的人群，也可能是红山文化时期更广泛区域内的人群所共同使用的公共设施；其次为东山嘴遗址、胡头沟遗址，虽整体规模不大，但拥有独立的祭祀区域，其面对和服务的范畴可能为某一地区的人群，是红山社会某一区域的礼仪中心；第三等级为散布在红山文化分布区内各个遗址中与其他遗迹共用或交替使用同一区域的礼仪性遗存，其服务和影响的对象应该是与其并存的社会群体或再分群体。

从礼仪活动重要的物质载体玉器出土的情况看，其种类的差别、器型的差别以及组合的差别可能与玉器本身的功能及墓主人的身份、地位、职业的差别相关。虽然还不能清晰地解读其象征意义，但这种意义的存在几乎已经成为了学术界的通识。红山文化继承了本地区自兴隆洼文化以来的用玉传统，并完成了制度化、形成用玉制度，在中国甚至东亚地区率先完成了以玉器分层级使用为标志的等级体系。

《周礼》[①] 等文献中记载了对周王、诸侯、大夫士在祭祀礼仪上等级的规定：周王祭全载大地；天子大社，祭九州之土，王社祭畿内之土，诸侯国社祭国内之土，侯社祭籍田之土；王立七庙、一坛、一墠；诸侯立五庙、一坛、一墠；大夫立五庙、二坛；適士二庙一坛；官师一庙；庶士、庶人无庙。也是从礼仪活动场所的规模和构成上规定了社会规范与管理体系。《春官·宗伯》中说：“以玉作六瑞，以等邦国”“以玉作六器，以礼天地四方”，《冬官考工记·玉人》篇则记载了六瑞、六器的差别。

《周礼》原名《周官》，其成书年代及作者仍然有较大的争议，相传是周公制礼作乐后形成的西周礼乐制度，主要通过对职官职责的规定来形成完备的社会关系准则，既是文化意义上的礼乐制度，也是政治意义上的国家管理准则。但这种完备的制度体系显然不是旦夕之间能够完成的，所以才有孔子说的“殷因于夏礼，所损益可知也。周

① （清）孙诒让著，汪少华点校：《周礼正义》卷四十八，中华书局2018年版。

因于殷礼，所损益可知也”[①] 类似《周礼》这样完备的礼制体系、社会管理体系应该是漫长社会发展过程中各种规制的集大成。就目前的考古发现来看，这种追溯，至少可以早到公元前 4000 年的红山文化中晚期。红山社会基于祭祀活动形成的礼制体系与社会关系准则虽远不及后世文献相关记载的清晰、完备，但已经略备其形，而且核心内涵正是后世礼制体系、社会关系准则和国家管理体系的基础。文化认同前提下的社会整合，是红山社会的制度创新、也是对中国文明起源与形成以及王国形成之后国家治理模式的重要贡献。

① （清）刘宝楠撰、高流水点校：《论语正义》《为政第二》篇，中华书局 1990 年版。

早期中国的文化通道与国家起源形成

高江涛　庞小霞

（中国社会科学院考古研究所）

考古学文化的时空分布范围和逐步向外传播的状态能间接反映出文化间的交流通道，沿考古学文化传播的方向，常常就是各地的地理交通通道的指向，因为文化的传播无疑是由其背后的人及人群借助地理通道来实现的。或者说无论是文化的还是经济间的交流都不可能是空中楼阁，都必须依赖实实在在存在的交通道路，甚至不同区域或地理单元间所依通道的文化交流多是互动的或双向的。交流通道之于一个区域犹如身体之于大动脉，它对早期地理交通研究意义非凡，更对中国文明起源与形成深层次研究关系重大。

一

早期中国最早是由美国学者吉德炜 1975 年创办一个《早期中国》期刊而提出，它出现很长时间内其实主要是通行于西方汉学研究的一个学术概念，确切说是通行于美国的一个概念。它有一个相对较宽泛的时间范围，从史前直到汉代①。这和中国学界一般常用的先秦时期、新石器时代、青铜时代及夏商周等来界定时间范围是不同的。21 世纪

---

① 参见李峰撰《早期中国研究及其考古学基础——全球化时代的新观察》，《北美中国学——研究概述与文献资源》，胡保华译，中华书局 2010 年版，第 52—54 页。

以来，中美交流的更深入发展，尤其上海古籍出版社组织的《早期中国研究丛书》的出版，国内学术界对于“早期中国”的内涵逐渐熟悉并接受。近年“早期中国”一词开始在国内不少学者的著作题名或研究中出现[①]。

20世纪80年代以来中国文明起源研究逐渐成为热点和前沿。1985年，夏鼐先生《中国文明的起源》一书出版，该书是中国文明起源研究史上一部划时代的专著，标志着中国文明起源研究全面展开[②]。关于这一研究中“中国”的内涵，学者之间一直歧义纷呈。苏秉琦先生1991年提出了古代中国演变的“三部曲”，认为经历了共识的“中国”（传说中的五帝时代）、理想的中国（夏商周三代）、现实的中国（秦汉帝国）的发展变化[③]。苏先生接着进一步论述并也提出了最初中国的概念，他具体言道：夏以前的尧舜禹，活动中心在晋南一带，“中国”一词的出现也正在此时，尧舜时代万邦林立，各邦的“诉讼”“朝贺”，由四面八方“之中国”，出现了最初的“中国”概念，这还只是承认万邦中有一个不十分确定的中心，这时的“中国”概念也可以说是“共识的中国”，而夏商周三代，由于方国的成熟与发展，出现了松散的联邦式的“中国”，周天子的“普天之下，莫非王土；率土之滨，莫非王臣”的理想“天下”。理想变为现实的则是

① 以韩建业为代表发表了一系列文章，并出版专著《早期中国——中国文化圈的形成与发展》，上海古籍出版社2015年版，可参见其专著绪论，此外北京联合大学自2013年以来陆续出版了两辑《早期中国研究》，内容涵盖早期中国领域国内一些研究成果。2013年以来尤其2015年以来以早期中国作为研究标题的文章更多地出现，知网搜索发现很多。不再一一列举。

② 中国社会科学院考古研究所、中国社会科学院古代文明研究中心：《中国文明起源研究要览》之前言部分，文物出版社2003年版。张光直先生的一篇遗稿中评价夏先生这方面的贡献时说：“最近几年以来，中国文明的起源——或与此类似的题目——成为中国考古学、古史学界热烈讨论的一个论题。开这个风气之先的是1985年在北京出版的夏鼐的《中国文明的起源》的中文版。(张光直：《论“中国文明起源的研究”》，《文物》2004年第1期)。徐苹芳先生更是直接指出夏鼐先生对中国文明起源的研究是中国文明形成研究史上一个划时代的分水岭，他把中国文明形成的考古学研究推向一个新阶段（徐苹芳《中国文明形成的考古学研究》，《中国文物报》2005年2月25日第7版）。

③ 苏秉琦：《关于重建中国史前史的思考》，《考古》1991年第12期。

距今2000年前的秦始皇统一大业完成和秦汉帝国的形成。[①]

此外，新世纪以来在中国热门的讨论还有“早期国家”问题。20世纪70年代克赖森和斯卡尔尼克（Henri Joannes Maria Claessen and Peter Skalník）提出“早期国家”的概念[②]，对早期国家分为了三类或者三个阶段，即Inchoate Early State（未完全成形的早期国家或未发达的早期国家）、Typical Early State（典型的早期国家）、Transitional Early State（过渡形态的早期国家）。后来又将Inchoate Early State更改为incipient early state（初始的早期国家），概念本身有所变化[③]。而中国学者对早期国家的概念看法与国外学界提出的早期国家又有明显的不同，甚至差别很大，已有学者论述[④]，不再赘述。而中国学者们在研究中国古史体系常常使用的“早期中国”概念，无论争议大小，在年代上主要是指先秦时期这一时间段[⑤]。

而把“最初中国”作为一个单独的概念开始讨论则是近些年才明确开始的。近些年“最早的中国”[⑥]“最初中国”[⑦]一一提出，其内涵似乎更是各不相同。有关“最早中国”“最初中国”等的讨论逐渐成为相关研究中虽歧义纷呈却绕不开的一个热点。“最早中国”的称呼侧重时间节点，而“最初中国”强调的是一种最初的形态。史前史与考古研究的实践及经验告诉我们恰恰是时间与年代最难以确定和掌

---

① 苏秉琦：《中国文明起源新探》，辽宁人民出版社2009年版，第136—137页。

② Henri Joannes Maria Claessen and Peter Skalník, *The Early State*, The Hague: Mouton, 1978.

③ 参见克赖森，胡磊译《关于早期国家的早期研究》，《中国社会科学院古代文明研究中心通讯》2006年第12期。

④ 参见沈长云《联系实际引入国外人类学理论》，《史学月刊》2008年第1期。

⑤ 参见韩建业《早期中国：中国文化圈的形成和发展》，上海古籍出版社2015年版，第5—12页。

⑥ 许宏：《最早的中国》，科学出版社2009年版，第14—15页；许宏：《何以中国——公元前2000年的中原图景》，生活·读书·新知三联书店2014年版。

⑦ 何努：《最初“中国”的考古学探索简析》，《早期中国研究》（第1辑），文物出版社2013年版，第36—43页；李新伟：《“最初的中国”之考古学认定》，《考古》2016年第3期；高江涛：《陶寺所在晋南当为“最初中国”》，《中国社会科学报》2018年7月16日第5版。

控，最易生歧。有鉴于此，笔者以为称为“最初中国”更合适。

以上分别存在“早期中国”“最初中国”“早期国家”三个重要概念，这三个概念虽有一定的具体内容上的差异，但在中国就核心内涵而言又是大体相当的，都是探讨“中国”开始形成及早期发展的问题。在讨论相关问题时，笔者倾向使用“早期中国”的称谓。正像文明或国家的形成有一个长期发展的过程，是一个包含起源、形成及早期发展的进程。同样的，早期中国也有一个萌芽、形成、发展的过程，并认可早期中国更多是文化意义上的早期中国，指秦代之前（包含秦汉）中国大部分地区因文化彼此交融联系、互动交流而逐渐形成的广义上的文化共同体。

二

以嵩山为中心的中原地区早在裴李岗时期和东方海岱地区就有了交流，而且以裴李岗文化影响后李文化为主①，甚至也有学者认为北辛文化中大型石铲、陶器中乳丁装饰、钵、小口双耳壶、鼎、三足壶、三足钵、碗、带把勺等均与裴李岗文化相似，应是后者的冲击改变了海岱地区原有后李文化的发展方向，促成了北辛文化的形成②。与此同时中原地区和其北方的磁山文化也有频繁的交流，分布于冀南的磁山文化中含有大量裴李岗文化的因素，学术界曾因二者是一支或是两支考古学文化及怎样命名而激烈争论，在其晚期，在后岗类型的分布区域两种文化都对这一地区的文化形成有重要影响，以致关于仰韶文化后岗类型的来源有磁山、裴李岗的不同认识。裴李岗文化对其

① 靳松安：《河洛与海岱地区考古学文化的交流与融合》，科学出版社2006年版，第134—135页。

② 栾丰实：《试论裴李岗文化与周边地区同时期文化的关系及其发展去向》，《论裴李岗文化》，科学出版社2010年版，第57—58页。

西方也有强烈影响，分布于关中及汉水上游的白家文化（或也称大地湾文化），距今约7800—7000年，比裴李岗文化兴起晚得多，但在后者中可见到圜底钵、三足钵、侈口罐等裴李岗文化的主要陶器，有研究者指出白家文化是裴李岗文化向西扩展并与土著文化融合的产物[①]。有学者指出裴李岗文化甚至还对江淮的彭头山文化有影响，并总结裴李岗文化是一支十分强势的文化，形成了新石器时代的“黄河流域文化区”，以及“早期中国文化圈”的雏形，并使黄河、长江流域此后的文化发展有了一个颇具共性的基础[②]。很显然裴李岗文化这种强势扩张，使得早期中原地区的裴李岗人很可能掌握了相当的地理知识，他们在与四方的互动交往中，认识了不同的山川地貌尤其了解并知晓了沟通四方的重要交通道路。

仰韶文化时期，中原地区和海岱地区的交流更加频繁，而两地区交流通道已有学者指出裴李岗至仰韶时期两地区居民大多选择豫东、鲁西南和皖西北地区，主要利用淮水北岸支流作为交通的通道。这种认识是符合当时的地理环境的，尤其大汶口文化西进中原地区的诸遗址串联起来，正是这样一条沿睢水、涣水溯河而上的水路交通线。与此同时中原地区和长江中游地区也发生了交流，在大溪文化、包括相当于仰韶文化晚期的屈家岭文化中存在大量的仰韶文化因素，由豫西南的南阳盆地进入鄂境，最便利且被先民长期使用的通道是随枣走廊。此外从江汉平原西渡汉水，再沿鄂西山地东麓、汉水以西北上也可进入南阳盆地，屈家岭文化北上就是利用这一条道路。然而到达长江中游的中原因素并未在长江下游有所发现，太湖地区的文化因素传播到江汉平原以后，上述两条路线中都不曾发现太湖地区特征的文化

① 韩建业：《裴李岗文化迁徙影响与早期中国文化圈的雏形》，《中原文物》2009年第2期。

② 韩建业：《裴李岗文化迁徙影响与早期中国文化圈的雏形》，《中原文物》2009年第2期。

因素。因此仰韶文化时期中原地区与东南端太湖流域间远程的直接交流尚未出现。总之随枣走廊的通道在这一时期是为中原地区人群所掌控的。而西部翻越襄南隘口，经鄂西山地和汉水北上的道路在仰韶时期至少是为屈家岭文化人群所熟悉的，并且其在传播到达南阳盆地后，肯定也被这里的人群所知晓。而中原地区在仰韶时期和北方红山文化的交流也较多，两地区的交流通道很可能正是沿太行山西麓由晋南向北到达内蒙古中南部和冀西北，再进入西辽河流域而得以实现的。其中洛阳盆地至晋南的通道仰韶中期已有证据表明已经在使用，尤其中条洹津道，可能就是当时重要的盐道。总之中原地区利用其地理位置天下之中的特点，在仰韶时期已经明确掌握了和鄂豫陕交界地区、江汉平原地区、燕山南北地区以及海岱地区的交流通道。至少对于水路、陆路的交通地理已经熟悉。而纵观这个时期“早期中国”的文化格局，有学者研究认为中原核心区的仰韶文化东庄—庙底沟类型正是在这一和四方扩张交流的过程中，使得中国大部分地区文化首次形成了以中原为核心的文化共同体，早期中国文化圈或文化意义上的“早期中国”正式形成①。这种认识十分正确，庙底沟时代在自身的扩张及与四方的交流过程中实现其核心地位，而这种交流的实现则直接依赖于交通道路，依赖于中原地区对山川地理知识的逐步熟悉和掌握。

龙山时代是一个风云激荡的时代，各地区文化的地方特征都在增强，各地交流的深度和广度也前所未有。这个时期的道路交通也更发达，中原地区和海岱地区沟通主要利用北、南两条水路，古济水、淮水北岸支流是主要被利用的水系。中原与西南鄂、豫、陕边境、江淮平原的沟通中王湾三期文化南下和石家河文化北播的路线并不完全相同。王湾三期文化对长江中游地区的渗透，有两条路径：其一从淮水

① 韩建业：《早期中国——中国文化圈的形成和发展》，上海古籍出版社 2015 年版，第 80 页。

上游地区经白河、唐河至汉水，往东过随枣走廊至涢水上游地区或往西经今沮漳河入峡区；其二是通过广水、大悟境内的小河、竹杆河连接淮水支流水系与澴河（古澴水）、灈河（古灈水）上游地区。而石家河北上也是两条道路，其一和王湾三期文化南下路线相同，即随枣走廊路线；其二则是经过大别山和桐柏山之间的隘口（所谓义阳三关）来通行的，而且后者是主要通道。中原和太湖地区通道，主要表现为自北而南的传播方向。钱山漾文化时期，首先豫东造律台文化到达淮河北岸，之后过淮河至南岸蚌埠禹会村；接着继续南下经宁镇地区、再向东南至环太湖地区。广富林文化时期，同样是造律台文化从豫东出发至淮河沿岸，然而并没有直接渡过淮河，而是沿着淮河向东至江苏中部南荡遗存文化区，接着继续南下至宁镇地区的点将台下层文化，然后向东南至广富林文化区。龙山时代，尤其龙山晚期中原和北方的交流，太行山东麓地区的通道十分突出。同时中原腹地的洛阳盆地和晋南的通道持续繁荣，考古学证据表明“虞坂巅軨”道和“轵关陉”道在龙山早期已经被使用，加上之前的“中条洹津”道，至少三条道路都被掌控①。与此同时，中原地区和其以西区域交流在龙山时代也更加凸显，陶寺文化的玉器、漆木器向西传播到陕北、并渗透到齐家文化中。甘青、新疆地区在中西交流中不断加强是龙山时代最突出的特征。总之，龙山时代尤其龙山晚期，中原和四方的交通道路更加成熟发达，道路不仅是各地交流和扩张的通道，道路作为运输资源的通道越来越受到关注，并且有意开始控制一些重要的资源通道，主要结合地形地貌特点在自然地理重要关口、交通道路关键点设置越来越多的控制点。中原地区颍汝下游多座龙山晚期城址的设置都是在交通要道的关键部位、晋南和洛阳盆地的三条通道等等均反映了

① 高江涛：《洛阳盆地与晋南早期交通道路之“中条洹津道”》《洛阳盆地与晋南早期交通道路之“虞坂巅軨道”》《洛阳盆地与晋南早期交通道路之“轵关陉道”》，分别见《中原文物》2019 年第 1、2、3 期。

对于交通道路有意控制。而这种控制的背后显然就是国家层级的权力在起到一定作用。有学者指出西方的社会权力来源于对日用品贸易网络的控制，中国社会权力则来源于不停使用新的稀有资源技术来创造高等级社会网络和社会秩序[①]。从中原地区的情况来看，一部分社会权力可能正是来源于对稀有资源（盐、铜等）运输、使用等的控制。

二里头文化时期，以嵩山为核心的中原地区在延续自裴李岗以来对地理交通知识的传承基础上，在可能和治理洪水有关的活动中更加凸显了其对于四方交通网络的掌控。二里头文化形成伊始就认识到晋南的重要性，在二里头文化二期就对晋南强力扩张，学者对此已有详细论述，并确证这和攫取中条山的铜矿及运城盆地的盐有关系。而二里头文化对黄河津渡的选择更是根据其人文分布做的重要调整，二里头遗址西北的孟津渡一直是龙山时代北上太行山东麓地区的重要渡口，但是二里头文化时期，聚落分布的重点在伊洛平原的下游和郑州西郊，于是虎牢关东的玉门渡遂成为二里头文化时期最重要的渡口之一。二里头文化时期东方和嵩山以南地区始终是其重点经略之地，重要城址均分布于东方的交通咽喉之地，大师姑、东赵、望京楼、蒲城店的设置无不与此有关。当然除了拱卫二里头都邑，大师姑和东赵是扼控东方和东北方向古济水水路和过黄河北上的关键点。北渡黄河之后，二里头文化既经太行山东麓的走廊地带顺利到达冀中平原，也可直接北上到达上党地区。但是二里头文化和燕山南北地区的交流可能仍是延续仰韶时期向北扩张的路线，主要经太行山西麓向北过晋中、再经冀西北、京津唐进入西辽河地区。望京楼和蒲城店是南下重要据点，经望京楼既可东南行经水路到达江淮下游，也可正南行过驻马店后经义阳三关而达长江中游地区。而对于长江下游和中游地区的扩张和这些地区特殊的稀有资源如原始瓷器、绿松石、铜矿

① 秦岭的一个讲座中提到，讲座名称是“资源、技术与早期信仰——由良渚谈中国史前文明的形成”，讲座是 2017 年 12 月 12 日在北大文研院举办。

应该密不可分。二里头文化所在的洛阳盆地经古洛水（今洛河）既可以到达绿松石矿源丰富的商洛地区、也可南达汉水流域或更远的四川盆地。总之二里头文化时期对于交通网络中资源道路的控制更加明显，对于都城周围的交通控制更加凸显。

三

文化互动交流依赖实实在在的交通道路得以具体实现，聚落形态考古在一定程度上能够反映文化互动通道的态势和大体状态。在中国地域范围内，尤其中原地区有着十分丰富的宏观的区域系统调查材料和微观的聚落考古发掘材料，对这些材料反映的信息仔细分析可以勾勒出早期都邑遗址的核心区、控制区、文化交汇区及非控制区等不同的地理空间。遗址的空间分布和聚落层级分析能够辨识出文化交流的通道和交流通道中的重要枢纽站点。值得注意的是，利用这些研究方法时以器物为主的考古学文化的界定和人类社会控制地区之间并非完全对应，应该明白文化层次反映的空间影响往往要大于政治层次中的政治统治领域[①]。综合利用聚落考古的大数据信息，墓葬、重要居住址反映的信息，并结合自然地理，可以弥补研究的缺陷。就中国聚落考古而言，从仰韶文化中期开始逐渐表现出上述中心与周边的关系，进入龙山时期都邑对半径 10 公里内的聚落控制关系明显，对于次中心的控制也明显，二里头文化、二里岗文化及西周时期都邑对周边次中心的控制半径明显扩大[②]。而都城与次中心以及近处聚落的控制关系离不开道路的选择。这是对同一考古学文化内交通道路的考察，而

① Clarke, David, *Anlytical Archaeology*, London: Methuen, 1968; Ian Hodder, *Simple Correlationg between Material and Society: A Review, in the Spatial Organization of Culture*, Pittsburg: University of Pittsburg Press, 1978.

② 高江涛：《中原地区文明化进程的考古学观察》，社会科学文献出版社 2009 年版；王青：《豫西北地区龙山文化聚落的控制网络与模式》，《考古》2011 年第 1 期。

同时期不同地区间的道路网络更需要综合分析聚落群空间分布形态。如中原腹地的洛阳盆地与晋南地区之间存在多条道路，而二者之间至少从龙山时期开始就存在聚落群明显沿道路呈“条带状”密集分布的空间特点，聚落形态宏观分布的时空特点是考察的重点。与此同时，利用聚落考古研究方法解析考古材料，可以知道考古学文化在社会复杂化进程中的位置，也能知晓交通网络在整个社会组织中的促进作用，进而探讨其在早期国家形成中的催化作用。

某一考古学文化从诞生、发展到壮大，在地理上通常表现为由起源地向周围地区的扩散。所以，周围地区的遗址在文化分期上通常要晚于中心区，而且会受到边缘地区它系文化的影响。根据这一原理，可以对某一考古学文化的遗址分布进行考察，如果在某一考古学文化分布范围以内的各次级小区域之间，文化内涵存在早晚关系（即处于不同的分期），我们就可以推断文化内涵较晚的区域是在总体上有相同文化内涵、且又是相对较早区域的影响与传播下形成的。一旦确定了区域之间的早晚关系，我们就找到了文化扩散与传播的方向性；另一方面，从较早区域到较晚区域的传播与扩散，多是经由一定的地理通道来实现的。这样，结合地理环境我们也就找到了考古学文化在一定方向上扩散与传播的通道。

利用一种考古学文化中典型因素的传播，同样可以勾画出这种考古学文化传播的方向和路径，这样交流的地理通道也就跃然纸上。而且这种方法可以具体到某个考古学文化的某一期，还能对双向交流的路径有所探讨，七垣文化南下路径的研究①就是对这一方法的典型应用。需要明确的是这一方法要充分利用聚落考古方面遗址、文化分布的大数据研究背景，并结合历史地理学科关于古地貌、河流复原研究的成果，否则纠结于细微的陶器特征，很可能会失之偏颇。

① 王立新、胡保华：《试论下七垣文化的南下》，《考古学研究》（八），科学出版社 2011 年版，第 79—193 页。

对于历史时期交通道路和城市选址之间的关系，辛德勇先生曾指出一个城邑的对外交通道路中可以划分为“控制性道路”和“随机性道路”两种，所谓“随机性道路”是指那些受自然条件的限制很小，从而会随着政治、经济、军事各项社会因素的变化而变化的道路；“控制性道路”则严格受制于自然条件，稳定性甚强，从而对人文和经济地理布局起着控制作用。他举例指出，长安附近交通网络中主要道路有四条，即函谷道、武关道、渭北道和蒲关道，前三条是控制性道路，蒲关道就是随机性道路①。由于中国地貌的变化在唐以后逐渐增大，近代尤为剧烈，龙山时代至汉晋时期的变迁并不是十分剧烈，特别是自然地理方面。因而辛德勇先生的这种认识对于深化早期都邑遗址的控制性道路的考察具有重要借鉴意义。

四

严文明先生在注意到各区域文化间关系的同时更加注重各区域分化的差别，提出了“多元一体”中国文明起源模式。严先生认为中国史前文化是一种重瓣花朵式的多元一体结构，在这种结构的基础上发展成多元一体的中国文明起源与形成模式，即中国文明的起源是多源的，同时又是一体的②。正是因为文化的多元才可能存在互动交流，或言多元文化体的存在是其交流互动的前提和基础。今天中国地域范围内，史前时期每一个地理单元或地区如燕辽地区、海岱地区、长江中游、长江下游、中原地区等都有着各自区域内的考古学文化序列，甚至区域文化各有特色，有着相对独立的发展过程。而且这些不同区域在各自文化或连续、或间断的演进变化的同时，文化之间存在互动

① 辛德勇：《长安城兴起与发展的交通基础》，《中国历史地理论丛》1989 年第 2 期。

② 严文明：《中国文明起源的探索》，《中原文物》1996 年第 1 期；严文明：《长江流域在中国文明起源和早期发展中的地位和作用》，《古代文明研究通讯》2001 年总第 8 期。

交流。对于某一考古学文化而言，文化互动的结果直接表现为周边诸考古学文化先进因素不断汇聚，所谓海纳百川或兼收并蓄。文化互动还会使主体文化在吸收的基础上对其文化与社会有所扬弃、改造或创新，甚至融合形成新的考古学文化。中华文明在其文明发展历程中逐渐形成的海纳百川与务实创新的特质，是中华文明在世界文明之林中独树一帜的深层原因。

庙底沟文化时期是中国早期文化历史上的第一次较大规模的文化交流与融合。龙山时代早中期，是第二次较大规模的文化交流与融合，文化的互动交流中，中原地区文化实力逐渐强大。龙山文化末期，周围地区的文化与社会相继衰落，其文明化的进程遭遇挫折，而中原地区的文明脱颖而出①。而无论如何龙山时代是史前区域文化互动的高峰期，甚至存在东亚的史前中国文化圈、北亚文化圈、中亚文化圈这种跨文化圈的互动。还包括学者提出的跨区域的“半月形文化传播带”②，以及高地龙山社会与低地社会的文化互动③。值得注意的是，龙山文化时期恰恰也是中国文明与早期国家形成的关键期，文化互动与早期国家形成之间必然存在一定内在关系。至二里头文化二期以后中原地区作为中国文明中心的地位开始确立，二里头文明开始向周围地区辐射，周围地区的文明化进程或多或少地改变了方向，从原来的以自己的独立发展为主的轨道，改变为以中原地区为核心共同发展的轨道上来，多元走向了一体，中国文明的“一体”开始初步形成。

就中原地区而言，笔者认为正是在对交通道路的掌控中，中原地

---

① 王巍：《公元前2000年前后我国大范围文化变化原因探讨》，《考古》2004年第1期。

② 童恩正：《试论我国从东北至西南的边地半月形文化传播带》，《文物与考古论集》，文物出版社1987年版，第17—43页。

③ 李旻：《重返夏墟：社会记忆与经典的发生》，《考古学报》2017年第3期。

区实现了比较明显的主动的带有扩张性的和周边四方的交流，同时它又是如此开放和兼容，它既充分传承和吸收本地区源远流长的文化传统，同时又不断吸收各地的精华。尤其在龙山至二里头这个文化发生重大变革的时期，它从西方区域接受了青铜矿冶技术，把晋南、长江下游、黄河下游、长江中游的各种稀有资源，如盐、海贝、铜铅矿、绿松石、原始瓷等一一掌控，它将西方的小麦、南方的水稻、北方的粟都逐步变成本地重要作物，它利用本地黄土、木材发展了夯土建筑，兴建大型宫殿和城垣，于是二里头二期一个实力雄厚的广域王权国家出现了。

前文已言，多元互动是中国史前文化的重要特征。包括冲突在内的文化交流互动会最终形成文化同质与文化认同，广泛、多样、复杂的文化融合自然会形成内涵丰富、多彩、繁盛的文化大认同。以史前时期的龙蛇一类形象为例，早期此类动物造型，因其神异、凶猛及超自然能力而被崇拜，随着年代的演进很可能还被某一类人作为沟通诸神的工具，社会出现巫觋或巫觋集团，若进一步与血缘宗法、世俗等级结合，神性也可能走向权力。从陶寺文化至新砦文化，再至二里头文化，乃至商周时期，一些龙蛇形象尤其一首双身龙似乎存在着一定程度的文化形象上的认同、吸收、融合、改造并传承的内在嬗变关系，极有可能陶寺等这类动物形象是夏商周龙纹的重要来源之一。此外，从龙山时代至二里头文化时期，晋南、江汉、海岱、环嵩山地区等不同区域均出现了一类具有扁圆面、梭形目、长鼻的神面或人面图像的相似形象和共有特征①，它们之间无论是复制，还是效仿，甚至是追慕和传继的原因，可以肯定的有两点：一是似乎这样的形象被赋予了神性，二是文化互动中对此类形象产生了大体的认同，这也许反

① 高江涛：《陶寺遗址 2022JXT Ⅰ J1 出土兽形刻划纹试析》，《考古与文物》2024 年第 5 期。

映的正是从“多元”走向“多元一体”的文化基因。更为重要的是，在意识形态上形成跨越地理单元甚至跨越文化的共识，而成为一种文明的“中心”。这种文明中心在地理空间的合法性基础上，还会进一步成为意识上“正统”，并以“文化基因”血脉相传。

灰坑的建造与形成，性质与功能

——以埋藏学和建筑学为基点和参照的讨论

宋江宁

（中国社会科学院考古研究所）

一　灰坑：考古学中最普遍又最被漠视的一类遗迹

无论在田野调查或发掘、室内整理或后续的研究中，灰坑都是考古学里最普遍的一类遗迹。而在以考古学文化为主要研究对象和研究目标的学科初级阶段，当考古学家们需要基于地层学结果开展类型学研究时，灰坑才是最重要和最可靠的遗迹单位，相比之下，基于墓葬进行的类型学研究，其结果的科学性和可信度就大大地不如了。这一点可以参考各时段的代表性报告，也可证以国内各大学田野实习中室内整理环节的类型学训练——二者都是首选灰坑。即使现在进入社会考古学阶段，或者过程主义、后过程主义考古学阶段①，灰坑依然是最普遍的遗迹和最重要的研究资料之一。笔者在下面的分析中会反复证明这一点。但是，基于中国考古学界百年的和自己多年的实践，笔者却发现灰坑一直面临着十分尴尬的境遇，基本被考古学家熟视无

---

①　参见［英］科林·伦福儒，保罗·巴恩：《考古学：理论、方法与实践》，文物出版社2004年版，第39—47页；杨建华：《外国考古学史》，吉林大学出版社1999年版，第191—197、205、206页。

睹，甚至嫌弃，很有点熟悉的陌生人的感觉，就类似大家讲到农业的时候，都会说它是国民经济的基础，但行动上却选择了奔赴第二与第三产业所在的城市，逃离或至少远离农业所在的农村。考古学家的做法也是只关注房址、陶窑、水井、墓葬等而忽视灰坑。关于这一点，拓古等已经有了一些精彩的分析①。

多年来，只有个别学者断断续续地思考过灰坑的定名、分类、成因、性质、用途、发掘和记录方法等②，这个数量也证实了笔者前面的说法。根据笔者无角度、不（非）学术系列的思考来衡量③，上述研究都没有明确的角度，还处在自发阶段，因此既没有持续下去，也未能激发考古界对灰坑的进一步反思与研究。本文试从埋藏学和建筑学角度进行一些初步的探索，敬请指正。

二　定性与描述：考古学中的两类术语

首先进行术语的讨论。前述学者都对灰坑的定名及演变、成因、

① 拓古、问鼎：《对灰坑的讨论》，《江汉考古》1995年第3期。

② 乐庆森：《磁山遗址灰坑性质辨析》，《古今农业》1992年第2期；拓古、问鼎：《对灰坑的讨论》，《江汉考古》1995年第3期；吴小平：《灰坑小议》，《中国文物报》1999年12月29日第3版；刘志一：《“灰坑”新议》，《中国文物报》2000年4月19日第3版；陈星灿：《窖穴和灰坑》，《中国文物报》2000年7月12日第3版；王立新：《灰坑发掘中应当注意的三种情况》，《中国文物报》2000年9月20日第3版；卜工：《从灰坑的性质及用途说起》，《中国文物报》2001年1月10日第7版；陈星灿：《灰坑的民族考古学考察》，《中国文物报》2002年3月1日第7版；燕生东：《关于地层堆积和灰坑的几个问题》，《华夏考古》2008年第1期；蒋晓春：《“灰坑”的概念及田野工作方法再探》，《江汉考古》2009年第3期；付永旭：《略论“灰坑”的定名》，《华夏考古 》2014年第2期；王万忠、齐敏：《关于“灰坑”的来历和翻译辨析》，《人文天下》2017年第7期；贾文涛：《袋状灰坑的发掘及思考》，《文物世界》2018年第1期。

③ 宋江宁：《无角度、不（非）学术——对考古学学科性质和中国考古学学科发展的思考》，《南方文物》2020年第6期；宋江宁：《自觉地与完整的知识体系对接——对考古学学科性质和中国考古学学科发展的思考之二》，《南方文物》2021年第6期；宋江宁：《以科学的态度发掘遗存，以人文的精神敬畏遗产——对考古学学科性质和中国考古学学科发展的思考之三》，《南方文物》2022年第6期。宋江宁：《走出独断论，拥抱实践论，践行整体论——对考古学学科性质和中国考古学学科发展的思考之四》，《南方文物》2023年第6期。

性质进行了自发的梳理和分析，为本文从术语的分类展开讨论打下了基础。笔者将术语分为两类——定性类与描述类。除了灰坑外都是定性类，是我们对遗存的性质，甚至功能的认识，如遗迹里的房址、陶窑、道路、水井、墓葬、车马坑等，遗物里的鼎、鬲、甗、盆、豆、罐、杯、刀、斧、镞等。就完整的研究而言，描述其实是定性的前一个环节，所以描述性术语就不是严格的、合格的术语，但是考古学中偏偏就有灰坑这一个特例，因此灰坑的命名是个典型的“半拉子”工程。现实如此，我们也无法改变，只能先进行分析，期待学界以后能有合适的处理方案。具体来看，灰坑是两个描述的结合——作为容器的坑状遗迹和埋藏于其中的灰色填土（即使很多填土不是灰色）。

三　从埋藏学对灰坑内涵的辨析

本文从埋藏学角度进行简单的梳理和分析。安特生早就指出，“推究其成因，在未经灰土堙没之前，形状颇似地穴。或即古时石器时代人民所居之地穴。”① 这个认识已经具有埋藏学上的初步自觉了，明确区分了坑与灰的不同、先后及成因。此后李济、张蔚然、郭宝钧、高去寻、梁思永、吴金鼎、石璋如、夏鼐等也延续着这种区分②，直至今日严肃的考古学家们依然有这种自觉，但奇怪的是，竟然没有任何一位深入研究过，去继续讨论它们到底是地穴、窖穴、地下窟室，或者是埋祭（坑）、坑洞、陷阱等，所以埋藏学只解决了坑与灰的区别，并未确定灰坑的性质与功能。

从李济至今，中国考古学界已经习惯上将灰坑作为一类遗迹进行

---

① ［瑞］安特生：《中华远古之文化》（地质汇报第五号），农商部地质调查所1923年版，第14页。

② 参见燕生东《关于地层堆积和灰坑的几个问题》；付永旭《略论“灰坑”的定名》。

介绍了，但无论报告或是研究中都并未将其与定性类遗迹等量齐观，所以这个分类的作用在服务考古学文化之外，更重要的作用似乎是把它驱逐出去，其价值和目的甚至在于让灰坑不再打扰考古学界后续的研究。

四 建造与形成：两类灰坑的区分

笔者践行无角度系列的思路，试图从建筑学的角度做新的尝试。

燕生东基于以往的研究，从形成角度将灰坑分为九类：窖穴、取土坑、祭祀坑、半地穴式房址、蓄水坑（池）或井、柱洞坑或基槽坑、人工掘挖的有其他目的的坑（树坑、粪坑、养猪坑、养鱼坑、垃圾坑）、自然形成的小片洼地、一块层状堆积。这是埋藏学的应用和推进，笔者在其基础上，采用建筑学的角度继续讨论。

首先是空间构造的概念。笔者受惠于操作链方法中的技术——心理（认知）学①和建筑学②，意识到空间构造能力是人类认知的一个突出特征。比如相较于磨制石器，打制石器是极其粗糙的，甚至只有专业的石器研究者才能区分开自然石块与石器。但如果应用人类的空间构造能力来分析，其实自然石块也是可以直接用作石器的，因为决定其是否为石器的因素是人。人会按照大脑中对工具形状的构造——即空间构造，首先在自然石块中进行选择，如果有符合的形状就可以直接拿来当石器使用，当完成使用的第一个动作后，这个自然石块就变成石器了；如果没有符合的形状，人才会开始按照大脑中构造的形状来加工、制作石器。所以，打制石器就已经表明了人类空间构造能

① 彭菲：《再议操作链》，《人类学学报》2015 年第 1 期；杨建华：《外国考古学史》，吉林大学出版社 1999 年版，第 197—205 页。

② 沈福煦：《建筑学概论》，上海人民艺术出版社 2015 年版，第 5、8、13—14、16—17 页。

力的提升。之后的制作陶器、加工玉石器、骨器等皆进一步表明空间构造能力的不断进步。近年来天文考古学的研究也能证明人类的这个能力，而且还表明其对几何和算术知识的掌握[①]。所以，上述灰坑中区分出的窖穴、祭祀坑、半地穴式房址等自然也体现了人类的这个能力。

其次，建筑学是人类最有意进行的空间构造活动之一，它在考古学上的特征包括规则图形及制作这些图形的工具。据此我们将灰坑分为两类：第一类是人类有意建造的，可以归为广义的建筑，是规则形的，如袋状和筒状，下面举例说明；第二类是人类的有意行为在无意中形成的，是不规则形的，如前述的取土坑是为了取土而无意中形成的，不规则形基槽坑是为了处理软弱地基形成的，它的形状取决于软弱地基的形状。这些灰坑在此不做举例说明。燕生东所分的第 8 类小片洼地是自然形成的，第 9 类一块层状堆积实际上是小地层，二者都不应该纳入灰坑的范畴，它们都是田野发掘环节中的技术性问题，是发掘者为了便于处理地层关系采取的权宜之计，如果采用埋藏学的角度就很容易辨识出来。

第一类灰坑我们选择西安米家崖遗址进行考察[②]。该遗址第一期遗存为半坡四期文化，第二期为具有一定地域特色的庙底沟二期文化，第三期为客省庄文化康家类型。

第一期灰坑 166 座（图 1）。平面圆形者占 46.4%、椭圆形 33.13%、圆角长方形 4.81%、不规则形 15.66%，空间形状（报告中称为坑壁结构）中为锅底状者 51.81%、袋状者 36.15%、筒状者 12.04%等。但是平面上不规则形的在结构上依然是规则的，所以这些灰坑仍是规则形的，如图一的 H79 和 H82。

① 冯时：《文明以止：上古的天文、思想与制度》，中国社会科学出版社 2018 年版。

② 陕西省考古研究院 编著：《西安米家崖：新石器时代遗址 2004—2006 年考古发掘报告》，科学出版社 2012 年版。

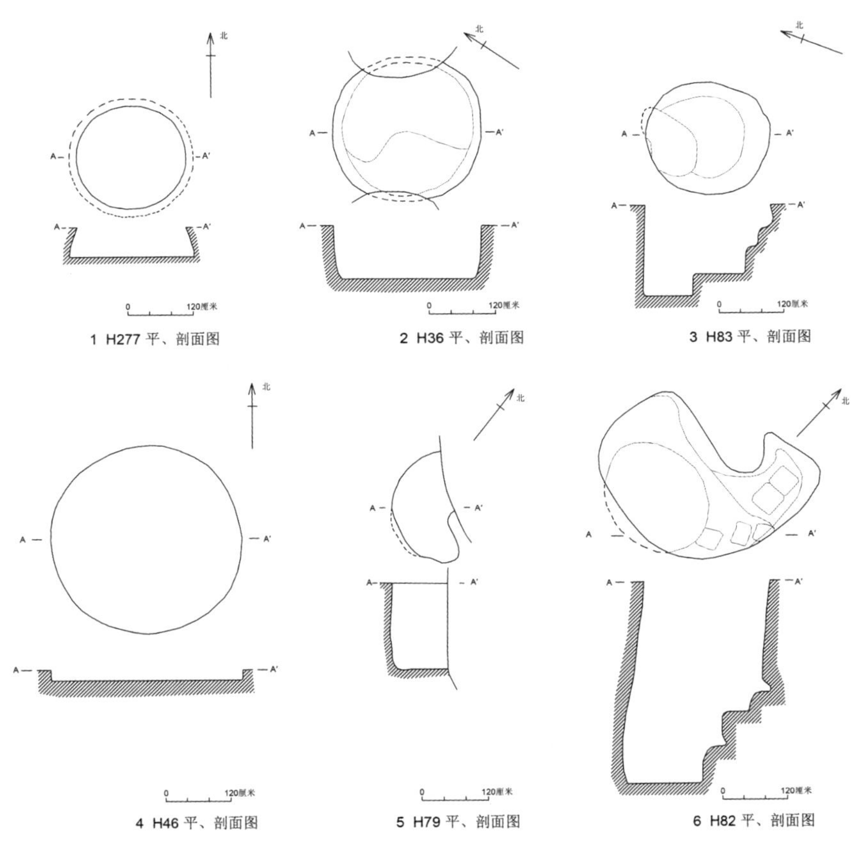

图1　米家崖遗址第一期灰坑举例

第二期灰坑59座（图2）。平面圆形者81.36%，其余为椭圆形，空间形状为袋状（89.83%）和锅底状（10.17%）。

第三期灰坑94座（图3）。空间形状中圆形袋状者77座，椭圆形袋状者6座，圆形锅底状者4座，椭圆形锅底状者2座，不规则形筒状者5座。

通过文字描述和平剖面图可见，米家崖遗址的灰坑都是规则的，所谓的不规则者也只是不标准而已。从建筑学空间营造的角度来看，有些灰坑整体上似乎建造得并不规则，导致营造出的空间也不规则。

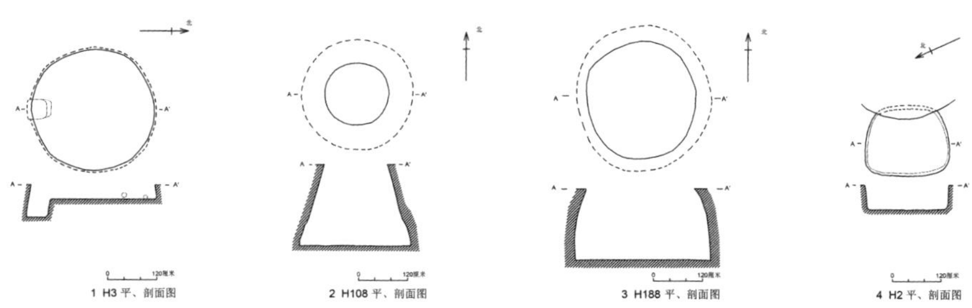

1 H3 平、剖面图
2 H108 平、剖面图
3 H188 平、剖面图
4 H2 平、剖面图

图 2　米家崖遗址第二期灰坑举例

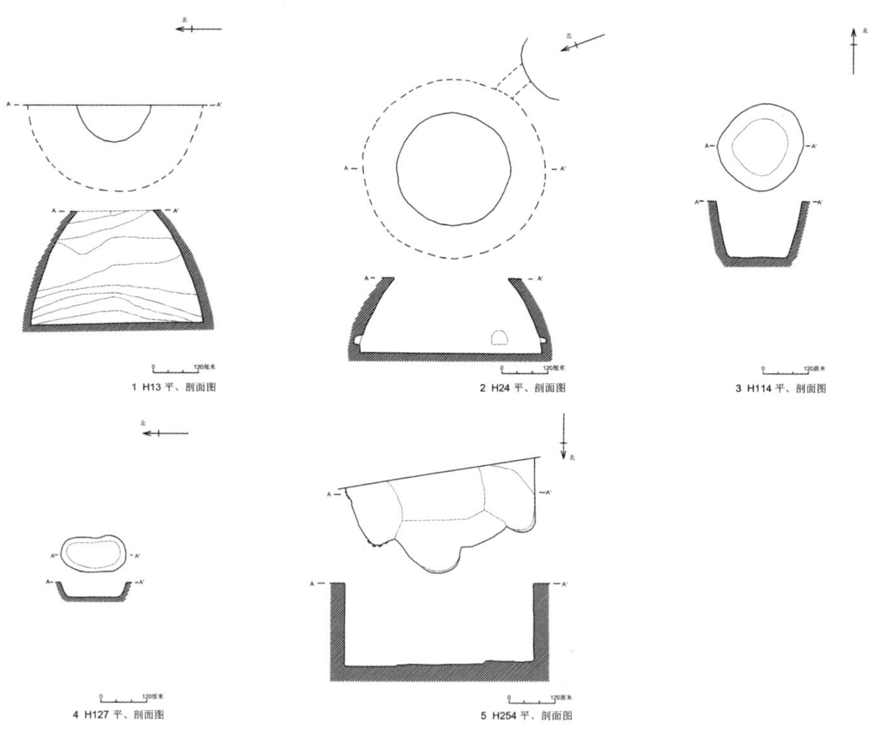

图 3　米家崖遗址第三期灰坑举例

但营造出的空间是可以通过具体使用进行划分的。如第一期的 H82，虽然整体上不规则，但如果按照使用功能将其营造的空间划分为交通空间与主要使用空间，则其主要使用空间依然是比较规则的空间，同样只是有些不标准而已。

接下来简单讨论这类灰坑的建造过程。首先是大脑进行的空间构造——袋状或筒状，有无台阶、壁龛等，建造者甚至会有简单的线图；随后是建造环节，也就是通常所说的施工。以圆形袋状灰坑H277、H108、H13 为例。我们先观察这三个灰坑的平面图，口与底应是两个同心圆，剖面图上基本左右对称；再构想完整的灰坑就会发现，这类灰坑其实类似一个相当标准的化学锥形烧瓶，上面是圆筒形，下面是圆台形，由于后期的破坏，圆筒形基本都被破坏殆尽，圆台形也有不同程度的破坏。文中列举的灰坑就是证明。我们试着想象这个空间的营造过程：第一步是在地面上先画出个圆形，这就表明已经有了圆规类的工具；第二步是向下挖，像我们田野发掘一样，每次下挖一个相对固定的深度，然后用测量工具校正形状，先是圆筒形的直壁，接着继续下挖、校正，反复多次，直至到圆台形的斜壁，又会有新的校正方法和工具，最后挖到合适的深度结束。其他规则型灰坑也是同样的过程。这个简单的分析就足以证明这类灰坑是真正的建筑了。

五　从建筑学讨论规则形灰坑的性质与功能

上文已经论证了规则形灰坑是广义的建筑，接下来就可以讨论它们的性质与功能了。仍以米家崖遗址为例。从聚落层面，按居址（代表生者）和墓地（代表死者）来分，第一二期的居址只有灰坑，第三期居址有灰坑、房址、陶窑和灶。三期中四者的数量分别为 319、6、5、5。尽管这个遗址的发掘并不全面，但灰坑与后三类的悬殊比例仍强烈地提示我们，这些灰坑必然可以继续分成不同性质的建筑，如房址（地穴式和半地穴式）、窖藏（俗称地窖、窨子等）、充当家具的空间等三类。

我们简单分析哪些灰坑可能是房址。一个客观的标准是人体的尺寸。第三期 6 座房址的尺寸都在 300×300 平方厘米以上，即使以此为标准也有大批灰坑的底径符合要求。如果以成年人的身高 175 厘米为标准，底径大于这个尺寸的灰坑将达到 219 个，都具备房址的可能。如此则小于这个尺寸的更可能是窖藏。以第三期 H24 为例，该坑为圆形袋状，底径 480 厘米。坑壁东半部近底处有四个土洞，洞 1 直径 16 厘米，深 25 厘米；洞 2 长 40 厘米、宽 8—20 厘米，深 20 厘米；洞 3 长 50 厘米、宽 38 厘米，与 H16 相连，应为一通道；洞 4 直径 16 厘米，深 15 厘米。除洞 3 外，其他三个应为壁龛，笔者从建筑学上对它们的理解是充当家具的空间。因为铜斧、铜凿、铜铲等较为成熟的木工工具出现之前[①]，人们是很难加工板材的，而板材是制作大部分家具的前提，所以在灰坑作为房址时，壁龛就是充当家具的功能的。如此实际发掘中那些尺寸在 100 厘米左右的规则形灰坑就有可能承担着家具的功能。

六　从埋藏学讨论不规则形灰坑的性质与功能

燕生东认为在不规则形灰坑中，取土坑的形成原因是古人建筑房屋，铺垫房基、院落、广场，修筑围墙和城墙，建筑夯土台等活动产生的。笔者同意他的意见，只是增加一些新的原因，如制陶作坊中也需要取土坑[②]，铸铜作坊需要制作陶模与陶范，也应有取土坑。这类灰坑在完成取土的使命后就会成为垃圾坑或者被自然堆积填埋。

不规则形基槽坑可以周原遗址凤雏六至十号基址为例[③]。据研究，

① 李雨红：《中外家具发展史》，东北林业大学出版社 2000 年版。

② 王迪：《中国北方地区商周时期制陶作坊研究》，科学出版社 2006 年版，第 144—155 页。

③ 杨文昊、张淙洲、张楷文、宋江宁：《周原遗址凤雏六号至十号基址地基营建工序复原研究》，《中国国家博物馆馆刊》2023 年第 4 期。

这五座基址的地基在基槽形制、厚度和槽底堆积类型等方面存在较大差异，其原因就在于基槽的下部为生土、早期夯土、土质坚硬的文化层、土质松软的文化层、灰坑等各种不同的堆积，导致施工者采取不同的措施，如此则基槽一定会呈现不规则的形状。这类灰坑从建筑学角度来分析的话就是基槽。

七　进一步思考：灰坑该如何发掘和研究？

笔者对灰坑进行了极其简单和初步的分析，但由于自觉引进了埋藏学，尤其是建筑学的知识体系，从而对灰坑的命名原因（描述而不是定性）、分类、建造、形成、性质、功能等有了新的认识和明确角度的、相对严密的论证，希望对学界有所裨益。

这些认识应该能够落实到灰坑的发掘和研究中去，首先是将注意力从坑内堆积延伸至坑本身迹象的观察上去，自觉到坑与堆积的区分。其次，既然规则形灰坑应该是房址、窖藏、充当家具类的空间等，那就更需要细致地发掘、观察和记录。当然，更科学的做法是尽快引进建筑学，在田野考古的环节就实现学科融合，这样才能真正推进灰坑的发掘和研究。

进而言之，既然规则形灰坑是建筑，那么它们就应该进入聚落考古的研究范畴，与所谓的房址一道成为聚落中不可或缺的组成部分，毕竟灰坑是最普遍的，其中规则形的数量还是最多的，即使不规则形的如取土坑也是作坊的有机组成部分。

中国早期城市水利的出现与发展

张　东　刘亦方

（中国社会科学院考古研究所；南开大学历史学院）

人类社会的发展离不开水资源的管理和利用，水利应运而生。由各项水利设施构成的水利系统也由此贯穿了早期中国社会的复杂化与城市化进程。这不但与水利知识的积累息息相关，更反映了早期城市的公共管理与服务，是城市乃至地区社会组织水平的重要物质表征，并促成了社会权力的表达。因此，本文通过梳理早期定居聚落至广域国家形成中的城市水利考古资料，理清了中国早期城市水利形成与发展的历史脉络。

一　早期城市水利的史前基础

伴随定居社会的出现，开挖沟渠成为聚落最初的水利实践。沟渠施工难度小且很容易达到引导水流的目的。在此基础上，以自然水系为基础开挖环壕，可看作是最早出现的公共水利设施之一。环壕不但满足了聚落内对排引水的需求，增强了定居生活的防卫能力，而且成为区分聚落内外社会关系的边界。中国新石器时代有漫长的环壕聚落发展历程。从目前已有的考古发现看，距今 9000 年前后浙江上山文化的桥头遗址（图 1）为中国最早环壕聚落①。距今 7000—6000 年前

① 林森等：《浙江义乌桥头遗址发现距今 9000 年左右上山文化环壕 - 台地聚落》，《中国文物报》2019 年 8 月 13 日第 1 版。

图1　义乌桥头遗址台地与环壕聚落

改自仲召兵：《上山与中华一万年文化史》，《中国文物报》2022年9月16日第5版。

后，随着各地区早期定居聚落的发展，环壕聚落在广域范围内普遍发现。其分布跨越了北方的长城地带以及南方长江流域，典型者如内蒙古赤峰兴隆洼（图2）①、山东章丘小荆山②、江苏泗洪顺山集③和澧阳八十垱④等。这一时期环壕聚落面积从数万平方米到十几万平方米不等，大致反映各聚落人口规模的差异。从聚落形态上，各地聚落均未显现出明显的社会分层现象。仰韶文化早期规划较好的定居聚落如西安半坡和临潼姜寨⑤，充分利用环壕或自然河沟为边界，聚落内一般

① 中国社会科学院考古研究所内蒙古工作队：《内蒙古敖汉旗兴隆洼聚落遗址1992年发掘简报》，《考古》1997年第1期。

② 山东省文物考古研究所、章丘市博物馆：《山东章丘市小荆山后李文化环壕聚落勘察报告》，《华夏考古》2003年第3期。

③ 南京博物院考古研究所、泗洪县博物馆：《江苏泗洪县顺山集新石器时代遗址》，《考古》2013年第7期。

④ 湖南省文物考古研究所：《彭头山与八十垱》，科学出版社2006年版。

⑤ 西安半坡博物馆编：《西安半坡》，文物出版社1982年；西安半坡博物馆、陕西省考古研究所、临潼县博物馆：《姜寨——新石器时代遗址发掘报告》，文物出版社1988年版，第52—57页。

有数个房屋群组成的居住址，围绕公共广场分布，反映了相对均等的社会组织关系，环壕之类公共设施的修筑应依靠聚落集体力量完成。

图 2　内蒙古赤峰兴隆洼遗址环壕聚落

（引自中国社会科学院考古研究所内蒙古工作队：《内蒙古敖汉旗兴隆洼聚落遗址 1992 年发掘简报》，《考古》1997 年第 1 期。）

尽管基于河流湖泊修建的环壕便于聚落引排水，在一定程度上拉近了早期定居聚落与水源的距离，但人们的日常用水（尤其饮用水）仍然需要考虑距离成本等诸多因素。个别聚落中出现了蓄水设施，尤其是便于地下水集中取用的水井雏形。距今 7000 多年的余姚河姆渡遗址发现有木构蓄水坑，在已开挖的大型坑基础上，在坑的中心部位向下继续挖至一定深度见水后停止，用木栅栏、石块等对四壁进行加固保护，应起到过滤水源的功能①。舞阳大岗遗址也发现有类似的坑

① 杨鸿勋：《河姆渡遗址木构水井的鉴定》，《建筑考古学论文集》，文物出版社 1987 年版。

状遗存，未发现支护设施①。坑底出有水生动物骸骨，不排除有监测水质的作用。早期定居聚落中应存在许多类似的坑状遗迹，只需具备蓄水过滤功能，深度未必有很高的要求。由于田野考古中难以鉴别，易被忽视。这种雏形水井也是早期定居聚落公共水利设施的一部分。

总体上，充分利用区域自然环境，开挖沟渠、环壕和蓄水坑是早期定居聚落最为普遍的水利工程。新石器时代漫长的环壕聚落发展史中积累了丰富的水利知识，这为社会进一步复杂化的环境改造奠定了基础。

二　古国社会的城市水利系统

中华文明探源工程实施以来，对黄河、长江和辽河流域等地区的文明化进程有了较为清晰的认识②。大约从距今 5800 年开始，中国史前城市化加速发展，各个区域相继出现较为明显的社会分化，不同地区的中心聚落规模宏大且拥有较为复杂的功能分区，墓地也反映出社会分化的加剧。实际上，这一时期的社会分化也体现在城市水利工程的建设方面。区域中心聚落的复杂化促使城市水利呈现出多样化和系统化的趋势，且在不同地区经历了不同的历史演变过程。长江中下游地区水资源异常丰富且水文条件复杂，防洪排涝对于大型复杂社会的稳定发展具有至关重要的作用。近年来有关史前城市水利工程的发现显著增多，为我们探索水利与社会演进的关系提供了许多难得的案例。

安徽含山凌家滩遗址在距今 5500—5300 年间骤然兴起，总面积

① 河南省文物考古研究所：《舞阳贾湖》（下卷），科学出版社 1999 年版，第 965 页。

② 王巍、赵辉：《“中华文明探源工程”及其主要收获》，《社会科学文摘》2023 年第 3 期。

超百万平方米。聚落内壕沟完工于距今5300多年前，其主要功能是防卫和排蓄水。内壕围绕的居住区面积近50万平方米，将祭坛墓葬区隔开，更外围还营建了一条未完工的外壕沟[①]。江苏常州寺墩遗址则从距今约5500—4500年经历了崧泽文化至良渚文化稳定的发展过程，到良渚文化时期形成了环绕两重水系，面积达150万平方米的中心性聚落[②]。浙江杭州北部山地与平原交界地带兴起以良渚古城为核心的良渚遗址群，其分布范围近50平方公里。良渚古城内城规模近3平方米公里（300万平方米），早期的内城环绕人工堆筑的莫角山大型宫殿区。内城除南城墙无外城河外，三面皆有内外城河。考古勘探确认了8个水城门，四面城墙各有2个水门，只有南城墙中部设1陆城门。城内共发现51条古河道，形成了错综复杂的河道网，这里堪称一座水上之城[③]。晚期又形成了人工堆筑的外城，由南部的卞家山和东部美人地等几条大型土垄圈合而成，面积达8平方米公里[④]。发掘者认为，这是由于晚期人口数量增加，在扩大居住地的同时，四面城墙上也成为了居住区，城外新扩出的台地也辟为居住地，由此形成了外城[⑤]。良渚古城内河道还发现了丰富的水利遗迹，例如美人地发现的木板河岸[⑥]、卞家山发现的木构码头[⑦]和钟家港发

---

① 吴卫红：《从玉器到聚落——凌家滩实践与区域史前社会的构建问题》，《南方文物》2020年第3期。

② 国家文物局：《聚焦长江中下游、东南沿海地区文明进程 四项“考古中国”重大项目取得重要进展》，http：//www. ncha. gov. cn/art/2023/11/29/art_ 722_ 185593. html，2023年11月29日。

③ 浙江省文物考古研究所：《杭州市余杭区良渚古城遗址2006—2007年发掘》，《考古》2008年第7期。

④ 浙江省文物考古研究所《杭州市良渚古城外郭的探查与美人地和扁担山的发掘》，《考古》2015年第1期。

⑤ 刘斌、王宁远、陈明辉：《良渚古城——新发现与探索》，《权力与信仰：良渚遗址群考古特展》，文物出版社2015年版。

⑥ 浙江省文物考古研究所：《杭州市良渚古城外郭的探查与美人地和扁担山的发掘》，《考古》2015年第1期。

⑦ 浙江省文物考古研究所：《卞家山》，文物出版社2011年版。

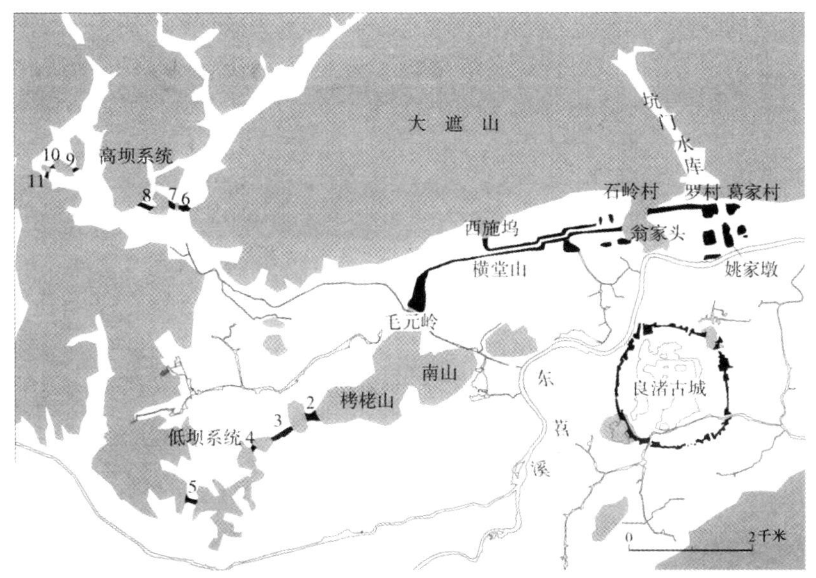

图 3 良渚古城外围水利系统结构示意图（7－老虎岭）

（引自浙江省文物考古研究所：《杭州市良渚古城外围水利系统的考古调查》，《考古》2015 年第 1 期。）

现的木桩护岸①。良渚遗址群西北构筑了更为浩大的水利工程（图 3），良渚古城外西北部发现了至少 11 段水坝，这一系列坝体构成了高坝和低坝两个系统，总蓄水面积可达 13 平方公里。水坝堆筑于良渚文化中期（碳 14 测年约公元前 3000 年—公元前 2800 年）。这一大型水利工程可能兼具防洪、运输和灌溉的多重功能②。老虎岭水坝的结构非常复杂，核心区域、边缘位置采用了不同的营建方式。坝体底部铺垫较为纯净的青膏泥（图 4），而后用草裹青膏泥堆筑坝芯，最后在坝芯形成的高垄顶端和外侧堆筑护坡（图 4、图 5）③。利用草

① 浙江省文物考古研究所：《杭州市余杭区良渚古城钟家港南段 2016 年的发掘》，《考古》2023 年第 1 期。

② 浙江省文物考古研究所：《杭州市良渚古城外围水利系统的考古调查》，《考古》2015 年第 1 期。

③ 浙江省文物考古研究所、山东大学考古学与博物馆学系：《杭州市余杭区良渚古城外围水利系统 老虎岭水坝考古勘探与发掘》，《考古》2021 年第 6 期。

裹泥包营建大型水利工程在中国传统水利技术中属于“埽工”的一种形式①，其他形式的埽工技术也发现于良渚古城内河岸维护中。

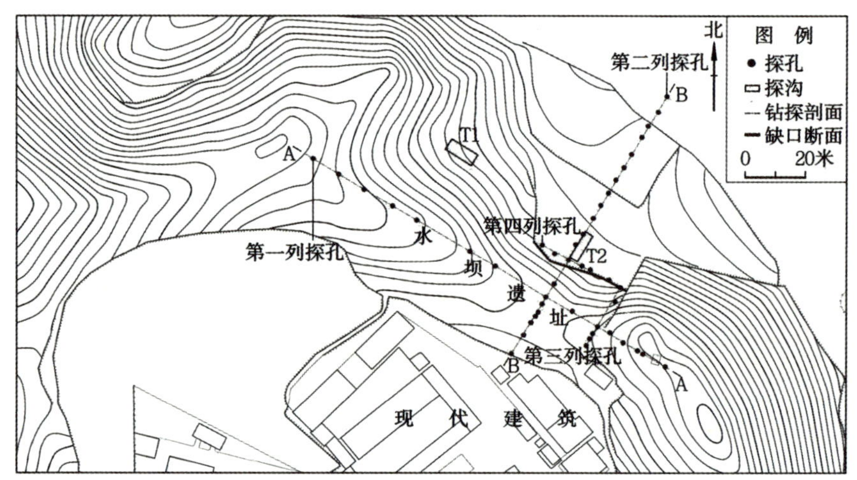

图4　老虎岭坝体勘探、解剖与断面分布示意图

（引自浙江省文物考古研究所、山东大学考古学与博物馆学系联合考古队：《杭州市余杭区良渚古城外围水利系统》，《考古》2021年第6期。）

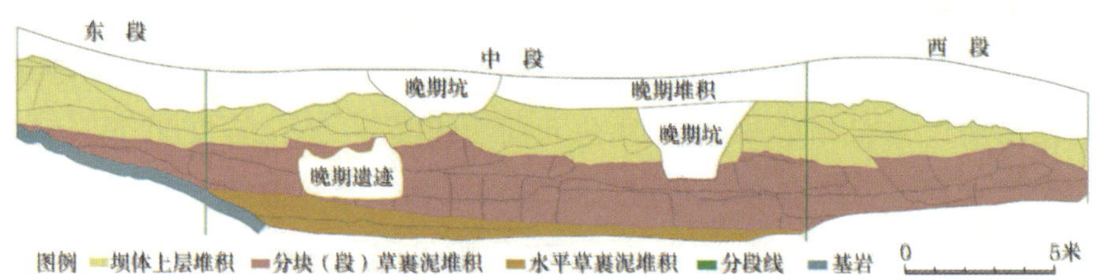

图5　老虎岭水坝北坡东端缺口断面立面图

（引自浙江省文物考古研究所、山东大学考古学与博物馆学系联合考古队：《杭州市余杭区良渚古城外围水利系统》，《考古》2021年第6期。）

① 埽工，即茨防，以芦苇、茅草类植物捆扎而成的水工构件。参见周魁一《中国科学技术史・水利卷》，科学出版社2002年版，第331页。

长江中游的江汉平原地区在新石器时代晚期聚落数量剧增，出现了很多大型环壕或围垣聚落。这些大型聚落地处岗地与湿地、湖沼交汇的地带，季节性调配水资源是实现复杂社会发展的关键所在。大洪山南麓的屈家岭遗址群和石家河遗址群相距仅 20 余公里，被认为是这一区域的中心所在。屈家岭和石家河聚落的居住址都选择在海拔位置相对较高的台地上，洪涝威胁并不大。河谷上游修建水利设施，主要目的是引水至地洼地带进行灌溉①。屈家岭遗址群面积近 3 平方公里，熊家岭水利系统位于屈家岭遗址东北部，由水坝、蓄水区、灌溉区和溢洪道等构成，其水坝为土筑而成，现存坝体高约 2 米、宽约 13 米，长约 180 米。蓄水区面积约 19 万平方米，灌溉区面积约 8.5 万平方米。早期坝的测年数据为距今约 5100 年，为中国迄今考古发现最早的水坝之一②。石家河遗址群面积达 8 平方公里，遗址表现的社会复杂化现象进一步明显。石家河遗址经历漫长的发展过程，从 5000 多年前的谭家岭古城逐步扩大规模。该区域也存在水资源管控的水利工程，而且形式更加多样化。谭家岭北部发现的古河道与良渚文化时代大体相当，采用的木结构护岸技术也非常相似③。

黄河中下游新石器时代晚期，区域中心聚落规模剧增，面积大都在数十万平方米，乃至超过百万平方米。郑州双槐树④、青台、汪沟⑤和洛阳苏羊⑥等具有多重环壕的大型聚落集中出现，仰韶文化晚期聚落规模不断扩大是人口增长和人口集中化的直接反映。从目前的考古

---

① 刘建国等：《江汉平原史前治水文明》，中国社会科学出版社 2023 年版。

② 国家文物局：2023 年度全国考古十大新发现—湖北荆门屈家岭遗址，http://www.ncha.gov.cn/art/2024/3/27/art_2759_187899.html。

③ 湖北省文物考古研究所等：《湖北天门石家河谭家岭城址 2015—2016 年发掘简报》，《江汉考古》2017 年第 5 期。

④ 郑州市文物考古研究院：《河南巩义市双槐树新石器时代遗址》，《考古》2021 年第 7 期。

⑤ 顾万发：《文明之光——古都郑州探索与研究》，科学出版社 2016 年版，第 19—22 页。

⑥ 洛阳市文物考古研究院：《河南宜阳苏羊遗址下村区发掘简报》，《中原文物》2021 年第 5 期。

发现来看，复杂的环壕系统在聚落内发挥了功能区隔的作用，壕沟底部仍保留有流水堆积说明环壕系统还发挥了公共水利的重要功能，部分壕沟断面还可辨认出长期使用过程中清淤管理的现象。黄河中游地区仰韶文化晚期环壕聚落内出现有开挖大型蓄水池的现象，高陵杨官寨环壕聚落中心区域发现了一处面积近370平方米的型水池遗迹，平面大体呈菱形，口大底小，剖面整体呈喇叭状。水池东侧、西北角均建造有取水台阶，西南角还发现了一条南北向沟渠类遗迹，水池和水沟交界处底部有一凸起的坎相隔。考古勘探显示，水池遗迹周围为一处大型广场，鲜有同时期的其他遗迹在此分布①。河南灵宝铸鼎原遗址群兴盛于仰韶文化中晚期，北阳平—西坡遗址是遗址群的核心，西坡环壕聚落先后发现有3处蓄水池，最大的一座平面呈长方形，面积达300平方米。水池底部存有细沙层和淤泥层，南岸还发现有密集的柱洞。蓄水池皆距大型房址不远，是与之配套的水利设施②。

古国时代晚期，龙山时代的长江中下游地区文明发展进入低谷阶段。黄河中下游地区的考古发现表明，水井在聚落生活中得到更为普遍地使用③。黄河中游的黄土分布区沿用了聚落内开挖蓄水池的水利技术，而且应用于聚落内重要的宫殿附近。陶寺宫城北部存在一处低洼地带且发现有大片静水与流水交替作用形成的淤积层，为宫城早中期阶段的蓄水设施提供了线索④（图6）。与陶寺大体同时，位于北部山陕高原的石峁城址核心皇城台也发现有蓄水池相关的迹象⑤，另在芦山峁城址中心山梁顶部的大型建筑庭院内则发现有一处带有排水口

---

① 赵荣、李郁主编：《高陵杨官寨遗址》，《西安文化遗产辑录》第二辑，三秦出版社2021年版。

② 中国社会科学院考古研究所等：《河南灵宝市西坡遗址试掘简报》，《考古》2001年第11期；河南省文物考古研究所等：《河南灵宝西坡遗址F105号仰韶文化房址》，《文物》2003年第8期。

③ 崔英杰：《中国史前水井的发现与研究》，《农业考古》2011年第4期。

④ 何驽：《陶寺遗址的水资源利用和水控制》，《故宫博物院馆刊》2019年第11期。

⑤ 陕西省考古研究院等：《陕西神木县石峁城址皇城台地点》，《考古》2017年第7期。

的水池设施①，用以汇集地表降水后统一排出庭院之外（图 7）。

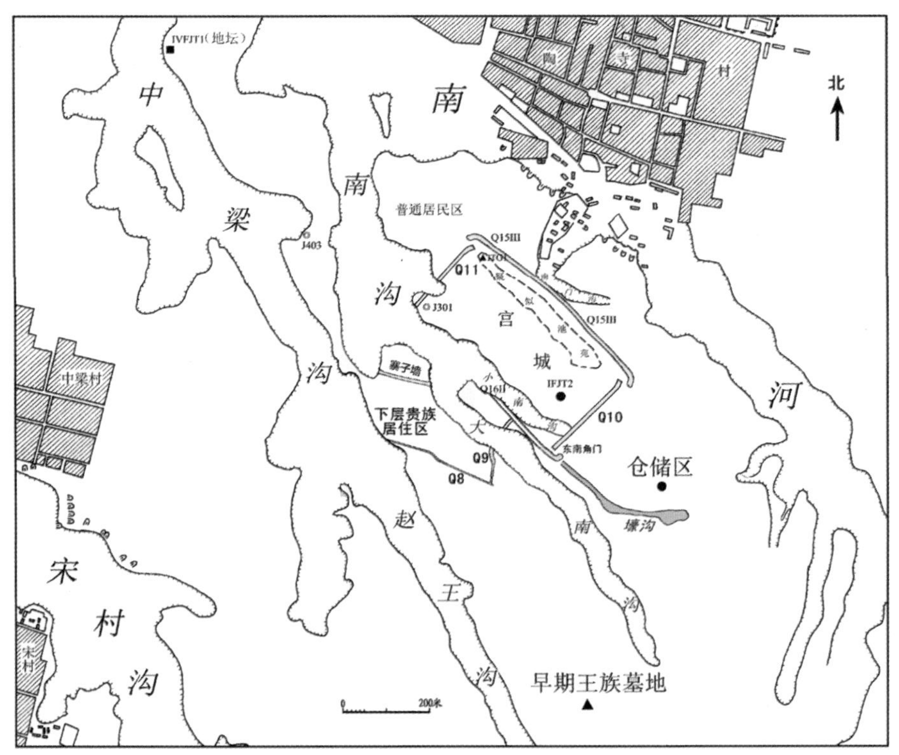

图 6　陶寺遗址早中期宫城及疑似水池遗迹

（引自何驽：《陶寺遗址的水资源利用和水控制》，《故宫博物院馆刊》2019 年第 11 期。）

黄淮地区进入龙山时代，有限的岗地已经不能满足人口增长的需要，泛滥平原上堌堆型遗址大量出现。淮河泛滥平原新发现的城址规模普遍较小，城垣的阻水功能较为明显。一种利用陶质管道的排水技术特别适用于城址排涝需求，以河南淮阳平粮台遗址发现的陶水管道

① 陕西省考古研究院等：《陕西延安市芦山峁新石器时代遗址》，《考古》2019 年第 7 期。

最为典型（图 8、图 9）[①]。

黄河中下游地区地貌差别较大，尤其是西部黄土剥蚀为主的台塬地貌和东部黄淮泛滥平原地貌形成很强的反差。从城市水利系统可以观察出两种不同水利知识的应用，西部黄土地貌背景下，聚落内开挖蓄水池的传统被应用于大型宫殿附近，与高亢地貌的居住环境相适应。泛滥平原排水是城内生活面临的最为迫切的需求，陶质水管道是最好的暗渠排水途径。这些不同的水利知识在古国时代晚期分别在适宜的地域内广泛实践，为广域王朝国家都邑营建时的城市水利规划奠定了基础。

三　早期王朝国家都城的水利系统

公元前 1800 年以来，古国时代各区域文明竞相发展的历史趋势发生了重大转折。中原地区的二里头文化首次突破了单一自然地理单元的制约，形成了以二里头为中心的早期广域王权国家[②]，二里头成为了这一复杂政治体的都城，其年代相当于文献记载的夏王朝晚期。二里头都城选址在伊洛河泛滥后的台地上，这符合《管子》记载都城选址的“广川之上”模式（“凡立国都，非于大山之下，必于广川之上”）[③]（图 10）。但是，泛滥平原河流的水道和水量都不是长期稳定的，所以《史记》中记载“伊洛竭而夏亡”很可能体现了伊洛河水量变化对都城兴衰的影响。洛河晚期改道无疑破坏了聚落的完整性，我们目前看到的应该只是都城残存的中心区域。纵横交织的路网奠定

---

① Chunxia Li, Yanpeng Cao etc., “Earliest Ceramic Drainage System and the Formation of Hydro-sociality in Monsoonal East Asia”, *Nature Water*, Vol. 1, No. 8, pp. 694–704, 2023.

② 许宏：《何以中国——公元前 2000 年的中原图景》，生活·读书·新知三联书店 2014 年版，第 131 页；刘莉、陈星灿：《中国考古学：旧石器时代晚期到早期青铜时代》，生活·读书·新知三联书店 2017 年版，第 275 页。

③ 《管子·乘马》。

了二里头都邑功能分区的基础[①]，宫殿区位于路网交汇的中心，并以宫墙环绕构成封闭空间，凸显了宫殿区在都城布局规划中的绝对核心。

二里头都邑已发现较为明确的水利设施都集中于宫城，这应是王权强化的集中反映。宫城墙外侧及被宫城墙叠压的沟渠，不仅是路网界隔的重要组成部分，同时也承担了排水的功能[②]。各类木构或石砌沟渠集中分布于宫殿建筑之间或庭院之内[③]。紧邻宫城东墙的 2 号宫殿基址东回廊北端还设有套接的陶质输水管道，连通了宫城内外（图 11）[④]。相比石质或木质暗渠，陶质输水管道输水量较小[⑤]，但在密封性和通过性方面有优势。宫城内北侧还发现有大型池状遗迹[⑥]，其中 1 号巨型坑的形成被认为与宫城内宫室营建取土有关，而且还发现有与祭祀活动相关的遗迹[⑦]。宫殿院落中的坑池（VD2HC）与 3 号宫殿约略同时，在 2 号宫殿营建时被填平[⑧]。我们认为这些坑池发挥了重要的蓄水功能，并被规划为宫城内和谐的“池苑”景观。

早商时期都城的水利系统继承了二里头都邑积累的水利经验，而

---

① 赵海涛：《二里头都邑聚落形态新识》，《考古》2020 年第 8 期。

② 与宫城墙有关的沟渠除了 VG18 被宫城西墙叠压以外，其余皆位于宫城墙外侧近旁。中国社会科学院考古研究所二里头工作队：《河南偃师市二里头遗址宫城及宫殿区外围道路的勘察与发掘》，《考古》2004 年第 11 期；中国社会科学院考古研究所：《二里头（1999—2006）》，文物出版社 2014 年版。

③ 木板渠道分布在二里头 3、5 号宫殿建筑之间，石砌水渠以及与之相连的石砌渗水井则主要集中于 2 号宫殿建筑庭院内。不同渠道之间或许还存在时间早晚的差异。

④ 中国社会科学院考古研究所：《偃师二里头：1959—1978 年考古发掘报告》，中国大百科全书出版社 1999 年版。

⑤ 史宝琳：《公元前两千纪前后中原地区的水道设施（下）》，《文物春秋》2016 年第 2 期。

⑥ 目前发现的有：宫城北侧的 1 号巨型坑和 2 号建筑基址下叠压的大型坑池（VD2HC）。

⑦ 中国社会科学院考古研究所二里头工作队：《河南偃师市二里头遗址宫殿区 1 号巨型坑的勘探与发掘》，《考古》2015 年第 12 期；赵海涛：《二里头都邑聚落形态新识》，《考古》2020 年第 8 期。

⑧ 中国社会科学院考古研究所：《二里头（1999—2006）》，文物出版社 2014 年版，第 1027 页。

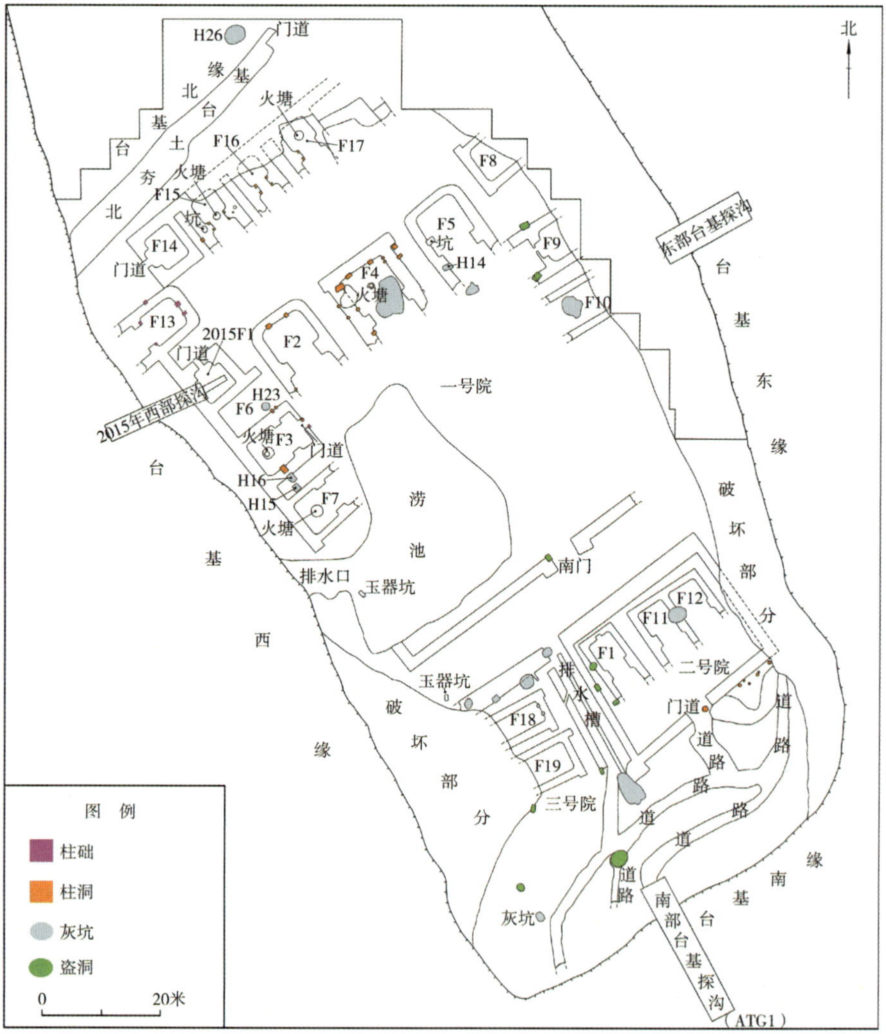

图 7　芦山峁大营盘梁宫殿区平面图

（引自陕西省考古研究院等:《陕西延安市芦山峁新石器时代遗址》《考古》2019 年第 7 期。）

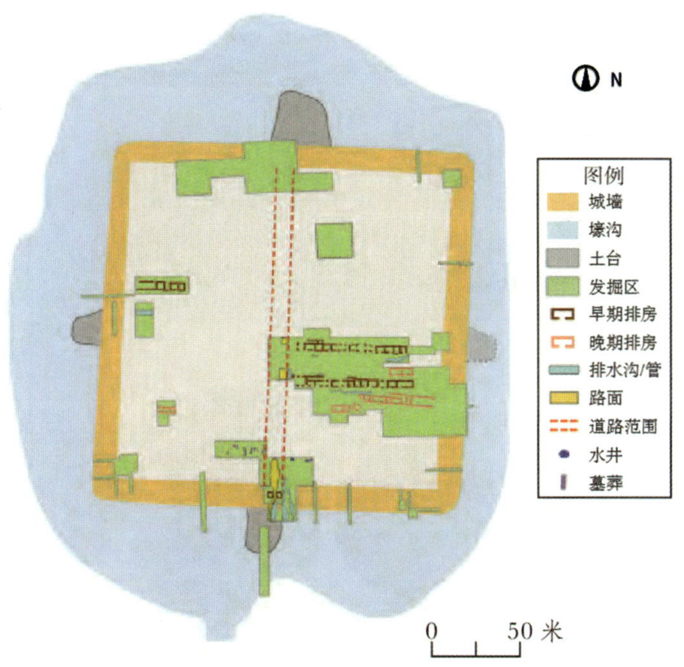

图 8 淮阳平粮台遗址遗迹分布示意图

（引自张海：《试论二里头早期国家的世俗王权》，《中国国家博物馆馆刊》2023 年第 11 期。）

且更加注重城外水源的引入。相比于二里头来说，偃师商城与郑州商城的选址强调了城市水源的稳定性，二者均位于山前冲积扇的边缘，城址毗邻河流而且濒临湖陂，这为引排水系统的实施提供了基础（图 12）。郑州商城西南部规模宏大的外郭城垣和壕沟实际上发挥了很好的堤坝功能，能有效的应对南部山区季节性洪水的威胁，并将城市水源控制在城西北的低洼地带，通过人工渠道引水入城（图 13）[①]。偃师商城西侧引水的西一城门外还营建了复杂的水利设施，很可能是渡

① 刘亦方：《试论郑州城垣形态及相关河道的变迁》，《古代文明》（第 13 卷），上海古籍出版社 2019 年版。

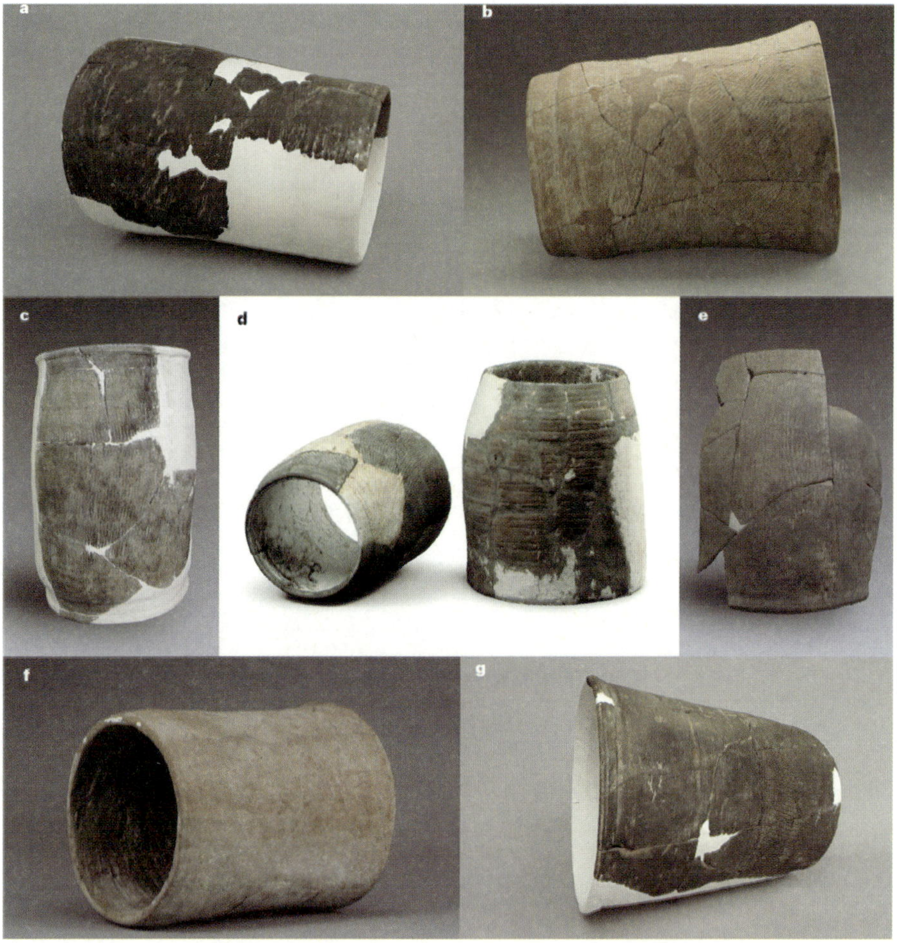

图 9　平粮台遗址出土形制多样的陶水管道

（引自 Chunxia Li，Yanpeng Cao etc.，“Earliest Ceramic Drainage System and the Formation of Hydro - sociality in Monsoonal East Asia”，*Nature Water*，Vol. 1，No. 8，pp. 694 - 704，2023。）

槽类的设计①。这一时期大量石木结构的水渠在城内广泛应用，宫城

① 中国社会科学院考古研究所河南第二工作队：《河南偃师商城西城墙 2007 与 2008 年勘探发掘报告》，《考古学报》2011 年第 3 期；谷飞：《关于偃师商城西一城门外护城壕内桥涵设施的复原研究》，《三代考古（四）》，科学出版社 2011 年版。

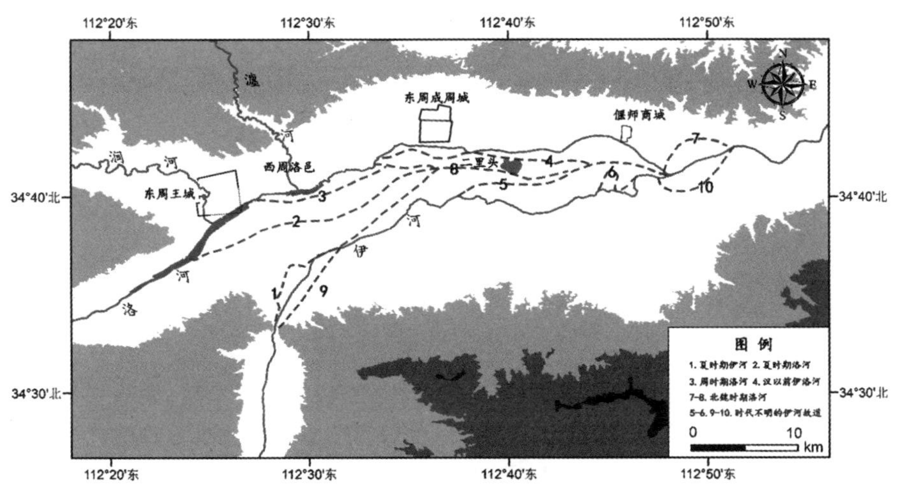

图 10 洛阳盆地伊洛河河道变迁与早期王朝都邑分布示意图

改自张本昀等：《全新世洛阳盆地的水系变迁研究》，《信阳师范大学学报（自然科学版）》2006 年第 4 期。

或宫殿区北部配置石构水池形成了固定的规制，并且连通引排水渠道，保障了池水的流动性，形成了真正意义的王宫池苑①。宫城内各宫殿建筑的排水设施还相互串联构成了一整套沟渠水网系统，便于地表降水以及污水的集中收纳与排放②。

总的来看，早商时期宫城作为都城水利设置的重点，具备更为复杂完备的沟渠水网系统，并且在功能上也有了更为精细的区分，构成了池苑系统与宫殿区输排水系统两套相互独立的水利系统。池苑拥有专门的渠道，并贯通了城西河道与城东湖泽。排水系统则在汇集宫殿区的地表降水后通过宫城东侧的渠道集中排出城外。由此可见，宫城水利系统的不断完善显示出社会上层统治者在水资源分

① 杜金鹏：《试论商代早期王宫池苑考古发现》，《考古》2006 年第 11 期。

② 曹慧奇等：《对偃师商城遗址水利设施及城址布局的新认识》，《南方文物》2021 年第 6 期。

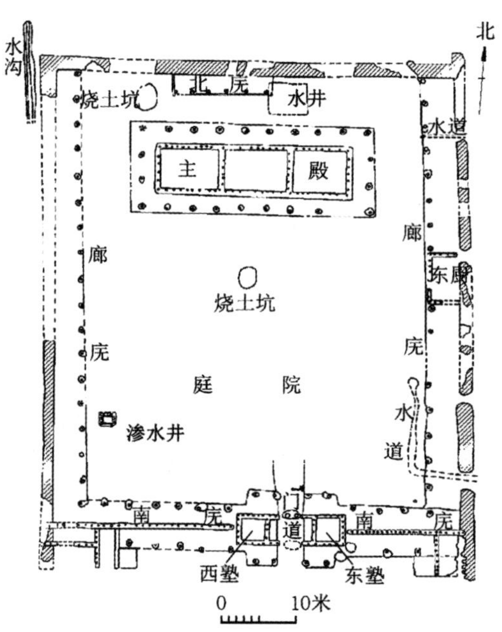

图 11　二里头 2 号宫殿基址水道遗迹分布图

改自中国社会科学院考古研究所：《偃师二里头》，中国大百科全书出版社 1999 年版，第 152 页。

配与管理上的权威地位。值得注意的是，早商都城宫城以外其他功能分区如仓储区和手工业作坊区等也都具备专门的水利工程保障[①]，城内道路两侧还存在路沟，应该具有公共排水的目的[②]。由此可见，对于城市公共水利设施的营建也成为了这一时期统治者用以加强王权的重要手段。

---

① 偃师商城府库设置有沟渠和水池，构成相对独立的水利系统。另外，在郑州商城南关外商代居址区以及铸铜作坊区等地，考古发现有沟渠设施，或起到引水、界隔的作用。参见中国社会科学院考古研究所《偃师商城》（第一卷），科学出版社 2013 年版，第 223、244 页；河南省博物馆：《郑州南关外商代遗址的发掘》，《考古学报》1973 年第 1 期；河南省文物考古研究所：《郑州商城：1953—1985 年考古发掘报告》，文物出版社 2001 年版，第 327—322 页。

② 陈国梁：《偃师商城小城空间格局的新认识》，《考古》2023 年第 12 期。

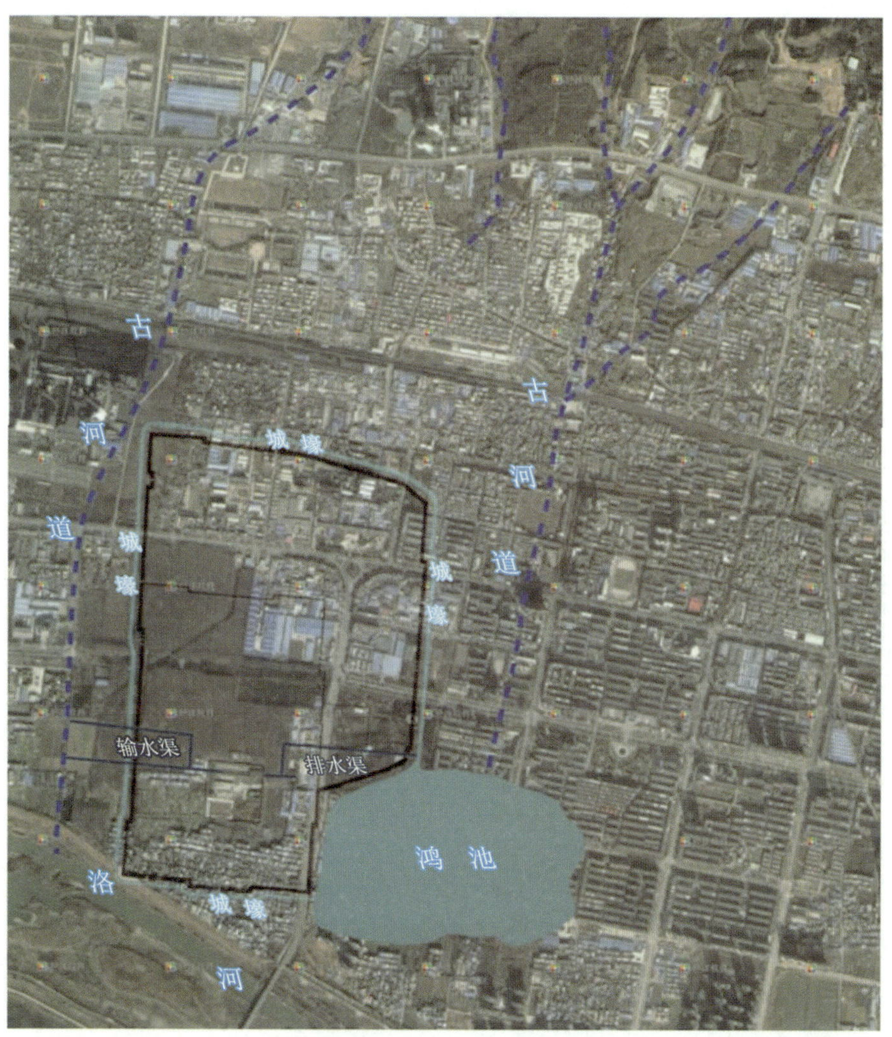

图 12　偃师商城水系与主要输水渠示意图

（引自曹慧奇等：《对偃师商城遗址水利设施及城址布局的新认识》，《南方文物》2021年第6期。）

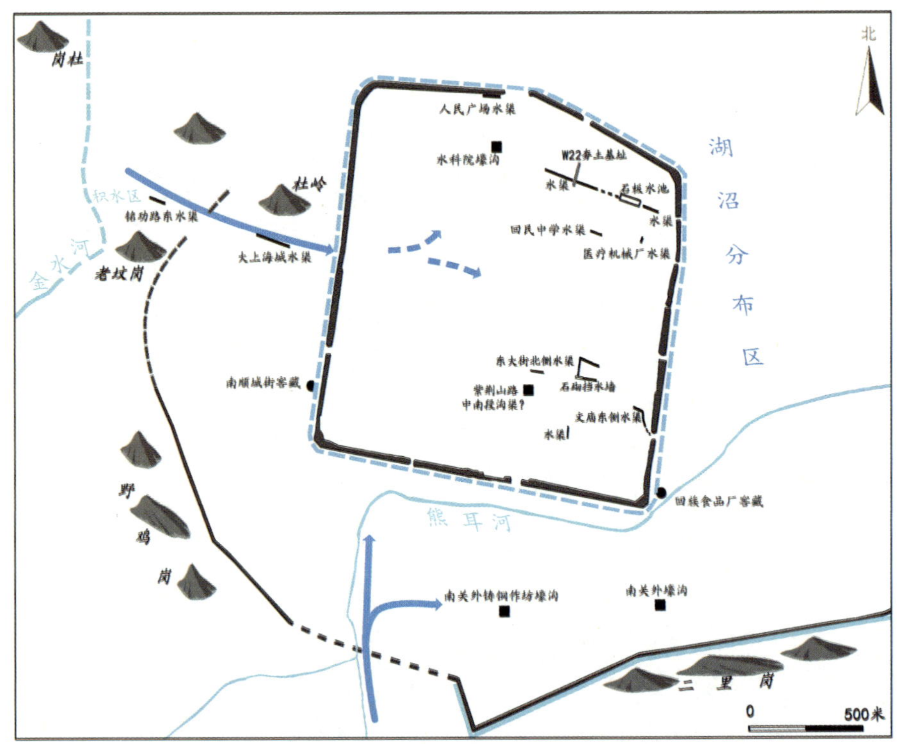

图 13　郑州商城水系与主要输水渠分布示意图

（引自刘亦方等：《环嵩山地区三代城市水利系统的考古学研究》，中国社会科学出版社 2022 年版，第 91 页。）

四　早期城市水利系统的形成及影响

城市水利形成与发展是早期城市化研究的重要组成部分，早期定居聚落为了保障聚落可持续发展必然会进行水利工程的实践。这在中国新石器时代早中期的定居聚落，尤其是环壕聚落中体现得非常明显。新石器时代晚期，许多区域出现了聚落分层、社会分化的现象，中心性聚落在进行区域社会整合的过程中形成了早期城市，这是古国社会出现的典型标志。人口增长、人口集中和社会分化的基础上形成了多样化的用水需求，这同时也促使区域中心聚落愈加重视水资源的管控和公共水利设施的营建。因地制宜的水利工程在各地的古国社会中不断实践，带有鲜明地域特征的水利设施是水利知识的物化表征。

考古学反映的中国最早的广域王权国家出现在二里头时代，二里头都邑中可以见到分别来自西部黄土台塬和东部泛滥平原的城市水利知识，在宫殿区有机地融合在一起。这种水利知识的整合在早商王朝都城的营建中表现得更加成熟，形成了完善的城市水利系统，是城市规划设计阶段就已布局实施的基础建设工程。以宫城水利为核心，兼顾仓储、手工业和公共引排水需求的系统水利工程奠定了后世城市水利工程规划的基本原则。宫城池苑还成为了城市规划制度不可或缺的一部分，作为礼制被历代都城营建所继承。

与聚落形态和城市形态相适应的城市水利工程是考古学考察的重要对象。通过长时段的城市水利发展史研究，我们可以看到从城外水系管控，到城内水网布局，再到安全排水出城，城市水利系统工程浩大。复杂的城市水利系统不仅需要营建过程中的人力物力投入，而且还是一个需要在城市使用过程中不断维护的系统。这不仅仅建立在丰富水利知识的技术层面上，也需要强大的社会组织能力实现，由此构成了社会公共权力的物化表征。正如良渚水利工程的发现对于良渚国家形态的认识那样①，城市水利的出现与发展为探索中国早期王权的形成和实践提供了重要的观察视角。

---

① 赵辉：《良渚的国家形态》，《中国文化遗产》2017 年第 3 期。

史前时期河洛地区陶鼓研究

张超华

（河南科技大学人文学院）

河洛即黄河和洛水，其作为一种地域概念始自西汉时期。《史记·郑世家》："和集周民，周民皆说，河洛之间，人便思之。"《史记·封禅书》："昔三代之居皆在河洛之间。"本文所指的河洛地区，是狭义上的中原地区，即现今河南省大部分地区。有关河洛地区史前陶鼓的研究文章较少，部分学者①多是对史前陶鼓进行综论时将其作为其中一部分进行研究。鉴于河洛地区是中国现代考古学的发祥地，在中华文明形成和早期发展时期具有重要的地位，本文拟对河洛地区史前陶鼓进行系统研究，以期丰富河洛地区文化研究。不当指出，敬请方家批评指正！

一　陶鼓的判定

鼓作为人类所创造历史最悠久的乐器之一，被誉为"群音之长"，在中国礼乐器史上有着极其重要的地位。早在新石器时代，鼓类乐器已经出现，这一时期以陶土烧制而成的陶鼓为主，又称土鼓。

---

① 高天麟：《黄河流域新石器时代的陶鼓辨析》，《考古学报》1991 年第 2 期；费玲伢：《新石器时代陶鼓的初步研究》，《考古学报》2009 年第 3 期。

文献中有诸多关于陶鼓的记载。《周礼·春官·籥章》："籥章掌土鼓、豳籥。"郑注引杜子春云："土鼓，以瓦为匡，以革为两面，可击也。"《礼记·礼运》："夫礼之初，始诸饮食，其燔黍捭豚，汙尊而抔饮，蕢桴而土鼓，犹若可以致其敬于鬼神。"郑注："土鼓，筑土为鼓也。"孔疏："土鼓，筑土为鼓，故云土鼓，犹若可以致其敬于鬼神者。"《易·系辞上》："变而通之以尽利，鼓之舞之以尽神。"《吕氏春秋·古乐》："帝尧立，乃命质为乐。质乃效山林溪谷之音以歌，乃以麋輅置缶而鼓之。"孙诒让《周礼正义》："'置'疑当作'冒'，麋輅冒缶，与杜'瓦匡革面之说正相类'……（缶）不冒革，则是土音，此土鼓瓦匡而冒革，则是革音，与缶异也。"知土鼓实即陶鼓，为敬鬼神之器。以瓦为匡，以革冒之，以蕢桴击之。土鼓非土音，而属革音。《礼记·明堂位》："土鼓、蕢桴、苇籥，伊耆氏之乐。"《吕氏春秋·贵生》："其土苴，以治天下。"高诱注："土，瓦砾也。苴，草蒯也。土鼓、蕢桴，伊耆氏之乐也。"《礼记·郊特牲》："伊耆氏始为蜡。"郑注："伊耆氏，古天子号也……或云即帝尧。"而《礼记·礼运》孔疏引《正义》："土鼓为中古神农氏之器也。"《世本·作篇》则云"夷作鼓""巫咸作鼓"。张澍按："夷即黄帝次妃彤鱼氏之子夷鼓。"《吕氏春秋·古乐篇》中记述尧的乐官"以麋革冒缶而鼓之"，缶原本是原始先民们日常生活中作为盛食物的陶质器具，蒙上兽皮，就成为打击演奏的乐器陶鼓。

新石器时代，缺少文字资料，出土陶器数量巨大，如何从出土遗物中判定哪些属于陶鼓显得十分重要。首先，从几处确定发现鼓类遗存的遗址探析陶鼓的早期形状和特点。陶寺遗址发掘报告称："在大型墓中，成对的木鼓与石磬、陶异形器（土鼓?）同出，放置位置固定，外壁着彩绘"，"这种器物上、下口连通，不可能是容器。在大型墓中每与鼍鼓、石磬同出，故而推测或许是古文献中以瓦为匡的‘土鼓’①”。青海民和县阳山墓地发掘简报称：“喇叭状陶器，形制奇特，数量稀少，出土随葬品较丰富的大墓中，当是氏族部落中具有某种权威人物所特有的器物，死后葬入墓中。其乳钉可用来绷兽皮，其用途可能是一种原始的乐器——鼓”②。甘肃永登乐山坪墓地“乐山坪出土的这批陶鼓，实为一面蒙革，可能将兽皮进行加工制革，乘湿勾蒙其上，待阴干后即可敲击”③。依据文献中“以瓦为匡，以革冒之，以蒉桴击之”的记载，结合考古出土的、并确定为陶鼓的器类特征，同时参考相关学者④的研究成果，制定史前陶鼓确定的三个标准：

第一，在器物的口沿处有固定皮革的装置，如乳头、鸟喙或鹰嘴状的凸钮。

第二，鼓匡的形制上下可以贯通，以产生共鸣的效果，部分器底或器壁有镂空。

第三，在鼓匡上一般留有提携或悬挂陶鼓的附件，如把、鋬、环、耳等。

二　发现概况及分类

按照上述甄别条件，河洛地区出土的史前陶鼓共计47件，分别出土于后王庄遗址、大河村遗址、中山寨遗址、唐户遗址、西山遗址、大张遗址、滩小关遗址、长泉遗址、槐林遗址、麻峪遗址、不召

---

① 中国社会科学院考古研究所山西工作队、临汾地区文化局：《1978—1980年山西襄汾陶寺墓地发掘简报》，《考古》1983年第1期。

② 青海省文物考古队：《青海民和县阳山墓地发掘简报》，《考古》1984年第5期。

③ 马德璞、曾爱、魏怀珩：《永登乐山坪出土一批新石器时代的陶器》，《史前研究》1988年第0期。

④ 费玲伢：《新石器时代陶鼓的初步研究》，《考古学报》2009年第3期。

寨遗址，年代上多属于仰韶文化时期，详见表1。

表1　　史前时期河洛地区陶鼓统计

遗址	陶鼓数量（件）	陶鼓特点	出土单位	时代
郑州后王庄遗址	16	颈部饰鹰咀钮或竖鸡冠形纹，下腹部钻有圆孔	瓮棺葬	仰韶文化
郑州大河村遗址	9	口沿下饰一周鹰嘴凸饰，下腹部饰圆孔	瓮棺葬8、灰坑1	仰韶文化
临汝中山寨遗址	3	颈部竖置三个凸起圆钮，底部有圆孔	不详	仰韶文化
新安麻峪遗址	3	唇面有凹槽、唇下有数个鸟喙状纹饰	灰坑	仰韶文化
新安槐林遗址	4	中腹部有鸡冠鋬或附加堆纹	灰坑3、地层1	仰韶文化
巩义滩小关遗址	3	颈部饰不规则钩形钮、腹部有钻孔	瓮棺葬	仰韶文化
新郑唐户遗址	2	口沿下饰一周突饰纹或交错鹰嘴形钩钮，下腹部有圆孔	不详	仰韶文化
郑州西山遗址	2	敞口、亚腰，口饰凹弦纹和鸡冠耳	灰坑	仰韶文化
临汝大张遗址	1	口缘饰一周牙状倒钩，束腰尖底，下腹部有一小圆孔	不详	仰韶文化
内乡朱岗遗址	1	鼓面与鼓身结合处有凸起的齿纹一周	不详	仰韶文化
济源长泉遗址	2	颈部有乳钉纹或乳状凸起，上腹部有耳或鋬	灰坑	仰韶文化、庙底沟二期文化
渑池不召寨遗址	1	粗圆筒状、有4个圆孔、器表饰六周附加堆纹	不详	庙底沟二期文化

依据器物形状的差异分为五型：

A 型　瓶形，共计 32 件。

依据腹部、底部的差异，分为两个亚型。

Aa 型　大口弧腹尖底瓶形，共 29 件。

河南郑州后庄王遗址出土 16 件，原报告称为“大口尖底瓶”①。器形较大，陶质分细砂棕黄陶和砂质灰陶两种，陶胎较厚，器表多饰细绳纹或线纹。大口或直口，长腹，尖底。口微敞，厚唇略鼓，上腹内凹，下腹圆鼓，尖底。标本 M172：1，砂质棕黄陶。颈部饰一周鹰咀钮，下腹部钻一圆孔。口径 33 厘米、高 78 厘米。

郑州大河村遗址出土 7 件②。大口微侈，折沿，圆唇或尖唇，深腹，束腹，下部鼓腹，尖底。口沿下饰一周 8 个鹰嘴突饰，器身饰划纹，下腹部饰圆孔 1 个。有的口沿下饰弦纹数周。W1：1，可复原。口径 38. 8 厘米，高 73. 8 厘米。

新郑唐户遗址 1 件。标本 ZGT：198，砂质褐红陶，直口微敛，折沿，圆唇，深腹微束腰，上腹部较直，中腹部微内收，下腹部弧形饰有两个对称圆孔，尖底。口沿下饰一周突饰纹，周身饰划纹。口径 30. 5 厘米，高 69. 6 厘米③。

河南巩义市滩小关遗址，3 件。原报告称为“尖底缸”。标本 W4：1，泥质红陶，直口、圆唇、束腰，最大径近下腹，尖底，颈部饰两排不规则钩形钮 12 个，器表通饰线纹，中下钻有 1 个直径 1. 8 厘米的圆形孔，口径 28. 8 厘米，通高 90. 6 厘米④。

郑州西山遗址，2 件。标本 H1818：24 – 1，泥质红陶，大敞口，

---

① 河南省文物研究所：《郑州后庄王遗址的发掘》，《华夏考古》1988 年第 1 期。

② 郑州市文物考古研究所：《郑州大河村》，科学出版社 2001 年版，第 363 页。

③ 河南省文物考古研究所、新郑市文物事业管理局：《新郑唐户新石器时代遗址调查》，《中原文物》2005 年第 5 期。

④ 河南省文物考古研究所：《河南巩义市滩小关遗址发掘报告》，《华夏考古》2002 年第 4 期。

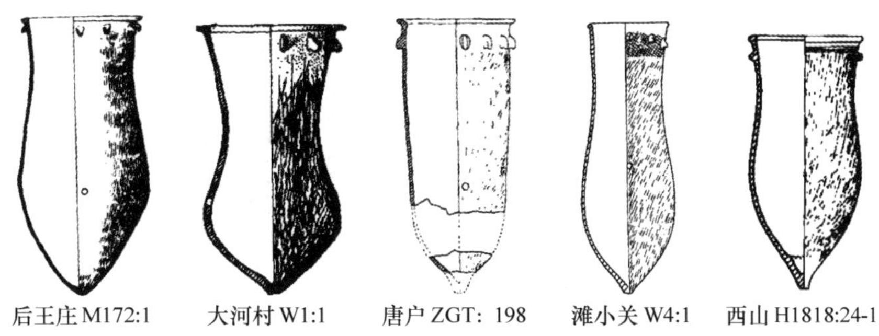

图1　Aa型大口弧腹尖底瓶形陶鼓

亚腰，尖底。口饰凹弦纹和 鸡冠耳，下饰线纹。口径30厘米、高64厘米。

Ab型　大口球腹圜底瓶形（图2），共3件。

大河村遗址2件。标本W117：1，夹砂红陶，直口微侈，长颈，球形腹，圜底。口沿下饰突饰纹，腹部两侧饰对称鸡冠纹和划纹。口径15厘米，高48厘米。

临汝大张遗址①，出土1件。该件器物的口缘饰一周牙状倒钩，束腰尖底，下腹部有一小圆孔。口沿处的牙状倒钩用于固定和撑开皮革，而下腹部的圆孔用于声音的流动。通高64厘米，口径29.7厘米。

B型　釜形（图3），6件。

济源长泉遗址2件。标本H3：29，泥质红陶，厚胎，圆唇，直口，深弧腹下残，口部有数道凹弦纹，颈部有一周乳状凸饰，上腹有桥形耳已残，腹部素面不光滑，口径42厘米，残高30厘米②。

---

① 河南省文化局文物工作队：《河南临汝大张新石器时代遗址发掘简报》，《考古》1960年第6期。

② 河南省文物管理局、河南省文物考古研究所编：《黄河小浪底水库考古报告（一）》，中州古籍出版社1999年版，第69页。

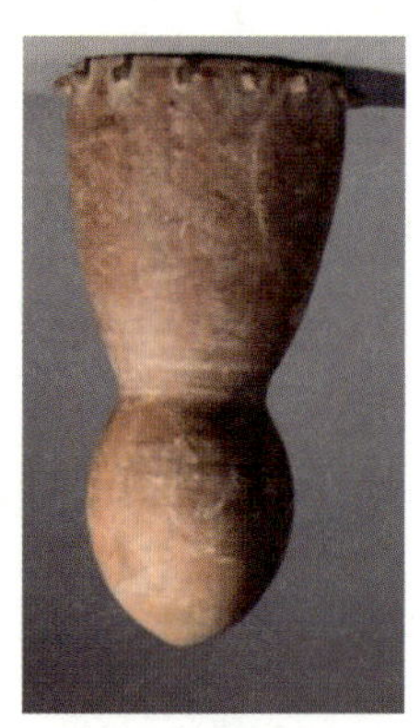

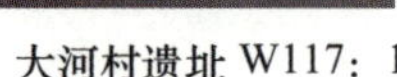

大河村遗址 W117：1

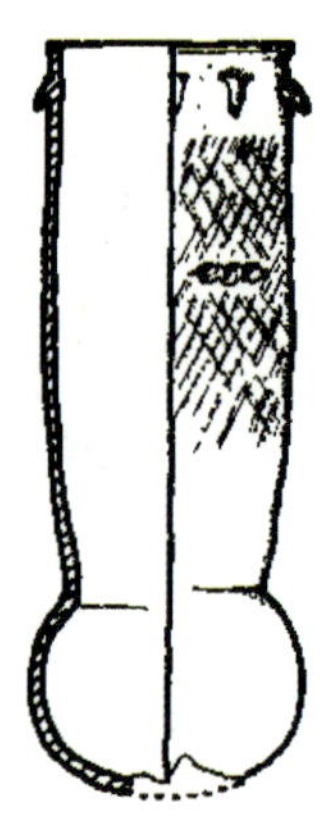

大张遗址陶鼓

图 2　Ab 型大口球腹圜底瓶形陶鼓

新安槐林遗址 4 件。标本 T3③：8，泥质红陶，厚圆唇，斜腹下残，上腹有三周凹弦纹，中腹有两个鸡冠鋬，其下素面，口径 26.5 厘米，残高 15 厘米[①]。

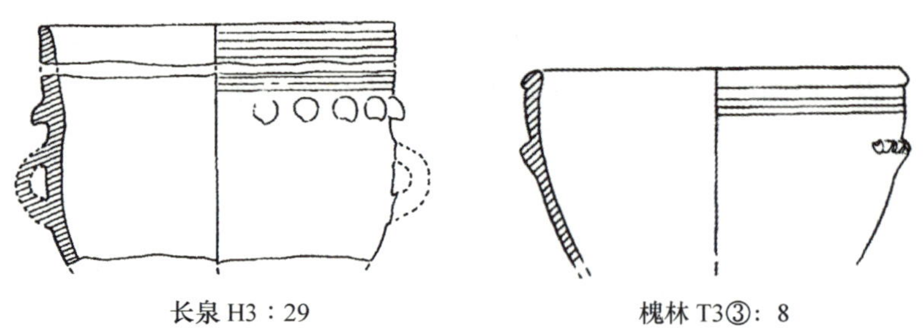

长泉 H3：29　　槐林 T3③：8

图 3　B 型釜形陶鼓

C 型　缸形（图 4），共 7 件。

新郑唐户遗址 1 件。标本 ZGT：88，砂质灰陶，褐胎，侈口，方

① 河南省文物管理局、河南省文物考古研究所编：《黄河小浪底水库考古报告（一）》，中州古籍出版社 1999 年版，第 196 页。

唇，深腹。下部残。口沿下饰一周交错鹰嘴形钩钮数个。器表饰划纹。口径 36 厘米，残高 10.6 厘米[①]。

临汝中山寨遗址共出土 3 件。标本腹部饰等距离 6 个鸟首状钮，底部中间有一圆孔。口径 29.7 厘米、高 32.6 厘米[②]。

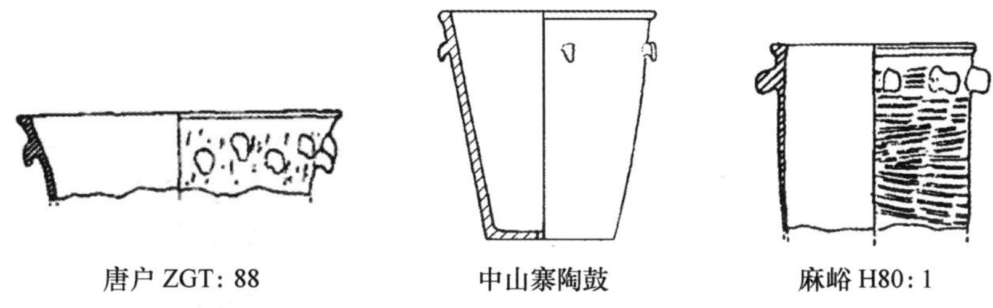

唐户 ZGT：88　　中山寨陶鼓　　麻峪 H80：1

图 4　C 型缸形陶鼓

新安麻峪遗址 3 件。标本 H80：1，夹砂灰陶，外叠方圆唇，唇面一周凹槽，唇下有数个鸟喙状纹饰，通体饰横篮纹，口径 25 厘米，残高 24 厘米。

D 型　鼓形（图 5），共 1 件。

河南省渑池县不召寨曾出土 1 件。该标本是 1921 年秋，安特生在不召寨遗址调查时所获。泥质灰陶，一头呈长圆形，底部残存直径 4.5 厘米的粗孔，靠下处又围有间距大致相等的圆孔四个；另一端呈粗圆筒状，口部残失。现存部分器表有附加堆纹六周。器残高 38.8、最大径 30.5，上部胎厚 0.9、下部 0.6 厘米，通体饰绳纹。安特生曾推测此器为某种装饰物或别的冒烟装置[③]，高天麟推断其为陶鼓[④]。

① 河南省文物考古研究所、新郑市文物事业管理局：《新郑唐户新石器时代遗址调查》，《中原文物》2005 年第 5 期。

② 临汝县博物馆：《河南临汝中山寨遗址调查简报》，《考古》1986 年第 6 期。

③ J. G. Andresson, *Prehistoric Sites in Honan*, p. 104, 1947.

④ 高天麟：《黄河流域新石器时代的陶鼓辨析》，《考古学报》1991 年第 2 期。

E 型　筒形（图 6），共 1 件。

内乡朱岗遗址[①]出土一件。泥质红陶，上部圆柱状，为泥条盘筑；下部底座呈喇叭状，为轮制。上下衔接处饰一周附加堆纹。圆口厚唇，口沿经慢轮修整，烧制火候较高。底部有一不规则圆孔。高 26.5 厘米，口径 10 厘米，底径 14 厘米。

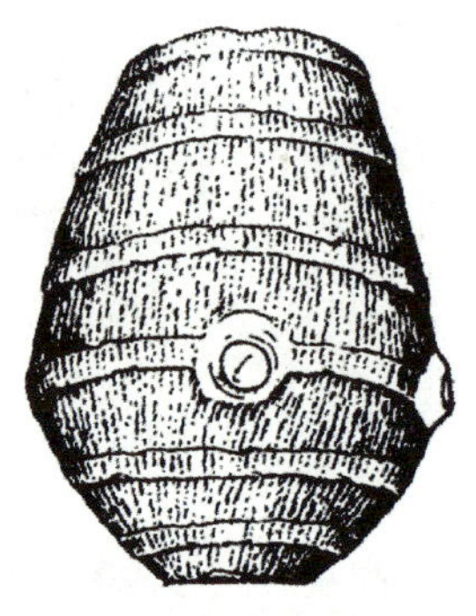

图 5　D 型鼓形陶鼓（不召寨遗址）

图 6　E 型筒形陶鼓（朱岗遗址）

综上，从出土类型来看，史前时期河洛地区的陶鼓以瓶形最多，占比 68.09%，其中大口弧腹尖底瓶形占据绝对优势，在瓶形陶鼓中占比高达 90.63%；缸形其次，占比 14.89%；釜形再次，占比 12.77%；鼓形、筒形最少，分别占比 2.13%。从出土单位来看，史前时期河洛地区的陶鼓出土于墓葬、灰坑、地层之中。据统计，陶鼓出土单位清晰的共计 39 件，其中 27 件出于墓葬之中，占比 69.23%；12 件出土于灰坑或地层之中，占比 30.77%。由此可见，陶鼓多出土于墓葬之中，尤其是瓮棺葬，主要作为葬具使用，其形制基本都是 Aa 型陶鼓，而且器形大多完整，器身整体较大。

① 徐新华、王晓杰：《河南内乡新石器时代遗址调查》，《中原文物》2014 年第 4 期。

三　与其他地区陶鼓的比较

陶鼓作为一种古老的打击乐器，其历史非常悠久，在新石器时代诸考古学文化中均有发现。陶鼓形态各异，有的形体较大，有的小巧玲珑。目前已知的考古资料中，辽河流域的红山文化，黄河流域的马家窑文化、仰韶文化、北辛文化、大汶口文化、庙底沟二期文化、陶寺文化，长江流域的屈家岭文化、石家河文化都发现有陶鼓遗存（表2）。

辽河流域陶鼓主要集中于红山文化时期，出土数量多，且多为完整器。类型较为单一，大多为无底筒形器，少量为罐形或者豆形陶鼓。多出土于积石冢这类特殊的墓葬中。

长江流域陶鼓集中在中游地区的屈家岭文化和石家河文化，下游地区基本不见。陶鼓类型有座形、筒形、釜形、喇叭形等，以座形和筒形为主。多出土于宗教场所，可能是作为祭祀用器使用。

黄河上游地区陶鼓出现于师赵二期文化，在马家窑时期发展至顶峰，齐家文化时期开始衰落。器形包括喇叭形、罐形和筒形，以喇叭形陶鼓最具代表性。从出土位置看，多出自随葬较丰富的大墓，个别见于房址。

地处黄河下游的海岱地区最值得关注，这一地区鼓类发现数量较多，发展序列也最为完整。其中北辛文化发现的陶鼓是目前所发现陶鼓中年代最早的，可能是中国史前陶鼓之源①，而且一直延续至龙山文化时期。海岱地区不仅有陶鼓出土，还发现有鼍鼓遗迹（仅见鳄鱼骨板），鼓类主要包括座形、瓶形、釜形、尊形、罐形等，以座形、釜形和瓶形为主。造型较为原始，鼓身多饰有彩绘。从出土环境看，多见于大型墓葬，棺椁齐全，伴出有高等级玉礼器和陶礼器等。除了

① 费玲伢：《淮河流域史前陶鼓的研究》，《江汉考古》2005 年第 2 期。

表 2　　史前时期其他地区陶鼓类型表

地区	器物形状		
辽河流域	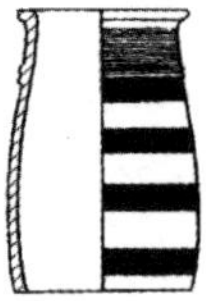 东山嘴 TE8②：7（筒形）	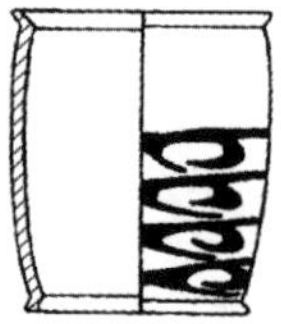 城子山 T3③：6（筒形）	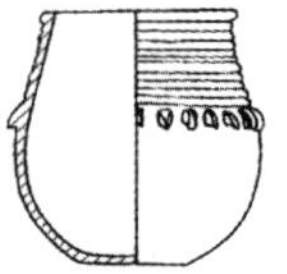 牛河梁（罐形）
黄河上游地区	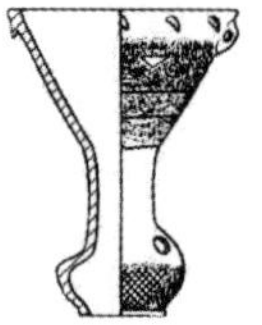 乐山坪 LYL：3（喇叭形）	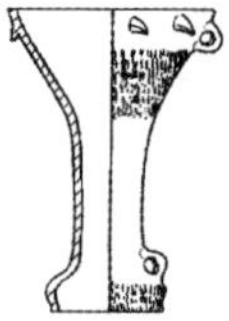 民和阳山 M23：15（喇叭形）	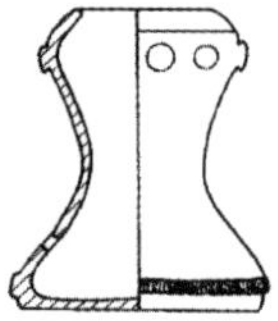 阳坬 F5：2（束腰鼓形）
黄河中游地区（除河洛地区外）	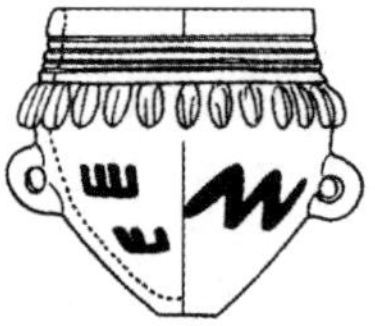 北首岭 77M17：1（釜形）	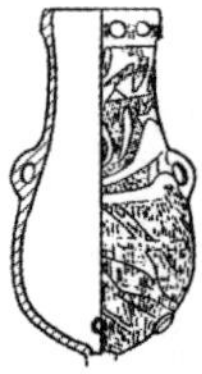 陶寺 M3072：11（葫芦形）	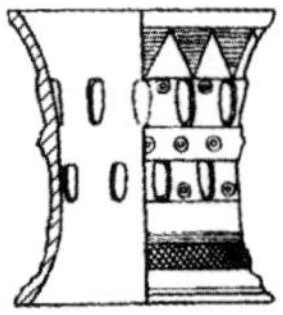 紫荆 H118：4（座形）
黄河下游地区	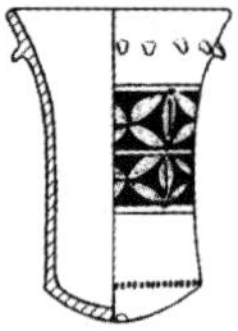 大汶口 M1018：24（尊形）	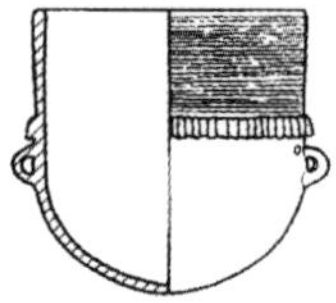 大汶口 H2：4（釜形）	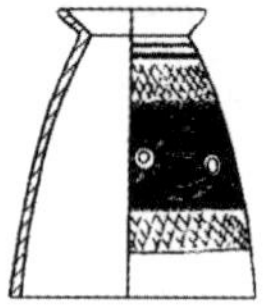 野店 M48：9（座形）
长江中游地区	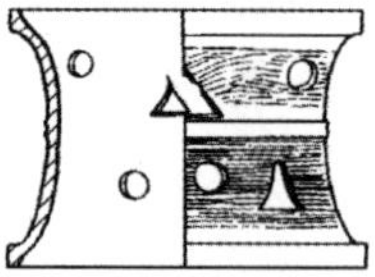 肖家屋脊 H329：3（座形）	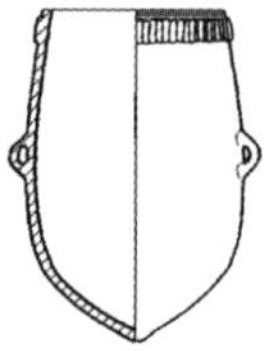 龙岗寺 W3：2（釜形）	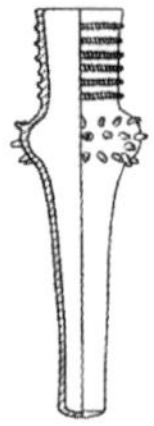 邓家湾 H28：4（筒形）

鼓类乐器，还发现有笛、号角等乐器，其礼乐功能更加突出、清晰。总体来看，海岱地区鼓类遗存出现时间最早，延续时间最长、形制最为原始、礼乐功能更为突出。

河洛地区发现的陶鼓总体数量较少，且仅残存鼓匡部分，鼓革早已腐朽。类型多样，主要有瓶形、釜形、缸形、鼓形，以瓶形为主。陶鼓口部或上腹部，多饰弦纹，并多见革丁或凸棱，目的是便于蒙上皮革后用绳索缠绕，而深浅不一的弦纹可增加摩擦以便绳索能够固定住皮革部分。陶鼓腹部有耳或鋬，便于悬挂或提携。从出土位置看，多见于墓葬，主要作为瓮棺葬具使用，少量出土于灰坑或地层。从时代上看，仰韶文化时期发现较多，龙山文化时期发现较少，可能与考古发现偶然性有关，或者龙山文化时期陶鼓被更为轻巧更易冒革且发音效果更好的木鼓所取。

四　河洛地区陶鼓的发展与传播

由上文可知，史前时期河洛地区的陶鼓年代集中在仰韶文化至庙底沟二期文化之间。而年代晚于这一时期、出土陶鼓较多、地域比较接近的当属龙山文化晚期的陶寺文化。在陶寺文化的典型遗址——陶寺遗址中发现有较多的音乐文物，分别为鼍鼓 8 件、石磬 4 件、土鼓 7 件、陶铃 7 件、铜铃 1 件、陶埙 1 件①。陶寺遗址土鼓的特征表现为：腹部近圆球形或近卵形、橄榄形，上接一筒状颈，颈部有矮粗和细高之分，整体形状皆同长颈葫芦状。筒颈口的外周有呈圆柱状或圆饼状的纽一至两周。腹底中央凸出一筒状孔，其周围又环列 3 个筒状

① 中国社会科学院考古研究所、山西省临汾市文物局：《襄汾陶寺 1978—1985 年考古发掘报告》（第三册），文物出版社 2015 年版，第 1328—1344 页；中国社会科学院考古研究所山西队、山西省考古研究所、临汾市文物局：《山西襄汾陶寺城址 2002 年发掘报告》，《考古学报》2005 年第 3 期。

小孔。颈、腹交界部位往往设桥形竖耳一对，腹部器表普遍压印密集的绳纹，此外，又常以多道附加堆纹组成菱形或三角形格状饰，颈部器表多磨光，有的以弦纹间隔成有细线纹饰与无纹饰的数节，有的用刻画和压印手法表现出类似蛇躯鳞身的图案①。

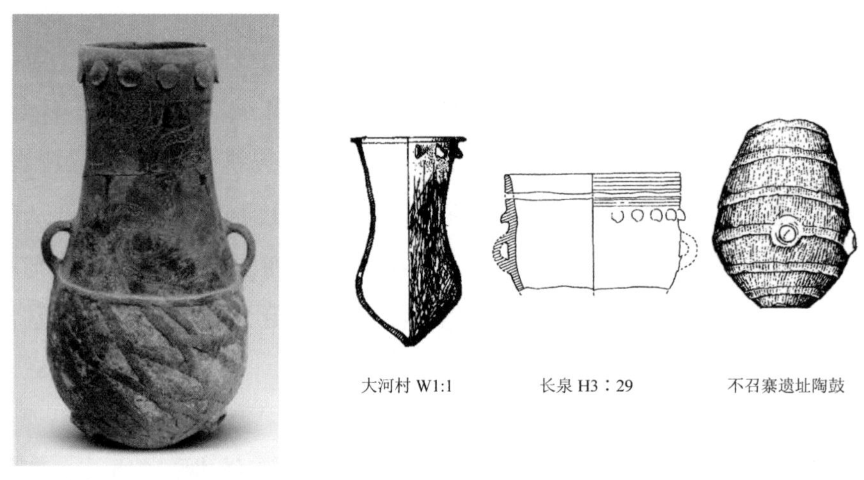

图 7　陶寺遗址与河洛地区陶鼓对比图

对比河洛地区与陶寺遗址出土的陶鼓，可以看出陶寺遗址的陶鼓明显的承袭河洛地区陶鼓的特征（图 7）。陶寺陶鼓口沿部位的乳突，在仰韶文化的陶鼓中十分常见，多以鹰咀形表示，部分也是直接做成乳突的形状。陶寺陶鼓颈、腹交界部位往往设一对桥形竖耳的特点，在河洛地区长泉遗址就已经出现，且耳部形制基本类似。而时代稍晚的不召寨陶鼓，其短粗筒圆腹的陶鼓形制、腹部钻孔、器身饰附加堆纹的特点更是接近于陶寺陶鼓，差异之处在于陶寺陶鼓腹部钻孔更为靠下、器身纹饰更加复杂。总之，陶寺遗址陶鼓的受到河洛地区深远

① 中国社会科学院考古研究所、山西省临汾市文物局：《襄汾陶寺 1978—1985 年考古发掘报告》（第三册），文物出版社 2015 年版，第 1328—1344 页。

的影响。除了陶鼓之外，陶寺遗址还出土有鼍鼓、石磬、陶铃、陶埙等乐器，而在仰韶时期河洛地区的后王庄遗址，不仅有陶鼓出土，还发现有陶铃遗存①，后王庄遗址陶鼓、陶铃同出的现象，对于探讨陶寺遗址乐器组合的形成与发展具有重要的意义。

史前时期河洛地区的陶鼓，从仰韶文化出现，经过龙山文化，一直持续到夏商时期。夏商时期文献中有较多使用鼓的记载。《礼记·明堂位》："夏后氏之鼓足，殷楹鼓，周悬鼓。"《诗经·商颂·那》："猗与那与，置我鞉鼓。奏鼓简简，衎我烈祖。汤孙奏假，绥我思成。鞉鼓渊渊，嘒嘒管声。田野考古方面也发现有少量的鼓类遗存，种类包括漆鼓、鼍鼓、陶鼓、铜鼓。具体来看，二里头遗址发现有漆鼓②，鼓体已朽，呈长筒形，呈束腰，器身髹饰朱漆，长约 54 厘米，时代为二里头文化二期。山西灵石旌介商代 M1：41 鼍鼓，鼓面直径 30 厘米，鼓面腐朽塌陷，表面布满鳄鱼骨板，并有红色漆痕③。河南安阳侯家庄 M1217 西墓道出土鼓、架（和石磬）。其为鼍鼓，鼓为木质，鼓腹呈桶形，上下鼓面为鳄鱼皮蒙制而成（因为墓内有鳄鱼骨）④。福建闽侯黄土仑遗址⑤出土有陶鼓，形如腰鼓，两端开口，中空，器身上附兽形提梁，下接喇叭形实心座，其时代为商代晚期。湖北崇阳发现有商代铜鼓⑥，铜鼓通高 75.5 厘米，重约 42.5 公斤。鼓身呈橄榄形，两侧饰云雷纹和乳钉纹。鼓面为椭圆形，素面，鼓身上部正中立有一类似器物盖纽之物，鼓身下部正中有座相托，时代大致在殷墟文化晚期。夏商时期考古发现的鼓类遗存较少，可能这一时期仍然以

① 河南省文物研究所：《郑州后庄王遗址的发掘》，《华夏考古》1988 年第 1 期。

② 中国社会科学院考古研究所二里头工作队：《1981 年河南偃师二里头墓葬发掘简报》，《考古》1984 年第 1 期。

③ 山西省考古研究所：《灵石旌介商墓》，科学出版社 2006 年版，第 92 页。

④ 梁思永、高去寻：《侯家庄·第 1217 号大墓》，中国台湾"中央研究院"历史语言研究所，1968 年。

⑤ 福建省博物馆：《福建闽侯黄土仑遗址发掘简报》，《文物》1984 年第 4 期。

⑥ 崇文：《湖北崇阳出土一件铜鼓》，《文物》1978 年第 4 期。

陶鼓或木鼓为主，木鼓易于腐烂，陶鼓易于破损。虽偶尔可见夏商时期的青铜鼓，但数量极少。

五　余论

陶鼓的用途自然是敲击，陶鼓敲击起来富有明快和稳健的节奏感，具有丰富的音响效果，鼓声可以渲染气氛、凝聚力量，使人振奋精神、干劲十足。不同的场合当有不同用途，或表示不同的意义，文献中有较为详细的记载，主要包括庆典、征伐、祭祀、驱邪除虫等。至于河洛地区史前陶鼓的作用，仅能依靠考古材料进行推断。一方面，多数陶鼓当作葬具使用，尤其是作为小孩瓮棺葬使用，可能用于祭祀，祈求达到某种愿望。另一方面，在部分地层中，发现有同时期的陶埙、陶铃等乐器，可能是在庆典、宴饮活动中与陶鼓并用的乐器组合。总体而言，史前时期河洛地区的陶鼓以祭器为主、兼有礼乐器的功能。陶鼓作为祭器使用，是丧葬礼仪的组成部分，作为乐器使用是音乐礼仪的重要表现，其作为承载礼乐文明的重要器物，成为中国古代以“礼乐”为特征的精神文明和制度文明形成过程的重要见证，亦是中华文明一脉相承、五千年不断裂的代表器物之一。

大江大湖：南京地区史前文化面貌与社会复杂化*

徐　峰　赵子莉　王　滨
（南京师范大学文博系；南京师范大学文博系；
南京市考古研究院）

一　前言

在当下的中国考古学界，区域文明探源正如火如荼地开展着。有一个证据可以说明这项工作的火热，即诸多研究者用“何以”二字置于区域之前，拟重建区域性的历史进程。譬如，“何以良渚”“何以福建”“何以晋南”“何以广州”等。这种语式是把大大小小的区域视为“家园”，旨在探索这些家园经历了什么样的生命历程，是什么样的历史因果造就了这样的“家园”。“何以××”现象承接了多元论思维，将多元而非单一作为方法去重建和认识更高层次的中国图景①。那么倘若套用这个句式，去探索南京地区的文明起源，便是“何以南京”。当前重新思考南京地区早年的新石器考古工作是很有意

* 本文系国家社科基金重大项目“长江下游社会复杂化及中原化进程研究”（20&ZD247）与“南京地域文明探源与早期吴文化研究”课题阶段性成果。

① 最近笔者对“何以××”进行了一项理论层面的探讨，参见徐峰《区域文明起源研究的勃兴——从流行的两个表述说起》，《中国社会科学报》2022年12月28日第9版。

义也很有必要的。众所周知，在最近二三十年来长江下游的区域文明探源工作中，环太湖地区得到了非常多的关注和投入，史前文化谱系已经较完整地被建立。良渚文化的系列发现增强了环太湖地区在中华文明起源中的重要性。反观同饮长江水，在地理区位上与太湖地区几可等量齐观的宁镇地区，在热火的文明起源浪潮中，略显沉寂。这种沉寂体现在：新的考古发掘工作开展得相对少；像良渚古城、水坝、史前大墓一类体现社会复杂化的发现极少。欲了解南京地区的史前文明进程以及它独特的进程模式，需从重访这个地区已经发掘的考古材料和针对性地对若干中心遗址重新发掘两个角度入手，在此基础上进行综合思考。本文拟借社会权力模式作为分析工具，讨论南京地区史前文化面貌与这片区域的社会复杂化状况以及历史因果。

二　地理环境

南京，古称“金陵”，又称“建业”或“建康”。在中国历史上，南京长期被视为南方的中心，集文化璀璨与物质富饶于一体。一座城市的文明兴衰，通常与生态环境和历史地理有着密切的联系。很多学者都将地理环境对文明进程的影响置于很高的位置，强调地理对历史的影响，认为各族群的历史循着不同的轨迹开展，那是环境而非生物差异造成的[①]。南京乃“虎踞龙盘”之地。长江东流至此，地势东回，令南京兼有“江东”与“江南”的身份。

地形上，南京属宁镇山脉地区，总地势北高南低，全域以低山缓冈为主，其余为平原、洼地及河流湖泊。秦淮河是长江下游右岸支流，是南京市内最大的地区性河流，由于南京本身平原较少，秦淮河流域的河谷平原就是最重要的农业区，也是史前遗址分布最密集的地

① 参见［美］贾雷德·戴蒙德：《枪炮、病菌与钢铁：人类社会的命运》，王道还、廖月娟译，中信出版集团2022年版，第XLII页。

区。今南京管辖多个区域，包括江宁、江浦、高淳[①]、溧水，涉及的流域有秦淮河、金川河、滁河、姑溪河流域。南京水域面积较广，大小河流湖泊星罗棋布。

三　分析工具

区域文明探源本质上是一项社会变迁的研究。小到乡土，大至世界的“家园”经历了什么样的生命历程，是什么样的历史因果造就了形形色色的家园？要回答这些问题，离不开相对全面的观察视角。通常而言，区域文明化进程的研究会从生态环境、经济基础、文化面貌、社会结构、区域交流、精神文化信仰等多个层面展开。在重建这些内容的同时，还需透过它们去分析文明化进程中一个非常重要的方面，即社会变迁的动力。关于动力的探讨在过去半个世纪的文明起源研究中几乎成了绕不过去的话题。这是因为，区域社会好比一辆由历史动力驱动的机器，无休止的驱动力生成着各种各样广泛的和深入的权力关系网络[②]。当代社会依然是受到各种各样的动力而被推动前进着。就讨论社会进程或历史变迁的动力而言，近来为考古学界、社会学界参考较多的是英国社会学家迈克尔·曼（Michael Mann）的《社会权力的来源》。在这部多卷本经典著作中，曼提出了“政治权力”“经济权力”“军事权力”“意识形态权力”四种权力资源（曼将这四种权力用英文字母缩写为“IEMP”）。这四种权力资源是“理想型”的，具有潜在的普遍性和广泛性。迈克尔·曼认为整个人类历史就是一场人们围绕意识形态权力、经济权力、军事权力和政治权力所进行

---

① 高淳处在南京的南部，已有学者指出它属于“古芜湖文化区”，文化面貌与南京主城地区既有相似之处，也有差异，但是在进入青铜文化时期，宁镇区和古芜湖区形成了同一个文化区，即通常所谓的“湖熟文化区”。所以，我们将高淳地区置于南京地区一同讨论，溧水亦然。

② ［英］迈克尔·曼：《社会权力的起源》（第一卷），刘北成、李少军译，上海人民出版社 2007 年版，第 20 页。

的斗争和控制史。在不同的历史阶段，这四种社会权力对社会的存在和演变所起的作用各不相同。尽管四种权力资源可以有无穷多种结合方式，但四种权力资源总是交汇于国家之上，国家也就往往成为了这种分析最终的落脚点。而恰恰文明起源研究的一个阶段性终点正是国家的起源。国家是文明社会总的概括。赵鼎新最近在迈克尔·曼社会变迁理论基础上加入“竞争/冲突”的逻辑，尝试将结构分析与机制性解释统一起来，明确了竞争与制度化的辩证性互动是社会变迁的最重要动力。任何单个的机制都不能全面地解释社会变迁。[①] 融入竞争/冲突逻辑的四种权力理论可以说是能够相对全面分析社会/历史变迁的一个重要工具意识。为了方便讨论，我们首先叙述这四种权力的定义。

第一，经济权力，是从满足生存需要中得来的，是四种权力资源中植根于日常生活最深的一种，属于必须品。经济的生产、分配、交换和消费关系通常结合有高水准的深入而广泛的权力，并且一直是社会发展的一个大的组成部分[②]。

第二，政治权力，是权力在政治领域中的特殊表现。政治权力是人们选择以力量对比和力量制约方式作为实现和维护自己利益要求的过程中聚集形成的一种力量。它来自于对社会关系许多方面的集权化、制度化和领土化管理的有效性。政治权力不同于其他三种权力资源之处，在于它既是强制性的又来自于单一中心。为了对内施行强制性统治、对外防御领土入侵，政治行动者就不得不建立军队，并寻求控制军队的方法。政治行动者的权力也就随着军事冲突而得以迅速发展，因为在战争中总是规模更大、实力更强的国家容易取得胜利。

---

① 赵鼎新：《儒法国家：中国历史新论》，徐峰、巨桐译，浙江大学出版社 2022 年版。

② ［英］迈克尔·曼：《社会权力的起源》（第一卷），刘北成、李少军译，上海人民出版社 2007 年版，第 32 页。

第三，意识形态权力，人类作为有意识的行动者而生活着①。意识形态反映的是社会化的精神生产和生活，是一定的政治共同体或社会共同体的上层建筑的精神形式。作为一种观念的体系，意识形态具有物质的形态，可以被“物化（Materialization）”在人们的日常行动中，并存在于社会生活的各种实践中。物化的意识形态塑造了集体社会行动的个人信仰。它通过有形的、共享的仪式、符号系统、纪念性建筑、文字形式及美学品位风格等元素来组织外部世界并赋予其意义。物化的意识形态成为社会权力的重要来源，是稳定权力关系的一种机制。肯特·弗兰纳利（Kent Flannery）与乔伊斯·马库斯（Joyce Marcus）认为意识形态是一种价值体系，它指向符号系统、仪式、宗教或信仰的任何方面，以及与之相关的政治或经济特征②。

第四，军事权力，来自于有组织的外界防卫需要和它对侵略的有用性。因为它关系生与死的问题，以及在广大地理和社会空间的防卫和攻击组织，所以它具有深度和广度的方方面面。那些垄断它的人，作为军事精英，能得到集体和个体权力③。例如，城市堡垒、巨型建筑物、主要的交通道路或水渠往往是受到直接强制的劳动建立的，无论奴隶劳动还是徭役都是如此。

四　南京史前时期考古学文化

自中华人民共和国成立以来至今，宁镇地区发现的新石器和商周时代遗址达300处以上。1951年，南京博物院考古工作人员在秦淮河

① Takeshi Inomata, “The Power and Ideology of Artistic Creation: Elite Craft Specialists in Classic Maya Society”, *Current Anthropology*, Vol. 42, 2001, pp. 321 - 349.

② Flannery, Kent, and Joyce Marcus, “What is Cognitive Archaeology?”, *Cambridge Archaeological Journal*, 1993, pp. 247 - 270.

③ ［英］迈克尔·曼：《社会权力的起源》（第一卷），刘北成、李少军译，上海人民出版社2007年版，第34页。

流域首先发现了15处新石器时代遗址。1955年左右，南京博物院又发掘了北阴阳营、安怀村、锁金村遗址。为了进一步探索宁镇地区与苏南太湖周围和皖北淮南等地区已发现的新石器时代遗址的关系，南京博物院组织了几次踏查。1957年，尹焕章、张正祥对宁镇地区进行了一次勘察，共发现有127处遗址，均为台型遗址①。1961年，为了进一步了解江苏境内长江沿岸古文化遗存的情况，南京博物院在江浦、六合、仪征等地进行考古调查，发现台型遗址34处，其中具有湖熟文化代表性的8处。80年代，南京博物院在江浦县文物普查的基础上，对20多处湖熟文化遗址进行了复查，并试掘了曹王塍子，基本掌握了江浦县境内的古遗址分布情况和文化内涵②。同时期，南京周边地区也发掘了一批早期遗址，重要的有镇江马迹山、句容丁沙地、城头山、仪征甘草山遗址等。

这些遗址大多分布在宁镇山脉的丘陵山地或台地上，有明显的集聚特征。南京新石器时代文化遗存按地理位置与文化面貌可分为中部主城区、高淳胥溪河流域区和长江以北区。中部主城区包括了金川河流域和秦淮河流域，包括北阴阳营遗址、昝庙和太岗寺遗址；高淳胥溪河流域区包括薛城遗址和朝墩头遗址；长江以北区包括浦口老山附近的营盘山、牛头岗遗址和六合羊角山遗址。

（一）距今7000—6000年的南京

新石器时代的江南先民多择近水的高地居住，或采用堆土筑台的聚落营建模式，遗址外围常因取土形成环壕。从考古发现可以看出，他们往往在水畔的一级台地种植农作物，二级台地建造居宅村落。在

① 南京博物院：《宁镇山脉及秦淮河地区新石器时代遗址普查报告》，《考古学报》1959年第1期。

② 南京博物院：《江浦县曹王塍子遗址试掘简报》，《东南文化》1986年第1期。

南京地区，距今 1 万至 7000 年的新石器时代早期文化遗存尚属空白。下面我们首先来看一看距今 7000—6000 年南京的史前文化面貌，有两个遗址比较典型。

1. 北阴阳营遗址

北阴阳营遗址是南京主城区内时代最早的新石器时代遗址。该遗址位于金川河流域。金川河发源于五台山南坡，东经大树根水闸与玄武湖沟通，并与玄武湖北的十里长沟、护城河相通，最后经下关泄入长江。金川河与长江南京段秦淮河、玄武湖等共同构成了南京城市地面的水环境。该水系的主要史前遗址有：北阴阳营遗址、锁金村遗址、安怀村遗址等较大的遗址群。北阴阳营遗址面积达 7100 多平方米①，文化层保存完好的有 3000 多平方米。遗址 1954 年基建时发现，至 1958 年，共经历了四次发掘，发掘面积达 3132 平方米。遗址可以划分为新石器时代、商代、西周三个文化层②。

从环太湖地区的文化谱系来看，距今 7000—6000 年进入了马家浜文化阶段③。北阴阳营遗址第一期，资料很少，以 H68、H70 为代表（图 1）。H68 只出土了一些以夹砂红陶为主的陶器残片，H70 出土陶片数量较多，其中包含较多的圜底腰沿釜和腹部有 4 个鸡冠耳的夹砂红陶罐等陶片，这些器形不见于墓葬内。出土的腰沿釜形制与淮安青莲岗遗址相同与马家浜文化的釜有区别。报告判断年代约与青莲岗遗址相同。实际上相当于马家浜文化时期。

2. 薛城遗址

薛城遗址位于江苏省南京市高淳区淳溪街道薛城十村，南距高淳

---

① 北阴阳营遗址发掘时尚存 7000 平方米，加上被工程破坏部分，原面积应有 1 万余平方米。

② 南京博物院：《北阴阳营——新石器时代及商周时期遗址发掘报告》，文物出版社 1993 年版。

③ 浙江省文物考古研究所、嘉兴博物馆：《马家浜》，文物出版社 2019 年版。

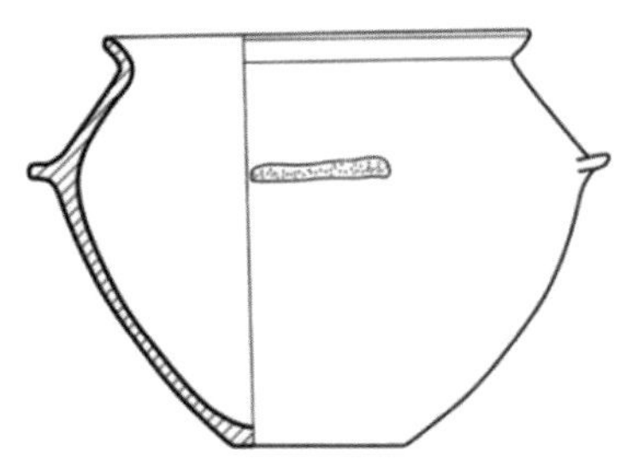

图 1　北阴阳营遗址出土陶罐（H70∶2）

资料来源：南京博物院：《北阴阳营——新石器时代及商周时期遗址发掘报告》，文物出版社 1993 年版。

市区约 4 公里。遗址原处在石臼湖南岸，本为一岛形台地，当地人俗称“小岗头”。现在遗址东南面大部仍临水，西北部为鱼塘。遗址平面大致呈椭圆形，南北宽约 210 米、东西长约 330 米，北部因早年防洪取土略遭破坏。经初步勘探，遗址总面积约 6 万平方米。

在薛城遗址 1997 年的发掘中，已初步弄清这个遗址大致可分为三个历史阶段，遗址早期相当于马家浜文化中晚期、中期相当或略早于北阴阳营文化第二期、晚期约相当于崧泽文化中、晚期①。

薛城遗址相当于马家浜文化时期的遗迹分布密集，包括房址、灶穴、灰坑等。下文化层出土遗物包括陶器、石器、骨器等，另见有大量动物遗骸。陶器分泥质陶、夹砂陶两大类。泥质陶除见有彩陶片及一些小件器物外，数量很少。绝大多数为夹砂陶，胎体因夹蚌末而显疏松质轻，器表粗糙多孔，也有极少量器胎中掺细石粒。陶色以红陶居多，灰褐陶较少。陶器均手制，一些器物内壁可见泥条盘筑的痕迹，部分器物肩、腹部附鋬。器表以素面为主，少量饰有红衣、黑

① 南京市文物局、南京市博物馆、高淳县文管所：《江苏高淳县薛城新石器时代遗址发掘简报》，《考古》2000 年第 5 期。

衣，只见有极少量弦纹、锯齿状附加堆纹、刻划纹、圆形镂孔和彩绘。彩绘以红彩为主，黑彩仅发现两片，色彩附着牢固，不易脱落，显系先绘后烧，图案有宽带纹、弦带纹等。所见绝大多数为陶器残片，除小罐等外，完整及能复原的器物极少，主要器类有釜、罐、杯、盘、纺轮、网坠等。

这一时期南京史前的经济力量有着怎样的状况呢？根据考古资料可知，在距今7000—6000年马家浜文化时期的环太湖地区，先民已经开始种植水稻，草鞋山遗址发现过当时的水稻田。放眼长江流域同时期的其他遗址，水稻种植已经是较为普遍的现象。根据对薛城遗址的植物蛋白石分析，在探方97GXT1生土层上面的第6层开始就检测到了来自水稻叶片机动细胞的植物蛋白石。植物考古工作者认为，至少在约6500年前，薛城遗址周围曾经有过水稻生长，所栽培的水稻属于粳稻类型[①]。

除了种植水稻外，北阴阳营遗址和薛城遗址的周边环境还包括森林和灌木、星罗棋布的湖泊池沼，其间生活着鹿、野猪等野生动物；鱼、虾、螺、蚌、鳖等水生动物和菱角、藕等水生植物，可供先民采集、狩猎和捕捞。薛城遗址下层是一处居址（图2），相当于马家浜文化中晚期，距今约6000—6300年，发现的遗迹有房址、灶坑、灰坑等。不少灰坑底部出土鱼、蚌类遗骸，推测可能用于放养鱼蚌，反映当时先民以渔业为主的经济生活形态。

这一时期的社会关系还相对平等，那种发生在人与人之间的力量对比和力量制约还不明显，政治权力还没有“发育”。一些人工制品所能呈现的有关审美、观念等属于精神文化范畴的意识形态力量还处在薄弱的积累阶段。

① 王才林等：《江苏高淳县薛城遗址的植物蛋白石分析》，《农业考古》2002年第3期。

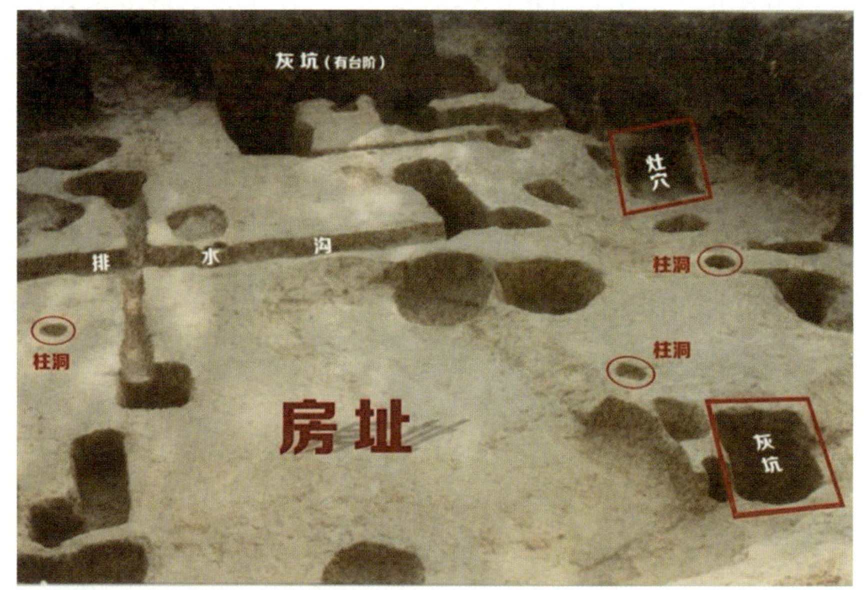

图 2　薛城遗址下文化层居址

（二）距今 6000—5300 年的南京

在长江下游地区，接续马家浜文化而起的文化被称为“崧泽文化”，它的绝对年代相当于距今 5800—5300 年。在这个阶段，长江下游各遗址的文化面貌不断趋近。有学者用“崧泽文化圈”来形容这一时期的文化互动①。

1. 北阴阳营遗址

要了解距今 6000—5300 年时期的南京，北阴阳营遗址的第二期是重要的材料之一，该时期正属于崧泽时代。第二期以墓葬区的 258 座墓葬为代表，文化遗存最为丰富。遗址共发掘墓葬 271 座，其中 258 座集中在遗址西半部（报告中称为墓葬区）。墓葬采用平地掩埋

① 仲召兵：《长江下游崧泽文化圈的形成》，《东方考古》第 11 辑，山东大学东方考古研究中心编，科学出版社 2014 年版。

或浅坑掩埋，因此没有明显墓坑，墓葬重重叠叠，十分密集，故发掘者按照相对深度，将其分为四个墓层。出土的陶制生活器皿，常见鼎、豆、罐、碗、钵、盆、盉、模型小器皿等（图3），少见簋、匜、壶、尊、圈足杯等，且出土了27件彩陶器和36件红衣陶器。石器常见有石斧、穿孔石斧、石刀、石锛、石凿、石纺轮等。玉器常见璜、玦、管、珠、环、泡等。这一期出土的众多形制复杂的鼎、豆、罐，大量的圈足碗、平底及三足盉、带流三足壶等，及独具特色的彩陶器，数量众多的穿孔石斧，常型、条型、有脊石锛及各类玉石饰品等，是这期文化的主要特征。总体来看，第二期文化虽然受到徐淮和太湖地区文化的影响，但仍具有独特的地域特色。

进入北阴阳营第三期，文化面貌大致与崧泽文化晚期相近[①]。

陶鼎　　陶碗

图3　北阴阳营陶器举例

资料来源：南京博物院：《北阴阳营——新石器时代及商周时期遗址发掘报告》，文物出版社1993年版。

① 南京博物院：《北阴阳营——新石器时代及商周时期遗址发掘报告》，文物出版社1993年版，第97页。

2. 营盘山遗址①

浦口营盘山遗址发掘于1982年，为一典型的新石器时代墓地。出土墓葬31座，密集分布于营盘山北坡，排列有序。时代特点比较单纯，以鼎、罐、壶、豆、盆、杯等器物群以及以穿孔石斧、石锛、石凿为代表的石器和丰富的以条璜、片璜（且有锯齿璜）、镯、环、玉动物模型、玉料等代表的玉器遗存（图4），既显示了浓郁的崧泽文化风格，又体现出了这一地区特点鲜明的玉文化特色②。营盘山墓地墓葬排列整齐，均为南北向，头朝山顶、足对山脚，即头向朝南，多数为单人仰身直肢葬。墓葬群共出土随葬品600余件，分为陶器、石器、玉器三类，按照器物功能可分为生产工具、生活用具和装饰品三大类别。葬地这种整齐有序的排列方式和丰富的随葬器物，表明人们对于氏族公共墓地的关切和精心安排，是氏族社会牢固血缘纽带的证据。

图4　浦口营盘山出土动物形玉饰件等

资料来源：作者摄于南京市博物馆。

① 魏正瑾：《南京市营盘山新石器时代遗址》，《中国考古学年鉴（1984）》，文物出版社1984年版。

② 魏正瑾：《长江下游考古工作又一重要发现——南京营盘山氏族葬地遗址的发掘》，载南京市博物馆编《南京考古资料汇编（壹）》，凤凰出版社2013年版，第289—291页。

3. 安怀村遗址[①]

安怀村遗址位于南京安怀村西南的柴山，遗址东南为东井亭村，南侧为和燕公路，北为幕府山，山后即为长江，距遗址 3 公里。遗址长 81 米、宽 22 米，面积 1782 平方米，海拔 19.48 米，突出地面约 7 米，是一处典型的台型遗址。

南京博物院 1956 年对其展开发掘，发掘结果显示第三层为新石器文化层，厚约 0.1—1 米，发现大量陶片、石器、陶器、兽骨等。石器器形以石锛为主，石斧、石钺数量较少，还发现有石刀、石镰、砺石等。石锛由石料打制后稍加琢磨而成，石斧分为有孔、无孔两种，穿孔数量较少，为双面钻孔。此外还有一件两用石器，一端是鋬，一端是刀，用途不明。

陶器陶质红砂粗陶为主，多用作炊器；泥质红陶、灰陶、黑陶次之，多用作容器。器形甗的数量最多，其次是鬲、鼎、豆、盘、碗、钵、罐。甗的制作精细，推测上部用于蒸制食物。部分陶鬲的上部有把，便于提取。陶豆的式样非常丰富，且制作精细。遗址中还出土了一件陶埙，器物呈扁圆形，上部有吹孔，正面中部有一孔出音。

安怀村遗址出土器物与北阴阳营遗址新石器文化层第二期、锁金村遗址几乎一样，推测属于同一时期。

4. 锁金村遗址[②]

锁金村遗址位于南京市北郊太平门外 2 公里的锁金村的西北端，西南侧距玄武湖 500 米，东南侧距紫金山 1 公里，西北距安怀村遗址仅有 3 公里。遗址的西北、东北和东南三面均为山地，遗址海拔 15.90 米，突出地面 5 米，是一个直径约 100 米的圆形土墩，土墩面积约 7000 平方米，是宁镇地区典型的台型遗址。1954 年遗址在基建中被发现，1956 年及 1957 年进行了两次发掘，发掘面积 544 平方米，

---

① 南京博物院：《南京安怀村古遗址发掘简报》，《考古》1957 年第 5 期。

② 南京博物院：《南京锁金村遗址第一、二次发掘报告》，《考古学报》1957 年第 3 期。

出土较多石器和陶器。陶器以本地的黄色黏土为原料，陶质以夹砂粗陶为主，泥质灰（黑）陶次之，少量为带几何印纹的夹砂硬陶。器形包括罐、盆、碗、钵、豆、盘、鼎、甗，其中鼎的数量最少。炊器都是夹砂粗陶，多数鬲和鼎的上部装有把手，与安怀村遗址类似。容器中，豆的数量最多，分为两种，一种高圈足，器形较大，一种为矮圈足，器形较小，少数圈足上有方形的镂孔。

石器器形以镰、锛、斧为主，同时发现较多未成形的石料和砺石。

5. 薛城

薛城遗址年代距今约6300—5300年，遗址中期相当或略早于北阴阳营文化第二期，晚期约相当于崧泽文化晚期。

在薛城，中层遗物（中期）最为丰富，遗址中期发现墓葬两百余座，分布十分密集，叠压打破关系十分复杂。陶器陶质以夹砂褐陶最多，泥质灰陶次之，手制为主，部分经慢轮修整，器表素面为主，部分施红衣、黑衣。也发现少量彩陶和白陶片。器形以釜、鼎、豆、罐、壶、钵最为常见，盂、簋、盉等次之。尤其是夹砂红陶平底釜，与太湖地区体积颇大的釜相比，体型相对要小，没有腰沿，口沿下粘附着很小的鋬，或是装饰按窝和锯齿状附加堆纹，很有地方特点。

中层石器数量非常多，且通体精磨，制作精良。器形有斧、锛、凿、锄、纺轮等。其中锛的数量最多，穿孔石斧次之，孔系两面对钻，孔壁光滑。玉器种类有璜、玦、坠饰、锥形器等，皆通体磨光。

从文化面貌上看，薛城遗址中期与北阴阳营遗址第二期有不少相似，但也有若干地方特点。进入晚期，则面貌越来越与环太湖地区崧泽文化接近。

生业经济方面。到了距今6000—5300年这一阶段，根据北阴阳营、薛城等遗址的资料，农业发展比之前当有所进步。

北阴阳营第二期文化石器制作兴盛。在北阴阳营遗址的墓葬中出土 1580 件随葬品，其中石质生产工具有 554 件，比陶器生活器皿还多，其中石锛 290 件，穿孔石斧 142 件，其他的还有刀、凿、磨盘、石杵、砺石、磨石、纺轮等。数量较多，样式多样，同一种工具存在不同的样式，如石锛有常型、条型和有脊型三种型式，石斧有扁舌形、长方形、椭圆形、圆角三角形等多种型式。制作精细，大多为磨制，制作经选材、切割、修琢、磨光、穿孔等多个步骤。穿孔石斧、穿孔石刀尤其精良，特别是七孔石刀。工具型式多样应该是为满足不同生产作业而对工具的不同要求，一定程度上折射出生业活动的模式多样化。而在薛城遗址，历年发掘中均浮选出炭化植物种子，2021 年度浮选 82 份植物样品，其出土植物种子 217 粒，其中 26 粒为农作物，均为水稻遗存①。

豢养家畜也是重要的生产活动之一，这与原始农业能提供必要的饲料是密切相关的。从出土的兽骨可知豢养的家畜以猪、狗为主。

除此之外，渔猎和渔捞业是生业经济中的重要组成部分。石斧等工具不仅可以用以砍伐，也可用于狩猎，其他狩猎工具还有石镞等。南京的史前遗址濒临长江、湖泊，自然环境为渔猎、捕捞提供了便利条件，猎获的动物包括鹿、野猪等。捕捞的对象主要为鱼、龟、鼋、贝类等。尤其是薛城遗址，渔捞业占比很大。薛城遗址临近石臼湖。在史前时期，薛城遗址所在位置为古丹阳湖区。丹阳湖面积约 4000 平方公里，是由众多小河串联众多湖泊组成的巨浸。根据薛城遗址考古材料中的动物遗存，水生动物以鱼类、龟鳖、螺、蚬为主。另外，根据 2021 年的考古发现，属于崧泽文化时期的一个“龙形”蚬壳堆塑遗迹，形态酷肖扬子鳄（图 5），是由薛城先民堆塑在墓地中的，

① 根据 2021 年薛城遗址浮选材料，尚未发表。

可能与埋葬仪式有关。它的发现对于研究长江下游史前社会的人地关系、精神文化、崇拜信仰以及龙形象的起源提供了新的材料①。

图 5 薛城遗址 2021 年发掘出土的“龙形”蚬壳堆塑遗迹

这处蚬壳堆积是薛城先民采集河蚬堆塑起来的。在 1997 年、2022 年、2023 年薛城遗址的发掘中，在该遗址西区的史前地层中均发现有大量蚬壳。这充分说明了薛城遗址史前时期渔捞经济的发达。

结合今天高淳发达的水产业也可知，高淳史前时期，以捕捞鱼贝类等水产资源为主的渔捞是史前时期非常重要的生业活动之一。薛城遗址出土的众多的陶网坠可证明这一点。

有一座墓葬（21GXTN09E12M7）中出土了 7 件网坠，似乎暗示墓主生前是一名渔民。其实不止是薛城，在邻近的郎溪磨盘山遗址、溧阳秦堂山遗址，都有大量的网坠出土。

格外值得一提的是，历史上很多地区生业方式曾由采集、渔捞向

① 徐峰等：《薛城遗址发现南京地区最大规模史前墓地，出土“龙形”蚬壳堆塑遗迹》，《中国文物报》2022 年 1 月 7 日。

农耕转变甚至被后者替代，然而高淳地区从史前时期即已开始的渔捞经济传统一直有很好的传承。民俗学实例也显示，水产资源丰富的场所，水田渔捞活动往往传承到近代，民俗学家也在不断地探讨这种水田渔捞活动①。

进入距今6000—5300年这个阶段，社会分工较前一阶段更有进步。宁镇地区出土的手工业材料，例如石器、玉器等器类较之前更为丰富、数量更多，南京的北阴阳营遗址已发展成长江下游地区规模最大的石器加工地点，引领了长江下游玉石器工业的发展。氏族内部可能已有了专门分工从事某项手工制作的专门成员，分别承担着制作石器、玉器、陶器等项工作。例如北阴阳营遗址M145墓中随葬着18件穿孔石斧的成品和半成品，看来墓主人生前在氏族内是主要分工制作石器的成员②。

社会关系方面，南京地区这一时期的墓葬特征是分布非常密集，墓葬空间不大，墓葬土坑不明显，有墓穴的，也多是浅坑，空间大小仅容人身加数件器物。墓葬材料反映的社会分化还不明显。随葬品一般仅限于生产工具、日常生活用具和装饰品等，少数墓有一两个猪下颌随葬，由于简单的生产工具和生活用具的个人占有和使用并不意味着财富私有制的出现，因此北阴阳营墓葬的葬俗，总体上仍然符合氏族社会财富平等和生产资料公有制的这一基本原则。从已鉴定的墓葬看，女性墓葬和男性墓葬一样，往往都有石斧、石锛等生产工具随葬，可知这时妇女也从事主要的生产活动。

从墓葬密集度来看，氏族关系是非常紧密的。在这样的相对平等的社会关系中，那种反映人与人之间力量制约关系的政治权力也还没

---

① ［日］菊地大树：《水田漁撈と動物考古学をめぐって》，《水辺エコトーンにおける魚と人：稲作起源論への新しい方法》，日本平成22年度—平成25年度科研費研究成果報告書。

② 南京博物院：《北阴阳营——新石器时代及商周时期遗址发掘报告》，文物出版社1993年版，第99页。

有得到发展。特别是渔捞业在生业经济中占比较大的社会，他们的社会结构中还没有一个强有力的权力关系稳定下来成为制度。从聚落结构来看，当时人们的居住空间和埋葬空间虽然分开，但相距很近，反映出生与死的界限感不明显，也折射了先民土地资源开发使用能力之不足。

总之这一时期的社会分化还很不明显，社会内部相对平等。经济力量积累缓慢。但是倘若我们旁观距今 5800 年的东山村遗址，已经看到崧泽文化早中期的高等级大墓与一般小墓实行分区埋葬（图 6）。与大墓相匹配的是贵族生前居住的大房址，证明至少在距今 5800 年前后，社会已有明显的贫富分化，出现了较明显的社会分层。

图 6　东山村遗址崧泽文化大墓 M90

资料来源：南京博物院、张家港市文管办、张家港博物院编著：《东山村》，文物出版社 2016 年版。

李伯谦为此指出，以往一般把距今 5500 至 4500 年的仰韶文化晚期看作中国古代由相对平等的社会向不平等的分层社会过渡的社会结构重大转型时期，而东山村的发现，至少将原来估计的开始转型时间提早300年，他认为东山村已可看到初级王权，社会已进入苏秉琦所称的“古国”阶段[①]。东山村的例子既表明社会分化的时间比原先估计得要早，同时也反映了区域社会关系分化的不平衡。

距今6000—5300年的意识形态力量已经处于多元并进、丰富积累的阶段。我们可以从陶器、玉石器及图像等材料进行观察。

相比于马家浜文化时期的红陶为主，崧泽文化的陶器转变为灰陶为主。鼎、豆、壶的组合比较普遍，透露出陶器器类生产具有一定的规则和习惯风尚，尤其是陶豆，有些并不实用，而与祭器有关，说明礼制有所成熟。

这一时期的陶器制作也体现出先民们独特的设计和巧思，审美的力量有了很大进步。如器身上下部成反、正弧线构成的折腹罐形鼎；带角状把手的鼎与鬶；假腹杯形豆；带流三足壶等。角状把手这种设计在宁镇地区很有延续性，直到湖熟文化的陶器乃至商周时期的陶鬲、青铜器上都能看到。

除了常见的器类外，若干陶制手工艺品上也不乏南京史前先民的灵感性创作。例如浦口营盘山遗址出土的一件崧泽文化晚期陶杯（图7－1），色灰胎细，口微侈，斜深弧腹，最大腹径在器身下部，小平底，底部附贴三扁足。下腹贴塑兼刻划了一头俯卧的水牛：浅刻的一对牛角向上弯曲，占据了下腹部的主要位置，凸起的牛头部位刻划出牛嘴、牛鼻和牛眼，牛头下方近罐底的位置浅刻蜷曲的牛腿和牛蹄。崧泽文化晚期，原始先民就开始以牛为装饰题材，撷取“牛”为日常生活中的装饰图案，是一种原始朴素审美情趣的再现。

同样是营盘山遗址，一件戴冠陶塑人头像，是南京地区迄今最早的人面陶塑像，被誉为“金陵先祖”（图7－2）。这件陶塑人面像和一只手掌差不多大，高只有9.8厘米，陶质，外表光滑，面部轮廓近

① 为“中国古代文明与国家起源”笔谈内容。参见李伯谦《崧泽文化大型墓葬的启示》，《历史研究》2010年第6期。

似长方形，前额宽平眼眶粗大，深凹的眼睛细长弯曲，鼻梁挺直，鼻翼肥大，耳廓宽厚，嘴巴微张，厚唇，下颌明显向外延伸呈梯形。这个陶塑人像既寄托着5000年前南京人的审美和精神追求，也表明先民对自身形象表达有了自觉，体现出明确的自我意识观照。

图7　灵巧个性的陶器

1. 浦口营盘山遗址出土陶杯；2. 浦口营盘山遗址人面陶塑像；3. 六合羊角山陶纺轮；4. 薛城遗址彩陶罐

在六合羊角山遗址出土的一件陶纺轮上，有一幅亦人亦兽的形象（图7－3），反映了先民设计中的想象力。这一时期的纺轮成了体现审美的标志物，或是几何形的图像（如十字纹、八角星纹），或是动物，或是目前还不够明确的抽象图像。体现出这一时期先民敏于观察。近取诸身、远取诸物，将自身意识自觉地表达出来。

除了普通陶器外，这一阶段彩陶器的数量增加不少。北阴阳营遗址发现彩陶器28件，均属第二期文化，包括有鼎、盉、碗、钵、盆等。薛城遗址也有少量彩陶器的发现（图7－4）。彩陶所施的颜色一般为红、黑、白三色，间有褐色和橙黄色的。绘彩前陶器表面往往先施一层白衣或红衣，然后绘彩。一般陶器彩绘多施于外壁，最常见的纹样是在口、腹、圈足等部位绘1—3周红色或黑色宽带纹，个别加绘连续的菱形网格纹。钵形器的彩绘多施于内壁，有宽带纹，卷曲纹等。

距今6000—5300年这一时期生产工具以石器占绝大多数，其中以石斧、穿孔石斧、石锛等砍伐和加工工具为最多。人类定居村落的建立，必须以有固定的经常的生活资料来源为前提。这个阶段，石器选料更为讲究，如石斧和穿孔石斧主要选用辉绿岩和凝灰岩等石材，锛、凿主要选用页岩，砺石和磨石用砂岩，石纺轮主要用凝灰岩。石器制作更趋扁薄和精致。器类有斧、铲、凿、锄、刀等农耕工具。有些器物已经在实用功能的基础上向礼仪型功能演化，格外能体现意识形态层面的身份认同和象征性。七孔石刀就是典型。北阴阳营遗址M131出土2件七孔石刀（图8）。石刀上钻孔一般是为了便于手持或与木柄绑缚。

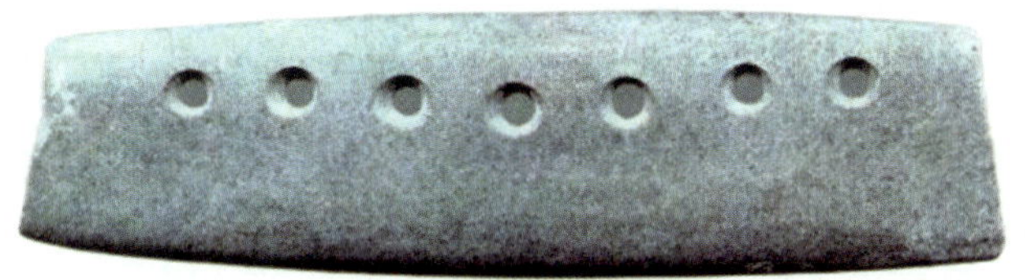

图8　北阴阳营遗址出土七孔石刀

除北阴阳营遗址外，金坛三星村、潜山薛家岗遗址也出土过七孔石刀，薛家岗遗址甚至出土过九孔、十一孔、十三孔的石刀[①]。一些

① 安徽省文物考古研究所：《潜山薛家岗》，文物出版社2004年版，第423页。

体型庞大、孔数特别多的石刀，可能已脱离实用工具的范畴，而具有了礼器的性质。另外，薛家岗的部分石刀、石钺上还绘有红色似花的图案。显然具有审美、象征的意义。七孔石刀所体现的意识形态层面的发展，还可以从它的形制被玉制品借鉴而得到进一步反映。如二里头文化遗址曾出土一件七孔玉刀（图 9）。当石刀变成玉刀，玉的质地，加上造型所综合体现出来的审美 已经让它变成了权力的象征，也可见北阴阳营文化对二里头文化间接的影响。

图 9　二里头遗址出土七孔玉刀

此外，与死后埋葬有关的原始信仰在这一时期也有较大程度的发展，比如，北阴阳营遗址出土了 76 粒花石子，部分出自死者口中，以花石子随葬的习俗可能与原始宗教有关。许多色彩斑斓的雨花石，表明先民们已经具有较高的审美情趣，是先民精神寄托和原始审美观的体现。

距今 6000—5300 年这一阶段的玉器，常见器类包括璜、玦、管、珠、环等，以装饰类器为主。不规则几何片形坠饰占有较大的比例。这些坠饰不仅是废料或边角料的再加工那样简单，更说明这一阶段切割技术已经可以比较熟练地把握玉料的延展性，为今后制作、展示面积更大的玉器奠定了技术上的基础①。北阴阳营墓地出土的扁平的、一端钻有系孔的不规则形坠饰有 37 件之多（图 10）②。高淳薛城、郎

① 浙江省文物考古研究所、良渚博物院编：《崧泽之美》，浙江摄影出版社 2014 年版，第 44 页。

② 南京博物院：《北阴阳营——新石器时代及商周时期遗址发掘报告》，文物出版社 1993 年版。

溪磨盘山遗址均发现少量的不规则形坠饰，可见审美意识已经有一定程度的发展。

图 10　北阴阳营遗址出土玉坠饰

江浦营盘山遗址出土的玉器则颇有精巧之感，包括玉璜、玉镯、玉环，制作得十分美观细致。营盘山玉器中还有一些动物形饰件，如龙形、兔形、鱼形等，大多是以很薄的玉片在其整体或局部加工成动物的形状，呈现了与凌家滩玉器相似的风格。营盘山与含山凌家滩地理上靠得很近，它们的玉石器制作被认为属于北阴阳营系统①。

（三）距今 5100—4300 年的良渚文化时期

距今 5100—4300 年，环太湖地区已经演变为良渚文化。该文化最负盛名的器物是琮、璧、钺、冠形器、锥形器、三叉形器等。良渚文化兴盛之后，文化影响力向周边地区拓展。宁镇地区发现了不少良

① 张弛：《大溪、北阴阳营和薛家岗的石、玉器工业》，北京大学考古学系编《考古学研究（四）》，科学出版社 2000 年版。

渚文化遗存，比较典型的遗址有昝庙遗址、朝墩头遗址、薛城遗址、太岗寺遗址。

1. 昝庙遗址①

昝庙遗址位于南京市禄口街道昝庙，为一处典型的台型遗址，遗址南面临河，是水网平原地貌。现存面积超过10000平方米，有一大一小两个土墩，呈东西向的长条形。

图11　昝庙黑陶杯

图12　昝庙出土石钺

南京市文管会、南京市博物馆于1975年，1979年对该遗址分别进行了两次小规模发掘，发掘面积总计135平方米。按照遗址堆积可以分为上下三层，上层属于湖熟文化晚期，中层为湖熟文化早期，下层为新石器晚期。其中下文化层的文化面貌比较特殊，共发现墓葬4座，墓葬中出土石器3件、玉器1件、陶器10件。此外还有成组出土的采集品，可确知为遗址下层的遗物，当为下层墓葬中的随葬品。下层出土陶器、陶片，陶质以夹砂红陶、泥质灰陶、泥质黑皮陶为主（图11），未见硬陶。器形主要有鼎、罐、盆、豆、壶、器座等，未见鬲、甗，器表以素面为主。下层出土石器数量较多，主要有斧、锛、凿、刀、镞、钺（图12），其中锛、镞数量最多，石锛大多较

① 魏正瑾：《昝庙遗址内涵的初步分析》，载南京市博物馆编《南京考古资料汇编（壹）》，凤凰出版社2013年版，第112—115页。

厚，打磨粗疏。

2. 朝墩头

朝墩头遗址位于固城镇檀村东南，西距古固城约 2 公里，是一座高出地面 5 米左右的台型土墩。土墩面积约 4800 平方米，当地人称

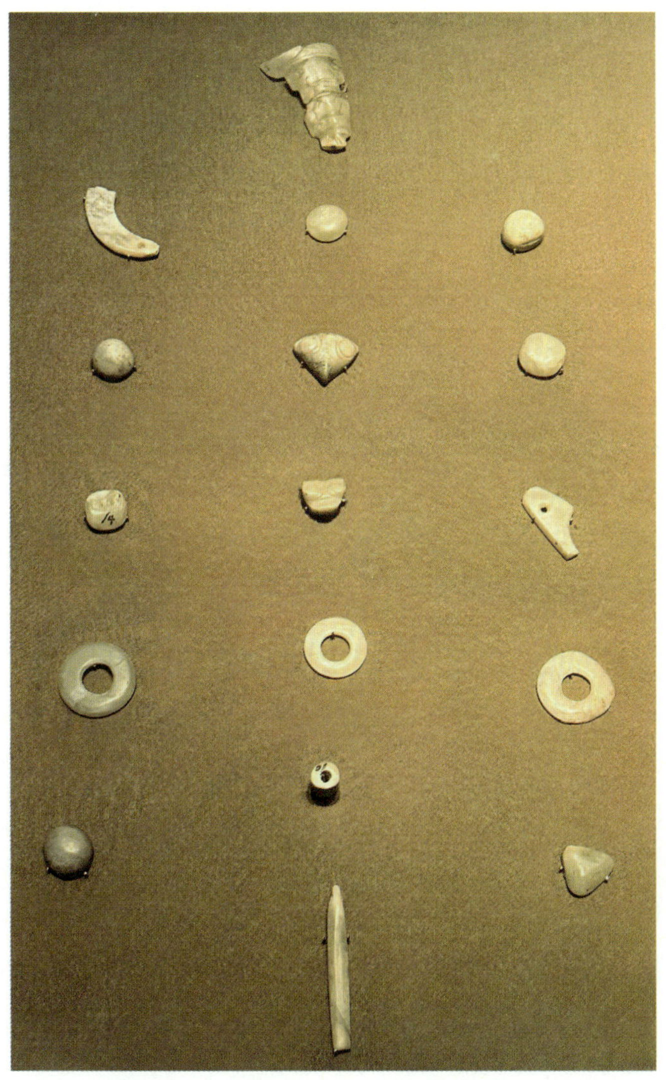

图 13　朝墩头遗址出土玉器

资料来源：作者摄于南京博物院。

之为“朝墩头”。1989 年 5 月，由当地农民在挖墩建水渠时发现；同年 9 月，由南京博物院和高淳县文保所共同进行抢救性发掘。发掘工作于墩南侧 200 米范围内进行，清理出灰坑 8 个、墓葬 17 座，出土文物 455 件。该遗址文化层堆积厚 2.5 米，自上而下分 5 层。地表耕土层厚 18 厘米。揭去耕土层即发现印纹硬陶和灰陶残片，其文化属西周及春秋早期，距今 2800 年左右。挖至第 3 层，在灰坑中发现陶鼎、陶釜、圈足盆、网坠、石犁、石斧、陶豆、石镞等。其中一件夹砂陶四足双层方鼎，较为少见，文化特征与河南龙山文化相似，距今 4000 多年。第 4 层出土文物以夹砂陶、泥质黑皮陶为主，有高领罐、贯耳壶、竹节高把豆等，其相对时代相当于良渚文化时期，距今 5000 年左右。第五层发现相当于崧泽文化、良渚文化时期的墓葬，多数为长方形浅穴，头北面南，骨骸大都保存完好。随葬品主要有陶器、磨制石器、玉器三类。陶器以豆、鼎、壶为大宗，置于死者足部；石器主要有铲、锛、斧等，放在死者左侧或胸部；玉器散见于头、腕、胫、腰等部位①。

3. 太岗寺遗址②

太岗寺遗址位于南京中华门外西 12 公里的西善桥镇南，地貌上属于平原，东、南西三面环山，北距长江很近，且有一条宽约 20 米的小河流经。这是一处台型遗址，土墩高出地面约 8 米，东西长 205 米、宽 102 米，附近还有营盘山遗址、墩子山遗址。

江苏省文物工作队于 1960 年展开发掘，发掘面积 220 平方米，发现上下两层文化层，堆积厚薄与土墩高低成反比，故判断土墩先形成，文化层是后来的堆积。上层发现许多螺蛳壳堆积，厚 0.2—0.5

① 谷建祥：《高淳县朝墩头新石器时代至周代遗址》，《中国考古学年鉴 1990》，文物出版社 1991 年版。

② 江苏省文物工作队太岗寺工作组：《南京西善桥太岗寺遗址的发掘》，《考古》1962 年第 3 期。

米，夹杂草木灰，应该是食物废料。上下层之间分布有烧土粒堆积，显示出有人类居址。发掘还发现人骨架 10 具，大部分肢骨分离，未见墓圹，重叠得很近。

根据发掘简报的介绍，太岗寺遗址在下层出土的黑皮磨光陶器，几乎全部是“良渚式”黑陶，有平底器与圈足器等，非常接近于太湖地区出土的黑陶器，和浙江一些良渚文化的黑陶也非常相像。甚至有一些红砂陶器也和良渚文化——浙江吴兴钱山漾出土的一模一样。从出土的黑陶器来看（图 14），它们的年代肯定相当于或晚于良渚文化。

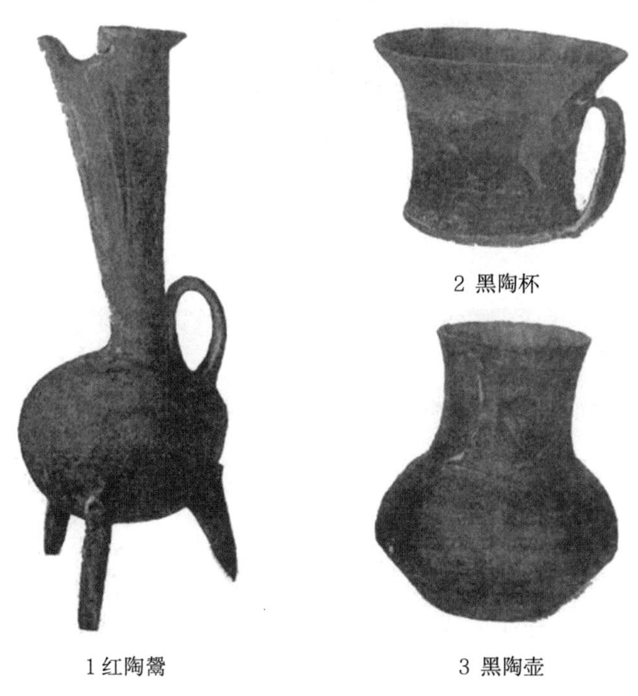

1 红陶鬶　2 黑陶杯　3 黑陶壶

图 14　南京西善桥太岗寺遗址出土陶器举例

4. 薛城遗址

薛城遗址 1997 年的发掘简报中没有提及良渚文化遗存。不过从一件黑陶杯（图 15）和一件黑陶盉来看，颇有良渚文化风格。2021 年的发掘则确认了薛城遗址良渚文化遗存的存在，TS08W11④：2 是一件玉锥形器（图 16）。淡绿色透闪石软玉，细长条形，一端微残，表面琢磨光滑。一边端部有两面对钻孔，长 7 厘米、直径 0.7 厘米、孔径 0.2 厘米。从玉器风格来看，应当属于良渚文化风格。

图 15　薛城遗址出土黑陶杯

图 16　薛城遗址出土玉锥形器

另外，TS08W12 的第⑤层下发现一座灰坑，编号 H31，打破⑥层。坑南北长 85 厘米，东西宽 47 厘米，深约 35 厘米。坑内埋葬有一具完整的猪骨架，该猪头朝北，呈左侧卧，四肢蜷曲。综合牙齿萌发、磨耗和骨骺愈合的状况，判断年龄为 12—18 个月。灰坑东部为一柱洞所打破，故推测该灰坑系用于房屋奠基的祭祀坑。另外，坑内发现一件残损的石钺。根据同层木炭的碳十四测年，年代为 5052—4862cal BP。

进入良渚文化时期，从时代大背景看，长江流域的稻作农业有了显著发展，稻作农业已经是较为成熟的经济形态。当时已经进入犁耕农业阶段，良渚人在水田中种植水稻。考古工作者在多个遗址（如吴县草鞋山遗址、临平茅山遗址、余姚施岙遗址）发现了水稻田。临平茅山遗址田块的平面形状有长条形、不规则圆形、长方形等多种，面积从一两平方米到三四十平方米不等，田块之间有隆起的生土埂。施岙遗址良渚文化稻田发现了纵横交错的凸起田埂组成的“井”字形结构，显示了很好的水田管理与规模。水稻田的出现及规模的增长，加上有效的管理带来稻米产量的提高。据考古发现，良渚古城中心的莫角山周边出土了近40万斤炭化稻谷，如此大的体量，可以想见良渚文化稻作农业的发达。良渚古城和水坝均属于大规模的公共工程，需要巨大劳力支出，也在一定程度上反衬工程建设背后的经济基础。正常说来，宁镇地区的稻作农业自然也会随着时代的整体进步而进步，但是否也达到了环太湖地区同等水平，现有的考古证据还不能给予支持。

进入良渚文化时期，大型中心聚落的社会关系已经分化，社会等级阶层已经建立起来。良渚遗址群、墓地、墓葬均体现出了等级关系。从财富和权势来看，良渚文化居民自下而上可分为四大等级。第一等级是掌控政权的神王；第二等级是生前掌握军权的人；第三等级是生前具有行使军事职能权力的兼职战士；第四等级是下层从事农业劳动的居民①。良渚的玉器资料也表明了良渚社会阶层、等级和玉器拥有方式的关联度非常突出②。在这样的等级关系中，政治权力已经充斥在社会关系网络中。

那么此时的南京地区呢？从昝庙、朝墩头发现的良渚玉器来看，拥有者应该是地方首领，他们处在社会上层，率先获得了来自东方的玉器，但是南京的等级分化应当不如东方良渚文化核心区那般明显。

---

① 张忠培：《良渚文化墓地与其表述的文明社会》，《考古学报》2012年第4期。

② 宋建：《良渚——神权主导的复合型古国》，《东南文化》2017年第1期。

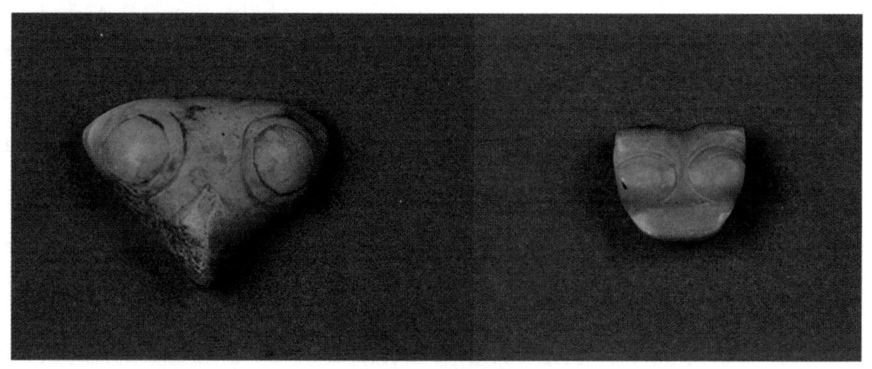

图 17 朝墩头遗址玉鸟面和玉兽面

至于这一时期的意识形态力量，玉器是典型的观察对象。朝墩头遗址出土了一批玉器，其中不乏精良之作。朝墩头遗址 M12 出土玉饰由玉人像、兽面、鸟面以及珠、管、环、坠等 17 件组合而成（图 13)。人像、兽面、鸟面系浮雕轮廓，阴刻细部而成。这批玉饰是朝墩头遗址出土物中最重要的。其中玉人像最引人好奇。玉人面部大体呈倒梯形，长 4.6 厘米、宽 1.2—3 厘米，双目间距较开、宽鼻，口部以阴线刻划的"—"表示。头部和身体的长度大致相等，玉人双手交拢抱于腹前，未表现下身。玉人头顶的造型不太明朗，但细节特征暗示它可能是一只蝉。头顶造型明显可以分成左右两个部分。右半部表面可见六道阴线刻划，上部弧起，恰似蝉之腹节，左半部推测是蝉的背部。在这批玉饰中，还有一件玉鸟面和玉兽面（图 17)。鸟首整体呈倒三角；用内外双圆雕刻出眼部形象，眼睛较大、较为夸张，几乎占整件玉器的一半；鸟喙细线阴刻，细长凸起。另一件兽面，双目凸起。凸起的双目造型在良渚文化玉器同类器中也可见到。如良渚文化反山遗址玉鸟（图 18)，双眼减低凸起，尖喙短尾，背面有隧孔①。

① 浙江省文物考古研究所：《良渚遗址群考古报告之二：反山（上)》，文物出版社 2005 年版，第 121 页。

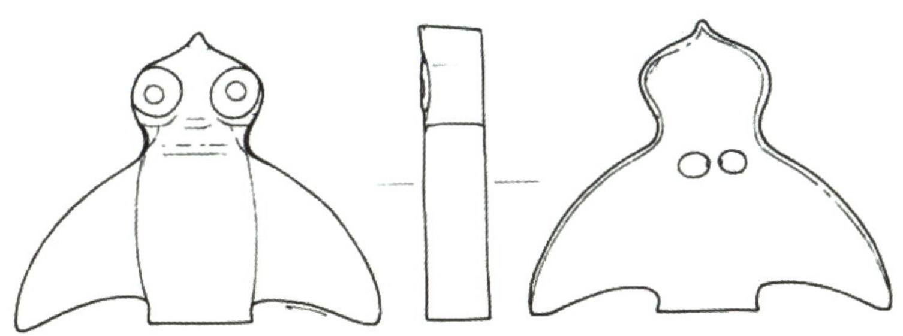

图 18　反山遗址玉鸟（M14：259）

在良渚文化动物形玉器中，动物眼睛通常被突出表现，神人兽面纹中的兽眼、龙首玉雕的眼睛，无不如是。朝墩头遗址出土的玉鸟首与反山遗址出土玉鸟的头部同为类三角形，且眼睛部位占比较大，用线刻双圆表现。区别是朝墩头遗址的玉鸟仅有头部，且作为组合型玉器其中之一件。

江宁昝庙也出土了良渚风格玉器，包括玉璧、玉璜以及玉梳背等，以玉梳背最具良渚文化特点（图 19）。玉梳背饰整体呈倒梯形，上宽 7.2 厘米、下宽 6.4 厘米、厚 0.4 厘米。上面雕琢有良渚文化风格的兽面纹，背面近上缘处有两个上下贯通的桥形钮，下端分三段，各有一孔。

图 19　昝庙遗址玉梳背

资料来源：杨伯达：《中国玉器全集（上）》，河北美术出版社 2005 年版，第 44 页。

作为良渚文化最具特色的玉饰之一，玉梳背饰往往随葬于规模较大且随葬品丰富的墓葬当中。从目前发现的情况看，多限于大墓及少数中型墓，而且通常每墓只随葬一件。就纹饰而言，玉梳背饰多为素面，但有些带兽面纹，少数带完整的神人兽面纹，因此玉梳背饰在良渚文化中应该有等级差别，像反山、瑶山出土的带有完整神人兽面纹的玉梳背饰应代表了最高等级。正因为玉梳背饰是良渚文化独特的玉器，因此我们可以确切地说，江宁昝庙遗址出土的玉梳背饰具有典型的良渚文化玉器风格，兽面纹的出现表明其等级虽比不上带有完整神人兽面纹的，但比普通的素面玉梳背饰等级要高。可见南京史前社会发展到良渚文化时期，意识形态力量也随着大环境一同进步了。当然也反映了一个问题，即这些玉器和图像风格所代表的是环太湖地区人群的意识形态，影响到了宁镇地区。良渚文化对外辐射力度较大，波及整个长江下游和华南、苏北、山东等地。

（四）距今4000年以后

良渚文化自兴盛以来，积极向外拓展，宁镇地区也受到了其影响。良渚文化的扩张对宁镇本地文化的发展应该有所抑制。原先比较有地域文化特色的文化风格逐渐呈现出太湖地区的影响。距今4300年左右，良渚文化衰亡。同时期中原和邻近的北方诸文化在区域互动中开始占据主导地位，向不同的方位辐射。长江下游也在影响之列。例如江宁点将台遗址，该遗址被分为三个文化层。其中下文化层的陶质以夹砂红陶为主，夹砂灰陶、泥质黑陶次之，纹饰以篮纹为主，绳纹次之，出现磨光黑陶。器形有鼎、鬶、盘、罐、盆、瓮等。石器有锛和凿。从文化内涵上看，时代可能早于湖熟文化，并且受到龙山、良渚等文化的影响①。

① 南京博物院：《江宁汤山点将台遗址》，《东南文化》1987年第3期。

朝墩头、牛头岗遗址也发现有龙山文化因素[①]。从此宁镇地区文化的兴衰开始更多与中原地区的互动密切交织在一起。[②]

五　讨论

从距今7000年的马家浜文化一路走来，南京地区的史前社会复杂化总体上虽然呈现加深趋势，但是复杂化的广度和深度，不可与环太湖地区同日而语。如前所述，距今5800年左右东山村表现出比较明显的分化时，南京地区的史前遗址分化程度不明显。差不多同时期，也即是距今约5800—5300年期间的凌家滩文化，墓葬随葬品的数量、种类之丰富程度，令人瞠目，南京地区的分化程度则未及如此。凌家滩文化中的玉鹰、玉版等玉器在设计上独具特色又内涵丰富的玉器类型，南京地区几乎不见。这类玉器可以视为区域文化中的高端文化产品，是意识形态力量发展到一定程度而产生出来的权威"神圣"物品。进入良渚文化时期，以环太湖地区为中心的良渚文化已经建立起了以琮、璧为核心的玉礼器体系，也出现了"神人兽面纹"这样的蔓布式的神徽。这种神徽代表的是古代江南地区统一的关于神灵的信仰，是一种广域的意识形态共识[③]。遍及良渚文化分布区的神人兽面纹可能代表了至高无上和无所不在的那种特殊威力，代表了超越氏族部落的更高的权威，成了更大的人们共同的保护神。神徽强化了社会价值观，使意识形态超越地方群体成为可能[④]。

---

① 谷建祥：《高淳县朝墩头新石器时代至周代遗址》，《中国考古学年鉴1990》，文物出版社1991年版。

② 谷建祥：《论宁镇地区古文化之演进》，《东南文化》1990年第5期。

③ 参见刘斌《神巫的世界》，杭州出版社2013年版，第88页；赵晔《良渚文明的圣地》，杭州出版社2013年版，第105页。

④ 戴尔俭：《从神人族徽、聚落网络和文化关系看文明前夕的良渚酋邦》，载《良渚文化研究——纪念良渚文化发现六十周年国际学术讨论会文集》，科学出版社1999年版，第43—60页。

在良渚神徽出现之前，崧泽文化遗址群中已经涌现了大量、多元、新颖巧思的器型和图像设计，这些都是当时人们集体意识的物质表现形式。赵辉认为："由于缺乏崇拜对象的具体形象，我们只能推测崧泽的信仰是更贴近自然崇拜的原始宗教阶段。'崧泽风格'则是这种宗教意识形态下的社会日常生活的写照。而良渚神徽图像系统种种特点的背后存在大量人为主动规划设计和管制其演变发展的因素，可将这些特点归纳称呼为"良渚模式"，以区别于以自然表达为主的'崧泽风格'。"①

政治权力方面，南京史前聚落和墓葬材料呈现出来的贫富与阶层分化并不明显，整个社会关系还相对平等。人群、年龄也许还有性别之间的等级差别没有固化或制度化。当然，个别人物已经在所处社会中的身份和地位有轻微凸显的状况还是有的。

进入良渚文化时期，杭州湾的良渚遗址群已经代表了早期国家的社会发展阶段，也就是社会政治演进过程中的一个特定的"高级"阶段。其周边地区也开始受到良渚早期国家的影响。南京正在这个影响范围内。当东部的良渚文化发展达到顶峰，宁镇本地文化的发展也一定程度上受到抑制。

如何看待南京地区史前社会复杂化不如环太湖地区呢？我尝试从环境和与周边比较两个角度做些思考。

就南京而言，今天的主城地区与长江水环境密切相关。距今两三万年前，南京地区水域的分布远远大于现代。长江东岸大致在今天的外秦淮河一线。根据环境考古研究，距今 8900—6300 年左右，高海面直接影响到南京地区。② 南京今清凉山一带在早期受江潮影响甚大。

---

① 赵辉：《从"崧泽风格"到"良渚模式"》，载北京大学中国考古学研究中心等《权力与信仰》，文物出版社 2015 年版。

② 徐馨、朱明伦等：《宁镇地区第四纪古环境》，《第四纪环境论文选集》，金陵书社出版公司 1992 年版，第 22—30 页。

从六朝时期看，长江的入海口还近在京（今镇江）、广陵（今扬州）一线。在史前时期，长江的入海口肯定离南京更近。同时南京主城区内还有不少湖泊。当时玄武湖（古桑泊）与金川河都是秦淮河入江水道的一部分。其间的山丘岗地，犹如水中的小岛。玄武湖是一个天然湖，湖床很广，可能因侵入岩受长江的冲刷而成。在三国时它还与长江相通，东晋及南朝都曾在这里训练水军。在古代，它的范围可能比现在要大到一倍，它的西面与长江相连。北阴阳营遗址可能也在古代湖沼的近旁。安怀村遗址附近，古代有蠡湖。[①] 水环境对于聚落的生成、发展和壮大无疑是有牵制的。北阴阳营文化第二期之后没有得到更好的发展，可能需要联系水环境一起来考虑。

至于南京南部，即高淳地区，大泽环境对于此地史前文化发展的抑制是比较明显的。薛城遗址所在的丹阳湖区上承皖南之水，下通长江。由于皖南山区地形陡峭，汇流迅速，洪水具有峰高而历时短的特点，常常引起水位暴涨。而此时长江水位本身就较高，致使夏秋汛期，湖区进水量远远大于出水量，湖面因而迅速扩大。

我们在讨论史前高淳社会的发展时，以历史时期高淳的生态环境和发展状况作为参考是非常重要的。不同历史时期的生态环境确有很多的变化，有的变化较小，有的甚至可以“沧海桑田”。就高淳而言，今天的石臼湖、固城湖曾是史前丹阳湖的一部分。所以观察一下晚近历史时期的高淳，对于我们理解史前的高淳是有益的。高淳是上游皖南山洪泄入长江的走廊。芜湖进口倒灌之江潮亦影响此地。每至夏季，洪灾频发。“圩堤尽溃，民舍漂没”“船达于市，鱼穿树梢”“溺毙甚重、尸散水滨”的水灾惨状屡有出现。每次大水过后，社会元气大伤，经济停滞甚至倒退。此外，在区域关系中，高淳还曾扮演“被

① 尹焕章、张正祥：《宁镇山脉及秦淮河地区新石器时代遗址普查报告》，《考古学报》1959 年第 1 期。

牺牲的局部”的角色[1]。春秋时期吴楚战争，胥河扮演战略通道，高淳是为军事要冲之地。高淳胥河堤坝还关系着太湖流域的水利安危。南宋初年，为阻遏胥溪河来自西部的水势，再次在胥溪河上筑东西两坝。明永乐元年（1403 年），改东坝石闸为土坝后，湖水艰于东注，然坝身犹低，水间漏泄，舟行犹能越之。正统元年（1436 年）洪水泛滥，土坝决口，苏常潦甚，国税无所出。为避免太湖流域的苏松田地淹没，正德七年（1512 年），将坝加高三丈，自此，三湖之水不复东流，水位顿高，造成西部高淳、溧水、宣城、当涂诸县大批圩田沉没，仅高淳一县即沉没圩 80 座，6700 公顷良田沦为泽国。依附于这些耕地生存的农民，只得背井离乡，远走他方。因东坝从水利上掌控着苏南的生死性命，由此苏南流传着一句民谚“固城湖边东坝倒，北寺塔（苏州市内一座高塔）上漂稻草。”东坝当地也有民谣“我挡三江水，确保苏锡常”[2]。民国时代一篇新闻稿明确说明了高淳地区为东部太湖地区挡水。“高淳东坝决不开放。高淳县东坝为江南各属屏藩，设一日开放，势必长江之水，流入太湖，而镇江、常州、松江、苏州、本邑等县，均将淹没。[3]”

由此可见，高淳这个地区在夏季易遭水患，导致先民背井离乡，社会发展受限是确实存在的。高淳一县代三吴受水害数百年，恐非一朝一夕之事，地理结构、生态环境势必起着塑造作用。

理解南京史前社会复杂化未能深化的第二个角度是“以邻为镜”。即邻近地区社会发展进步的原因可能恰恰是自己做得不够之处。环太湖地区的良渚文化显然是最佳观察视角。

首先同样要思考生态环境。当我们讨论南京史前水环境时，太湖

---

① 马俊亚：《被牺牲的“局部”：淮北社会生态变迁研究（1680—1949）》，北京大学出版社 2011 年版。

② 吉祥：《边县：高淳地域视角及其志书记述》，《中国地方志》2011 年第 10 期。

③ 无锡：《高淳东坝决不开放》，《新闻报》1931 年 9 月 12 日。

地区同样有大湖，我们所要问的是太湖水环境对先民生产生活的影响有多大。太湖流域地形呈周边高、中间低的碟状地形：西部为山丘区，中间为平原河网、湖泊及以太湖为中心的洼地，地势总体为西高东低，南北稍高，中部最低。换言之，环着太湖择高而居是为了避水。只要水没有到为患的地步，当地社会发展是没有问题的。环太湖地区同样是水灾频发，为什么此地进入良渚文化时期，社会复杂化程度已经很高。这当然是需要结合具体区域的经济基础和社会能动性来认识的。比如环太湖先民建设了良渚古城和水坝，在水利工程上做得不错。在以稻作农业为主的经济基础上，良渚文化已经进入早期国家阶段①。良渚遗址群所在的余杭地区在地理环境上呈半围合状态，是一个C形盆地。从世界范围内早期文明演进的情形看，早期国家正是诞生在这样的谷地，在那里，国家有等级和不平等，有国王和祭司，有税收和战争，这些文明的一个重要特征，就是白色稻米的灌溉农业。

而且，根据上面讨论，高淳地区为太湖地区挡了不少水。实际上，历史上的江南遭灾，一般高淳（还有溧阳宜兴）的灾情相较其余诸县要严重些②。

再来看南京高淳地区，高淳位于苏省西南角，东界溧阳，北邻溧水，西南两面与皖省之当涂，宣城，郎溪相接壤。俗分全境为山乡水乡：山乡指东部之极小山地，余则统称水乡。倘若从东西视野来看，高淳地区实为东部低乡与黄山山地间一过渡带也。高淳水乡部分河流纵横，离湖较远地处之居民，以农为主，养鱼为副；沿湖居民，即以捕鱼为主，以农为副。从史前时代到当今，渔涝经济在高淳的生业经济中始终占据着重要位置。民国时代一份高淳渔业报告指出："石臼湖在县境之北，俗称北湖。长约五十里，阔约六十里，……盛产银

---

① Colin Renfrew and Bin Liu, "The Emergence of Complex Society in China: the Case of Liangzhu", *Antiquity*, Vol. 92, No. 364, 2018, pp. 975 – 990.

② 曹源松：《高淳的灾况》，《人言周刊》1934 年第 30 期。

鱼，沿湖捕鱼最盛之村庄为武家嘴、中保、后保、薛城、长乐、肇倩、及唐倩七处……”[①] 若要比较农业经济的话，则高淳土地贫瘠，农村生产力，较他县为差[②]。在迄今为止薛城遗址的发掘中，与农耕有关的如石犁等工具迄未发现，最多的石器种类是石锛。与稻作经济相比，渔捞经济并不利于经济力量的累积性发展。剩余产品、人口增长不足、社会分工程度低，这都对社会复杂化的深化有所限制。

在比较的视野下，当作为早期国家的良渚在东方崛起后，区域权势的凸显便出现了。环太湖地区与宁镇地区之间便构成了早期国家与非国家的社会结构。那么这个农业国家的产生使国家统治下的定居者与边陲地区的化外之民，或事实上处于自治状态的人群有了明显的区别，并进而产生了相互影响的关系。具体地说，早期国家想将更多的人控制在农业种植区内，让他们从事农业，使其定居、种植、劳役、征税[③]。早期国家的出现，是社会复杂化进程中一个凸显的异质性。人类被包围在明确的、固定的、有限的社会和地域疆界内。迈克尔·曼称之为“社会牢笼”（social cage）[④]。“社会牢笼”并不是一个贬义词，它应该是中性的。早期国家更像是一个围城。它提供着相对稳定的经济形态和集体的安全感，生产生活资料的相对富足、精神宗教层面具有凝聚力。有的人自然想进来。但与此同时，生活在早期国家的制度框架中，也要承受身份阶层等级的压抑、大劳力工程的强制。以及，定居生活及其所包容的人口拥挤、改造环境引发的卫生状况，会导致“密集条件下生成的疾病”[⑤]。于是，一定有人想离开围城。为

① 蒋培祖：《高淳之渔业》，《水产月刊》1948 年第 6 期，第 20—22 页。

② 《各地金融之近况》，《农行月刊》1934 年第 1 卷，第 34 页。

③ ［美］詹姆斯·斯科特：《逃避统治的艺术》（修订译本），王晓毅译，三联书店 2020 年版，第 9 页。

④ ［英］迈克尔·曼：《社会权力的来源》，刘北成、李少军译，上海人民出版社 2007 年版，第 48 页。

⑤ ［美］詹姆斯·斯科特：《作茧自缚》，田雷译，中国政法大学出版社 2022 年版，第 118 页。

了征税，经常也要把那些国家之外的所谓“野蛮人”弄到国家的核心地带来，让他们定居，从事农业和种植。在这种以种植、稻作为基础的国家中，军事力量也很强，因为要在一个很小的地方控制很多人，而这样的国家人口繁殖力也会很高。早期的以定居的、以农业为基础的国家都是扩张主义的。

图 20　吴家场墓地 M207 出土骨碗

检索良渚文化的考古学材料，我们确实已经注意到了一些现象。比如良渚早期国家内外存在着程度不一的暴力冲突。福泉山遗址发现过殉人，吴家场发现过人头骨做的碗，良渚古城钟家岗古河道出土人头骨，江北的蒋庄遗址也显示了良渚文化时期的暴力现象[①]。在更北的花厅，也有良渚墓葬中殉人的现象。这些暴力下的受害者究竟是何人，来自什么地区。目前的资料还不足以回答。不过，这些现象的存在已经让我们窥见良渚早期国家确实是存在暴力现象的，也具有一定的扩张性。当然，正如有的学者注意到的，暴力与知识构成了一个动态循环的双螺旋上升结构。随着知识的进一步提升，人类的暴力程度也在系统性提高。随着更大规模社会组织如国家的建立，国家内部系统性的合法性暴力体系被建立起来，国与国之间的暴力征伐也更为常见且规模更大。从知识与暴力的二元关系来看，虽然人类暴力程度因

① 南京博物院：《江苏兴化、东台市蒋庄遗址良渚文化遗存》，《考古》2016 年第 7 期。

知识水平的提高而提高，但人类也始终努力利用知识来压制暴力[①]。

图21　良渚古城钟家岗古河道出土人骨头

张敏甚至带点想象成分推测说良渚文化的高度发达与繁荣，是建立在周边地区原始文化惨遭毁灭的基础之上的，而宁镇地区原始文化遭毁灭的直接原因应为玉资源[②]。

其实目前我们还没有十足的证据表明，良渚的兴对应着周边的衰。但是良渚作为早期国家的兴起，其所产生的虹吸效应，势必对周边地区的发展产生一定的制约作用。现有的考古学材料表明，以环太湖为中心的良渚文化向北和向西进行扩张。南京地区的史前社会复杂化进程，应该也受到这方面的影响。

对于环太湖地区的良渚文化而言，因为早期国家的出现，国家、分层和文明紧密地联系在一起，一种古朴的自由被缓慢结束了，永久的、制度化的、有界限的集体和个体性权力为代表的强制性社会出现了[③]。

---

① 何哲：《文明的本质与文明范式的构建》，《探索与争鸣》2023年第2期。

② 张敏：《句容城头山遗址出土的史前玉器及相关问题的讨论》，《玉魂国魄》（一），燕山出版社2002年版。

③ ［英］迈克尔·曼：《社会权力的来源》，刘北成、李少军译，上海人民出版社2007年版，第48页。

那么反观早期国家（中心）以外的地区（边缘），这些地区或许因为暂时没有被吸纳到“笼子”里，反倒享有着农耕人群只能奢望的自由。在斯科特的笔下，那些处在发达考古学文化周边的文化人群都曾有过一段“蛮族的流金岁月”。

在从事区域社会文明起源的研究中，结合自身材料实事求是地观察，不被来自别的区域的单一模式和价值观所束缚是非常重要的。“文明”实际上是一个充满争议的术语，它的价值承载极其之大。进入文明的地区固然值得骄傲，尚未踏入文明门槛的区域和人群也有他们的自在：这样的史前群体在很大程度上还没有受到“鸟笼”的禁闭。

从赵陵山墓地看太湖东部文明社会的源起*

曹　峻

（上海大学考古学与博物馆学系）

在环太湖地区的史前文化格局中，太湖东部始终是一个相对独立的区域。这一带地势低洼、湖沼密布，从苏州木渎太湖东岸自西向东以至沪西一带，包括太湖、阳澄湖、金鸡湖、澄湖、淀山湖等在内的大大小小数十个湖泊星罗棋布、水道纵横，在环太湖周边各区域中，湖网密布的特点尤其突出。该地带也是史前文化繁荣发展、聚落密布的区域，尤其是阳澄湖与澄湖周边，从苏州老城到昆山、青浦之间，密集分布着数十处史前遗址，其中不乏越城、独墅湖、草鞋山、绰墩、张陵山、赵陵山、少卿山、福泉山、崧泽等重要的早期聚落。这些遗址不仅构成太湖东部史前文化的核心地带，而且其内涵自马家浜文化以来就呈现出相对独立的特点，始终是史前各阶段环太湖考古文化中的一个重要地方类型，与太湖北部、东南部、南部等其他区域共同构成环太湖地区的史前文化。

太湖东部的这一核心地带中，位于昆山张浦镇西南 2.5 公里的赵陵山是一处崧泽末期向良渚文化过渡阶段、包含高等级墓葬的重要遗址。1990—1995 年经过 3 次发掘，清理出崧泽文化晚期至良渚文化早

* 本文为苏州地域文明探源工程之“东太湖地区文明化进程研究”阶段性成果。

期高土台、红烧土堆积、灰坑、墓葬等遗迹[①]。这其中，分布在土台顶部和西北边缘的墓地中，既包含个别高等级的贵族墓葬，也有众多平民墓葬，更有一无所有、甚至非正常死亡的丛葬墓，为我们提供了史前社会复杂化的一个生动切面，显示出迈向文明社会中的重要节点。本文拟对赵陵山墓地的这些重要遗存进行详细分析，进而探索太湖东部文明社会起源过程中的具体特点。

一　墓地概况

赵陵山现呈东北—西南走向的长方形覆斗状台形山体，顶部相对平整。山体东西长近 110 米、南北宽近 80 米，总面积约 10000 平方米，海拔高程 10. 5 米。墓地埋设在由前后两个阶段人工堆筑高台所形成的山体顶面之上。山体最底部为湖沼相沉积的垫土层，其上构筑厚达 3 米、质黏坚硬的五花土，即第一阶段人工高台（台Ⅰ），台面面积近 6500 平方米。高台之上偏西部还有阶梯状中心土台，相对的东部另构筑一座祭台。第二阶段土台（台Ⅱ、台Ⅲ）在原先中心土台的基础上增高、向周边扩建，同时也增高祭台，并覆以颜色差别显著的多重土质。在这两个阶段的堆筑之后，便是对整个土台大规模的覆土和增高，并伴随着墓葬的埋入，最终形成一定规模的墓地。

赵陵山墓地共清理墓葬 90 座，其中 70 座位于土台顶面之上，另 20 座位于土台西北边缘漫坡处（图 1）。土台上的 70 座墓葬开口在不同层位，属于第④层下的有 34 座、③层下有 18 座、②层下 14 座和①层下的 4 座。其中①层下的墓葬破坏严重，所余仅 4 座墓葬，对于该阶段整体情况不能了解。第③和第②层下墓葬从随葬陶器形态来看没有明显区别，应该是属于紧密衔接、延续时间不长的两个阶段，可合

① 南京博物院：《赵陵山：1993—1995 年度发掘报告（上、下）》，文物出版社 2012 年版。

并作为同一个时期来对待。从相对年代上来看，第④层下墓葬是赵陵山最早入埋的一批，随后是第③和②层下墓葬；而西北缓坡的丛葬墓，个别墓葬大概可以早到与第④层下墓葬同时或者略晚，而延续直至与第②层下墓葬相当的时期。

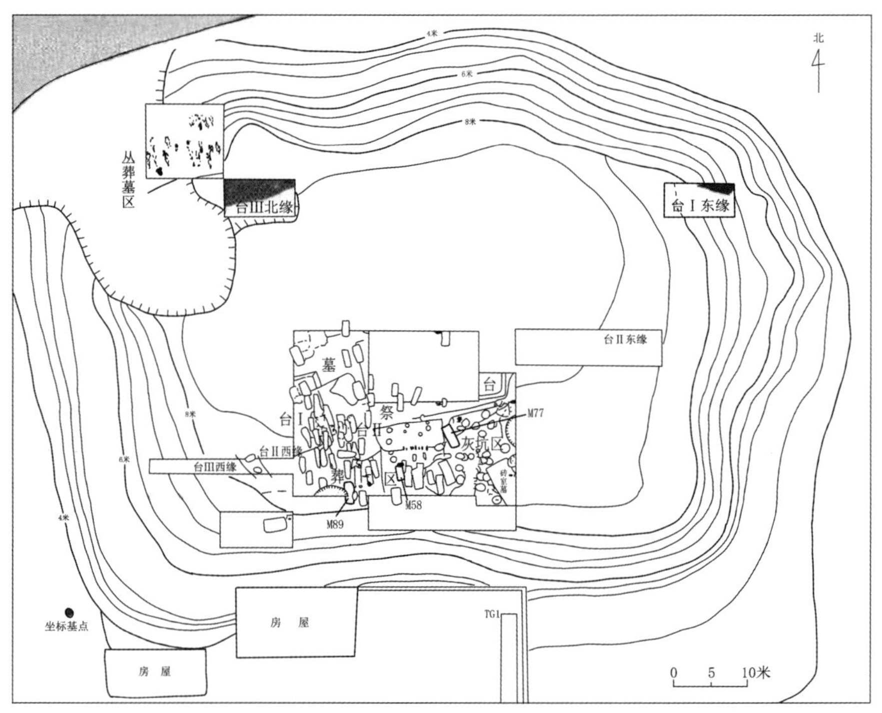

图1　赵陵山墓地分布图

本文重点讨论以第④层下墓葬为代表和以第③、②层下墓葬为代表的两个阶段遗存，以及土台边缘丛葬墓和各阶段重要的墓葬个例。

二　第④层下墓葬

第④层下共有34座墓葬，是在3个土台营建不久后就入葬的。

从随葬品来看，该层墓葬保留了浓厚的崧泽文化作风，以致有学者将之归入崧泽文化晚期①。但从该批墓葬随葬有双鼻壶、鱼鳍形足鼎的情况来看，我们仍依发掘报告意见将之归入良渚文化最早期，大体上处于崧泽末期与良渚早期交接阶段，应略早于良渚遗址群的瑶山阶段。

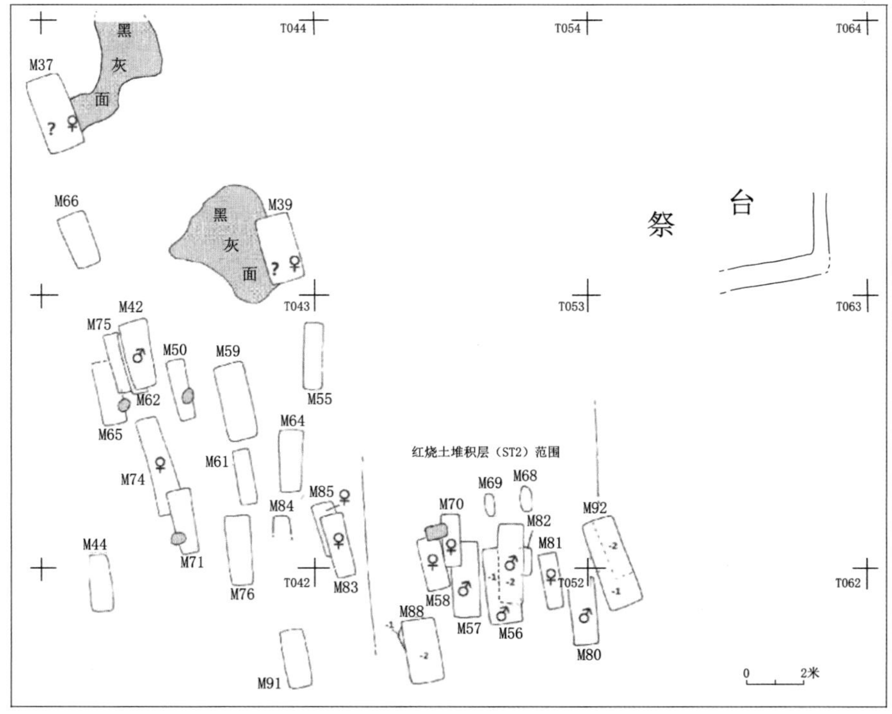

图2　第④层下墓葬分布图

④层下墓葬位于高台上祭台的西部和南部，均南北向，多见墓葬间叠压打破的现象（图2）。34座墓可以分为东西两组，东组10座墓葬位于祭台南部红烧土堆积层下，基本呈东西向排列，分布密集，除

① 陈明辉：《良渚文明手册（上）》，浙江大学出版社2022年版，第243页。

了 M80、M81 外，几乎每座墓葬都有叠压打破关系；西组 24 座墓葬位于祭台西侧直接开口在④层下，呈南北纵向分布，相对稀疏，见有 3 组叠压打破关系的墓葬。该批墓葬尚未见到在分布上有特殊地位的墓例，显示这些墓葬之间存在紧密的社会关系。

在随葬品的数量和结构上，34 座墓葬共出土 219 件随葬品（附表 1），其中陶器 176 件、占 83.1%，石器 28 件、占 11%，玉器 12 件占 5%，骨器 2 件、占 0.9%（表 1）。玉器主要是管、珠、坠、镯环、璜等，石器以钺为大宗，仅见 1 件凿；陶器则有鼎、盘、盆、豆、杯、壶、罐、大口缸等，器类丰富、数量多。从各墓随葬品数量来看，随葬品在 0—17 件之间，变异系数为 0.64，绝大部分墓葬数量在 10 件以下，总体上分化不是很明显。但如果统计葬品数量所显示的墓葬等级，发现葬品数量大于 15 件的仅 1 座，在 11—15 件之间的墓葬有 7 座、5—10 件的 13 座、小于 4 件的也 13 座，具有葬品数量越多、墓葬数量越少的现象（图 3）。也就是说该批墓葬虽然总体上差别不大，但仍显示出一定程度的、社群内部的分化迹象。

表 1　**赵陵山墓地随葬品结构及变异系数**

	墓葬数量	随葬品总数	玉器数量（占比）	石器数量（占比）	陶器数量（占比）	变异系数
第④层下	34	219	12（5%）	28（11%）	176（83.1%）	0.64
第③、②层下（不含 M77）	31	157	23（14.6%）	52（33.1%）	79（50.3%）	1.15
第③、②层下（含 M77）	32	314	146（46.5%）	73（23.2%）	98（31.2%）	2.76
M77	1	157	123（78.3%）	21（13.4%）	19（6.4%）	

M58 是第④层下墓葬中墓坑形制和随葬器物都很特殊的一座。其为南北向长方形墓坑，长 2.74、宽 0.92、深 0.27 米；重要的是在墓坑北端还挖设有器物坑，其内置有陶器 4 件，发掘者认为这器物坑可能具有祭祀的性质。随葬品总数多达 17 件，包括 14 件陶器、骨器 2

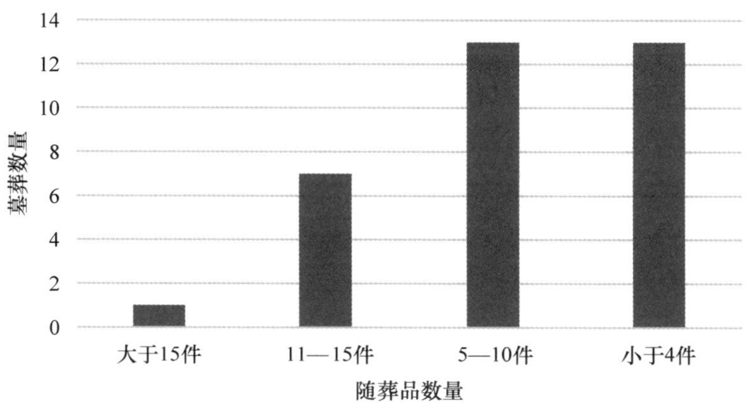

图3　赵陵山墓地第④层下墓葬等级

件和石器1件。其中1件陶双鼻壶带有彩绘图案。该墓还出有这批墓葬中仅有的2件骨器，其中1件骨牌形饰为扁条牌形，中部两面在刻划的条形方框内减地刻划出4个由上至下排列的扁圆形图案，正中并

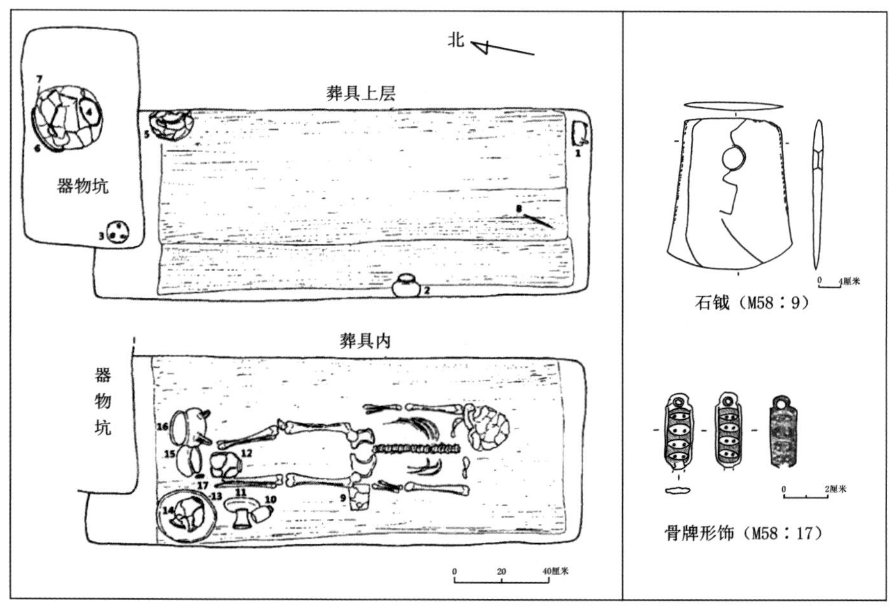

图4　M58 平面图及重要随葬品

排钻2个未透的小圆，四周填斜向类似绳索状的刻划，并在间隙中填有红彩（图4）。这些包括器物坑、彩绘双鼻壶、骨牌形饰等在内的现象，都显示M58主人在社群中具有特殊的身份，这个特殊身份不仅给墓主人带来更多的财富，同时也带来了特殊的社会地位。也就是说，从良渚早期最早段开始，赵陵山的居民们实际上已经开始迈开分化的脚步。而M58仍旧位于墓地的内部，在墓坑规模和具体位置上都与其他墓葬一样没有特别之处，因此早期的这个社会分化是发生在社群内部的。

三　第③、②层下墓葬

第④层墓葬之上，即叠压着③层下18座、②层下14座共32座[①]墓葬，所处年代为良渚早期早段，大体与瑶山墓地同时或略早。这一阶段不论是墓地布局还是随葬品结构、规模都发生了很大变化；整个墓地规模最大的显贵墓葬M77也在此时出现，另外位于西侧的M89也具有一定的特殊地位。

1. 墓地布局

与前一阶段相比，此时墓地布局发生了一些变化。首先是祭台西侧仍作为墓地延续使用，墓葬仍然呈南北纵向分布，但已经向东略微扩展。其次，祭台南缘、即前一阶段被红烧土堆积覆盖的墓组之上，此时未再埋设墓葬，而是夹杂有大量兽骨、陶器碎片、红烧土块的烧土遗迹（ST1）。更重要的是，整个墓地规格最高的墓葬M77出现在该时期，并且单独位于祭台正南方、烧土堆积ST1的东部，与祭台西侧的31座墓葬隔着红烧土相望。据发掘报告介绍，ST1的第二阶段层面在东边压住M77的西北一角，由此可知M77入葬早于ST1的第二

① 其中M20报告正文及附表描述均为开口第②层、打破第③层，却归入③层下墓葬予以介绍，此处依报告归类仍将之作为第③层下墓葬。

阶段，应与第一阶段同时存在。而第一阶段烧土堆积中发现大量兽骨残块、残破陶器碎片、残石钺等，兽类骨骼多呈断裂和破碎的块状，似乎是对兽类的肢解，发掘者认为应该是举行特殊仪式所遗留下来的遗存。可见，从墓葬布局和埋设位置来看，此阶段赵陵山社会发生了明显变化，绝大多数墓葬都集中埋设在墓地的西侧，而仅有规模最大的 M77 单独位于东部，伴随着与其关系密切的祭祀遗存（图 5）。

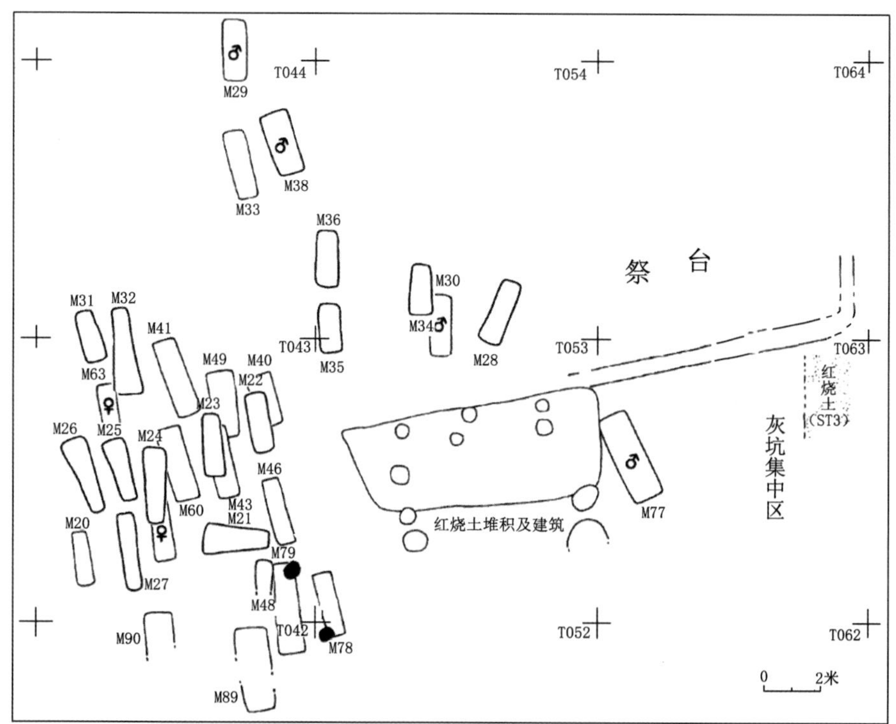

图 5　第③、②层下墓葬分布图

2. 随葬品

墓葬随葬品的数量差别和构成等也出现明显改变，显示出良渚早期阶段赵陵山社群正经历的一场变革。

首先是墓葬随葬品的变异系数相比前一时期显著提升，表明社会分化的加剧。32 座墓葬葬品最多的是 M77 的 157 件；最少的是 M49 等 4 座，均未见随葬品。总体变异系数高达 2.76。但如果考虑到 M77 游离的埋葬位置以及异乎寻常的葬品量，我们再统计一下位于祭台西侧的 31 座墓葬的变异系数，则其仅为 1.15（表 1）。可见 M77 以一己之力将该阶段社会分化拉到了一个异乎寻常的程度。这一时期社会分化的急剧增长，显然是与 M77 的出现紧密相关。

其次是随葬品的构成情况。该批葬品包括玉器、石器、陶器以及少量的象牙、漆器等（附表 2）。但是祭台西侧墓葬与东侧 M77 的葬品构成比例有明显的差别，前者 31 座葬品总数为 157 件，玉器 23 件占比 14.6%、石器 52 件占比 33.1%，陶器 79 件占比 50.3%，可见陶器数量最多，其次为石器和玉器；而 M77 仅 1 座墓葬的葬品就达到 157 件，与同期其他 31 座墓葬葬品总和相当，并且其中玉器高达 123 件占比 78.3%、石器 21 件占比 13.4%、陶器 10 件占比 6.4%，玉器的数量和占比都占据绝对优势，而陶器则降至三者中最低地位（表 1）。可见在赵陵山墓地中存在着葬品结构明显不同的两类墓葬，即 M77 以玉器为最大宗、石器和陶器次之，而其余 31 座墓葬则以陶器为最大宗、石器和玉器次之。

如果我们将该期墓葬与前一阶段的第④层下墓葬情况进行比较，则会发现此阶段除了 M77 之外的墓葬，所体现社会分化呈现的是一个逐步变化的过程。比如变异系数从前一阶段的 0.64 上升到此期 1.15；葬品构成上，玉器占比从 5% 增长至 14.6%、石器占比从 11% 增长至 33.1%，而陶器占比则从 83.1% 下降至 50.3%。这些变化的幅度都在一个相对温和的状态、是渐进的变化。而 M77 的出现，则将变异系数一下子由前一阶段的 0.64 抬升到 2.76，M77 的玉器占比也猛增至 78.3%、陶器则下跌至 6.4%，前后两个时期玉器和陶器在葬品中似乎互换了地位。可见赵陵山社群到了第③、②层下墓葬的阶段，社会发生了重大变革，而造成这一重大变化的原因，显然是由于 M77 的出现。

3. M77

M77开口于第③层下，单独位于祭台南部，与其余31座墓葬隔着一片红烧土。发掘时清理墓口长3.3、宽1.15、深0.3米，属面积最大的两座墓之一（图6）。但据介绍，其墓坑外侧似乎还有一周更大的坑线范围，即发掘时认为的墓坑可能只是椁或者外层葬具的范围。由此可见M77的墓坑规模还应该更大，墓主人完全称得上是赵陵山社群或者其周围一定范围内社会的首领。

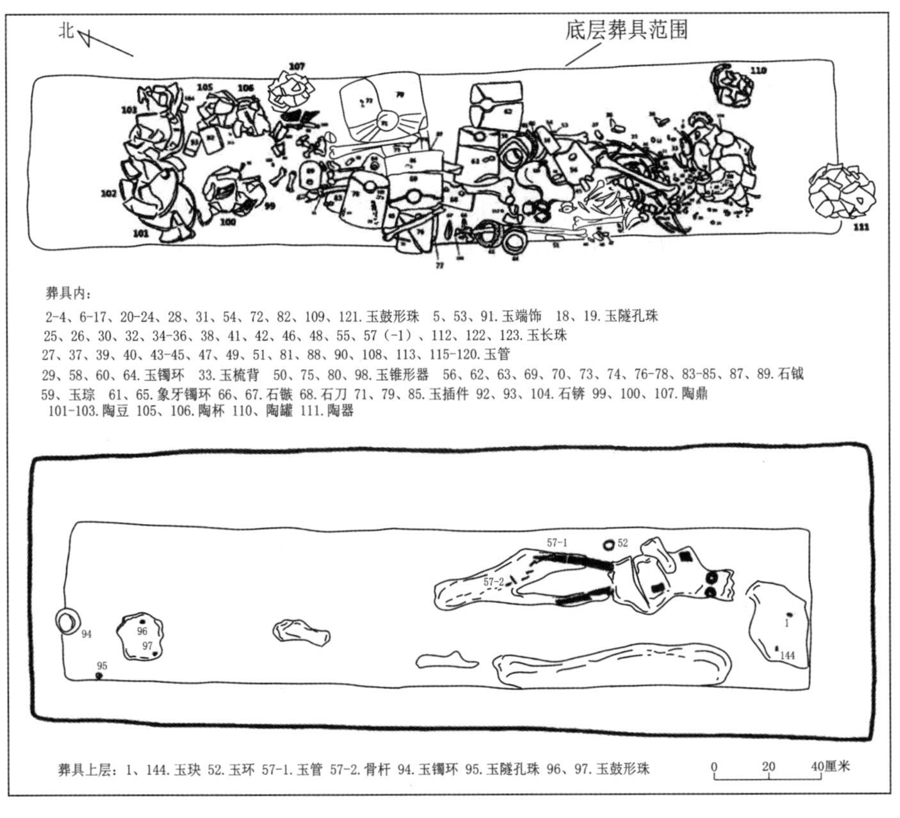

图6　M77平面图

M77另一显著特点就是为数众多的精美随葬品。这些出土物一方面具有年代较早的特点，表明墓葬年代也相对较早；另一方面又表现出风格多样化，暗示墓主人强有力的对外交往能力。

许多器类的形态特征指向该墓年代为良渚早期较早阶段（图7）。如陶鼎均为敞口束颈圆腹圜底，鱼鳍形足两面直线划纹，足底前后均折角，且足跟略高以足尖着地；陶豆斜壁折腹，高喇叭柄带圆形镂孔，均与本墓地同期及更早的同类器形态相似。玉器方面，玦、端饰、插件等带有明显的崧泽文化遗风。玦为2件，形态大小均相近，侧面呈C形，体宽，龙形，侧边打凹抹边处理，顶端打磨出两处凹面形成龙吻及眼额，后部突出一端类似龙的耳或角。端饰中M77：91最有特点，呈上窄下宽的扁圆棒形，上部有凸榫，榫上对穿一销孔，下部渐宽，体上下均有打凹形成的凸弦纹各一周，以中部为打磨减地形成的凸圆间隔开。插件出土3件，形态各不相同。其中M77：71为弧条型片状，顶端为长吻翘尾的小鸟，其下竖立匍匐小兽，弓背、短立尾；下部为屈膝蹲踞式人物，头戴弦纹羽冠，方形阔面，桯钻圆眼，颜面内凹，翘鼻，下颚微突出，短颈，胸部凸起，手臂后举与兽尾部相接，小腿收减成底端榫头，榫上对穿一销孔。M77：79为片状弧凸直柄形，中部凸出，凸出部分正中线镂出一个半扁圆形，正中又线割出一椭圆形穿孔，直柄底端内收成榫头，其上对穿一销孔。M77：86为长弧状条形，近顶端圆尖，顶部有一平整台面，下端对饰两兽形，均作长吻、尖状立耳、扁圆鼓形身、尾短小上翘，俯身侧立于长弧状物上。这几件玉器一方面继承了崧泽文化的坠类器形，如玉玦等，另一方面也延续崧泽文化多元、丰富的器类和形态风格。另外还有5件玉镯环、2件象牙镯环，剖面呈近圆形、长方形、扁长弧边三角形等，出土时有的套在墓主手臂上。而镯环是赵陵山遗址从第④层下墓葬就常见的玉器类型。除此之外，M77出土玉琮为矮立方柱形，四面平直，倭角，光素无纹，中部管钻对穿孔，错位台痕明显。这件玉琮可能是半成品，或者是玉琮的最初形态，与此后大量出现的带纹饰琮相比差异明显。尤为重要的是，出土于头骨右下侧的冠状器，其呈片状梯形，顶稍较底边宽，光素无纹，插榫处平均间隔对穿 3 个圆形小孔。这种平顶倒梯形的冠状器与瑶山早期墓葬 M4：28 几近一致，表明二者的年代大体相当。

因此从有明显年代特征的器物判断，M77 当处于良渚早期偏早阶段，与瑶山墓地第一阶段的西北四墓（即 M1、M4、M5 和 M14）的年代相当甚至可能略早。

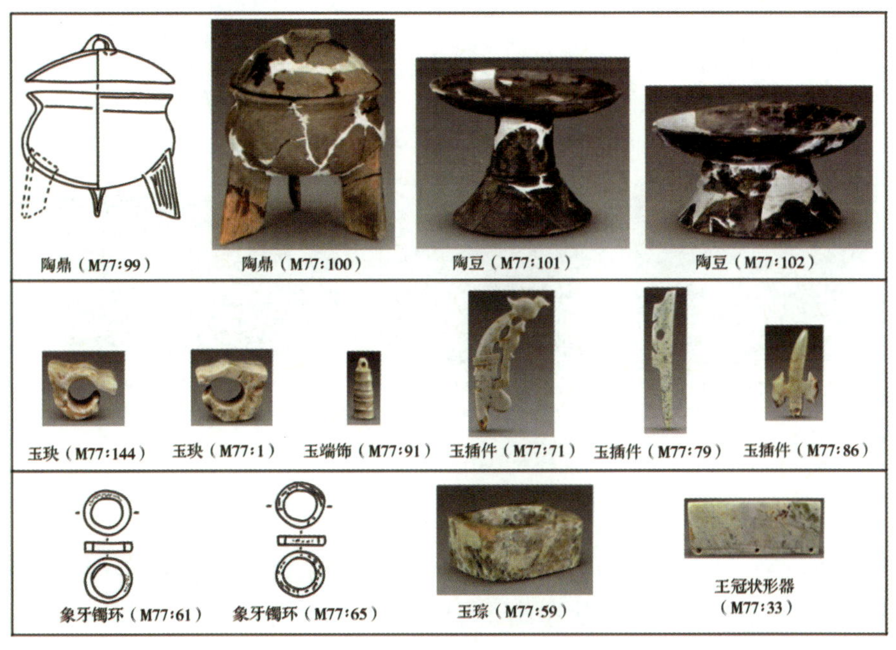

图 7　M77 出土器物

另一方面，M77 的出土物、尤其是玉石器，表现出多样化的特点，显示墓主人强劲的对外交流能力（图 7）。首先，M77 出土的玉器包括冠状器 1、琮 1、玦 2、端饰 3、锥形器 4、镯环 5、环 1、插件 3、隧孔珠 3、管 30、长珠 23 和鼓形珠 48 件。这其中除去数量众多的

图 8　M77 出土器物

管、珠类器之外，玉冠状器、玉琮和锥形器等是良渚文化全盛期时的“重器”。前文已述，冠状器出土于头骨下侧，为湖绿色的片状梯形，与瑶山 M4：28 形态非常相近，而与其他绝大部分介字形或圆弧突顶的冠状器有明显区别，除了说明该墓与瑶山 M4 年代相当之外，也表明二者有一定程度的相互联系。玉琮出土时压在墓主右手指骨上，为光素无纹的矮立方柱形，中部管钻对穿孔。锥形器 4 件均打磨光滑未见纹饰，分别出土在墓主人左肩关节、右腿骨侧、头骨顶端下部和石钺下部，应该是作为墓主身体坠饰，也可能是石钺配件的装饰。这些器类是整个环太湖地区良渚文化的重要玉器，尤其在良渚遗址群鼎盛期的高等级墓葬中不可或缺，而赵陵山M77所出该类器物形态都具早期特征，表明在良渚文化最早期时，不论是对外输出还是自外引入，M77墓主人都已经具备了与环太湖周边进行高端玉器交流的能力。

从石器来看，赵陵山出土石器的主要矿物组成有透辉石、普通角闪石以及石英、长石类矿物这几种类别，显示了多样化的原料来源①。就M77来说，其出土石钺15、刀1、镞2、锛3件，其中石钺的数量非常突出。我们知道，石钺入葬是崧泽文化晚期就已经出现的葬俗，尤其可以作为男性墓葬的指示物。而M77出土的石钺从形态上看既有瘦长体形、两刃角上翘的风字形，也有圆肩圆刃的厚重石钺、更有宽扁长方形的双肩石钺；石刀呈横宽长方形，其上并排双孔，顶缘正中凹弧。这些石器中，风字形石钺广见于环太湖各区域，圆肩圆刃厚石钺和长方形石刀是太湖北部常见形态，而双肩石钺则是太湖东部的传统风格。因此M77的石器显示了多元的文化特征。

由此可见，赵陵山社群在刚刚进入良渚文化的最初阶段，就出现了拥有大量财富和权力的社群首领，而且这位首领还具有与外界交流的强大实力。放眼四周，如此高级别的权贵在同时期的整个环太湖地区可以说是独一无二。此时的太湖北部，寺墩等遗址虽然在崧泽文化晚期时就已经出现了精美异常的黑皮陶器，但大量高端玉器要待良渚晚期时才大放异彩。太湖南部，这个阶段良渚古城尚未崛起，以瑶山早期墓葬为代表的遗址群还处在开创期，远未到达其繁荣的顶峰。如果对比赵陵山M77和年代大体相当的瑶山M4、M1、M5、M14的随葬品，会发现瑶山M1、M4只各出土61件、M5为22件、M14为52件的随葬品，均远远少于赵陵山M77的葬品数量；即使新近发现的北村

① 李青会等：《赵陵山遗址（1990—1995年度）出土玉器（石器）的无损科技分析》，载南京博物院《赵陵山：1990—1995年度发掘报告》，文物出版社2012年版，第291页“附录二”。

遗址高等级墓葬M106，随葬品数量也仅为71件[①]，也远不能与赵陵山M77的157件相比。在葬品结构上，除了瑶山M1出土龙首纹圆牌饰、M4出土一件雕刻兽面纹玉璜外，其余玉器无论在种类、数量还是精美程度上都远不及赵陵山M77所出玉器。因此这个阶段良渚遗址群应该还没有出现能与赵陵山M77相匹敌的权贵阶层。可以说，以赵陵山M77为代表的社群，不论是其社会分化的复杂程度、还是权贵所拥有的对外交流实力，在整个环太湖地区都是非常显著的。换句话说，在良渚文化刚开始的阶段，太湖东部的社会发展应当先于其他地区而达到一个相对复杂的高度，在文明社会的源起上具有先发性的特点。

4. M89

除了M77之外，同期墓葬还有位于祭台西侧墓群内部的M89也值得给予关注（图9）。M89位于祭台西侧31座墓葬的最南端，是西区面积最大、同时也是随葬数量最多的一座。西区墓葬墓坑长度一般在1.5—3米之间，宽度大多小于1米，少数墓葬长度达到3米以上，但宽度也不会超过1米。而M89长达3.2、宽达1.2米，在31座墓葬中面积最大。随葬品包括玉镯环1、珠2、隧孔珠3、管2、缝缀片2、坠饰1，象牙镯环1，石钺3、小石子38颗，陶簋1、盆1、盘1、罐1、壶1、豆1等共22件（组），在西区墓群中数量最多。其中玉器数量达11件，在其它墓葬仅随葬2—3件、甚至大多数都没有玉器随葬的情况下，M89显然特别突出；石器除3件石钺外，还有38颗小石子出土时放置在带盖陶簋里，为浅粉色粗砂岩的自然河砾石，大小近似一致，应该经过人为拣选，其中6颗周身涂有朱红色，显示其具有一定的宗教色彩，应该是作为宗教仪式用具使用的。由此看来，M89的墓主人应具有与宗教信仰相关的特殊身份，并由此而获得了在墓坑

① 浙江省文物考古研究所、杭州市良渚遗址管理委员会：《杭州市余杭区北村遗址北村南地点2020—2021年良渚文化遗存发掘简报》，《考古》2024年第6期。

面积、随葬品规模上不同于普通成员的特殊待遇，拥有超出普通成员的较高社会地位。

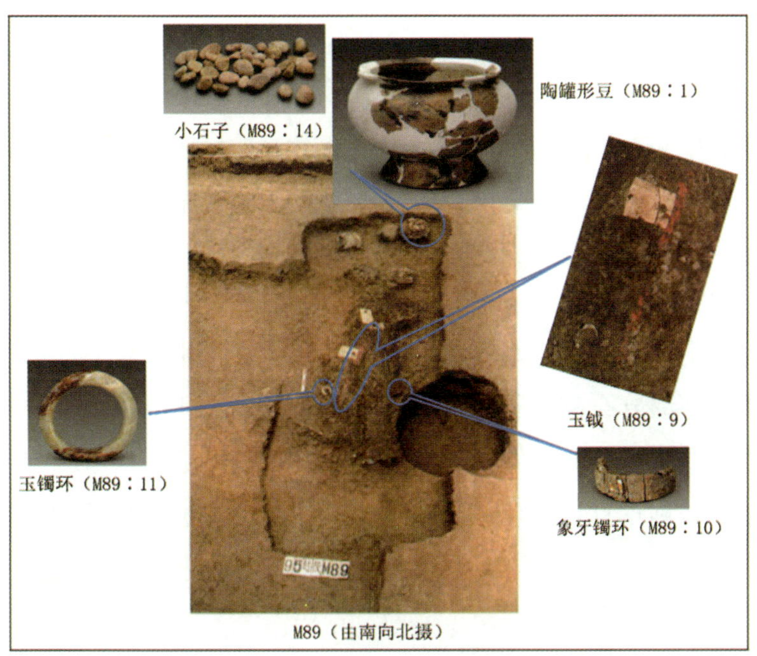

图9　M89及部分随葬品

M89的社会地位可以结合第④层下M58进行思考。前文所述M58是第④层下墓葬中随葬品数量最多、规格最高的墓葬，尤其是墓中出土特殊图案的骨牌，可能也与原始信仰有关。也就是说，从第④层下开始，赵陵山社群内部就已经出现了因职业身份而不同的分化，这一分化继续发展，到第③层下时越发明显和加剧，出现了M89这样凭借宗教身份获得明显社会地位的人物。因此，M58、M89代表着从社群内部进行分化而产生的新阶层。可以看出，社群内部的分化在赵陵山社群的最初前后两个阶段持续发展。

四　土台西北缘丛葬墓

除了高等级大墓，赵陵山墓地尤其显著的还有位于土台西北边缘的丛葬墓，也为当时的社会状况提供重要信息。

西北缘丛葬墓共20座，发现近21个人骨个体，各墓均未有明显的墓坑和葬具痕迹，骨架保存也较差（图10）。在丛葬墓叠压打破关系墓组中，最早的一座M9出土一件双曲腹蛋形杯（M9：1），仍保留浓厚的崧泽遗风，当与土台上部第④层下墓葬年代相当或略晚；随葬石钺为安山岩，其孔部凿穿、厚铲形（M9：2）与土台上部第③层下墓葬所随葬部分石钺的质地和形态也相一致（图11）。此外一些墓葬出土有腹部略扁、或者刻划纹饰的双鼻壶，明显具有良渚中晚期的特点。因此发掘报告认为丛葬墓相当于从第③层下墓葬年代的良渚早期

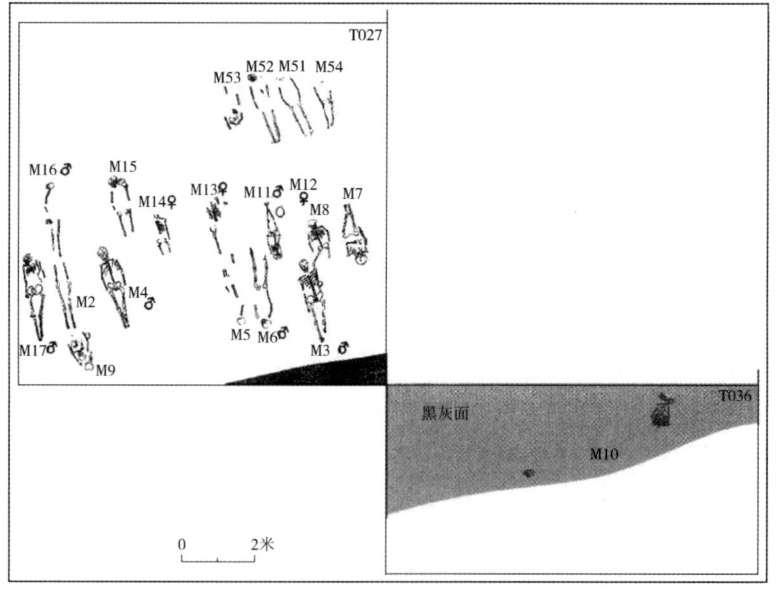

图10　土台西北缘丛葬墓

开始，持续使用到①层下墓葬所处的良渚中晚期。由此可以认为，西北丛葬墓中至少有部分墓葬的年代，是与土台上第③层下墓葬同时的。

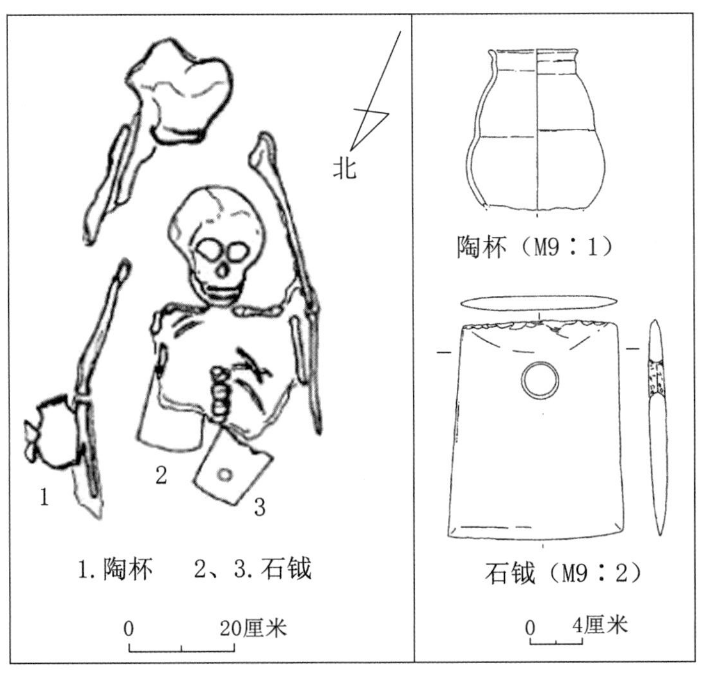

图 11　M9 及其出土器物

据发掘报告介绍，丛葬墓中普遍发现身体被绑缚、肢体不全、身首分离等非正常的死亡现象。如 M3 墓主为 40—45 岁的男性，头骨破碎、肢骨缺左尺骨、桡骨与掌骨，随葬品仅左胯部出土 1 件双鼻壶；M9 为两名 6 岁左右的孩童上下叠压，上下肢似被捆绑，下肢均无，右肢部出土陶杯 1 件、腹部 2 件石钺；M10 为幼儿，身体被绑缚、屈身、身首异处，等等[①]。在能鉴定的骨骼中，墓主年龄层有成年、青

① 南京博物院：《赵陵山：1990—1995 年度发掘报告》，文物出版社 2012 年版，第 198 页“表六”《丛葬墓人骨鉴定及情况简表》。

年、也有幼儿，大部分没有随葬品，小部分随葬数量很少的陶器、石器等。比较特别的是幼儿墓 M9，随葬有 2 件石钺，其可能是作为人牲而入埋祭祀的。总之这些非正常死亡及丛葬墓的埋设，可能出于战争、也可能出于宗教祭祀的原因。但不论出于何种原因，赵陵山社会中都存在明显的矛盾和暴力冲突，而且很可能是与 M77 的出现相关联的。

赵陵山丛葬墓中非正常死亡所显示暴力现象的存在，在太湖东部地区似乎具有一定的代表性，在邻近的高等级墓地中也能观察到相似的现象。如上海福泉山吴家场 M207 出土由成年男性头盖骨制作而成的碗，内外表还研磨涂敷有朱砂及部分黑色颜料[①]。福泉山早年发掘 M139，在墓坑东北角上发现一侧身屈肢青年女性骨骼，上下肢弯曲而分开，状似跪着倒下；M144 墓内除墓主外，还在东北部发现人骨残骸，发掘者认为是置于墓内的人殉；M145 的墓坑北端发现人殉坑，内埋人骨两具，侧身屈肢，面颊朝上呈反缚挣扎状[②]。这些非正常死亡现象的出现，表明因战争、宗教祭祀或其他原因而产生的暴力行为，一定程度上在太湖东部地区普遍存在，而太湖其他地区，诸如南部、或者北部的高等级墓葬中则很少被观察到。

五　太湖东部文明社会的源起

赵陵山墓地是太湖东部地区的典型遗址，为探索文明社会的源起提供了重要线索。从赵陵山墓地的材料来看，导致社会复杂化最初出现、并向文明社会迈进的关键因素，显然是该墓地中以 M77 为代表、包括 M89、M58 等在内的社会权贵的出现。这些社会权贵出现和产生

① 上海博物馆：《上海福泉山遗址吴家场墓地 2010 年发掘简报》，《考古》2015 年第 10 期。

② 上海市文物管理委员会：《福泉山：新石器时代遗址发掘报告》，文物出版社 2000 年版。

的内在机制，是我们探索太湖东部地区文明社会起源的重要内容。目前来看，赵陵山社会权贵的产生可能有两种不同的途径，分别以 M77 和 M58、M89 为代表。

1. M77：可能来自外部的权贵

毫无疑问，M77 是赵陵山社群最高规格的权贵。其所获得无上的地位和权威，有两个可能的途径。一是来自赵陵山本地社群的内部，即 M77 墓主人通过某些特殊能力，诸如通神、武力、管理等，甚或兼而有之的非凡才能获得民众对其的臣服，因此普通民众获得并制作产品贡献给 M77 墓主、并使后者获得社会权力和威望。如果这样，那么这时该社群内部已经形成了某种规范、甚至是定制，即不允许普通民众以冠状器、锥形器等高端玉石器进行随葬。而第二个可能的途径则是来自社群外部，即某个地域范围内等级更高的中心和阶层，将所拥有的权力授予 M77 墓主人，使其成为赵陵山社群的最高统治、管理者。

这两种可能性中，如果从随葬品数量规格、埋葬位置、同期墓葬等方面加以考察，我们发现似乎更多的证据支持第二种可能，即 M77 墓主人更可能并非产生自社群内部，而是从外部进入赵陵山社群。

首先，前文已述，M77 的随葬品包括玉、石、陶等器物，总数达到 157 件，是与之同期其他 31 座墓葬（指③层下与②层下墓葬）的葬品数量总和。就随葬玉器的数量来看，31 座墓葬的玉器总数仅有 23 件，而 M77 仅一座墓葬的玉器数量就达到惊人的 123 件，占葬品总数的近 8 成。就这一点说，赵陵山本社群的玉器生产能力有限，似乎并不能够为 M77 提供品类繁多、制作精美的高端随葬品，那些高端随葬品很大可能是来自社群外部的。

其次，M77 葬品数量和结构所导致的巨大社会差异，与前一阶段的社会分化程度之间，有着不小的“断裂”或者“跳跃”。赵陵山墓地第一阶段墓葬即第④层下墓葬，其随葬品的差异系数为 0. 64，显示略有分化、总体上平等的社会分化程度。进入第二阶段墓葬，即 M77

所属的第③层下和第②层下的墓葬，如果统计不包括 M77 的、其余 31 座墓葬的葬品数量，其差异系数为 1. 15；而包括 M77 在内的所有第二阶段墓葬葬品数量，其差异系数则急速跃升至 2. 76。如果不考虑 M77 的存在，赵陵山墓地差异系数从第一阶段的 0. 64 发展到第二阶段的 1. 15，算得上是社会逐步复杂化的自然发展过程的话，那么 M77 的存在显然为这个社会自然分化发展的过程注入了特别的力量，将差异系数从 0. 64 骤然跃升至高达 4 倍多的 2. 76。这一社会分化的“跳跃式”发展，更像是外力作用的结果。

再次，从墓地的布局来看，赵陵山第一阶段墓葬位于土台顶部，围绕着祭台的西边、南边布设，形成西、东两个墓区。但是到了第二阶段，墓地布局发生明显改变，虽然祭台西侧墓区仍然沿用，但南部区域的功能发生显著变化，从之前的公共墓地转变为 M77 单独埋葬的区域。也就是说，此时祭台正南部仅有 M77 一座大墓，而其他 31 座墓葬则全部位于祭台西侧。M77 单独位于祭台南部，与 31 座墓葬之间隔着一片红烧土和建筑堆积遥遥相望。如此被孤独地埋设在群体之外，除了凸显其显贵的社会地位之外，似乎也表明 M77 是赵陵山社群血缘集团之外的“外来户”。

最后，土台西北边缘的丛葬坑，显示了赵陵山社会中暴力的存在。丛葬坑内尸骨的被绑缚、肢体不全、身首异处等非正常死亡现象，年代上与 M77 所处的第③、②层下墓葬有所重合，很有可能是外来权威进入赵陵山社群时所受到暴力保障的表征。

总之，各方面迹象暗示，M77 的权力和威望可能来自于赵陵山社群外部，其所拥有的大量玉、石、陶等器物，并非从本社群获得，而是来自外部，并造成了赵陵山社会差异的极度分化；作为外来人员，M77 并未能葬入本社群的血缘墓区中；在其成为权贵的同时，可能伴随着暴力的手段。

进一步思考，如果赵陵山权贵的威望来自社群外部，那么这个来源会是哪里，有没有可能是后来声名煊赫的良渚古城？从年代上来看，M77 为良渚文化早期早段，大体上与良渚遗址群瑶山 M4 为代表的第一阶段墓组、即良渚遗址群开拓者的年代相当。前文已述，此时良渚遗址群尚未充分发展，反山、水利系统等鼎盛期遗存还没有出现。同时，这一时期遗址群高等级墓葬的规模和葬品数量，不论是瑶山早期墓组、还是新近发现的北村 M106，都不比赵陵山 M77 的规模高很多，甚至不少墓葬的规模明显小于 M77。因此，良渚早期偏早阶段，良渚遗址群在自身发展道路上离成熟还有一段不小的距离，尚不具备向外辐射其统领威望和影响的能力。赵陵山 M77 的权威应该不来自太湖南部的遗址群，相反，后者甚至有可能受到来自前者的影响。

因此，如果赵陵山最高权贵来自外部社会的推测具有更多的可能性，那么其政治资源既不来自赵陵山这个地点的本社群内部，也与远处太湖南部的良渚遗址群关系不大，而很有可能来自赵陵山所属太湖东部的某一个级别更高的区域中心，这个中心有待未来的寻找和发现。

2. M58 和 M89：产生自社群内部的权贵

与可能来自外部的 M77 不同，M58 和 M89 则代表社会复杂化的另一个途径，即来自赵陵山社群的内部。M58、M89 分别是第④层下和第③层下前后两个阶段社群中仅次于 M77 的社会上层。

M58 属于赵陵山墓地第一阶段即第④层下墓葬，其位于祭台南部，与其他 8 座墓葬共同组成东部墓区，显示 M58 作为赵陵山社群内部的成员，与其他成员之间存在的亲密血缘关系。M58 在墓坑北端有东西向长方形器物坑，墓坑内有葬具，随葬品分置于葬具内外及器物坑内，共计 17 件，是该阶段墓葬葬品数量最多的一座。其中一件骨质的牌形饰很可能与宗教活动相关。同墓还出土石钺位于墓主左手处。该墓葬品数量最多，石钺和骨牌形饰的共存，表明墓主人特殊的权力和地位可能与其具有特殊的宗教职能相关。M89 位于第③层下，与 M77 同属于赵陵山第二阶段墓葬。与 M77 不同的是，M89 位于祭台西侧的墓群中，显示出其与赵陵山社群的血缘关系。除了墓坑规模与葬品数量均在西侧墓葬中最为突出之外，M89 还出土有 38 颗大小相近的小石子，盛放在带盖陶簋里。这 38 颗小石子大小相近、其中 6 颗还周身涂抹红彩，亦与宗教相关。

M58 与 M89 这两座带有特殊的、与宗教相关的墓葬，在各自社群内都拥有大量丰富的随葬品、以及高规格的墓坑和葬具，显示其所拥有的社会地位很可能来自其特殊的技能即宗教信仰类的身份。而这两座墓葬埋设在社群内部，显然是赵陵山社群内部的成员。因此这类权贵的社会地位和权力产生于社群内部、且由于自身具有的独特能力而获得。这一产生途径，与 M77 那种来自外部的途径是不同的。

总之，赵陵山墓地中高等级墓葬显示，在文明社会的源起阶段，社会中权力和威望的产生、以及引发社会复杂化的机制应该有两种不同的途径，分别是以 M77 为代表的可能来自外部的力量和权威，和以 M58、M89 为代表的来自社群内部的贵族。前者外来权力的出现可能伴随着暴力的保障；而后者产生自社群内部的威望和权力，应该是由自身掌握特殊技能从而带来社会地位和财富。与此同时，这些来自不同途径的权威在赵陵山社会保持着良好的关系，M58、M89 可能作为 M77 的助手共同管理、维护着赵陵山社会的日常运作。如果这一推测成立，那么赵陵山这一地点的良渚早期社会，大概可以认为已经出现了类似后世官僚机构的雏形。从目前材料来看，这在整个环太湖地区应该是最先出现的。

附表 1　　**第④层下墓葬随葬品登记表**

（据发掘报告“附表一”整理，下同）

序号	墓葬	总数	玉器	石器	陶器	其他	器类
1	M37	11	2	2	7		玉镯环 1、坠饰 1，石钺 2，陶盆 1、罐 2、器盖 2、盘 1、豆 1

续表

序号	墓葬	总数	玉器	石器	陶器	其他	器类
2	M39	13	1	4	8		玉珠1，石钺4，陶盘1、豆2、罐2、大口缸1、鼎1、壶1
3	M42	4	1	2	1		玉管1，石钺2，陶罐1
4	M44	5		1	4		石钺1，陶带鋬盘2、盘1、大口缸1
5	M50	7		1	6		石钺1，陶鼎1、带鋬盘1、盘1、豆1、罐1、大口缸1
6	M55	8		2	6		石钺2，陶盆2、豆1、鼎1、彩绘陶杯1、陶杯1
7	M56－1	12			11	1	陶杯2、盘2、罐1、豆2、纺轮1、钵1、盆1、器盖1，兽牙1
8	M56－2	7		3	4		石钺3，陶盘1、鼎1、双鼻壶2
9	M57	12		1	11		石钺1，陶杯2、盘1、壶1、双鼻壶1、鼎1、罐1、器盖2、盆2
10	M58	17		1	14	2	石钺1，骨镞1、牌形饰1，陶鼎3、壶1、罐2、圈足盘1、豆2、杯2、盆2、双鼻壶1
11	M59	6			6		陶罐1、盘1、罐形豆1、盆1、鼎1、大口缸1
12	M61	8			8		陶罐1、器盖1、杯1、豆1、双鼻壶1、盆1、鼎2
13	M62	3			3		陶杯1、盘1、鼎1
14	M64	14	2	6	6		玉管1、隧孔珠1，石钺6，陶盆1、杯1、罐2、鼎1、壶1
15	M65	1			1		陶罐1
16	M66	4			4		陶器盖2、鼎1、陶器0
17	M68	0			0		
18	M69	1			1		陶杯1
19	M70	6			6		陶纺轮1、杯1、盘1、鼎1、罐1、豆1
20	M71	6	1	2	3		玉镯环1，石凿1、条形器1，陶罐1、圈足盘1、大口缸1
21	M74	11	2		9		玉管1、饰1，陶罐3、盆3、盘1、杯2

续表

序号	墓葬	总数	玉器	石器	陶器	其他	器类
22	M75	6	1		5		玉隧孔珠1，陶壶1、豆1、杯1、盖1、鼎1
23	M76	4			4		陶杯1、豆1、盆1、盘1
24	M80	7		1	6		石钺1，陶双鼻壶1、鼎1、杯2、豆2
25	M81	4			4		陶盘2、钵1、鼎1
26	M82	2			2		陶壶1、盆1
27	M83	4			4		陶豆1、罐1、盘1、盆1
28	M84	6	1	1	4		玉兽形片状饰，石钺1，陶钵1、豆1、杯1、盆1
29	M85	4			4		陶鼎1、盆2、壶1
30	M88－1	1			1		陶罐形豆1
31	M88－2	7			7		陶壶1、杯1、鼎1、豆1、盆1、盘1、纺轮1
32	M91	11	1	1	9		玉璜1，石钺1，陶纺轮1、壶1、盆1、盘1、壶1、罐3、豆2
33	M92－1	1			1		陶罐1
34	M92－2	6			6		陶杯2、盆2、豆1、鼎足1
	总数	219	12	28	176	2	

附表2　　**第③、②层下墓葬随葬品登记表**

序号	墓葬	总数	玉器	石器	陶器	其他	器类
1	M20	3	0	1	2		石钺1，陶壶1、盘1
2	M21	1	0	0	1		陶杯1
3	M22	1	0	0	1		陶罐1
4	M23	1	0	0	1		陶片1
5	M24	5	0	0	4	1	陶罐1、鼎1、豆1、双鼻壶1，漆器1
6	M25	0	0	0	0		
7	M26	4	2	0	2		玉管1、锥形器1，陶豆1、盘1
8	M27	0	0	0	0		
9	M28	1	0	0	1		陶豆1
10	M29	9	3	5	1		玉珠2、镯环1，石钺4、锛1，陶壶1
11	M30	3	0	1	2		石钺1，陶豆1、杯1

续表

序号	墓葬	总数	玉器	石器	陶器	其他	器类
12	M31	0	0	0	0		
13	M32	2	0	0	2		陶豆 1、陶器 1
14	M33	10	0	7	3		石钺 7，陶鼎 1、杯 1、器 1
15	M34	0	0	0	0		
16	M35	4	0	1	3		石钻心 1，陶豆 1、杯 1、鼎 1
17	M36	2	0	0	2		陶鼎 1、罐 1
18	M38	10	0	6	4		石钺 6，陶双鼻壶 1、鼎 1、豆 1、壶 1
19	M40	4	0	2	2		石钺 2，陶盘 1、鼎 1
20	M41	13	0	2	11		石钺 2，陶罐 3、鼎 2、盆 1、杯 1、纺轮 1、壶 1、圈足盘 1
21	M43	1	1	0	0		玉镯环 1
22	M46	16	2	7	7		玉镯环 1、珠 1，石钺 6、锛 1，陶双鼻壶 3、鼎 1、豆 1、盆 1、杯 1
23	M47	1	0	0	1		陶器盖 1
24	M48	1	1	0	0		玉锥形器
25	M49	0	0	0	0		
26	M60	9	0	0	8	1	陶鼎 1、甗 1、罐 2、豆 2、双鼻壶 1，漆器 1
27	M63	1	0	0	1		陶器 1
28	M77	157	123	21	10	3	玉玦 2、冠状饰 1、端饰 3、锥形器 4、镯环 5、环 1、琮 1、插件 3、隧孔珠 3、管 30、长珠 23、鼓形珠 48，骨杆 1，象牙镯环 2，石钺 15、刀 1、镞 2、锛 3，陶鼎 3、豆 3、杯 2、罐 1、陶器 1。
29	M78	14	1	8	5		玉隧孔珠 1，石钺 8，陶双鼻壶 1、杯 1、鼎 1、豆 1、大口缸 1
30	M79	16	2	8	6		玉镯环 1、坠饰 1，石钺 7、锛 1，陶双鼻壶 2、鼎 1、豆 1、大口缸 1、陶器 1
31	M89	22	11	4	6	1	玉珠 2、隧孔珠 3、管 2、缝缀片 2、镯环 1、坠饰 1，象牙镯环 1，石钺 3、小石子 38 颗，陶豆 1、盆 1、盘 1、豆 1、罐 1、壶 1
32	M90	3	0	0	3		陶器盖 1、陶器 2
	总数	314	146	73	89	6	

从文化谱系看颍河上游地区龙山晚期文化和王城岗遗址的性质*

魏继印　吕国豪

（湖北大学历史文化学院；中国社会科学院考古研究所）

颍河是淮河最大的支流，发源于嵩山南麓的河南登封，向东南流经许昌、周口、安徽阜阳等地，在寿县正阳关注入淮河。颍河上游地区主要是指颍河流经登封市与禹州境内长约100千米的南北两岸的狭长地带①，在龙山时代晚期，这里分布的考古学文化一般认为是王湾三期文化。此地区因流传有一些关于禹和启的传说，而为考古学家所重视，是探索夏文化的重要地区之一。至于这里发现的王城岗龙山文化城址，则从发现之初就被冠以“禹都阳城”的称号，② 虽然有不少学者提出过质疑，③ 但至今仍不失为最主流的观点，影响甚巨。笔者

---

* 本文是国家社会科学基金项目“多维视域下夏文化形成研究”（19BKG001）的阶段性研究成果。

① 河南省文物考古研究所、密苏里州立大学人类学系、华盛顿大学人类学系：《颍河文明—颍河上游考古调查试掘与研究》，大象出版社2008年版，第1页。

② 安金槐：《近年来河南夏商文化考古的新收获——为中国考古学会第四次年会而作》，《文物》1983年第3期；安金槐：《试论登封王城岗龙山文化城址与夏代阳城》，《中国考古学会第四次年会论文集》，文物出版社1985年；河南省文物研究所、中国历史博物馆考古部：《登封王城岗与阳城》，文物出版社1992年版。

③ 杨宝成：《登封王城岗与禹都阳城》，《文物》1984年第2期；许顺湛：《登封王城岗小城堡质疑》，《中州学刊》1984年第4期；董琦：《王城岗城堡遗址分析》，《文物》1984年第11期；郑杰祥：《关于王城岗城堡的性质》，《中州学刊》1986年第2期；《王城岗城堡遗址再分析》，《中国历史文物》2002年第3期；《三析王城岗城堡遗址》，《中国历史文物》2010年第2期；《四析王城岗城堡遗址》，《中国历史文物》2010年第5期。

认为要判定一个考古学文化的族属，必须首先从分析考古学文化本身出发，弄清其来龙去脉和文化性质后再进行讨论，不能运用相关历史文献与考古学文化进行简单的比附或对号入座。在此，本文试从文化谱系的角度，结合一些新的考古发现，对本地区龙山时代晚期文化的来源及其与作为夏文化的新砦和二里头文化的关系进行综合分析，探讨其文化属性，以期对探索早期夏文化等相关问题有所裨益。不当之处，敬请批评指正。

一 颍河上游地区龙山早期文化及其来源

要分析颍河上游地区龙山时代晚期文化的来源及性质，还要首先从分析比其早的文化入手。龙山时代早期，颍河上游地区主要分布有两种类型的文化遗存，一种以禹州谷水河遗址第三期遗存为代表，另一种以禹州前后屯遗址为代表。两类遗存差别显著，来源不同。

（一）两类遗存的主要特征及差异

谷水河遗址和前后屯遗址均在今禹州市附近，距离不远，但文化面貌迥异。

1. 谷水河类型的主要特征

谷水河遗址位于禹州市顺店乡东南 2 公里，其文化共分三期，以第一、二期遗存为主，其性质为仰韶文化，第三期遗存发现较少，仅发现两个灰坑和一座墓葬，[①] 但特色鲜明，有学者称其为谷水河类型[②]或谷水河三期文化[③]。此类遗存在颍河上游地区发现较少，

① 河南省博物馆：《河南省禹县谷水河遗址发掘简报》，《河南文博通讯》1977 年第 2 期；河南省博物馆：《河南禹县谷水河遗址发掘简报》，《考古》1979 年第 4 期。

② 严文明：《略论仰韶文化的起源与发展阶段》，载《仰韶文化研究》，文物出版社 1989 年版；韩建业、杨新改：《王湾三期文化研究》，《考古学报》1997 年第 1 期。

③ 杜金鹏：《试论大汶口文化颍水类型》，《考古》1992 年第 2 期。

而在汝河流域较为常见，如临汝北刘庄①、大张②和鲁山邱公城③等遗址。

该遗址出土陶器，以夹砂陶为主，其次为泥质陶。陶色黑灰陶最多，有部分红陶。装饰方法上，以浅细绳纹为主，其次为素面。器形主要有鼎、盆、瓮、豆、钵、器盖等。罐的数量最多，大部分饰浅细的绳纹，少数为素面。鼎有高领折腹鼎、罐形鼎、盆形鼎、盘形鼎等4种，鼎足有扁三角形、凿形和圆锥形等。瓮为小口、高领，整体瘦高，素面磨光。杯有斜腹杯、高圈足杯、矮圈足杯、桶形杯、角杯等。盆分斜壁平底深腹盆和假圈足浅腹盆、三足盆3种。器盖多为覆碗形（图1）。

2. 前后屯类型遗存的主要特征

前后屯遗址位于禹州市韩城街道办事处前屯村北的颍河南岸，西距瓦店遗址2.5公里，东距谷水河遗址约10公里。2010年山东大学考古与博物馆学系对此遗址进行了发掘，发现了大量遗迹和遗物。④此类遗存最早发现于登封告城北沟遗址，⑤ 登封阳城、⑥ 禹州瓦店、⑦吴湾⑧等遗址也有发现，因前后屯遗址发掘面积较大，且文化面貌比较单纯，这里暂且称其为前后屯类型。

前后屯类型出土的陶器，以夹砂陶为主，泥质陶次之。陶色灰黑

---

① 河南省文物研究所：《河南临汝北刘庄遗址发掘报告》，《华夏考古》1990年第2期。

② 赵青云：《河南临汝大张新石器时代遗址发掘简报》，《考古》1960年第6期。

③ 张建中、贾峨：《河南鲁山邱公城古遗址的发掘》，《考古》1962年第11期。

④ 山东大学考古与博物馆学系、河南省文物局南水北调文物保护办公室：《河南禹州市前后屯遗址龙山文化遗存发掘简报》，《考古》2015年第4期。

⑤ 河南省文物研究所：《登封告成北沟遗址发掘简报》，《中原文物》1984年第4期。

⑥ 河南省文物研究所、中国历史博物馆考古部：《登封王城岗与阳城》，文物出版社1992年版。

⑦ 河南省文物考古研究所编著：《禹州瓦店》，文物出版社2004年版；河南省文物研究所、郑州大学历史系考古专业：《禹县瓦店遗址发掘简报》，《文物》1983年第3期。

⑧ 河南省文物研究所、禹县文管会：《禹县吴湾遗址试掘简报》，《中原文物》1988年第4期。

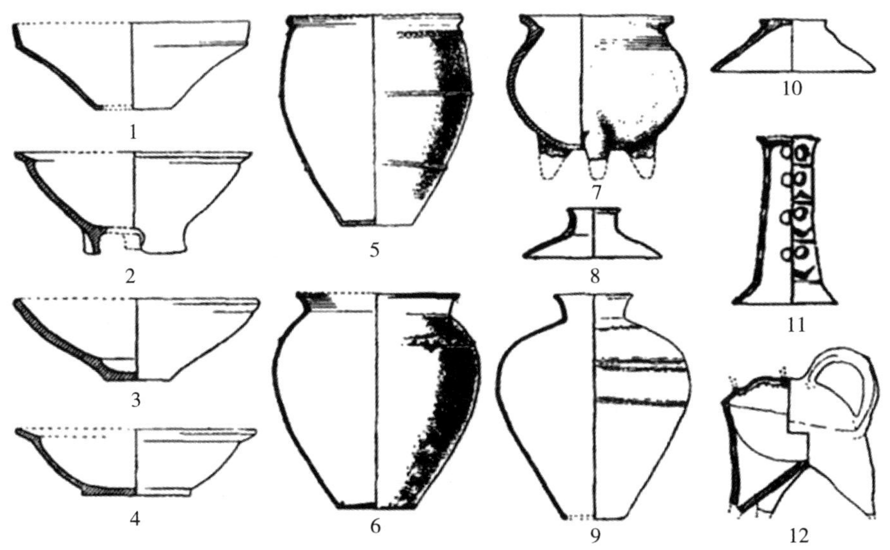

图1　谷水河类型陶器

1. 陶盆（H2：29）　2. 陶盆（Y1：22）　陶盆（3. H2：27）　4. 陶盆（H2：7）　5. 陶瓮（M1：1）　6. 陶瓮（Y1：1）　7. 陶鼎（Y1：5）　8. 陶豆（H2：11）　9. 陶瓮（H1：1）　10. 器盖（H2：18）　11. Y1：73　12. 陶　Y1：72

陶最多，褐色陶其次，另有极少量的红陶。装饰方面，水器、食器和酒器多为素面，炊器多有纹饰，种类以篮纹为绝大多数，另有少量方格纹、压印纹、绳纹、弦纹、附加堆纹等。器类主要有鼎、罐、甑、盆、鬶、高柄豆、圈足盘、壶、杯、小口高领瓮、器盖、刻槽盆、斝、簋等。鼎均呈圆腹罐形，鼎足有铲形、凿形、乳突形和侧三角形等。罐有平底深腹罐和圈足圆腹罐两种。甑均为圜底、矮圈足。刻槽盆为平底盂形。盆有大平底浅腹和弧壁深腹两种。器盖有平顶覆盆形和杯形钮覆碗形两种。杯有觚形杯、斜腹杯、高柄杯等。瓮均为圆腹，领部较高。鬶的颈部瘦高。壶的颈部较长（图2）。

3. 两类文化遗存的差异

两类文化遗存虽然都有一些觚形杯、鬶、镂孔柄豆等大汶口文化

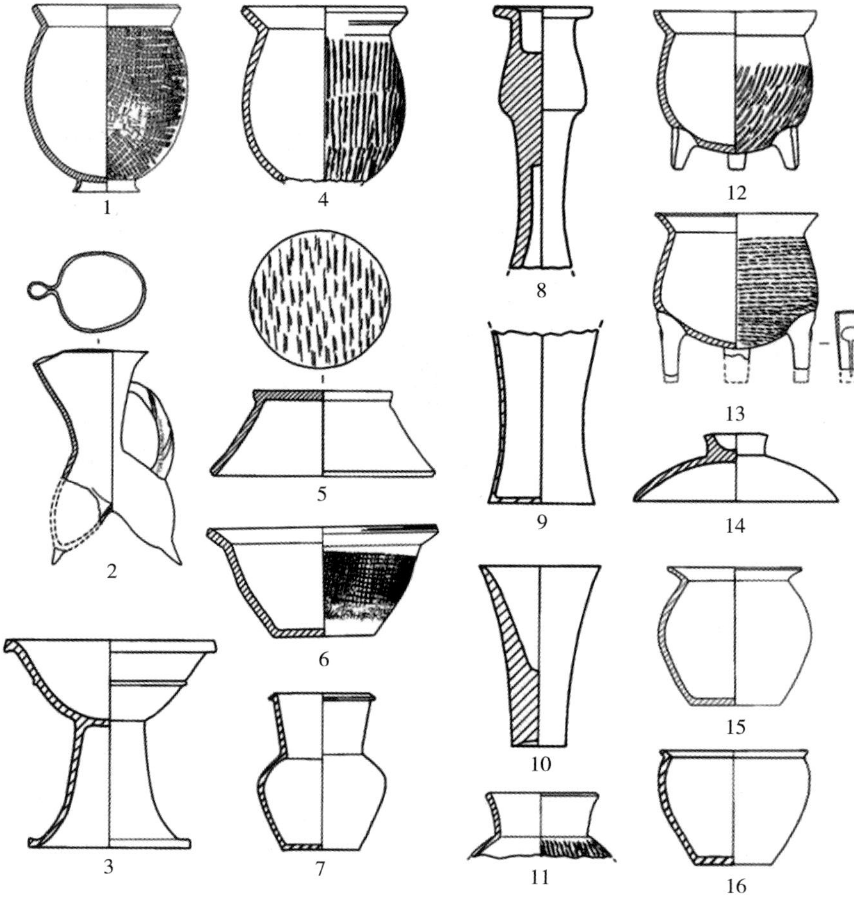

图 2　前后屯类型遗存陶器

1. T2008H22④：6　2. T1504H181：1　3. T2007H146：2　4. T2108H102②：1　5. T2207H137②：1　6. T2007H133③：1　7. T2506H229：1　8. T2806H198②：1　9. T2307H122：3　10. T2409H193：2　11. T2307H122：1　12. T2307H122③：6　13. T2806H198⑤：2　14. T2706H219②：3　15. T2008H22②：1　16. T2307H200②：11

因素和斜腹杯等石家河文化因素，但整体上文化面貌差别较大。

在装饰方面，两者均有一定比例的素面陶，但前者纹饰发达，且以篮纹为绝对比重，绳纹的数量极少，纹饰印痕较深，而后者则纹饰不发达，却以纤细的绳纹为绝对多数，篮纹几乎不见。

在器形方面，差别也较显著。前者的鼎均呈圆腹罐形，鼎足有铲形、凿形、乳凸形和侧三角形等，而后者的鼎有高领折腹鼎、罐形鼎、盆形鼎、盘形鼎4种，鼎足有扁三角形、凿形和圆锥形等。前者的盆多为直壁、大平底，而后者多为斜壁。小口高领瓮，前者均为直领，鼓腹较圆，周身饰篮纹，后者均为侈口，腹部瘦长，下腹斜直，素面磨光。前者的器盖多为覆盆形，顶部较大，而后者的器盖多为覆碗形，顶部较小。前者中的斝、簋、圈足盘等不见于后者，后者中的三足盆、敞口钵等不见于前者。

因此，从文化面貌上看，两类文化遗存差别显著，应属不同性质的考古学文化。

（二）两类遗存的来源分析

两类遗存文化面貌之间的差别，主要跟其来源不同有关。

1. 谷水河类型的来源

根据来源不同，谷水河类型陶器可以分为两群。

A群，主要来源于本地的仰韶文化，包括小口瓮、深腹罐、折腹盆、斜腹盆、罐形鼎、钵等。小口瓮，小口、圆肩、斜直腹、平底，器体瘦高，如谷水河H1：1（图3，1）与大河村H252：17（图3，7）形制相近。广口瓮，大口、深腹，腹部饰有两周附加堆纹，如谷水河M1：1（图3，2）与大河村H232：6（图3，8）相似。折腹盆，直口、平沿、斜壁、小平底，如谷水河H2：29（图3，3）与大河村W141：1（图3，9）比较接近。斜腹盆，敞口、斜壁、小平底，如谷水河H2：27（图3，5）与大河村T23③：5（图3，11）形状大体相同。钵，折沿、弧壁、大平底，如谷水河H2：7（图3，4）与大河村T23③：5（图3，10）形状接近。罐形鼎，侈口、鼓腹，鼎身为罐形，足作锛状，如谷水河Y1：5（图3，6）与大河村 W108（图 3，12）器形接近。

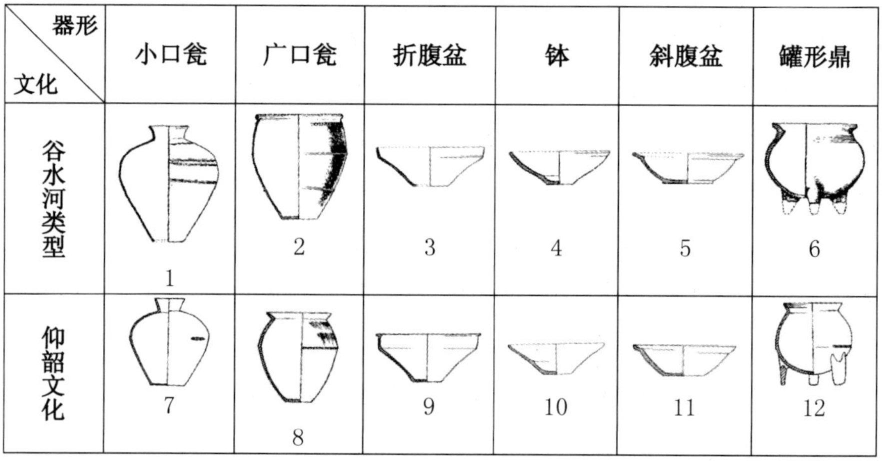

器形 文化	小口瓮	广口瓮	折腹盆	钵	斜腹盆	罐形鼎
谷水河类型	1	2	3	4	5	6
仰韶文化	7	8	9	10	11	12

图 3　谷水河类型 A 群陶器来源图

1. 谷水河 H1：1　2. 谷水河 M1：1　3. 谷水河 H2：29　4. 谷水河 H2：27　5. 谷水河 H2：7　6. 谷水河 Y1：5　7. 大河村 H252：17　8. 大河村 H232：6　9. 大河村 W141：1　10. 谷水河 H5：4　11. 大河村 T23③：5　12. 大河村 W108

B 群，主要来自于大汶口文化，如镂孔柄豆和鬶。镂孔柄豆，空心高柄，豆柄上有圆形和三角形镂孔，如 Y1：73（图 4－1）与野店 M84：1①（图 4－3）风格接近。鬶，腹壁折棱明显，圆锥形袋足，如 Y1：72（图 4－2）与野店 M62：30（图 4－4）如出一辙。

显然，谷水河类型是本地仰韶文化的延续，但同时也受到了东方大汶口文化的一些影响。

2. 前后屯类型的来源

前后屯类型的陶器可分为 3 群。

A 群，仅见或多见于大汶口文化尉迟寺类型，包括圆腹鼎、折腹

① 山东省博物馆、山东省文物考古研究所：《邹县野店》，文物出版社 1985 年版，第 59 页。

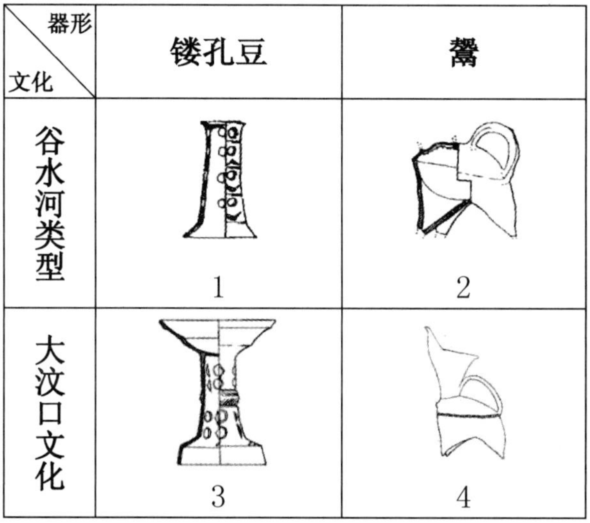

器形 / 文化	镂孔豆	鬶
谷水河类型	1	2
大汶口文化	3	4

图 4　谷水河类型 B 群陶器来源图

1. 谷水河 Y1：73　2. 谷水河 Y1：72　3. 野店 M84：1　4. 野店 M62：30

鼎、鼓腹罐、大口罐、小口高领瓮、粗体觚、高柄杯、长颈壶、平底盆、鬶、细柄豆、碗形器盖、钮形器盖、缸、镂孔豆、乳足鼎等 16 种。圆腹鼎，折沿、球腹，鼎足为鸭嘴形，如北沟 H1：10（图 5－1）与尉迟寺 F8：3（图 5－17）如出一辙。垂腹鼎，折沿、垂腹，下腹近底部近折，下附三个圆柱状或条状高足，如前后屯 T2806H198⑤：2（图 5－2）与尉迟寺 H42：23（图 5－18）比较接近。鼓腹罐，折沿，鼓腹，大平底，如前后屯 T2008H22②：1（图 5－3）与尉迟寺 F42：17（图 5－19）比较近似。大口罐，大口、深弧腹、平底，如前后屯 T2307H200②：11（图 5－4）与尉迟寺 F33：82（图 5－20）形制接近。觚，腹部内弧、平底，如前后屯 T2307H122：3（图 5－5）与尉迟寺 H110：1（图 5－21）几乎完全相同。高柄杯，柄部细长、圈足，是大汶口文化常见器物，如前后屯 T2806H198②：1（图 5－6）与尉迟寺 F42：7（图 5－22）形制相近。长颈壶，长颈、鼓腹、平

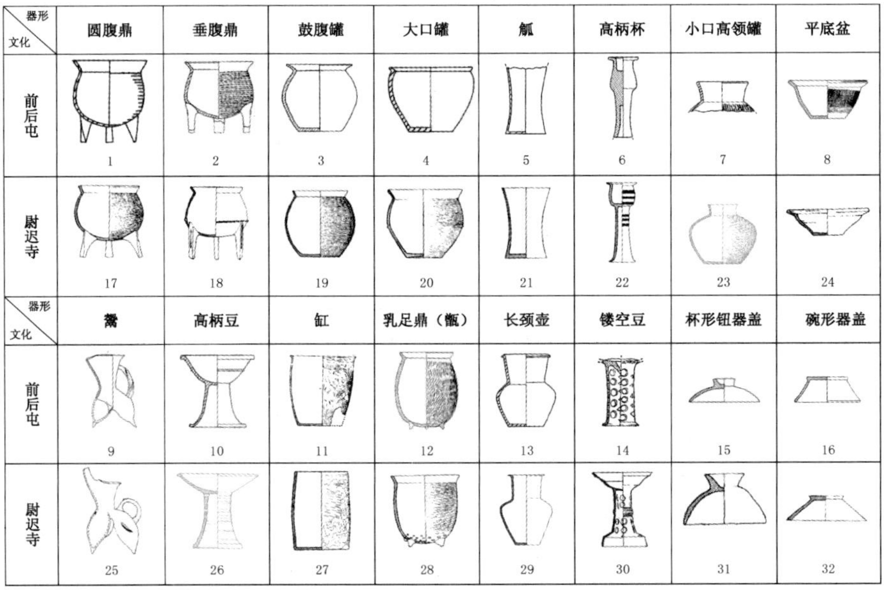

器形 文化	圆腹鼎	垂腹鼎	鼓腹罐	大口罐	觚	高柄杯	小口高领罐	平底盆
前后屯	1	2	3	4	5	6	7	8
尉迟寺	17	18	19	20	21	22	23	24
器形 文化	鬶	高柄豆	缸	乳足鼎（甑）	长颈壶	镂空豆	杯形钮器盖	碗形器盖
前后屯	9	10	11	12	13	14	15	16
尉迟寺	25	26	27	28	29	30	31	32

图5　前后屯类型A群陶器的来源图

1 北沟 H1：10　2. 前后屯 T2806H198⑤：2　3. 前后屯 T2008H22②：1　4. 前后屯 T2307H200②：11　5. 前后屯 T2307H122：3　6. 前后屯 T2806H198②：1　7. 前后屯 T2307H122：1　8. 前后屯 T2007H133③：1　9. 前后屯 T1504H181：1　10. 前后屯 T2007H146：2　11. 阳城 YT40H31：6　12. 前后屯 T1404H212：1　13. 前后屯 T2506H229：1　14. 阳城 YT39H29：19　15. 前后屯 T2706H219②：3　16. 前后屯 T2207H137②：1　17. 尉迟寺 F8：3　18. 尉迟寺 H42：23　19. 尉迟寺 F42：17　20. 尉迟寺 F33：82　21. 尉迟寺 H110：1　22. 尉迟寺 F42：7　23. 尉迟寺 F54：2　24. 尉迟寺 T3727⑧：2　25. 花厅 M50：65　26. 尉迟寺 T2315⑤：7　27. 尉迟寺 F43：3　28. 尉迟寺 F35：3　29. 尉迟寺 F30：11　30. 野店 M84：1　31. 尉迟寺 F37：4　32. 尉迟寺 T3912⑩：12

底，如前后屯 T2506H229：1（图5－13）与尉迟寺 F30：11（图5－29）基本相同。平底盆，敞口、折沿、腹部稍弧、大平底，如前后屯 T2007H133③：1（图5－8）与尉迟寺 T3727⑧：2（图5－24）形制接近。鬶是大汶口文化最多见的酒器，颈部细高、袋足，足尖呈锥状，如前后屯 T1504H181：1（图 5－9）与花厅 M50：65[①]（图 5－25）几近一致。高柄豆，豆盘呈碗形，喇叭形高足，如前后屯 T2007H146：2（图 5－10）与尉迟寺 T2315⑤：7（图 5－26）如出一辙。小口高领瓮，高领、鼓腹、小平底，如前后屯 T2307H122：1（图 5－7）与尉迟寺 F54：2（图 5－23）形制相近。杯形钮器盖，钮呈杯形，弧壁，如前后屯 T2706H219②：3（图 5－15）与尉迟寺 F37：4（图 5－31）大体一致。覆碗形器盖，大平顶、斜壁，如前后屯 T2207H137②：1（图 5－16）与尉迟寺 T3912⑩：12（图 5－32）形制基本相同。缸，大致呈直壁桶形，如阳城 YT40H31：6（图 5－11）的形制与尉迟寺 F43：3（图 5－27）比较接近。镂孔柄豆，高圈足上有很多镂孔，如阳城 YT39H29：19（图 5－14）与野店 M84：1[②]（图 5－30）风格接近。乳足鼎是颍河上游地区龙山晚期文化数量最多的器物，在前后屯遗址只发现一件，编号为 T1404H212：1（图 5－12）。此类器物不见于其他遗址或文化，但在尉迟寺类型大汶口文化中常见乳足甗，形体与乳足鼎非常接近，如尉迟寺 F35：3（图 5－28），应存在渊源关系。

B 群，多见于豫西晋南地区的王湾二期文化或庙底沟二期文化，主要有斝、盉形刻槽盆。斝是中原西部地区龙山时代早期文化中最常见的因素，侈口、折腹，下附三个袋足，如阳城 YT39H29：9（图 6－1）与二里头遗址 H1：29（图 6－3）[③] 几近一致。盉形刻槽盆，呈盉状，外部饰斜篮纹，内壁有细竖刻槽，如北沟 H1：12（图 6－2）与二里头遗址 H1：5（图 6－4）非常接近。

---

① 南京博物院：《花厅——新石器时代墓地发掘墓地》，文物出版社 2003 年版，第 110 页。

② 山东省博物馆、山东省文物考古研究所：《邹县野店》，文物出版社 1985 年版，第 59 页。

③ 中国社会科学院考古研究所二里头工作队：《河南偃师二里头遗址发现龙山文化早期遗存》，《考古》1982 年第 5 期。

文化 器形	前后屯	王湾二期文化
斝	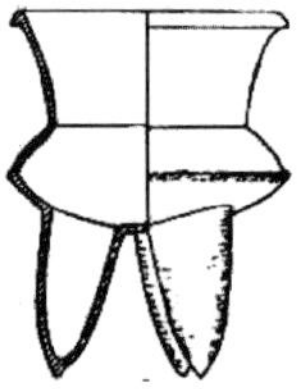 1	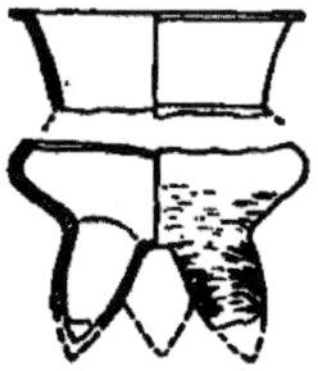 3
刻槽盆	 2	 4

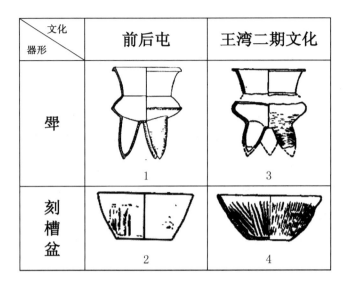

图 6　前后屯类型 B 群陶器的来源图

1. 阳城 YT39H29：9　2. 北沟 H1：12　3. 二里头 H1：29　4. 二里头 H1：5

C 群，多见于石家河文化，主要是斜腹杯，如前后屯遗址 T2409 H193：2（图 7－1）与肖家屋脊 H42②：5[①]（图 7－2）基本相似。

前后屯类型，在约 19 种来源明确的陶器种类中，有 16 种来源于东边的大汶口文化尉迟寺类型，占比约 84.2%；有 2 种来源于西边的王湾二期文化或庙底沟二期文化，占比约 10.5%；1 种来源于南边的石家河文化，占比约 5.2%。其次，从器物数量上来说，在前后屯类型公布的大约 110 件陶器中，来源于尉迟寺的约有 76 件，占比 69%；来源于王湾二期文化或庙底沟二期文化的有 16 件，占比约 15%；来源于石家河文化的有 6 件，占比约 5%；其余的来源不明，占比约为 11%。另外，在装饰风格上，前后屯类型也与大汶口文化尉迟寺类型一致，均以篮纹为主要纹饰。因此，大汶口文化尉迟寺类型应是前后

① 湖北省荆州博物馆、湖北省文物考古研究所、北京大学考古学系：《肖家屋脊——天门石家河考古发掘报告之一》，文物出版社 1999 年版，第 193 页。

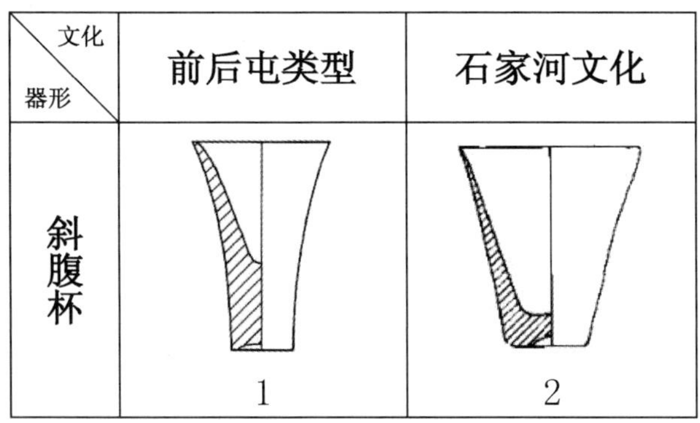

图 7　前后屯类型 C 群陶器的来源图

1. 斜腹杯（前后屯 T2409H193：2）　2. 斜腹杯（肖家屋脊 H42②：5）

屯类型的主要源头。

经以上分析可以看出，两类文化遗存确实来源不同，谷水河类型豫中地区仰韶文化的延续，而前后屯类型则是由东方地区的大汶口文化发展而来的。

二　颍河上游地区龙山晚期文化的特征及来源

颍河上游地区目前共发现龙山晚期遗址 30 余处，其中经过发掘或试掘的主要有登封程窑①、王城岗②、禹州瓦店③、阎寨④、董庄⑤、

① 赵会军、曾晓敏：《河南登封程窑遗址试掘简报》，《中原文物》1982 年第 2 期。

② 河南省文物研究所、中国历史博物馆考古部：《登封王城岗与阳城》，文物出版社 1992 年；北京大学考古文博学院、河南省文物考古研究所：《登封王城岗考古发现与研究（2002—2005）》，大象出版社 2007 年版。

③ 河南省文物研究所、郑州大学历史系考古专业：《禹县瓦店遗址发掘简报》，《文物》1983 年第 3 期；河南省文物研究所、禹县文管会：《河南禹县颍河两岸考古调查与试掘》，《考古》1991 年第 2 期；河南省文物考古研究所：《禹州瓦店》，世界图书出版公司 2004 年版。

④ 禹县阎寨龙山文化遗址：《中国考古学年鉴 1984》，文物出版社 1984 年版。

⑤ 河南省文物研究所、禹县文管会：《河南禹县颍河两岸考古调查与试掘》，《考古》1991 年第 2 期。

崔庄①、吴湾②等。登封王城岗和禹州瓦店遗址是颍河上游地区龙山晚期的两中心聚落，发掘面积大，公布的材料多，现以此两处遗址为主对其龙山晚期遗存的文化面貌和特征进行归纳，进而分析其来源。

（一）主要特征

依发掘报告，此两处遗址出土的陶器，以灰陶为绝大多数，有少量的灰黑陶，红陶极少。陶质分泥质和夹砂两种，泥质陶略多于夹砂陶。纹饰方面，篮纹数量最多，其次是方格纹，绳纹较少。器形主要有小口高领瓮、器盖、乳足鼎、甑、高柄豆、盆、杯、碗、刻槽盆、折腹盆、斝、钵、鬶、觚、瓶、壶、三足盘、圈足盘、缸等。在数量上，乳足鼎、小口高领瓮、碗、甑、盆和器盖的数量较多。鼎足的形式多种多样，主要有乳状足、条状足、侧装三角形扁足、平装板状足等，其中乳足鼎的数量最多，而且从早到晚都有，后期侧装三角形扁足鼎的数量增加，与乳足鼎并存。器盖以覆碗形为多数，有少量折壁器盖。刻槽盆多呈漏斗状（图8）。

（二）来源分析

登封王城岗和禹州瓦店两遗址的龙山晚期文化虽然整体上面貌接近，应属同一种考古学文化，但登封王城岗遗址龙山晚期文化的年代只相当于瓦店遗址同类遗存的中后期，故分析其来源时需分别进行。

1. 王城岗龙山晚期文化的来源

分析一个考古学文化的来源，应主要从其早期入手。这里主要根据王城岗龙山文化的第一、二期为主进行分析。根据来源不同，可把

① 河南省文物研究所、禹县文管会：《河南禹县颍河两岸考古调查与试掘》，《考古》1991年第2期。

② 河南省文物研究所、禹县文管会：《禹县吴湾遗址发掘简报》，《中原文物》1988年第4期。

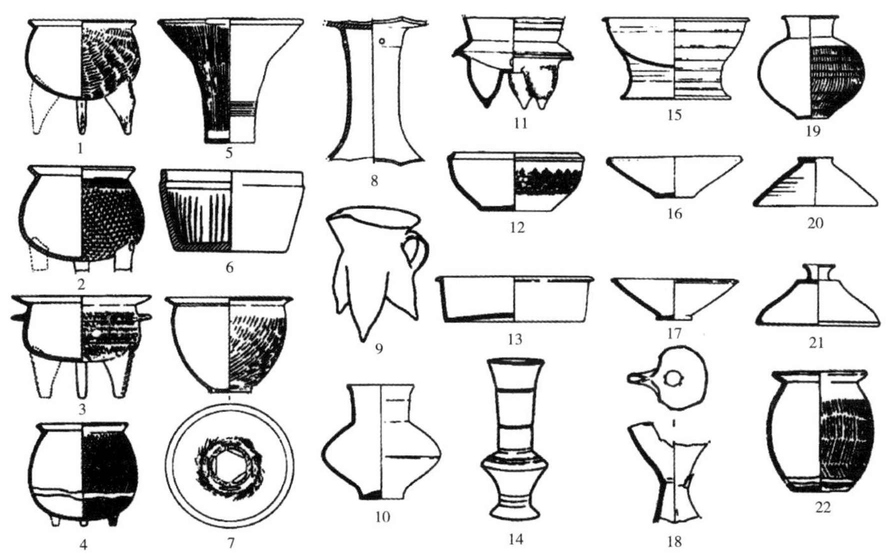

图8　颍河上游地区龙山晚期文化陶器

1. 瓦店ⅤT1H17：1　2. 瓦店ⅤT1H16：2　3. 瓦店ⅣT3F4：1　4. 瓦店ⅣT3⑦：51　5. 瓦店ⅣT3H61：20　6. 瓦店ⅣT3H45：4　7. 瓦店ⅣT4W1：3　8. 瓦店ⅣT4H24：32　9. 瓦店ⅠT4A④b：7　10. 瓦店ⅣT3H61：27　11. 瓦店ⅠT6A④b：8　12. 瓦店ⅣW01：3　13. 瓦店ⅣT3H30：2　14. 瓦店ⅣT5H28：8　15. 瓦店ⅣT3H61：42　16. 瓦店ⅣT3H61：36　17. 瓦店ⅣT3H61：37　18. 瓦店ⅣT3H31：4　19. 瓦店ⅣT3H61：29　20. 瓦店ⅣT3H61：39　21. 王城岗WT95H206：5　22. 瓦店ⅣT4⑧：47

王城岗遗址龙山文化一、二期陶器分为5群。

A群，主要来源于瓦店龙山时代晚期文化的早段，包括乳足鼎、小口高领瓮、平底甑、碗和钵等。乳足鼎，如WT153H402：11（图9－1）与瓦店ⅣT3⑦：61（图9－6）同类器相似。小口高领瓮是承接禹州瓦店小口高领瓮发展而来，只是形体整体变得宽扁，如WT221H549：2（图9－2）与瓦店ⅣT3H30：11（图9－7）形制接近。碗，如WT59H126：7（图9－3）与瓦店ⅣT3⑦：61（图9－8）基本相同。钵，如WT153H402：16（图9－4）与瓦店ⅣT3H61：36

（图9－9）相似。平底甑，平底，下腹近底部有一圈椭圆形箅孔，如WT120H291：23（图9－5）与禹州瓦店T6H65：8（图9－10）如出一辙。

器形 文化	乳足鼎	小口高领瓮	碗	钵	平底甑
王城岗早期	 1	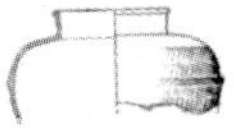 2	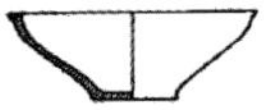 3	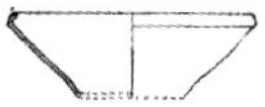 4	 5
瓦店早期	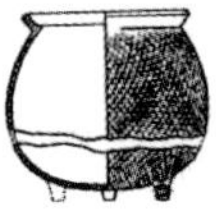 6	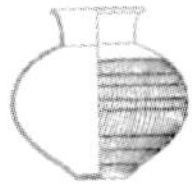 7	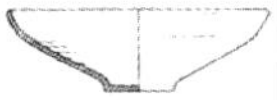 8	 9	 10

图9　登封王城岗遗址A群陶器来源图

1. 乳足鼎（王城岗WT153H402：11）　2. 王城岗WT221H549：2　3. 王城岗WT59H126：7
4. 王城岗WT153H402：16　5. 王城岗WT120H291：23　6. 瓦店ⅣT3⑦：61　7. 瓦店ⅣT3H61：29　8. 瓦店ⅣT3⑦：90　9. ⅣT3H61：36　10. T6H65：8

B群，仅见或多见于前后屯类型，主要有鬶、鼎、深腹罐、圈足甑、缸、粗柄豆共6种器形。王城岗遗址发现一种鬶形器，敞口有流，颈部有弧形鋬，平底，下附三个小袋状足，如王城岗WT90H186：3（图10－1），此类器物在其他遗址或文化中不见，但从整体上看，应是从大汶口文化的鬶演变过来的，此件器物与前后屯T1504H181：1（图10－6）形制相近。深腹罐，折沿、深鼓腹，如WT153H402：13（图10－2）与北沟H1：16（图10－7）形制基本一样。圈足甑，呈深腹罐形，下附圈足，腹部近底处有一圈椭圆形箅孔，如WT255H565：10（图10－3）。此种甑不见于其他遗址或文化，在前后屯遗址发现有类似器物，如 T2007H146：3（图 10－8）虽箅孔不完全相同，但整体形状比较接近。缸，如 WT221H550：3（图 10－4）与阳城 YT40H31：6（图 10－9）大体接近。大圈足盘，浅盘圜底，粗高柄，柄部有镂孔，如 WT96H210：13（图 10－5）与前后屯 F71：10（图 10－10）基本一致。

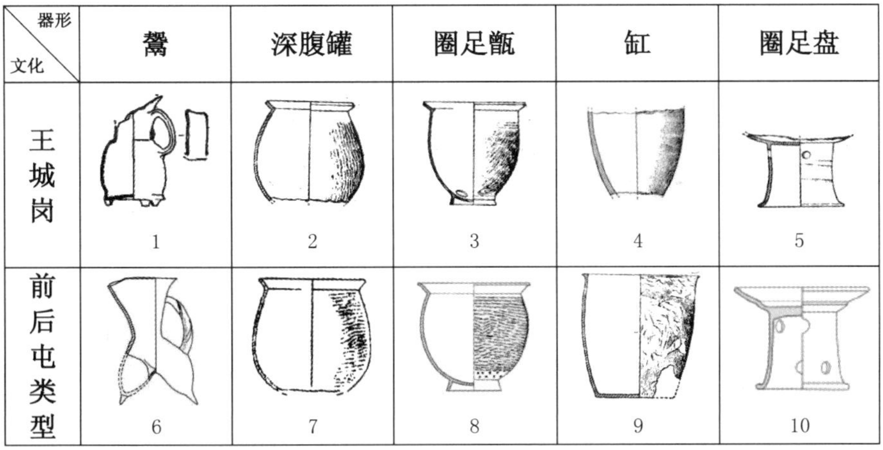

器形 文化	鬶	深腹罐	圈足甑	缸	圈足盘
王城岗	1	2	3	4	5
前后屯类型	6	7	8	9	10

图 10　登封王城岗遗址 B 群陶器来源图

1. 王城岗 WT90H186：3　2. 王城岗 WT153H402：13　3. 王城岗 WT255H565：10　4. 王城岗 WT221H550：3　5. 王城岗 WT96H210：13　6. 前后屯 H181：1　7. 北沟 H1：16　8. 前后屯 H146：3　9. 阳城 YT40H31：6 10. 前后屯 F71：10

C 群，由庙底沟二期文化经前后屯类型演变而来，主要是斝，长颈，扁折腹，圜底，下附三个袋状足。此种器物多见于庙底沟二期文化，应是在龙山时代早期时为前后屯类型所吸收，如 WT86H179：2（图 11－1）与阳城 YT39H29：9（图 11－2）形体一致。

D 群，多见于石家河文化。主要是擂钵，为刻槽盆的一种，整体上呈漏斗状，是石家河文化的典型器物，如 WT120H291：78（图 12－1）与下王冈 H9：14（图 12－2）器形相近。

E 群，可能受造律台文化的影响，主要是侧装三角形扁足鼎，呈

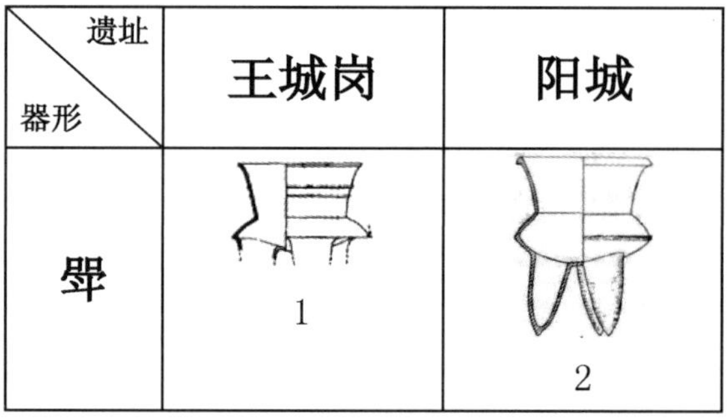

遗址 器形	王城岗	阳城
斝	1	2

图 11　登封王城岗遗址 C 群陶器来源图

1. 王城岗 WT86H179：2　2. 阳城 YT39H29：9

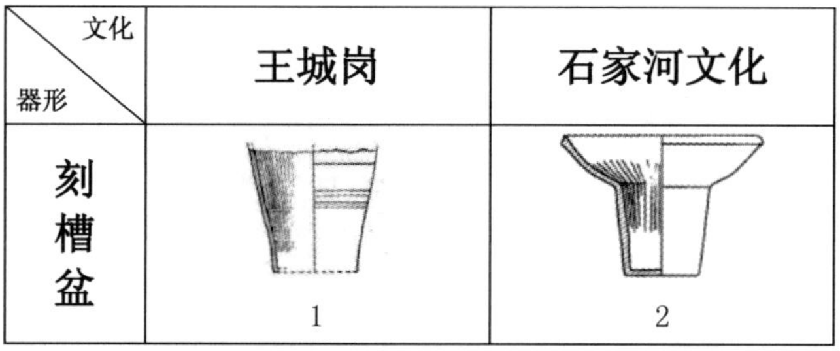

文化 器形	王城岗	石家河文化
刻槽盆	1	2

图 12　登封王城岗遗址 E 群陶器来源图

1. 王城岗 WT120H291：78　2. 下王冈 H9：14

罐形，下附三个三角形扁足。此种鼎在瓦店遗址发现较多，但均出现在后期，笔者曾分析，很可能是受新砦文化的影响所致[①]。王城岗遗址的侧装三角形扁足鼎较少，仅见于王城岗龙山文化第二期 1 件，年代略早于瓦店遗址的同类器物，与庙底沟二期文化和尉迟寺类型大汶口文化之间均存在年代缺环，故很可能是受造律台文化的影响所致，如 WT255H565：11（图 13－1）与柘城山台寺遗址 T2⑤G：2[②]（图

① 魏继印：《论新砦文化与王湾三期文化的关系》，《考古学报》2019 年第 3 期。

② 中国社会科学院考古研究所、美国哈佛大学皮宝德博物馆：《豫东考古报告》，科学出版社 2017 年版，第 129 页。

13－2）形状大体相同。

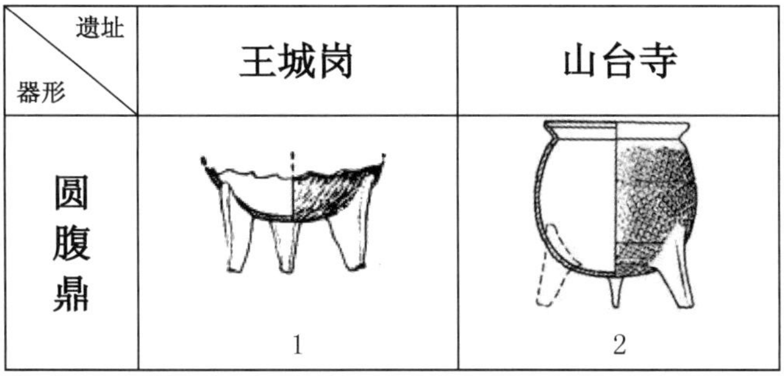

遗址 器形	王城岗	山台寺
圆腹鼎	1	2

图 13　登封王城岗遗址 F 群陶器来源图

1. 王城岗 WT255H565：11　2. 山台寺 T2⑤G：2

王城岗一、二期遗存有明确来源的器形共 13 种，其中直接来源于禹州瓦店早期遗存的有 5 种，占比约 38.4%；明确来源于前后屯类型的器形有 5 种，占比约 38.4%；由庙底沟二期文化经前后屯类型演变而来的有 1 种，占比约 7.6%；来源于石家河文化的有 1 种，占比约 7.6%；来源于造律台文化的有 1 种，占比约 7.6%。从器物数量上看，王城岗一、二期器物共 76 件，其中 41 件来源于禹州瓦店早期遗存，占比约 53.9%；来源于前后屯类型的有 23 件，占比约 30.2%；由庙底沟二期文化经前后屯类型演变而来的有 1 件，占比约 1.3%；来源于石家河文化的有 1 件，占比约 1.3%；来源于造律台文化的有 1 件，占比约 1.3%；剩余还有约 12% 的器形来源不明。

2. 禹州瓦店遗址龙山晚期文化的来源

瓦店遗址龙山时代晚期文化陶器可分为 4 群。

A 群，仅见或多见于前后屯类型，主要有小口高领瓮、鼓腹罐、深腹罐、圈足甑、高足鼎、大口罐、觚、豆、覆碗形器盖、乳足鼎 10 种。小口高领瓮是瓦店遗址龙山时代晚期文化最具代表性的器物，数量多，序列完整，整体上呈小口、直领、广肩、鼓腹、小平底，如瓦店ⅣT3H61：29（图14－1）与前后屯T2307H122：1（图14－11）非常接近。乳足鼎是瓦店遗址或颍河上游地区龙山晚期文化最典型的器物，整体上呈鼓腹或垂腹罐形，下附三个矮足，不见或少见于其他文

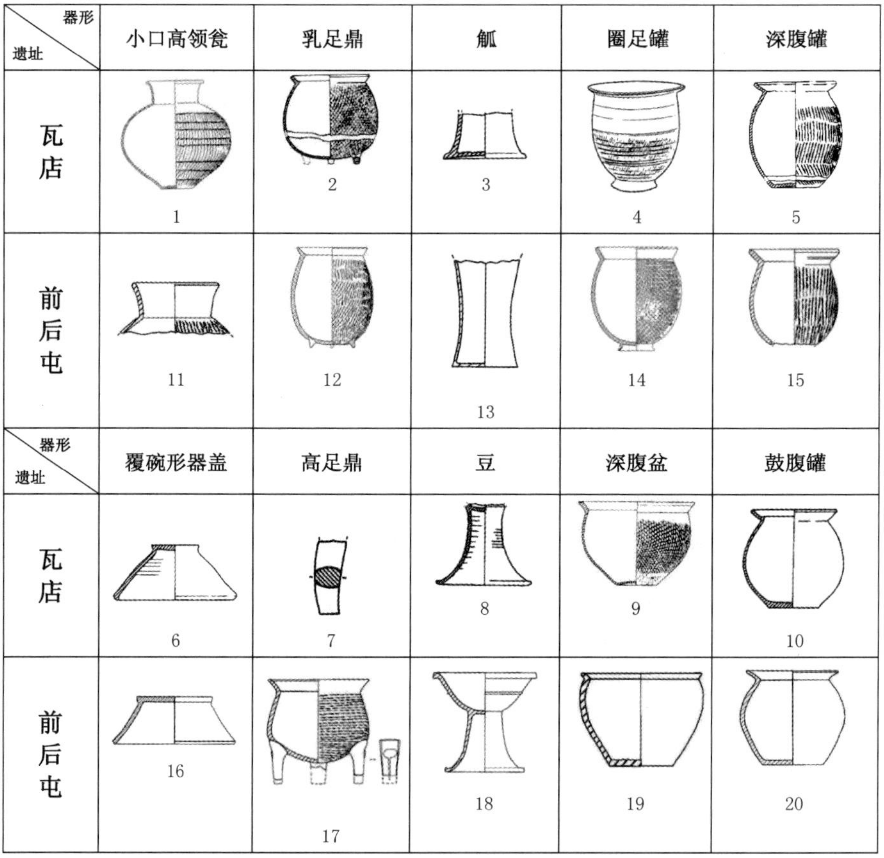

器形 遗址	小口高领瓮	乳足鼎	觚	圈足罐	深腹罐
瓦店	1	2	3	4	5
前后屯	11	12	13	14	15
器形 遗址	覆碗形器盖	高足鼎	豆	深腹盆	鼓腹罐
瓦店	6	7	8	9	10
前后屯	16	17	18	19	20

图14　禹州瓦店遗址A群陶器来源图

1. 瓦店ⅣT3H61：29　2. 瓦店ⅣT3⑦：61　3. 瓦店ⅣT4⑦：52　4. 瓦店ⅠT5H28：14　5. 瓦店ⅣT4⑧：43　6. 瓦店ⅣT6H65：22　7. 瓦店ⅣT3⑦：61　8. 瓦店ⅣT6H64：28　9. 瓦店ⅣT6H65：2　10. 瓦店ⅣT3H61：16　11. 前T2307H122：1　12. 前T1404H212：1　13. 前T2307H122：3　14. 前T2008H22④：6　15. 前T2108H102②：1　16. 前T2207H137②：1　17. 前T2806H198⑤：2　18. 前T2007H146：2　19. 前T2307H200②：11　20. 前T2008H22②：1

化，如瓦店ⅣT3⑦：61（图14－2）与前后屯T1404H212：1（图14－12）形制比较接近。觚，一般呈直桶杯形，是颍河上游地区龙山晚期文化和夏商文化中最重要的酒礼器，如ⅣT4⑦：52（图14－3）与前后屯T2307H122：3（图14－13）基本一致。圈足甑是瓦店遗址非常有特色的器物，圆唇、折沿近平，筒腹，圈足，底部有圆形孔，如ⅠT5H28：14（图14－4）与前后屯T2008H22④：6（图14－14）圈足罐相似，与前后屯T2007H146：3圈足甑有同样的圆形孔，基本形制相近。深腹罐，一般呈折沿、方唇、腹部微鼓，周身饰满篮纹或绳纹，如ⅣT4⑧：43（图14－5）与前后屯T2108H102②：1（图14－15）几近一致。覆碗形器盖，平顶，壁斜直，如瓦店ⅣT6H65：22（图14－6）与前后屯T2207H137②：1（图14－16）形制接近。高足鼎是瓦店遗址常见的器物，鼎足有锥状、柱状、鬼脸状等多种样式，如ⅣT3⑦：61（图14－7）仅见鼎足，为柱状足，与前后屯T2806H198⑤：2（图14－17）柱足相似。高柄豆，柄细长，足呈喇叭状。如ⅣT6H64：28（图14－8）与前后屯T2007H146：2（图图14－18）非常相像。深腹盆，大口，折沿，如ⅣT6H65：2（图14－9）与前后屯T2307H200②：11（图14－19）比较接近。鼓腹罐，折沿、鼓腹、平底，如ⅣT3H61：16（图14－10）与前后屯T2008H22②：1（图14－20）几乎相同。

B群，仅见于谷水河类型，主要是钵。如瓦店ⅣT3⑦：61（图15－1）与谷水河H2：27（图15－2）形制接近。

C群，多见于大河村五期文化，主要是平底甑。如T6H65：8（图16－1）与大河村T42③：40[①]（图16－2）比较接近。

D群，多见于石家河文化，包括擂钵和壶形器两种。擂钵，刻槽盆的一种，呈漏斗状，如ⅣT3H61：20（图17－1）与下王冈H9：14

① 郑州市文物考古研究所：《郑州大河村》，科学出版社2001年版，第427页。

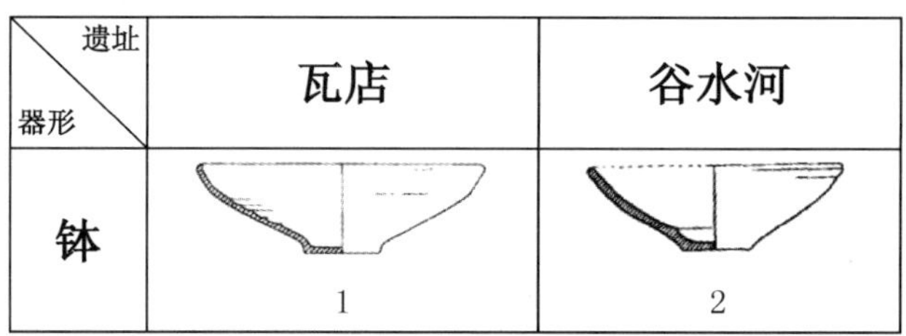

图 15　禹州瓦店遗址 B 群陶器来源图

1. 瓦店ⅣT3⑦：61　2. 谷水河 H2：27

遗址 器形	瓦店	大河村五期
平底甑	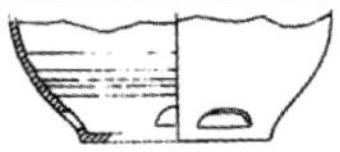 1	 2

图 16　禹州瓦店遗址 C 群陶器来源图

1. 瓦店 T6H65：8　2. 大河村 T42③：40

（图 17－3）[①] 风格一致。壶形器，直口，高领，折腹，如ⅣT3H61：27（图 17－2）与肖家屋脊 H475：20（图 17－4）大体接近[②]。

综合以上分析，瓦店遗址来源明确的 14 种陶器中，来源于前后屯类型的共 10 种，约占 71.4%；来源于谷水河类型的共 1 种，约占 7.1%；来源于大河村五期文化的共 1 种，约占 7.1%；来源于石家河文化的共 2 种，约占 14.3%。另外，从器物数量上统计，禹州瓦店一、二期共公布陶器 127 件，其中来源于前后屯类型的高达 80 件，

① 河南省文物研究所等：《淅川下王冈》，文物出版社 1989 年版，第 227 页。

② 湖北省荆州博物馆、湖北省文物考古研究所、北京大学考古学系：《肖家屋脊——天门石家河考古发掘报告之一》，文物出版社 1999 年版，第 175 页。

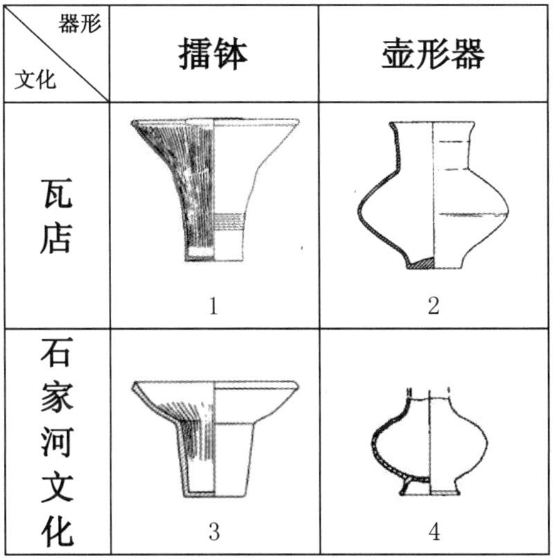

器形 文化	擂钵	壶形器
瓦店	1	2
石家河文化	3	4

图 17　禹州瓦店遗址 D 群陶器来源图

1. 瓦店ⅣT3H61：20　2. 瓦店ⅣT3H61：27

3. 下王冈 H9：14　4. 肖家屋脊 H475：20

占比 63%；来源于谷水河类型的共 24 件，占比 18.9%；来源于大河村五期文化的共 2 件，占比 1.6%；来源于石家河文化的共 10 件，占比 7.9%；其余约 8.6% 的器物来源不明。总之，无论是禹州瓦店还是登封王城岗遗址的龙山晚期文化都主要源自龙山早期的前后屯类型。

另外，从装饰风格上看，禹州瓦店和王城岗龙山晚期遗存的陶器篮纹的比例最高，而谷水河类型则以绳纹占绝对比例。

综合以上分析，从文化来源上看，前后屯类型的主要源头是东方地区的大汶口文化，而谷水河类型的主要源头则是中原地区的仰韶文化。他们所代表的人群不同，前者属东夷族群，后者属于华夏族群。颍河上游地区龙山晚期文化主要来源于前后屯类型，从考古学文化谱系原理来讲，应主要为东夷族群后裔所创造的文化。

三　颍河上游地区龙山晚期文化与新砦和二里头文化的异同

在龙山文化之后，颍河上游地区兴起了二里头文化，故被很多学者认为这里的龙山晚期文化应跟早期夏文化或先夏文化有关。对此，邹衡先生坚决反对。他在《试论夏文化》的余论中说："河南龙山文化晚期尽管是二里头文化（即夏文化）最主要的来源，但两者仍然是两个文化，还不能算是一回事。至少可以说，从前者至后者发生了质变。这个质变也许反映了当时氏族、部落或部族之中的巨大分化，或者反映了它们之间的剧烈斗争。"[①] 在他生命的最后，仍然坚持此说。他在《二里头文化的首和尾》中写道："实际上，豫西地区的龙山文化与当地的二里头文化是有根本区别的……以上两者的差别表明：河南龙山文化晚期并未直接过渡为二里头文化早期，它们仍然属于不同性质的文化。就是说，尽管两者的年代已接近，后者直接继承了前者的部分文化因素，但仍然是两种文化。或者说，由前者到后者，在文化性质上已经产生了质变。因此，两者的文化面貌已大不相同，两者之间是有严格区别的：前者只能说是河南龙山文化之尾，后者即二里头文化的第一期已是二里头文化之首，这是不能随便混淆的。"[②] 为了探索真相，尽量避免认识的偏差对学界和公众的误导，非常有必要把它与新砦文化和二里头文化再作一下比较。

（一）与新砦文化的异同

颍河上游地区的龙山时代晚期文化与新砦文化相比，既有共性，

① 邹衡：《试论夏文化》，载邹衡《夏商周考古学论文集》，文物出版社1980年版，第181页。

② 邹衡：《二里头文化的首和尾》，载杜金鹏、许宏主编《二里头遗址与二里头文化研究》，科学出版社2006年版，第320页。

也有差异。

1. 两者的共性

因为两种文化年代接近，地域相邻，所以存在一些相同或相近的特点。如两种文化陶器，大体以灰陶为主，纹饰中均有绳纹、篮纹和方格纹等，器形均有深腹罐、小口高领瓮、鼎、豆、碗、钵、圈足盘、甗、鬶、平底盆、杯等类似器形。

2. 两者的差异

虽然两者存在一定的共同点，但具体比较起来，差别则更为显著。

陶质方面，两者的差别较大。颍河上游地区龙山晚期陶器，陶胎较薄、陶质坚硬、火候较高，敲击声音响亮、清脆。新砦文化陶器陶胎较厚、陶质粗松、火候较低，敲击声发闷、发糠。

陶色方面，也有差别。前者陶色多为灰色，有少量黑陶。后者不但黑色、黑皮陶占比较高，而且红、褐的成分较多，陶色驳杂，多灰、褐或灰、黄相间。

装饰方面的差异也相当显著。前者篮纹的数量最多，方格纹其次，绳纹非常少。后者方格纹的数量最多，其次才是篮纹，也有一定数量的绳纹。前者各种纹饰的印痕深且清晰，后者的印痕则比较浅乱。

器形方面，差别最大。前者中不见后者常见的子母口小底大口瓮、附加堆纹深腹罐、附加堆纹鸡冠鋬深腹罐、麻花状器耳鼎、双耳大平底盆、腹饰凸弦纹的大平底盆、附加堆纹尊形瓮、直壁桶形器、器座、桥形耳深腹盆、折肩罐、侧装三角形足子母口罐形鼎、“Y”字形足子母口罐形鼎、镂孔足子母口罐形鼎、子母口瓦足瓮、鸡冠耳深腹盆、带纽弧壁器盖、双腹豆、簋形豆、鸡冠耳的甑、桥形纽覆盆形器盖、直壁圈足盘、鸟嘴形盉等。后者常见的斝、双腹盆、板状足的鼎、锥状足的鼎、袋足甗等则不见或少见于前者。深腹罐在两种文化中均为占比最高的器形，但前者的深腹罐口沿沿面均不带凹槽，而后者沿面带凹槽的数量较多。两种文化鼎的形制差别较大，前者的鼎绝大多数为乳足鼎，侧装三角形扁足鼎很少，而后者则以侧装三角形扁高足鼎为绝对多数，乳足鼎的数量非常少。折壁器盖，虽然两者均有，但后者的数量巨大，而前者则非常少。刻槽盆的形状差别较大，前者均为漏斗状，而后者则均呈盂形。前者的器盖以覆碗形为主，折壁器盖比较少，而后者则以折壁器盖为绝对比例（图 18）。

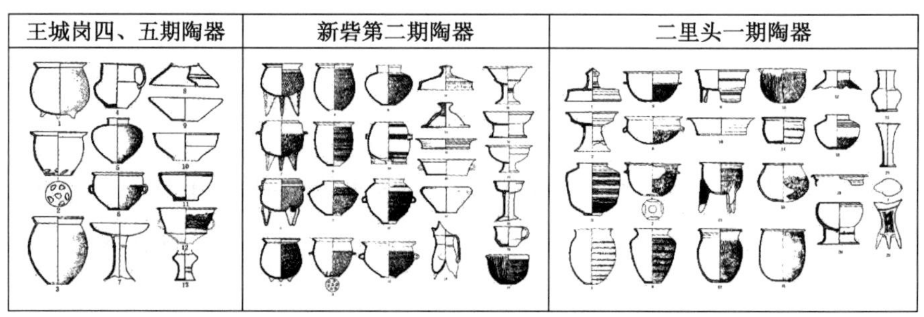

图 18　王城岗龙山文化晚期与新砦、二里头文化陶器比较图

王城岗四、五期陶器：1. WT242H536：13　2. WT217H538：9　3. WT194H486：2　4. WT110H252 ：1　5. WT242H536 ：20　6. WT242H536 ：17　7. WT194H486 ：1　8. WT252H668：16　9. WT206H497：2　10. WT225H611 ：1　11. WT242H536 ：7　12. WT140H362：1　13. WT194H485：3

新砦第二期陶器：1. T6⑧：777　2. H53：54　3. H53：53　4. H19：102　5. H19⑤：170　6. T6⑧：784　7. T6⑧：303　8. T6⑧：827　9. H26④：76　10. T6⑧：840　11. T6⑧：46　12. T11⑦A：56　13. T6⑧：211　14. T11⑥：21　15. H26①：2　16. T11⑥：17　17. H19：32　18. T6⑦：785　19. T6⑧：784　20. H20：7　21. T6⑧：829　22. T11⑦A：28　23. T6　：16　24. T6⑧：629

二里头一期陶器：1. Ⅱ·ⅤH130：11　2. Ⅱ·ⅤH148：20　3. ⅧH53：15　4. ⅤH75：10　6. Ⅱ·ⅤH105：18　7. ⅨH1：12　8. ⅡH216：17　9. ⅣH3：4　10. Ⅱ·ⅤH146：15　11. ⅧT19⑥：11　12. Ⅱ·ⅤT104⑤：17　13. Ⅱ·ⅤH148：15　14. Ⅱ·ⅤT104⑤：11　15. ⅧH93：15　16. ⅡH216：11　17. ⅣT6⑦：11　18. Ⅱ·ⅤH146：13　19. Ⅱ·ⅤT110⑤B：12　20. Ⅱ·ⅤT113⑤：14　21. Ⅱ·ⅤM57：11　22. Ⅱ·ⅤM54：4　23. Ⅱ·ⅤM54：7

可见，颍河上游的龙山时代晚期文化与新砦文化相比，差别是主要的，是典型的“小同”而“大异”，不属同一个文化或同一个文化谱系。

（二）与二里头文化的异同

颍河上游地区的龙山晚期文化与二里头文化早期相比，既有共性，也有差异。

1. 两者的共性

两者的陶器均以灰陶为主，纹饰中均有篮纹、绳纹和方格纹，器形中均有深腹罐、鼎、甑、瓮、豆、碗、钵、觚等类似器物。

2. 两者的差异

两种文化虽然存在一些共同的特点，但差异非常大。

首先，在器形方面的差异最大。前者中常见的覆碗形器盖、敛口钵、小口高领瓮、双腹盆、子母口碗、敛口钵、单耳杯、瓶等，后者几乎不见。后者常见的折壁器盖、附加堆纹尊形瓮、花边罐、瓦足盆、簋、大圈足盘、甗、爵、罍等，前者基本不见。鼎的形式，前者以乳足鼎为绝对多数，而后者则以侧装三期形扁足鼎为绝对多数。甑，前者均为深腹罐形，而后者均为带鸡冠耳盆形。刻槽盆，前者多为漏斗状，而后者均为盂状（图 18）。

其次，在装饰方面，后者非常流行附加堆纹、花边口沿、鸡冠状耳等作风，而前者则几乎不见。

可见，颍河上游的龙山晚期文化与二里头文化相比，也是典型的“小同”而“大异”，不属同一个文化谱系。

总之，颍河上游地区龙山晚期文化与作为夏文化的二里头文化和新砦文化差别较大，从考古学文化谱系的原理来看，如果二里头文化和新砦文化为夏族群文化的话，那么颍河上游地区的龙山晚期文化就不应是夏族群文化。

（三）对登封王城岗遗址性质的新思考

登封王城岗遗址位于嵩山南麓，颍河北岸，发现了2座早期小城和1座面积达34.8万平方米的中期大城，是颍河上游地区龙山晚期文化的代表性遗址和中心聚落。不仅如此，这里还发现了印有“阳城仓器”的陶器，故很多学者结合相关历史文献，认为它是早期夏文化性质的禹都阳城。①

不过，从颍河上游的龙山晚期文化与二里头文化是“小同”而“大异”的情况来看，它们根本不属于同一个文化谱系，尤其是把二里头遗址第一期和王城岗遗址龙山文化晚期后段单独进行比较的话，差别更大，共性更少。如两遗址人群的用鼎习惯完全不同，二里头遗址发现的鼎几乎全部是侧装三角形扁足鼎，该遗址两部大报告中几乎不见一件乳足鼎，而王城岗遗址发现的鼎几乎全部是乳足鼎，仅在第二期发现1件侧装三角形扁足鼎。二里头相对于王城岗来说，除用鼎习惯发生变化外，其他如二里头一期的常见的花边罐、瓦足盆、大圈足盘、附加堆纹尊形瓮、折壁器盖、簋、罍、盉形刻槽盆、鸡冠耳深腹盆、鸡冠耳盆形甑、盉等在王城岗龙山文化晚期后段不见；王城岗龙山文化晚期后段常见的敛口钵、子母口碗、折腹碗、单耳杯、覆碗形器盖在二里头遗址一期文化中不见。两种文化共有的器物，如甑、高柄豆、瓮等的形状也差别较大（图18）。王城岗龙山文化晚期结束的年代和二里头遗址一期开始年代均在公元前1800年左右，中间不存在过渡性遗存，可以说相对于王城岗龙山晚期文化来说，二里头文

① 安金槐：《试论登封王城岗龙山文化城址与夏代阳城》，《中国考古学会第四次年会论文集》，文物出版社1985年；李伯谦：《二里头类型的文化性质与族属问题》，《文物》1986年第6期；李伯谦：《关于早期夏文化》，《中原文物》2000年第1期；方燕明：《登封王城岗城址的年代及相关问题探讨》，《考古》2006年第9期；马世之：《登封王城岗城址与禹都阳城》，《中原文物》2008年第2期；李伯谦：《王城岗龙山文化大城——“禹都阳城”的所在地》，《黄河、黄土、黄种人》2016年第24期。

化时期的文化面貌发生了根本性的变化，不是同一个文化的自然延续。同一个地区或同一个遗址，从一个文化到另一个文化，年代连续，而文化面貌却发生了突变，这种情况很难说是同一个人群文化的自然延续。也就是说，王城岗龙山晚期文化的人群不可能在很短的时间内把自己所有的制陶技术和用陶习惯全部摒弃，转而采用一套如二里头一期那样全新的技术和习惯的，两个遗址的背后一定代表着使用不同陶器传统的人群。显然，王城岗龙山晚期文化和二里头文化不同的文化谱系并不支持王城岗城址为“禹都阳城”的说法。也就是说，如果承认二里头文化为夏文化的话，那么登封王城岗遗址的龙山文化就不应是夏文化，王城岗城址也不应是夏族群的禹都阳城。

既然文化谱系理论并不支持王城岗为禹都阳城，那么这一说法又从何而来的呢？关于禹都阳城说法，最早见于《世本》《竹书纪年》《孟子》等文献，但均没有具体的地望。东汉末年和三国时期，开始有人提出意见，主要有两种说法。一种以东汉末年的赵歧、刘熙和三国时期的韦昭为代表，认为是颍川阳城。《孟子·万章上》：“禹避舜之子于阳城。”赵歧注曰：“阳城、箕山之阴，皆嵩山下深谷中。”①《史记·夏本纪》：“禹辞，辟舜之子商均于阳城。”集解引刘熙说：“今颍川阳城是也。”② 韦昭在《国语·周语上》中注曰：“夏居阳城，崇高所近。”③ 另一种是以三国时期的宋衷为代表，认为在大梁之南，他在《世本》中注曰：“禹居阳城，在大梁之南。”④ 四人中有 3 人主张颍川阳城，只有 1 人主张在大梁之南，按说颍川阳城说更占优势，但颍川阳城说反对者也很多，大梁阳城说则未见有反对者。如唐代李泰等认为：“自禹至太康与唐、虞，皆不易都城，然则居阳城为禹避

① 李学勤主编：《十三经注疏·孟子注疏》，北京大学出版社 1999 年版，第 260 页。

② （汉）司马迁撰：《史记》，中华书局 1959 年版，第 82 页。

③ 徐元诰撰，王树民，沈长云点校：《国语集解》，中华书局 2002 年版，第 29 页。

④ 《世本》宋衷注：“禹居阳城，在大梁之南。”（汉）宋衷注，（清）秦嘉谟等辑：《世本八种》，商务印书馆 1957 年版，第 20 页。

商均时，非都之也”。《史纪·五帝本纪》正义引作“禹居洛州阳城者，避商均，非时久居也”。[①] 清代顾祖禹认为：“古阳城也。禹避舜之子于阳城，即此。《世本》言禹都阳城，悮（误）也。”[②] 至于禹都阳城，其实是为了躲避商均而都，这一点《孟子》和《世本》所说是一致的。如《孟子·万章上》：“禹避舜之子于阳城。”[③]《史纪·封禅书》正义引《世本》云：“夏禹都阳城，避商均也。”[④] 因此，结合以上王城岗龙山文化主要来源于东夷文化，又与夏文化的二里头文化差别巨大等情况，王城岗遗址很可能不是夏族群的“禹都阳城”。

登封王城岗既然不是“禹都阳城”，那它又是谁的居地呢？其实文献中说得还是比较清楚的。在夏代初期，曾发生过启益争位的事件，不仅涉及阳城，还涉及东夷人伯益。如《韩非子·外储说右下》：“古者禹死，将传天下于益，启之人因相与攻益而立启。”[⑤]《战国策·燕策一》：“禹授益，而以启为吏。及老，而以启为不足任天下，传之益也。启与支党攻益，而夺之天下，是禹名传天下于益，其实令启自取之。”[⑥] 上博简《容成氏》云：“禹于是乎让益，启于是乎攻益自取。”[⑦] 古本《竹书纪年》：“益干启位，启杀之。”[⑧] 益为了躲避启的追杀，曾经躲避在箕山的北面一带。如《孟子·万章上》云：“益避禹之子于箕山之阴”。[⑨]《史记·夏本纪》也说：“十年，帝禹东巡狩，至于会稽而崩。以天下授益。三年之丧毕，益让帝禹之子启，而辟居箕山之阳。”集解按孟子“阳”字作“阴”。正义按：“阴即阳城

---

① （唐）李泰等著，贺次君辑校：《括地志辑校》，中华书局 1980 年版，第 172 页。

② （清）顾祖禹撰，贺次君、施和金点校：《读史方舆纪要》（五）卷四十八，中华书局 2005 年版，第 2262 页。

③ 李学勤主编：《十三经注疏·孟子注疏》，北京大学出版社 1999 年版，第 260 页。

④ （汉）司马迁撰：《史记》，中华书局 1959 年版，第 1371 页。

⑤ （清）王先慎撰，钟哲点校：《韩非子集解》，中华书局 1998 年版，第 340 页。

⑥ （汉）刘向集录：《战国策》，上海古籍出版社 1985 年版，第 1059 页。

⑦ 马承源主编：《上海博物馆藏战国楚竹书》二，上海古籍出版社 2002 年版，第 276 页。

⑧ 方诗铭、王修年编著：《古文竹书纪年辑证》，上海古籍出版社 1981 年版，第 2 页。

⑨ 李学勤主编：《十三经注疏·孟子注疏》，北京大学出版社 1999 年版，第 260 页。

也。”《括地志》云：“阳城县在箕山北十三里。”①《水经注》卷二十二颍水条下云：“颍水又东，五渡水注之……其水东南径阳城西……颍水径其县故城南，昔舜禅禹，禹避商均，伯益避启，并于此也。亦周公以土圭测日景处……县南对箕山。”杨守敬《水经注疏》按：“汉县属颍川郡，后汉属河南尹，魏晋因，后废。后魏复置，为阳城郡治，在今登封县东南三十五里。”又按：“《九域志》登封有箕山。山在今登封县东南三十里。”② 因此，从上述文献来看，登封王城岗龙山文化遗址应是“禹避商均”和“伯益避启”的避难之处。

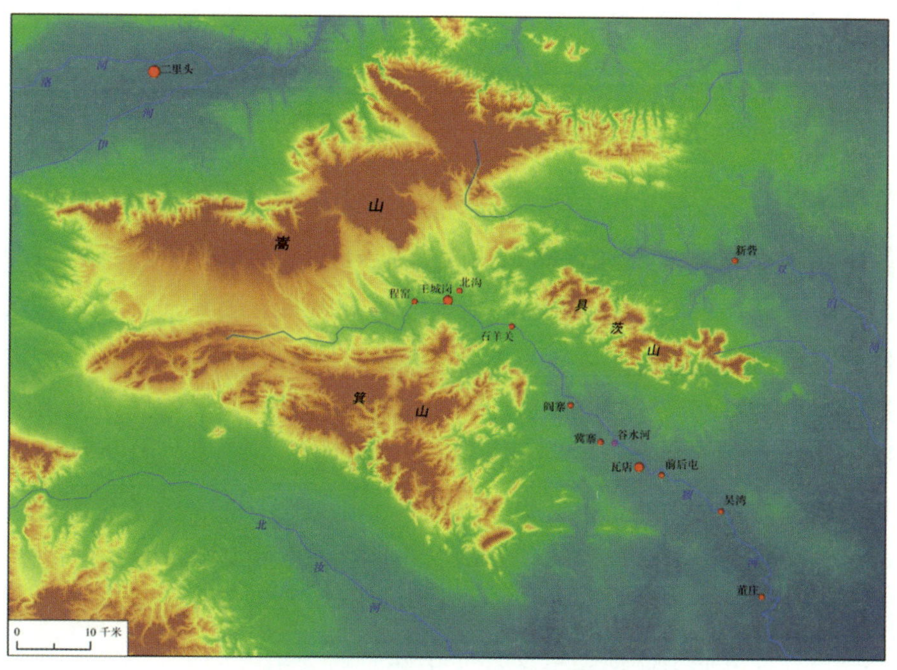

图19　颍河上游地区地形图

① （汉）司马迁：《史记》，中华书局1959年版，第83—84页。

② 郦道远注，杨守敬、熊会贞疏：《水经注疏》，江苏古籍出版社1989年版，第1804—1806页。

登封王城岗遗址位于嵩山南麓的登封盆地，北靠嵩山，南面箕山，东依具茨山，颍河贯穿其中，其东南为石羊关，地势险要，易守难攻，但面积狭小，并不适合作为一国之都（图 19）。从文化谱系分析的角度来看，颍河上游地区龙山晚期文化应是东夷文化的一支西进而形成的，其背后应为东夷族群，王城岗遗址应是东夷人进入登封盆地的一个重要聚落遗址。伯益出自东夷少昊氏，是禹治水和伐三苗的主要盟友和助手。为了躲避舜子商均，禹到其盟友之处避难是可以说得通的。禹死后，启攻伯益，伯益在其大本营，易守难攻的登封盆地躲避也是合理的。

四 结语

总之，考古学文化表明，颍河上游地区在龙山时代早期时分布着以谷水河遗址第三期遗存和前后屯遗址为代表的两种不同性质的遗存。两遗址直线距离仅 10 公里左右，却文化面貌迥异，前者是本地仰韶文化的延续，其族属应为中原华夏族，而后者则是大汶口文化尉迟寺类型沿颍河河谷西进而形成的，其族属应跟东夷人有关。颍河上游地区以登封王城岗遗址和禹州瓦店遗址为代表的龙山时代晚期文化，与作为夏文化的新砦文化和二里头文化差别显著，主要是在前后屯类型的基础上发展而来的，其族属也应该是东夷族群。因此，结合《孟子》关于“禹避商均”和东夷人伯益曾“避启于箕山之阴”的说法，与其说王城岗遗址是早期夏文化性质的“禹都阳城”，倒不如说是“禹避商均”和“伯益避启”之处。

黄河中下游地区龙山时代房址研究

刘兆霖　朱芃宇　郭家瑞　张然璞

（河南大学历史文化学院2019级博士研究生；
河南大学历史文化学院2020级博士研究生；
河南大学历史文化学院2021级博士研究生；
河南大学历史文化学院2022级博士研究生）

房址是人类生产生活的重要场所，也是影响文明起源的重要因素之一，房址形态的变化是人类社会进步的重要见证，其差异在一定程度上也能反映出不同文化面貌之间的区别。在新石器时代末期的龙山时代①，黄河中下游地区已经进入了文明社会，处于古国文明向王国文明转型的关键时期，并呈现出一种“万邦林立”的局面。

黄河中下游地区龙山时代房址的最早发现可以追溯到20世纪30年代，1931年梁思永先生在安阳后岗②和1932年尹达先生在浚县大赉

---

① “龙山时代”这一概念最早见于严文明先生《龙山文化与龙山时代》一文中，用来指代与山东典型龙山文化同一时期不同考古学文化的年代统称。起初这个概念指不包括庙底沟二期文化在内的公元前2600—前2000年。后来有学者将庙底沟二期文化包括在龙山时代之内，指公元前3000—前2000年。鉴于现学界对于龙山时代的具体范围仍有不同的看法，我们或可以将包括庙底沟二期文化在内称之为“广义的龙山时代”，反之称之为“狭义的龙山时代”。本文所研究的空间范围是黄河中下游地区，为保证这一地区各考古学文化面貌上的一致性和社会发展变化的阶段性，所以本文中的龙山时代指不包括庙底沟二期的“狭义的龙山时代”。

② 梁思永：《后岗发掘小记》，《梁思永考古学论文集》，科学出版社1959年版，第102—104页。

店[①]都发现有“白灰面”类建筑遗存，1934 年徐旭生先生又在宝鸡斗鸡台发现类似的“白灰面”和近 1 米高的残墙[②]，确认该类遗存确为居址类建筑。近百年来，随着黄河流域龙山时代房址类遗存被愈来愈多地发现，相关研究不断涌现，其大致可分为两大部分：一是专门的房址类研究，重点讨论各区域内房址的特点、演变、建造技术等，如傅淑敏[③]、王天艺[④]、王雨佳[⑤]等；二是将房址作为微观聚落中的一部分进行研究，以此探讨龙山时代的家庭结构和社会演化，如赵春青[⑥]、张海[⑦]、付永敢[⑧]等。虽说前辈学者就龙山时代的房址已经进行了有益探索，但还鲜有将此地区房址进行系统梳理与比较研究。本文拟对黄河中下游地区龙山时代的房址进行较为详细的统计，在总结各区域房址特点的基础之上对比其异同之处，以期对该地区龙山房址有一整体性认识。

一　黄河中游地区龙山时代房址

根据现有发掘资料统计，黄河中游地区[⑨]公布有详细数据的龙

---

① 刘燿：《河南浚县大赉店史前遗址》，《台湾“中央研究院”历史语言研究所专刊之十三——中国考古学报》，南天书局有限公司 1978 年版，第 69—90 页。

② 徐旭生先生在斗鸡台反掘所见的“白灰面”现象未有详细报道，刘燿先生在公布大赉店遗址白灰面遗存时，对此有相关介绍。参见刘燿《河南浚县大赉店史前遗址》，《台湾“中央研究院”历史语言研究所专刊之十三——中国考古学报》，南天书局有限公司 1978 年版，第 81 页。

③ 傅淑敏：《豫晋龙山文房屋建筑比较分析》，《文物》1992 年第 5 期。

④ 王天艺：《黄土高原地区史前房址的考古学研究》，博士学位论文，西北大学，2020 年。

⑤ 王雨佳：《龙山时期陕北房址复原初探》，硕士学位论文，南京大学，2020 年。

⑥ 赵春青：《郑洛地区新石器时代聚落的演变》，北京大学出版社 2001 年版。

⑦ 张海：《中原核心区文明起源研究》，上海古籍出版社 2021 年版。

⑧ 付永敢：《嵩山东南地区龙山时代的聚落与社会》，博士学位论文，山东大学，2016 年。

⑨ 黄河中游与下游的分界点位于河南省郑州市桃花峪，本文以此为界，所论述的黄河中游地区指陕西省、山西省及豫西地区。

山时代房址有255座。[①] 典型遗址包括姜寨遗址[②]，绛县周家庄[③]，襄汾陶寺[④]，宝鸡石嘴头东区[⑤]，陕县庙底沟[⑥]，夏县东下冯[⑦]，石峁遗址[⑧]，神木新华[⑨]，沣西遗址[⑩]，岐山双庵[⑪]，武功赵家来[⑫]，旬邑下

---

① 此处的详细数据是指包括房址的结构、形状、布局、面积、朝向等，其中房基结构、平面形状和布局是了解一座房屋建筑形态的最基本信息，所以本文仅将公布有以上三种资料的房址列入了统计范围。

② 西安半坡博物馆、陕西省考古研究所、临潼县博物馆：《姜寨——新石器时代遗址发掘报告》，文物出版社1988年版。

③ 中国国家博物馆田野考古研究中心、山西省考古研究所、运城市文物保护研究所：《山西绛县周家庄遗址居址与墓地2007—2012年的发掘》，《考古》2015年第5期；中国国家博物馆田野考古研究中心、山西省考古研究所、运城市文物保护研究所：《山西绛县周家庄遗址2013年发掘简报》，《考古》2018年第1期；中国国家博物馆、山西省考古研究院、运城市文物保护研究所：《山西绛县周家庄遗址2015年春季发掘简报》，《中国国家博物馆馆刊》2021年第8期；中国国家博物馆、山西省考古研究院、运城市文物保护研究所：《山西绛县周家庄遗址2017年秋季东区发掘简报》，《中国国家博物馆馆刊》2020年第10期。

④ 中国社会科学院考古研究所、山西省临汾市文物局：《襄汾陶寺1978—1985年考古发掘报告》，文物出版社2015年；中国社会科学院考古研究所山西队、山西临汾行署文化局：《山西襄汾县陶寺遗址Ⅱ区居住址1999—2000年发掘简报》，《考古》2003年第3期；中国社会科学院考古研究所山西队、山西省考古研究所、临汾市文物局：《山西襄汾陶寺城址2002年发掘报告》，《考古学报》2005年第3期。

⑤ 西北大学历史系考古专业82级实习队：《宝鸡石嘴头东区发掘报告》，《考古学报》1987年第2期。

⑥ 中国科学院考古研究所：《庙底沟与三里桥》，科学出版社1959年版。

⑦ 东下冯考古队：《山西夏县东下冯遗址东区、中区发掘简报》，《考古》1980年第2期；中国社会科学院考古研究所、中国历史博物馆、山西省文物工作委员会东下冯考古队：《山西夏县东下冯龙山文化遗址》，《考古学报》1983年第1期；中国社会科学院考古研究所、中国历史博物馆、山西省考古研究所：《夏县东下冯》，文物出版社1988年版。

⑧ 西安半坡博物馆：《陕西神木石峁遗址调查试掘简报》，《史前研究》1983年第2期；陕西省考古研究院、榆林市文物考古勘探工作队、神木县文体局：《陕西神木县石峁遗址》，《考古》2013年第7期；陕西省考古研究院、榆林市文物考古勘探工作队、神木县文体局：《陕西神木县石峁遗址后阳湾、呼家洼地点试掘简报》，《考古》2015年第5期；陕西省考古研究院、榆林市文物考古勘探工作队、神木县文体广电局：《陕西神木县石峁遗址韩家圪旦地点发掘简报》，《考古与文物》2016年第4期；陕西省考古研究院、榆林市文物考古勘探工作队、神木市石峁遗址管理处：《陕西神木石峁遗址皇城台“蛇纹鬲”遗存石砌院落发掘简报》，《考古与文物》2022年第2期。

⑨ 陕西省考古研究所、榆林市文物保护研究所：《神木新华》，科学出版社2005年版。

⑩ 中国科学院考古研究所：《沣西发掘报告：1955—1957年陕西长安县沣西乡考古发掘资料》，文物出版社1962年版。

⑪ 西安半坡博物馆：《陕西岐山双庵新石器时代遗址》，《考古学集刊》第3集，中国社会科学出版社1983年版。

⑫ 中国社会科学院考古研究所：《武功赵家来——浒西庄与赵家来遗址》，文物出版社1988年版。

魏洛[1]，襄汾丁村[2]等，除此之外还有华阴横阵，孟津小潘沟，偃师高崖等。

经详细整理可知，黄河中游地区龙山时代房址可分为地穴式、半地穴式、窑洞式、地面式四大类。平面形状大致有圆形、椭圆形、方形、长方形、不规则形、凸字形、吕字形等。平面布局有单间、双间、排房、复合式建筑等。

（一）地穴式房址

据统计，黄河中游地区龙山时代地穴式房址发现 23 座，均为单间房址。平面形状有圆形、方形、长方形、凸字形等，其中圆形和凸字形数量较多，圆形和方形次之。地穴式房址面积一般较小，部分房址面积稍大。一些房址废弃后会被作为垃圾坑使用。

圆形房址直径多在 2—5 米之间，结构简单，部分房址门道两侧有柱洞，门道朝向多样。灶多位于房址中部，呈圆形。以姜寨遗址 F67 为例：

姜寨遗址 F67，单间，平面形状为圆形，面积约为 18.4 平方米。房址外围周发现八个柱洞，除门道两侧柱洞洞壁较直，其余六个柱洞洞壁均向内倾层。灶位于房址中部三层灶址位置略有移动，上下两个灶址形状为圆形，中间灶址形状为浅盆形，灶斜。居住面为长期踩踏形成，可分三层，呈灰褐色，较为坚硬。居住面东南角有一个圆角方形袋状窖穴。（图 1－1）

方形（长方形）房址面积均在 20 平方米之下，房屋结构简单，穴壁较直。部分房址内有柱洞及白灰面。个别房址墙壁及地面涂抹草

---

① 西北大学文化遗产与考古学研究中心、陕西省考古研究所：《旬邑下魏洛》，科学出版社 2006 年版。

② 山西省考古研究所：《山西省襄汾县丁村新石器时代遗址发掘简报》，《考古》1991 年第 10 期。

拌泥。另有房址屋内有2个灶址，多数灶址为圆形，有的为方形。多数房址因被破坏严重，门道不详。以绛县周家庄F45为例：

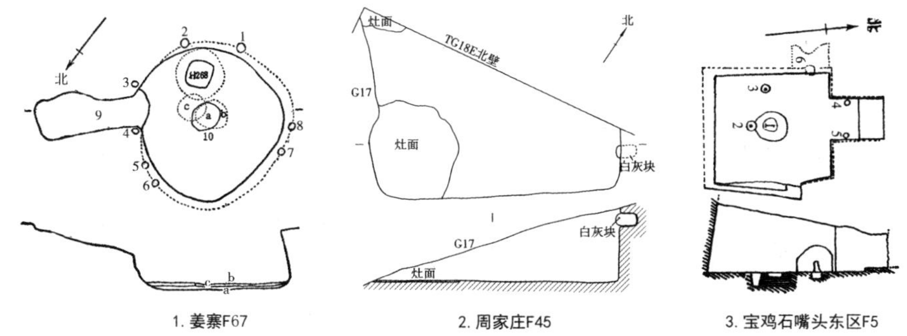

图1　黄河中游地区地穴式单间房址

绛县周家庄F45，单间，平面形状为圆角方形。房址直壁、平底，且均都修整。房址西南和西北角有红烧土灶面，其中西南角灶址为不规则圆形，西北角灶址略呈长方形。房址东壁横向嵌入一块白灰硬块。(图1－2)

凸字形房址面积多数在15平方米之下，仅有一座面积在20平方米左右。房屋结构简单，穴壁较直。房址多分为居室、门道、门外甬道。居室内地面多为白灰面，且有白灰面墙裙。灶址位于居址中部，多呈圆形，周边有柱洞。门道两侧多有柱洞，门道与甬道连接处多有一层台阶。以宝鸡石嘴头东区F5为例。

宝鸡石嘴头东区F5，单间，平面形状呈凸字形。居室地面有一层白灰面，灶址位于房址中部，呈不规则圆形，与地面平行，经火烧呈青灰色、砖红色和黑褐色，质地坚硬。灶址东、南两侧各有一圆形柱洞。房址东北部有一壁龛，壁龛底前部有一椭圆形浅坑，坑底有一卵石。门道位于北墙中部，两侧各有一圆形柱洞。柱洞当与安门有关。门道北接甬道，连接处有一层台阶。台阶高出门道，甬道地面与屋外地面相连。(图1－3)

（二）半地穴式建筑

据统计，黄河中游地区龙山时代半地穴式房址发现有153座。该类房址结构有单间、双间、三间等。平面形状有圆形、椭圆形、方形、长方形、凸字形、吕字形、不规则形等。房址建造方式有三种：一是夯土筑墙，二是房址外围分布柱洞，三是房屋内部分布柱洞。

单间房址面积多在20平方米以下，只有个别房址面积大于20平方米。房址结构简单，居室内多有柱洞且数量较少，部分设有柱础；居住面部分为白灰面，部分为黄土踩踏面，有的经过夯打。灶多位于居址内，部分房址设有门道，门道方向多样。以周家庄遗址F35、庙底沟遗址551号和新华遗址99F1。

周家庄遗址F35，单间，平面布局呈圆角长方形。屋内地面分为三层，最下层为草拌泥，中部为红烧土灶面，上层为白灰面，白灰面与红烧土灶面形成屋内居住面。房址中部偏东及东南部各发现一个柱洞，底部有料礓石。房址四周墙壁为黄红花土夯筑而成。门道位于房址西南部。房址外部周围发现有黄红花土夯打的活动面，厚薄不一。（图2-1）

庙底沟遗址551号，单间，平面布局呈圆形。房址居住面分两层，下层为草拌泥，上层为石灰质白灰面。墙壁光滑整齐，部分经火烧烤，墙根处有白灰面。房址中部偏北有一圆形柱洞，柱洞四周有碎陶片等加固木柱。屋内西部偏南有一半圆形土龛深入墙中，附近为红烧土，应是灶址。门道位于房址东部，为阶梯状，上有草拌泥及白灰面。房址外周围有一周柱洞，呈圆锥状，稍向内倾斜。（图2-2）

新华遗址99F1，单间，平面布局呈正方形。居住面铺垫一层黄土和料礓石混合物，经长期踩踏形成光滑的硬面。屋内有七个柱洞，呈不规则状分布，部分柱洞内垫有碎陶片。房址内有两个灶址，其中一个位于房屋中部，另一个位于房址边角，均呈椭圆形，经火烧烤。门道位于房址东南部，呈长方形，缓坡状，高出居住面。(图2－3)

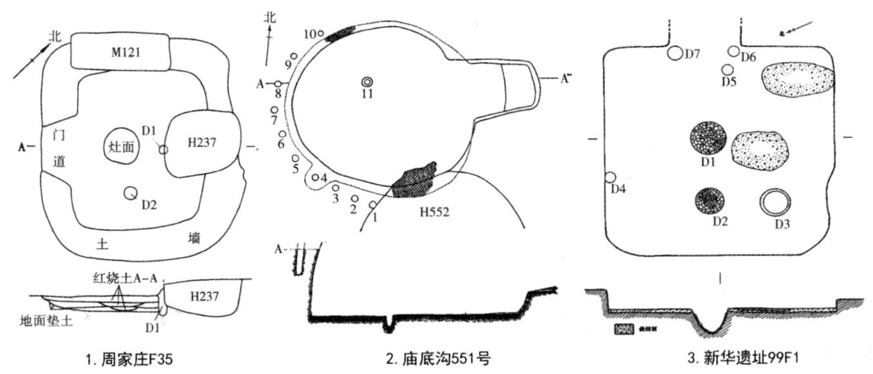

图2　黄河中游地区半地穴式单间房址

双间房址面积均在20平方米之下。房址平面布局一般为双室，中有过道相连。居住面多数较为光滑坚硬，部分有白灰面。房址内多数有柱洞，但数量较少。屋内多有灶址，且不止一处。部分房址有壁炉，作保存火种用。以沣西遗址H98为例：

沣西遗址H98，双间，平面布局由内室、外室两个房间构成，中有过道相连，呈“吕”字形。室内居住面分两层，均为长期踩踏形成。上层居住面内室北部有一柱洞，底部有碎陶片。内室中部及东壁各有一圆形小灶，中部小灶周围有一大片红烧土。外室东北角有一柱洞。外室北壁中部有一“壁炉”，周围分布五个小灶，有的小灶周围有草拌泥，有的底部有大块陶片。外室西北角有一袋状小坑，作储藏室。外室西南角为斜坡路土，为房址出入口。下层居住面内室北壁有一柱洞。内室中部有一小灶。内室西南角有一片红烧土。外室东北角有一柱洞。过道呈长方形，两侧有两个小槽。(图3－1)

三间房址一般由三间房屋组成，平面布局形似“L”，其中一间作储藏室。以双庵遗址ⅥF2、F3为例。

双庵遗址ⅥF2、F3，三间，平面布局形似“L”。由两座套间式房屋组成，两座房址的外室相连成为一间，形成一个整体。F2外室呈长方形，内室呈正方形。居住面和墙壁均涂白灰面，外室白灰面下抹草拌泥。外室东壁中部有一灶坑，呈不规则形。外室西北及东南部均有两个柱洞。外室与内室由过道相连，过道为两级台阶。内室中部有一圆形灶坑，西北部有一柱洞，柱洞涂白灰面。F3外室与F2外室相连。内室及外室均为长方形，居住面系长期踩踏形成的路土面。内室中部有一灶址，近瓢形。东南部有一“壁炉”，呈圆角长方形，灶口北部中间有一平台，东部下方有一小龛。屋内西南角、东北角、东南角均有柱洞。外室西南角有一不规则形灰坑（图3－2）。

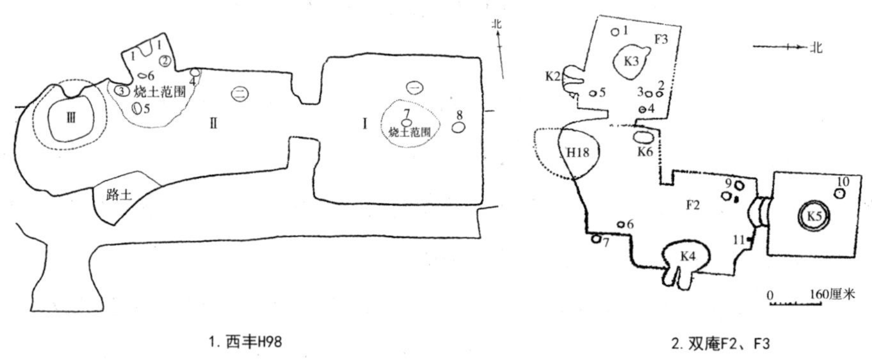

图3 黄河中游地区半地穴式双间及三间房址

（三）窑洞式建筑

据统计，黄河中游地区龙山时代窑洞式房址发现有47座。房址结构有单间、双间和三间。平面形态有圆形、椭圆形、长方形、方形、凸字形、吕字形、不规则形等。房址建造方式有两种，一是斜穿式，二是横穿式。

单间房址面积多在20平方米以下，仅有个别房址面积达30平方米。房址布局一般具有居室、门道、灶址等，有的屋内有柱洞。居住面有白灰面、硬土或烧土面三种。以陶寺遗址 F402、赵家来遗址 F11 为例。

陶寺遗址 F402，单间，平面布局由门道、居室和后窑构成，同 F407 共同构成天井式院落。屋内居住面和四周墙壁均经火烤，为深褐色烧土面。门道位于房址东南处，前端进口处有一门槛。居室后部有一小窑洞，平面呈椭圆形（图 4－1）。

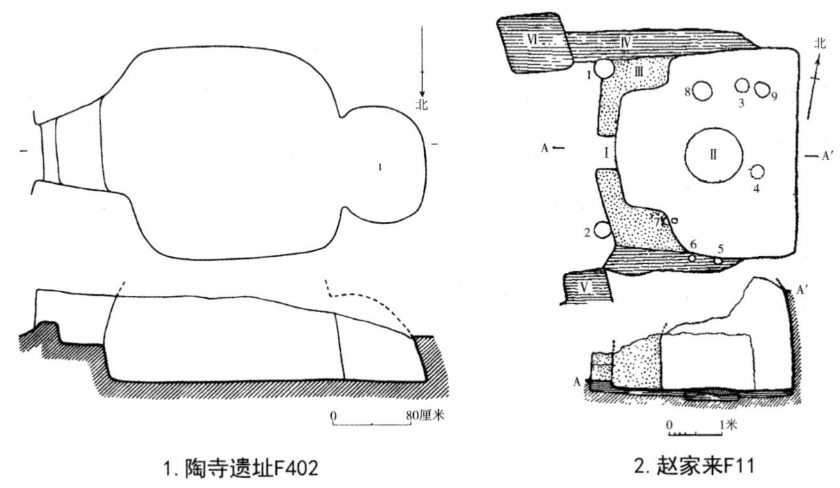

1. 陶寺遗址F402　　2. 赵家来F11

图 4　黄河中游地区窑洞式单间房址

赵家来遗址 F11，单间，平面布局呈凸字形，同 F1、F2、F7 共同构成院落式建筑。房址的北壁西段及南壁西段均由夯土筑墙。居住面为草泥土白灰面，分两层。下层居住面在房基花夯土之上。灶址位于房址中部，圆形，经火烤坚硬，呈青绿色。房址东北角及灶址东部各有柱洞一个，圆底，底、壁光滑坚硬。上层居住面与下层居住面之间有一层厚约 2 厘米的细黄泥土层，最后抹草拌泥及石灰浆做成。灶址沿用下层的火灶。房址内北部分布柱洞两个，底部垫有碎陶片，柱洞周围抹有白灰。房址外围西北角及西南角各有一个较大柱洞，房址内部西南角有一小柱洞，上抹草拌泥及白灰。南侧夯土墙分布两个柱洞。门道位于房址西部，与居址外夯土院落地面相连，门道两侧土墙由草拌泥筑成（图4－2）。

双间房址面积多数在15平方米左右。房址布局一般由前、后间、门道及院落组成。房址居住面多为踩踏形成的硬面，部分房址后间为白灰面。房址中一般都有灶。

以下魏洛遗址F3为例：下魏洛遗址F3，双间，平面布局由前、后间及院落组成，呈“吕”字形。后间平面形状呈圆角方形。居住面及墙壁均有一层白灰面，其下有草拌泥层及垫土层。灶址位于后间房址中部，形状呈圆形，中部略高于边缘，边缘处有宽约5公分的白灰渣垫土圈。门道位于前、后间之间，隔墙位于门道两侧，均为夯筑而成。前间平面形状呈近方形，有二层台。地面系踩踏形成的硬面。南部有质地坚硬的红烧土面，发现有火烧痕迹的石板一块。前间与院落同样有门道相连，由于被灰坑打破，情况不明（图5－1）。

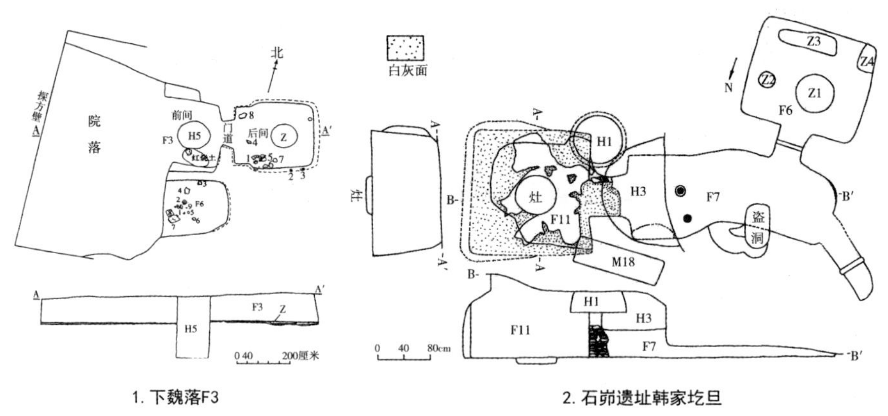

1. 下魏落F3　　2. 石峁遗址韩家圪旦

图5　黄河中游地区窑洞式双间及三间房址

三间房址目前仅发现1间，系由两座窑洞共用一个前室形成的联套建筑。石峁遗址韩家圪旦地点F6、F7、F11即此种情况。由两座窑洞（F6、F11）与前室（F7）共同构成一座建筑。总门道位于前室F7的西北角，门道中部偏北有一道凹槽，系门槛槽。F7平面大体呈长方形，居住面系踩踏形成。东部靠近 F11 门道处有两个柱洞，底部铺垫碎陶片。F11 平米呈圆角方形。居住面为白灰面，四周墙壁有白灰面墙裙。灶址位于房址中部，呈圆形。门道向西与 F7 相连，门道南侧有少量石墙。F6 平面呈圆角长方形。居住面系踩踏形成。屋内有四处用火痕迹，分别位于房址中部偏西北，东墙中部，南墙中部及西南角。（图 5－2）

（四）地面建筑

据统计，黄河中游地区龙山时代地面建筑发现有 32 座。房址结构多为单间和连间排房。平面形态包括方形、长方形、凸字形、圆形、椭圆形等。单间房址平面形态以长方形数量最多，方形次之，凸字形和圆形数量最少。

单间房址面积多数为 20 平方米以下，个别房址面积达 30 平方米。房屋建造形式有夯土墙和石砌墙两种。房址内一般都有灶址。居住面有白灰面或垫土。以东下冯遗址 F570 和陶寺遗址 F401 为例。

东下冯遗址 F570，单间，平面布局呈方形。四周夯土墙为挖基槽而后夯筑。居住面垫土呈灰色，东南角经火烧成红色，呈半椭圆形。墙外有夯筑的散水，南墙中部为门（图 6－1）。

陶寺遗址 F401，单间，平面布局呈方形。四周墙壁似为黄土版筑而成。居住面分两层，下层居住面黄褐色，质地坚硬。中部有一圆形烧土面，红褐色。下层居住面上有一层垫土，一层草拌泥。上层居住面为白灰面，四周有白灰面墙裙。中部有一烧土面与下层烧土面大致重合，呈长方形。屋内西南部为门道，门道前端有一道门槛，门道外有一排三个柱洞，推测为檐柱或门前棚柱。东壁南端外侧同样有一柱洞。房址外周围有路土痕迹，推测为室外活动面（图 6－2）。

多间连排房址以米家崖遗址 F1 为例，为面阔三间的排房式建筑。房址墙体为活土夯筑而成。三间房址平面布局均为长方形，居住面均为白灰面，部分墙壁也有白灰面。尚未发现灶址。因破坏严重，门道情况不明（图6－3）。

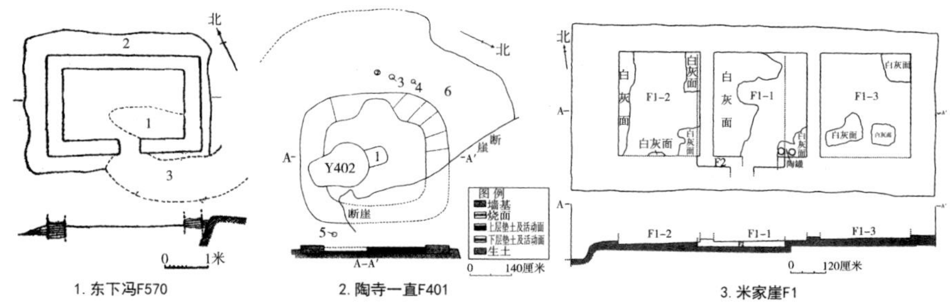

1. 东下冯F570　2. 陶寺一直F401　3. 米家崖F1

图6　黄河中游地区地面式房址

二　黄河下游地区龙山时代房址

根据现有发掘资料统计，黄河下游地区①龙山时代详细介绍的房址共约271座。典型遗址包括安阳后冈②，安阳大寒村南岗③，汤阴白营④，邹平丁公⑤，禹州瓦店⑥，泗水尹家城⑦，潍县鲁家口⑧，日照

① 本文所指的黄河下游地区包括河南省内的豫中、豫北、豫东和山东省全境。

② 中国社会科学院考古研究所安阳工作队：《1979年安阳后冈遗址发掘报告》，《考古学报》1985年第1期；中国社会科学院考古研究所安阳工作队：《安阳后冈新石器时代遗址的发掘》，《考古》1982年第6期。

③ 中国社会科学院考古研究所安阳工作队：《安阳大寒村南岗遗址》，《考古学报》1990年第2期。

④ 安阳地区文物管理委员会：《河南汤阴白营龙山文化遗址》，《考古》1980年第3期。安阳地区文物管理委员会：《汤阴白营河南龙山文化村落遗址发掘报告》，《考古学集刊》（第3集），地质出版社1983年版。

⑤ 山东大学历史系考古专业、邹平县文化局：《山东邹平丁公遗址试掘简报》，《考古》1989年第5期；山东大学历史系考古专业：《山东邹平丁公遗址第二、三次发掘简报》，《考古》1992年第6期；东大学历史系考古专业：《山东邹平丁公遗址第四、五次发掘简报》，《考古》1993年第4期。

⑥ 河南省文物研究所、郑州大学历史系考古专业：《禹县瓦店遗址发掘简报》，《文物》1983年第3期；河南省文物考古研究所：《禹县瓦店》，世界图书出版公司2004年版。

⑦ 山东大学历史系考古专业教研室：《泗水尹家城》，文物出版社1990年版。

⑧ 中国社会科学院考古研究所山东工作队、山东省潍坊地区艺术馆：《潍县鲁家口新石器时代遗址》，《考古学报》198年第3期。

尧王城①，临汝煤山②，郾城郝家台③，日照东海峪④，兖州西吴寺⑤，登封王城岗⑥，永城王油坊⑦，新乡李大召⑧，郑州大河村⑨等，除此之外，还有淇县王庄，辉县孟庄，新乡倪湾等遗址。

经详细整理可知，黄河下游地区房址分为半地穴式，地面式，台基式三大类；房址平面形状主要包括圆形，椭圆形，方形，长方形，吕字形，凸字形以及不规则形等；平面布局有单间，双间与排房等。

（一）半地穴式建筑

据统计，黄河下游地区龙山时代半地穴式房址发现有 44 座。其中单间房址 43 座，遍布整个下游区域；双间房仅在丁公遗址发现 1 座。该区域房址平面形状包括圆形、椭圆形、长方形、方形、圆角长方形以及不规则形和吕字形等，其中圆形数量最多，方形数量次之，

---

① 临沂地区文物管理委员会、日照县图书馆：《日照尧王城龙山文化遗址试掘简报》，《史前研究》1985 年第 4 期。中国社会科学院考古研究所山东队、山东省文物考古研究所、日照市文物局：《山东日照市尧王城遗址 2012 年的调查与发掘》，《考古》2015 年第 9 期。

② 洛阳市博物馆：《临汝煤山遗址调查与试掘》，《考古》1975 年第 5 期；中国社会科学院考古研究所河南二队：《河南临汝煤山遗址发掘报告》，《考古学报》1982 年第 4 期；河南省文物研究：《临汝煤山遗址 1987—1988 年发掘报告》，《华夏考古》1990 年第 2 期。

③ 河南省文物研究所、郾城县许慎纪念馆：《郾城郝家台遗址的发掘》，《华夏考古》1992 年第 3 期。河南省文物考古研究所：《郾城郝家台》，大象出版社 2012 年版。

④ 山东省博物馆、日照县文化馆：《一九七五年东海峪遗址的发掘》，《考古》1976 年第6 期。

⑤ 国家文物局考古领队培训班：《兖州西吴寺》，文物出版社 1990 年版。

⑥ 河南省文物研究所、中国历史博物馆考古部：《登封王城岗与阳城》，文物出版社 1992 年版；河南省文物研究所、新密市炎黄历史文化研究会：《登封王城岗遗址的发掘》，《文物》1983 年第 3 期。

⑦ 中国社会科学院考古研究所河南二队、河南商丘地区文物管理委员会：《河南永城王油坊遗址发掘报告》，《考古学集刊（5）》，地质出版社 1987 年版；商丘地区文物管理委员会、中国社会科学院考古研究所洛阳工作队：《1977 年河南永城王油坊遗址发掘概括》，《考古》1978 年第 1 期。

⑧ 郑州大学历史学院考古系：《新乡李大召——仰韶文化至汉代遗址发掘报告》，科学出版社 2006 年版。

⑨ 郑州市博物馆：《郑州大河村遗址发掘报告》，《考古学报》1979 年第 3 期；郑州市文物考古研究所：《郑州大河村》，科学出版社 2001 年版。

不规则形最少。房屋墙壁有土墙和柱洞两种建筑，一是在壁穴挖基槽堆砌墙体；一是在居住面上挖柱洞搭建房屋。

单间圆形，房屋直径长在3.5—5米之间，房屋结构简单，居室内柱洞数量较少，部分设有柱础（磉堆），灶多位于房内且数量较少；部分房屋设有门道，朝向多样。以河南安阳大寒村南岗F1和山东邹平丁公F1为例。

大寒村南岗F1，面积约37.4平方米，在房屋四周墙基处修建有墙体，厚约1、残高0.18米，由黄土筑成。墙内壁较直且坚硬，表面涂抹白灰。墙中残存柱洞86个，大小不等，分布较为密集；柱洞多为直口圜底，洞中留有朽木痕迹。居住面是在地穴内铺垫垫土而形成的，共两层，上层与墙外路面大致在同一平面上，表层是白灰面，向下依次是礓石粉和草泥土面；下层为居住面，有涂抹白灰痕迹。在上下两层居住面的中部，各有一个灶，均呈圆形，上层灶直径约1.2米，下层约1.45米。灶是在居室中央挖一圆形凹槽，在凹槽内填土压实、修平。凹槽涂有白灰，与居住面上层的白灰面相连，灶的凹槽与居住面是同时修建的。门道部分保留较好，向南，宽约0.9米；门前残存大片礓石粉路面，自门向南倾斜，是出入房子的通道（图7－1）。

邹平丁公F1，穴面直径2.38—2.75米，残深0.15米，穴壁北端残存一段黄土墙，墙下有深0.2米的基槽，墙上有5个柱洞，有两排弧形排列的柱洞（D18－D25、D28－D36）将房屋地面分为北、中、南三部分。房基地面呈浅灰色，坚硬，其下有两层垫土，上层为坚硬的黄褐土，厚0.15—0.2米；下层为坚硬的灰色土，厚0.1米左右。门道向正东，宽0.8米，两边各有1个柱洞，应为门棚立柱，门内有一个向下的台阶，内有沿壁环列柱洞11个。（图7－2）

单间方形（长方形、圆角长方形），房屋面积均在20平方米以下。房屋结构简单，穴壁较直且居住面多涂抹白灰；部分房屋及门道

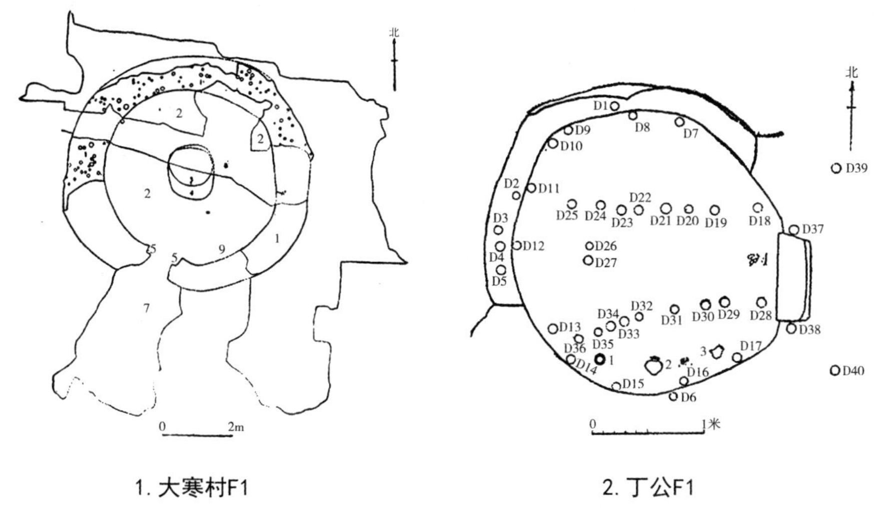

1. 大寒村F1　　2. 丁公F1

图7　黄河下游地区龙山时代半地穴圆形房址

设有柱洞或磉堆，灶多为地面灶，使用痕迹较为明显；门道多朝向南且有柱洞分布，用于搭建门棚。

以瓦店 F1 和尹家城 F5 为例。

禹州瓦店ⅣT2F1，居住面为青灰色土砸实而成，质地坚硬；房基中部放置一个椭圆形石块，直径 0.26—0.3 米，厚 0.1 米。门道为北偏东，呈斜坡状，宽约 2.1 米，长约 0.6 米，门道东、南处各残存一个柱洞，柱洞内有用红烧土经砸实成的磉堆（图 8 –1）。泗水尹家城 F5，四壁垂直而整齐，存高 0.4 米。在穴壁边缘的北偏东和东偏南处各发现 1 个残存的柱洞，洞内填土松软，呈小颗粒状。居住面平整坚硬，室内北部有一块不规则的红烧土面，长 1.02、宽 0.48 米，应是室内用灶。门道应位于居室南壁偏西处，有一长 1.1、宽 0.3 米的土台，应是出入的台阶（图 8 –2）。

双间房址仅邹平丁公房址 1 座。

丁公 F3，平面形状为“吕”字形，南北残长 3.94 米、东西宽 3.28 米，面积约 13 平方米。居室平面为圆角长方形，房屋地面为黄灰色，坚硬平整，垫土分三层，其中，第一层厚 0.06—0.12 米，黄灰色；第二层厚 0.04—0.1 米，呈黄灰色；第三层厚 0.05—0.3 米，浅黄色，第二层层面光滑的硬面，可能是活动或加工过的地面。房内西北角有一长 1.86 米、宽 1.03 米的平台，高出居住面 0.07 米。整个居室内共发现柱洞 12 个，分布于居室的拐角处及门棚两侧。D4、D11、D12 底部夯垫烧土块和碎陶片外，其余皆填灰色土。主室中间偏北有一圆形灶坑，直径约 0.72 米，堆积两层烧土，底部经长期烧烤呈黑红色。居室通过门道与一长方形门棚相连。门朝南，方向 190°。门道呈斜坡状，门棚也向内倾斜。门棚南端有一高出地面约 0.1 米的门槛（图 8－3）。

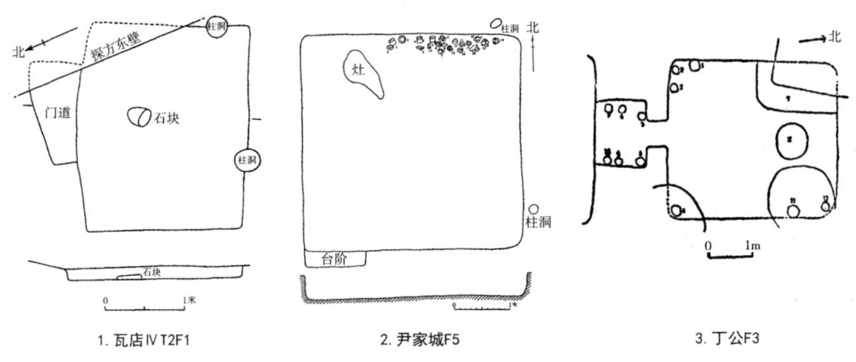

图 8　黄河下游地区龙山时代半地穴方形房址

（二）地面建筑

据统计，黄河下游地区龙山时代地面式房址有 212 座，分为单间、双间、连间排房三类。依据房址平面形状可分为圆形（椭圆形）和方形（长方形）两种。单间房址平面形状以圆形数量较多，方形数量较少；双间、多间及排房平面形状均为方形。

单间房址面积多在 20 平方米以下，个别超过 40 平方米。居住面有两种，一是在地面垫土夯实，并涂抹白灰；二是直接在地面烧烤并垫有烧土块。墙基有两种，一是直接在地面挖基槽，基槽内设立柱洞并搭建墙体，一是在地面挖柱洞，用草拌泥搭建木骨泥墙或直接在地面搭建土坯墙。柱洞有内柱、外柱、门外柱和壁柱四种，部分柱洞在洞内填有陶片、石块等柱础或礎堆。灶一般位于居室中部，多为地面凹坑灶。部分房屋设有门道，有台阶和门槛，朝向多向南。个别房屋地基下有人骨奠基现象。

以安阳后冈 F8、潍县鲁家口 F106 和日照尧王城 F1 为例：安阳后冈 F8，平面形状为圆形，最大内径约 4.7 米。房屋墙壁为土坯墙，宽 0.23—0.3 米、残高 0.35—0.6 米左右，土坯不甚规整，错缝垒砌，间隙填以黄泥，墙内外还涂抹一层厚约 3—4 厘米的草拌泥。室内共有五层居住面，一至四层为白灰面，第五层为烧土面，第四层上有许多夯窝，是修建第三层居住面垫土打夯时留下的痕迹。室内外共发现柱洞 16 个，大多内有一黄泥圈，居室内灶东、西两侧各有 1 柱洞，为第二层居住面时期支架屋顶的立柱，室外有柱洞 12 个，分布在房子四周。第二至四层居住面中央皆有一圆形灶面。门道向南，宽约 0.84 米，内有两层台阶，门外西侧有 2 个小柱洞，南北排列，紧挨门道，内有朽木，应是棚柱。室外有五层活动面，每层活动面下都有一层呈倾斜状的散水，门外发现多层路土（图 9－1）。

潍县鲁家口 F106，平面形状为圆形，外径最长 3.8 米。墙基挖槽构筑，沟槽 0.4 米，槽底填黄土基红烧土块，其上再建较纯净的黄土墙，残高 0.02—0.12 米，厚 0.3—0.4 米，内外均涂抹一层白色礓石粉。居住面平整坚硬，东半部先铺少量烧土块和草木灰，再加草拌泥筑成；西半部用黄灰土筑成。房内发现柱洞 8 个，均为竖直坑，D10 在房内中央偏北处，应为支撑柱，先在洞底铺一层黄色硬土，再以碎料礓石块填充；D3 在门道西侧墙外缘，D4—D9 分布西、北墙内，均在洞底铺一层黄色硬土。居室西北有一高出地面 2 厘米的红烧土硬面，呈不规则形，应为灶面。门道向南，呈斜坡状，两侧略向外突出，略高于居住面，门内西侧有一道南北向短墙，是在居住面上挖槽，用黄土构筑而成的（图9－2）。

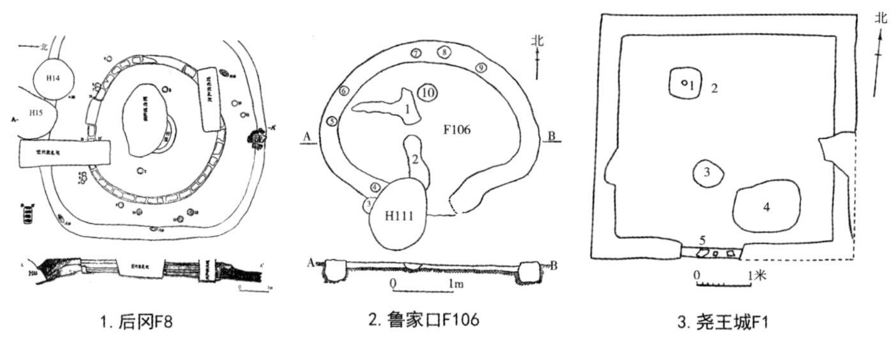

1. 后冈F8　2. 鲁家口F106　3. 尧王城F1

图9　黄河下游地区龙山时代地面式单间房址

日照尧王城F1，平面形状近方形。墙基用土坯在地面上垒砌，未挖墙基地槽，在地面涂一层粘泥，垒一层土坯，错缝砌墙，墙内外皮用黄泥抹面。居住面保存较好，东北高西南低呈斜坡状倾斜。在北部偏西有一灶，略低于居住面。门道在南墙偏西，中间有一门槛，其上排列三块石头（图9－3）。

双间房址均为地面建筑，平面形状包括长方形和“吕”字形两种，面积略大，一般为30—50平方米左右。房屋一般均垫土形成房基，部分房间有门道相连。墙体有地面起建和挖基槽起建两种，且墙内有柱洞，房内一般设灶。以临汝煤山F6和泗水尹家城F110为例。

临汝煤山F6，平面形状为长方形，方向大体为正南北，房内偏西处有一道南北向的隔墙，将F6分为东、西两间，东间偏东处有一道短墙，东墙下有一土台，上抹白灰面，墙壁均为草泥土筑成，比较平直，墙壁两面用草泥土一层层抹平，层次分明。东、西、南墙基东间短墙上都有柱洞，柱洞大小不一，排列不甚整齐，柱洞的深浅与墙的高低是一致的，洞内填土很松软，杂有白色朽木灰。室内地上的白灰面保存基本完好，中部高，四周近墙处坡下。表面平整光滑，白灰面很薄，东西墙处白灰面则成圆角上抹，在墙根上面也有一段白灰面。在东、西间北头靠近隔墙处各有一椭圆形灶，上面有坚硬的红烧土，表面平整，东间灶长 1.4 米、宽 0.7—0.9 米，西间灶长 1.4 米、宽 0.4—0.8 米，灶内红烧土八九层，经长期使用形成，灶上面有草木灰，东间灶有一个篮纹圆腹陶罐，两间门道应均位于北侧（图 10－1）。

泗水尹家城 F110，平面形状为“吕”字形，其建筑方式是首先在地面挖基槽，同时留出两间的通道，在基槽内挖柱坑，再立柱、砌墙。该房址东西通长 7.8—8，东间南北宽 5.75—6、西间南北宽 4.25 米，面积约 41.7 平方米。墙体基槽呈倒梯形，深浅不一，基槽内填土分两种，一是红褐色土，土质较硬，夹杂有生土块；一是黄褐土，稍软，内含较多的碳粒和白灰皮碎片。基槽内共发现大小柱洞 79 个，排列密集，单列或双排，圆形和椭圆形，洞底大多经过夯打加工，有的柱洞底夹杂碎陶片。东间东基槽中部设有门道（图 10－2）。

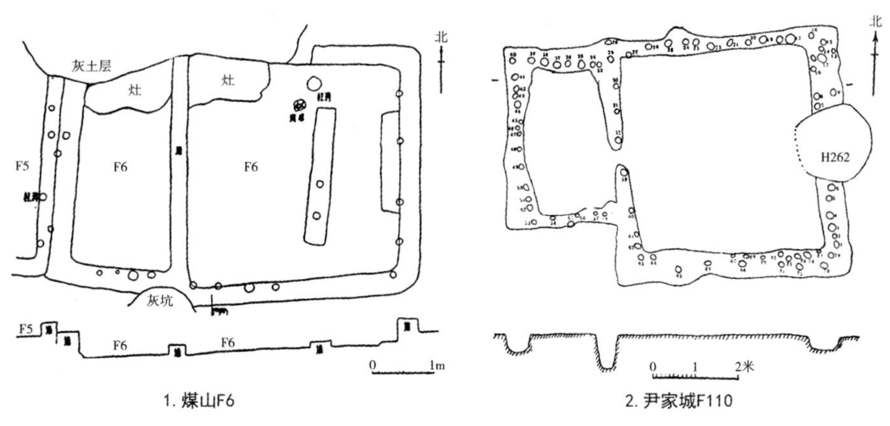

图 10　黄河下游地区龙山时代地面式双间房址

多间或排房平面形状均为长方形，排房连间数最多可达九间。排房属于平地起建，先在地面上垫一层土，夯打结实作为地基，使房屋的地基高出地面；随后在此基础上进行版筑搭建墙体，用草拌泥涂抹墙体和地坪及屋外散水；最后在屋内地面上用草拌泥涂抹圆形或椭圆形灶面，同时做一个半圆形门槛，防止进水。

以郝家台 F10 为例：郝家台 F10，长方形排房，方向 203°。由东向西排列为甲、乙、丙、丁、戊。各单元一律呈长方形，南部设有门道。该排房首先在地面上铺垫一层五花土，再铺一层黄沙土，其上再铺一层草拌泥，烘烤成红烧土居住面，较坚硬。F10 甲位于排房最东部，门道位于南墙西端，设有门槛。F10 乙位于 F10 西侧，门道位于南墙中部，内设门槛，灶位于屋内紧靠北墙的中部，呈半圆形。F10 丙位于 F10 乙西侧，门位于南墙中部，无门槛，灶位于屋内紧靠北墙的中部，呈半圆形。F10 丁，位于 F10 丙西侧，门位于南墙的东端，设有门槛，灶位于屋内紧靠北墙的中部，呈长方形。F10 戊，位于 F10 丁西侧，大部分被破坏（图 11）。

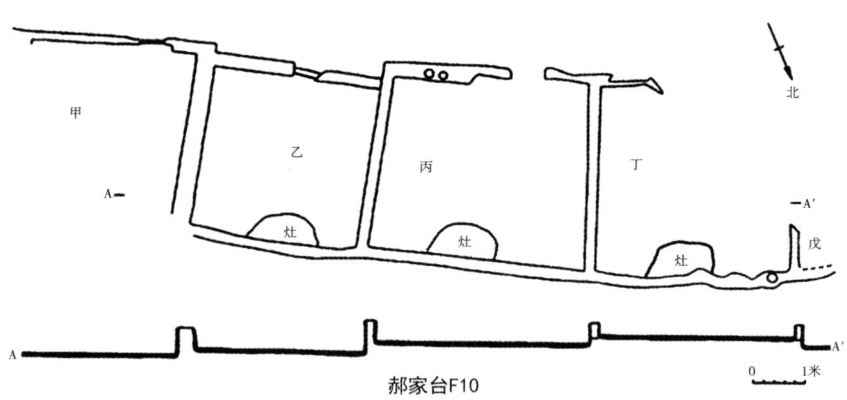

图 11　黄河下游地区龙山时代地面连排式房址

（三）台基式建筑

据统计，台基式建筑在黄河下游地区共发现 15 座，主要分布在东海峪和尧王城等少数遗址内。所谓台基式建筑就是首先在地面挖平槽，夯筑台基，随后在台基上挖基槽筑墙或地面起墙，最后修建室内居住面等。此类建筑一般为长方形，面积多在20平方米以上，它一般是由土台、墙基、墙外护坡、室内地基、灶、柱洞和门道构成的。以日照东海峪F301为例。

日照东海峪F301，台基为长方形，长6米、宽5.7米、高0.32米，由黑灰土和黄黏土两层筑成，中部比较平坦，四周边缘呈漫坡状，土质紧密。仅存墙基，系由黄黏土夹自然石块垛成，四角保存较好，石块数量较多，起到加固作用。土墙外有护坡，呈漫坡状，以便散水。室内地面已被破坏，残存地基分三层，由黄黏土和砂分层筑成，层次清晰，地质坚硬，南高北低。房基发现三个柱洞，呈东西向偏南的直线排列分布，洞壁较硬，洞底填有破碎的陶片。居室东北部有一灶，其旁有罐底和敞口圆肩篮纹罐（图12）。

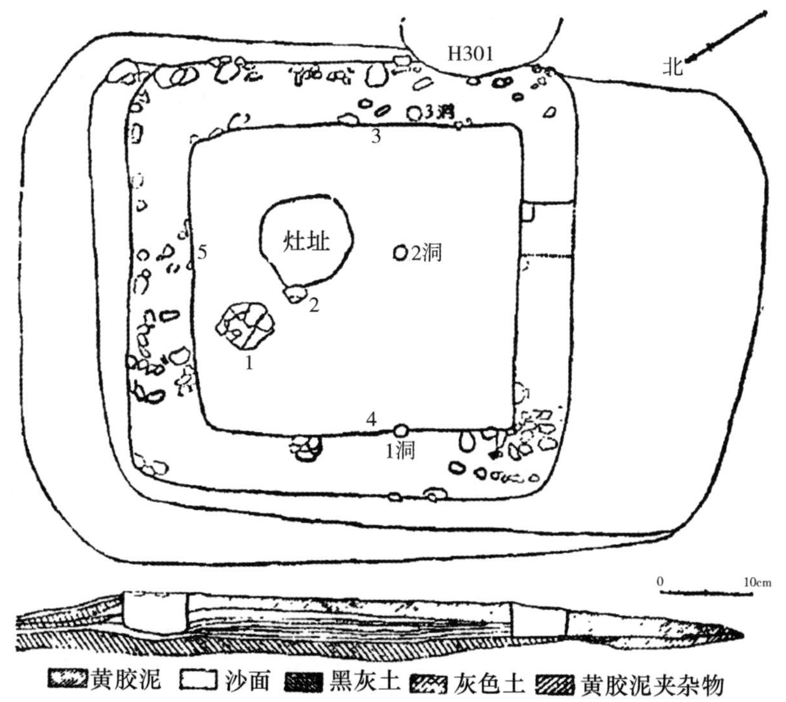

图12　黄河下游地区龙山时代台基式房址举例

这种台基式建筑较地面式与半地穴式建筑更加复杂，修建技术更加高超，反映出此时期社会生产力大幅度进步，这种台基式建筑还残留有夯窝，形状各异，说明当时的夯筑技术多样，建筑技术越发成熟。

三　黄河中下游地区龙山时代房址的比较分析

（一）房址房基结构的差异

经上文梳理可知，黄河中下游地区龙山时代所发现的房基结构较为清楚的房址共有526座。其中黄河中游地区有255座，黄河下游地区有271座。黄河中游地区龙山时代的房址有半地穴、地面、窑洞、地穴式四大类，其中半地穴房址占绝大多数。黄河下游龙山时代的中小型房址有半地穴、地面、台基式三大类，其中地面式房址占绝大多数（图13）。影响黄河中下游地区龙山时代房址房基之间的差异主要包括地形地貌和气候水文两大因素。

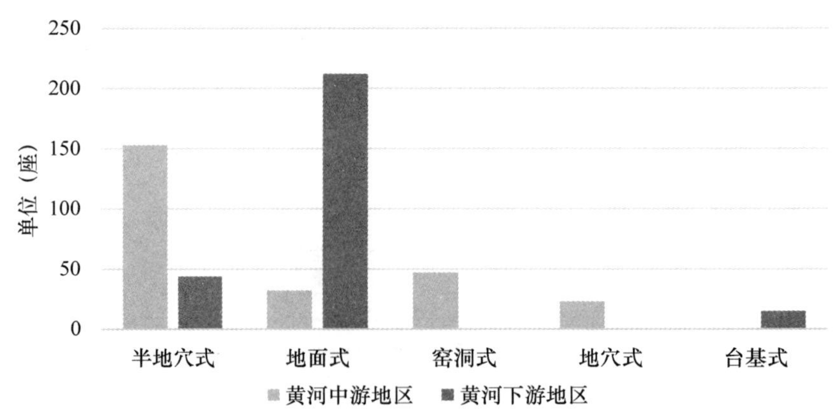

图13　黄河中下游地区龙山时代房基结构统计柱状图

从地形地貌来看，黄河中游地区大部分处于中国地势第二阶梯之上，自然地貌包括高原、山地、丘陵、盆地等；黄河下游地区则位于第三阶梯之内，自然地貌以平原和丘陵为主。从气候环境来看，黄河中游地区由于远离海洋且部分地区维度、海拔较高，相对寒冷干燥，而黄河下游地区则更加温暖湿润。多样的地貌条件为黄河中游地区龙山时代房屋出现多种结构提供了可能。黄土的直立性特点是窑洞类建筑产生的基础条件，黄河中游黄土高原地区深厚的黄土堆积正具备这样的条件，相反黄河下游地区就不具备这样的条件。当然，地理环境只是为史前窑洞式建筑的出现提供了必要“土壤”，实际上它的起源和发展经历了一个复杂的过程，受到社会发展、技术进步、资源变化等多方面的影响，对此钱耀鹏先生曾有过较为详细的论述。[①] 早期人类生产力水平低下，环境变化很大程度上会影响到社会发展。气候的异常可能是距今4000年左右大范围文化变革的重要诱因之一[②]，气候环境对社会发展的巨大影响力可见一斑。有学者认为豫东北地区龙山时期人们有意识地加高房屋基址可能和居住地水位变化、雨水增多有关。[③] 黄河下游地区的地面房屋建筑远多于黄河中游地区，且下游地区的台基式中小型房屋不见于中游地区，这可能是因为下游地区龙山时代更加湿润多雨，地面建筑及台基式建筑能够更好地防潮防水。

（二）房址平面形状与布局的差异

从房址的平面形状来看，黄河中下游地区龙山时代的中小型房屋有圆形、椭圆形、方形、长方形、吕字形、凸字形、不规则形七种（图14）。其中，圆形、方形、长方形和椭圆形为房屋基本形状，在黄河中游和下游地区都有分布。

---

① 钱耀鹏：《窑洞式建筑的产生及其环境考古学的意义》，《文物》2004年第4期。

② 王巍：《公元前2000年前后我国大范围文化变化原因探讨》，《考古》2004年第1期。

③ 袁广阔：《豫东北地区龙山时代丘类遗址与城址出现原因探讨》，《南方文物》2012年第2期。

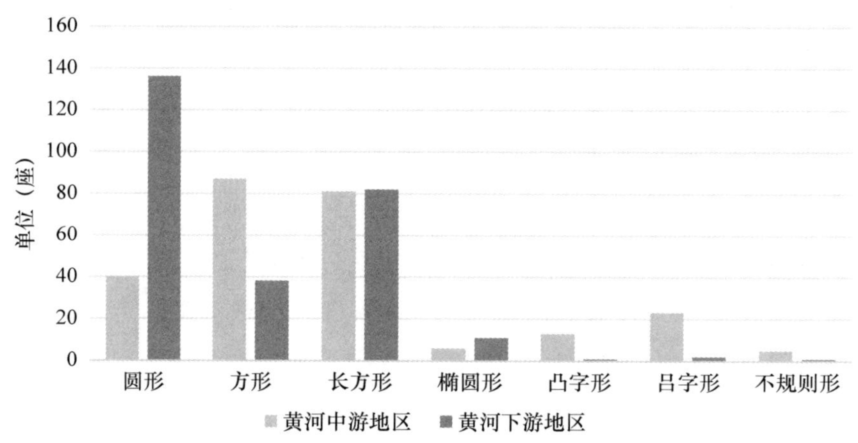

图 14　黄河中下游地区龙山时代房址平面形状统计

较为特殊的是吕字形和凸字形两类房屋，它们较多分布在为黄河中游地区，而黄河下游地区仅有极为零散的分布。进一步对两地之间的吕字形和凸字形房屋进行比较，会发现两者差异较大。

黄河中游的吕字形房屋多为前厅后室，中间有过道相连。而黄河下游地区的吕字形房屋分为两种：一是方形房屋门道前加一门棚（如丁公遗址 F3）、二是方形房屋旁加建一前室或侧室（如尹家城遗址 F110）。凸字形房屋在黄河下游地区仅有一处发现①，且被破坏严重，发掘者推测其为凸字形，但并未公布房址线图，不排除将门道与房屋主体结合成一体看作凸字形的可能性。黄河中游地区的凸字形房屋其外凸部分多为房屋主体的一部分，而非门道。由此来看，黄河中下游地区的吕字形和凸字形房屋有着本质区别，这两种平面形态在黄河中游黄土高原地区特色更加明显。有学者认为，凸字形房屋的来源与窑洞建筑的出现密不可分。② 由此看来，黄河中游地区中小型房屋平面

① 山东大学考古系：《章丘市黄桑院遗址发掘简报》，《海岱考古》2016 年。

② 王天艺：《黄土高原地区史前凸字形房址研究》，《考古》2020 年第 4 期。

形态的多样化应是受到本地多种类的房基结构的影响。

从房址的平面布局来看，黄河中下游龙山时代的房址有单间、双间及排房多种类型。其中，无论是中游还是下游地区单间房的数量都占绝大多数，双间房的数量次之，且两地都出现有一定数量的连排房。单间房的平面差异主要表现在形状方面，前文已有论述。此处对黄河中下游地区的双间和排房式房址略作比较。

黄河中游地区的双间房布局以前后分间，纵向延伸为主，下游地区的双间房布局以左右分间，横向扩展为主。造成这种差异的原因可能是两地之间建筑传统的不同，黄河中游地区的双间房多为前厅后室的吕字形建筑，这种房屋多为一次性修建而成，本质上是房屋内部结构的优化。黄河下游地区的双间房分为两种：一是在房内修建隔墙使之成为双间布局，二是在两房共用一个隔墙形成双间布局。这两种双间房既有一次修建而成的，也有二次扩建的，二次扩建的双间房很有可能是家庭人口变化的表现。

黄河下游地区的排房建筑形式较为相似，大多为板筑墙连间排房，为一次性修建而成，如郝家台 F10、王油坊 F16 – F19。黄河中游地区的排房的发现相对较少，可分为两种：一种是以康家 F5、F8、F10、F11、F12 为代表的地面式夯土墙排房，一种是以碧村 F1—F5 为代表的地面式石砌墙排房。对比黄河中下游地区龙山时代的排房式建筑，我们发现两者既有共同之处又存在一定的差异。其共同之处表现在大多数排房都为单间横连而成，每间有灶，应为一个独立的生活单元。不同之处主要表现两个方面：一是排房体量的差别，黄河下游发现的排房连间数往往较多，最多可达到 9 间（郝家台 F18），而黄河中游地区的排房多数为三五成排；二是建筑技术方面的差异，黄河中游靠北地区发现的石砌排房不见于其他区域，而且黄河中游排房各间房之间的隔墙宽厚在 40 厘米以上，黄河下游排房隔墙宽往往在 20—30 厘米之间。关于黄河中下游地区新石器晚期排房类建筑出现的原因，一般认为是受到了长江流域排房式建筑的影响①，但本地社会生产力的发展、家庭结构的改变也是不可忽视的内因所在②。

（三）房址面积与朝向的差异

经统计，黄河中下游地区公布有完整尺寸面积的龙山时代房址有419 座。③ 其中黄河中游地区 208 座，下游地区有 211 座（表 1）。

表 1　　黄河中下游地区龙山时代房址面积的描述统计

区域	房址数量（座）	最小值（m^2）	最大值（m^2）	平均值（m^2）
黄河中游	208	2. 27	33. 06	10. 2
黄河下游	211	2. 54	41. 7	13. 16

从统计数据来看，黄河中游地区龙山时代房址的面积略小于黄河下游地区，房址面积箱线图（图 15）更加直观地反映出了这一差别。房屋建筑面积的大小会受房基结构、自然环境等多方面影响。

前文在对比黄河中下游地区房基结构时，已经发现黄河中游地区半地穴房址的占比远超下游地区，而黄河下游地区地面式房址占比远大于中游地区。半地穴和窑洞式建筑受制房基结构的影响，不便于扩建。而地面建筑直接起建，可以随时扩建。

从自然环境上来说，黄河中游地区以高原和山地丘陵地貌为主，黄土高原地区更是沟壑纵横，这在一定程度上限制了房屋建筑面积的

① 曹曼青、方拥、葛峰：《中国新石器时期排房建筑概况及其成因初探》，《华夏考古》2013 年第 3 期。

② 贾笑冰：《新石器时代晚期的排房建筑及相关问题》，《考古求知集——96 考古研究所中青年学术讨论会文集》，中国社会科学出版社 1997 年版。

③ 需要说明的是，一些连排式房址各个单间都有灶，应是一个个独立的生活单元，本文在统计面积时按单间大小分别计算。而一些双间或三间类复合式建筑，仅有一灶，应是一处生活单元，本文按总体面积计算。

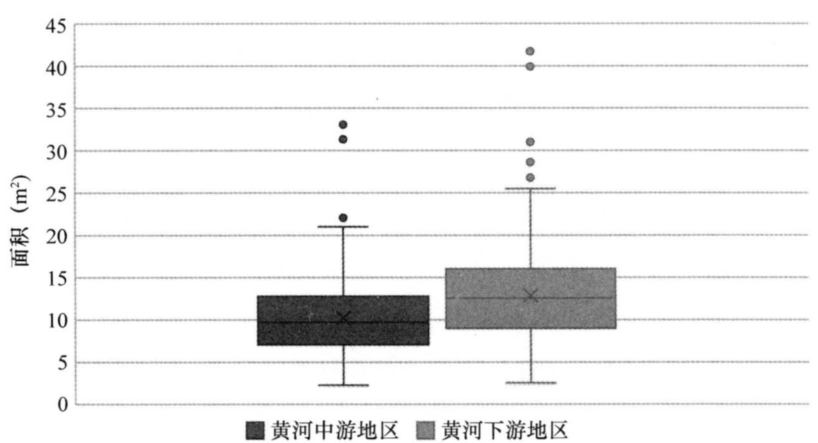

图 15　黄河中下游地区龙山时代房址面积箱线图

扩大。而黄河下游地区以平原为主，房屋建筑面积的扩大较少受到地形地貌的影响。

通过房址面积的比较可知，黄河上游地区以半地穴式建筑为主，房址面积一般在 10 平方米左右，仅够少数人口居住生活，限制了家户的扩大与发展；黄河下游地区以地面建筑为主，房址面积一般多在 10 平方米之上，并且排房、双间房址数量增多，使得家庭进一步扩大发展。

经统计，黄河中下游地区龙山时代已发现可辨识朝向的房址有 281 座，其中黄河中游地区 155 座，黄河下游地区 126 座（表 2）。

表 2　**黄河中下游地区龙山时代房址朝向统计表**

朝向 / 地区	南	西南	西	西北	北	东北	东	东南
黄河中游	41	29	22	13	15	3	13	19
黄河下游	60	23	7	1	10	13	3	9

为了更清晰地表示出黄河中下游地区龙山时代房址朝向的详情，

笔者根据表2所统计的数据制作了房址朝向雷达图（图16）。首先，可以看出黄河中游和下游地区房址的朝向都呈现出以南为主，表现多样的特点。以南为主，是因为房址朝南可以获取到更多的日照，这也是中国数千年来房屋建筑的基本传统之一。朝向多样则可能是因为受到房址位置和功能的影响，如平粮台F13和F14位于该城址南城门两侧，发掘者推测他们可能是守卫城门的卫房。F13朝东F14朝西，这两座房址的朝向显然与其所处的位置有关。其次，我们可以看出黄河中游和下游地区房址的朝向还存在一定差异，具体表现在中游地区房址朝向更加多样化，而下游地区房址虽朝向多样但朝南占据了绝大比例。其原因之一应是受到了地形地貌的影响，黄河中游地区很多遗址分布在坡地断崖旁，尤其是窑洞类房址要依断崖而建，不免受到坡地断崖走势的影响。如赵家来遗址所发现的10座房址皆为背靠断崖，坐东朝西而建。当然房址作为人类发挥主观能动性所创造的建筑物，其朝向除了受到自然环境的影响，还会受到人主观意识的影响。具体来说可能包括自然崇拜、精神信仰、空间观念等因素。①

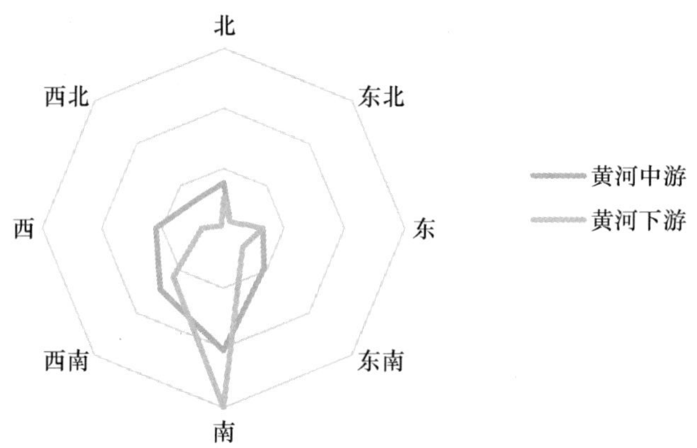

图16　黄河中下游地区龙山时代房址朝向雷达图

① 张然璞：《史前夏商时期建筑遗存正位现象研究》，硕士学位论文，郑州大学，2020年。

四 结语

龙山时代是中国文明起源的重要阶段，在这一时期黄河中下游地区出现了多种多样的房址类型。从房基来看，黄河中下游地区房屋房基以半地穴式房址和地面式房址为主，并同时出现了窑洞式房址、地穴类房址与台基式房址三种具有地方特色的房基结构；在房屋布局方面，黄河中下游区域一直流行单间房址，数量较多，而中游与下游间的双间房址结构差异较大、排房既有共性又存在一定的差异；在房址面积与朝向上，黄河中游地区房址的平均面积略小于黄河下游地区，黄河中下游地区都以朝南为主，但中游地区朝向更加多样化，而下游地区朝南倾向更加集中。通过比较可知，黄河中游与下游房基结构的差异相对较大，而平面形状与布局、面积与朝向的差异相对较小，地形地貌、水文气候是影响其差异的主要因素，与此同时，还受到了一定社会发展程度的影响，龙山时代家庭组织关系的变化也对房址结构形态的差异造成了一定的影响。

黄河中下游地区龙山时代房址类型的复杂化，体现了这一时期人类建筑技术的进步和改造自然能力的提升，连间排房和复合式房址的建造需要有一定的规划和组织，它们的流行说明了龙山时代社会组织能力的进步。建筑技术和社会组织能力的进步，进一步对宫殿的形成与发展造成了深远的影响。宫殿的出现与成熟，也代表着文明社会进入了一个新的发展阶段。总之，龙山时代黄河中下游地区房址所表现出的高超的建造技术、先进的建筑理念、严密的社会组织，促进了这一地区文明起源的形成与发展。

古代玉器研究的几个问题*

丁思聪

（郑州大学考古与文化遗产学院）

中国有近万年的用玉历史。古代玉器研究也是学界的热门课题。但在相关研究、教学工作中，仍然有一些概念、思路和方法上的问题值得讨论，在此提出，以供交流批评。

一　玉的概念

玉的概念是古玉研究的基础问题。根据形成的源流，分别讨论传统意义上的玉和矿物学意义上的玉。

了解古人对玉的认知，文献是重要线索。较早对玉的论述出现在战国至汉代。周代玉德观念形成，文献定义多从“德”出发理解玉的内涵。《礼记·聘义》提到玉有十一德，《管子》曰玉有九德，《荀子》有七德，至东汉许慎《说文》凝练为五德。《说文》言玉为“石之美，有五德”。凡提到玉的概念，该文献往往被引，但是对其理解时常以偏概全，认为玉就是美石。然许慎在其后尚有“润泽以温，仁之方也……”等一段描述何为五德的文字，其重心当在后半句，即具

---

* 本文为国家社会科学基金青年项目《商代用玉制度的考古学研究》（20CKG012）阶段性成果。

备“五德”的美石才可称玉。

再分析何为“五德”。“润泽以温，仁之方也”指玉有温润的光泽和质感。“䚡理自外，可以知中，义之方也”指玉具有一定的透明度。“其声舒扬，尃以远闻，智之方也”指玉经敲击声音悠扬。“不挠而折，勇之方也”指玉的韧性高。“锐廉而不忮，洁之方也”指将玉打断，其断口参差，触之不扎手。前三德主要是感官特征，后两德表现了玉最重要的两种特性，一是韧性高，不易折断，二是具有参差状断口。正是因为后两种特性，并不能直接将石器加工技术应用在玉器，而需要“如切如磋，如琢如磨”，使用解玉砂，进行切割、钻孔、雕琢和打磨。这也是玉区分于美石的根本特征。

西方矿物学对玉的认识始于19世纪中叶。英法联军劫掠了大量的清王室珍宝。1863年，法国矿物学家A. 德穆尔分析了这批玉器，将其中具有交织纤维显微结构的透闪石—阳起石矿物集合体命名为nephrite；将同样具有交织纤维结构的辉石类矿物命名为jadeite。到19世纪末，日本学者将硬度稍低的nephrite译为软玉，莫氏硬度约6—6. 5，将硬度稍高的jadeite译为硬玉，硬度约6. 5—7。20世纪初中国地质学先驱章鸿钊先生将日本学者翻译引入中国，被国内地质学界采纳和使用①。

因为现代矿物学定义并未考虑国内实际情况，对软玉和硬玉称呼的异议不断。有学者提出使用矿物名称，将软玉命名为透闪石—阳起石玉，或简称闪石玉、闪玉②；有的则建议将软玉直接称为玉③。辉石

① 陈典：《“Jade”源流考》，《古代玉器研究》，上海书画出版社2022年版，第174—183页。

② 栾秉璈：《从软玉的定名说起》，《2009年中国珠宝首饰学术交流会论文集》，中国珠宝首饰学术协会2009年版，第178—181页；王时麒、张雪梅：《关于玉石的8个科学名称概念的分析和讨论》，《珠宝与科技：中国珠宝首饰学术交流会论文集（2015）》，中国宝石杂志社2015年版，第239—244页。

③ 施光海等：《“软玉”一词由来、争议及去“软”建议》，《地学前缘》2019年第3期。

族的硬玉，通常直接称为翡翠，在国内流行晚至明代以后[①]，并且也不被当时的人们认作玉。如果将前述“五德”与已知矿物对比，符合条件的仅有透闪石—阳起石玉。因此在讨论古代玉器，尤其先秦玉器时，可将透闪石—阳起石玉直接称作玉。

先秦时期文献不足，探讨玉的概念更多需要考古学的支撑。考古学能够揭示玉器出土情境，复原古代玉器的社会背景，有助于研究古人的用玉行为，探讨其反映的社会制度和思想观念。因此讨论玉的概念，应当从考古学出发，结合历史学、矿物学等，从宏观的社会背景，到微观的情境分析，综合考察古人对玉器的认识和利用。牟永抗先生指出，“必须具有矿物学、社会学和工艺学三方面的因素，才能确定其是否为玉器”[②]。

根据“霍克斯推理阶梯”观点，研究古代技术和经济问题相对容易；研究社会结构难度稍大；研究精神和宗教信仰最为困难[③]。讨论玉的概念同样如此。

从技术层面，“五德”对应的物理特性，尤其后两德，韧性高[④]和参差状断口为玉的核心属性，在古代矿物中只有透闪石—阳起石玉符合“五德”定义。也正是因为韧性高和具有参差状断口，造成了玉器的加工技术与石器有别，形成了相对独立的技术传统。因此，在矿物属性和技术层面，玉是唯一和确定的。

---

① 杨伯达先生认为翡翠传入中原可早至西汉，但是明代以前仅有零星线索，尚未大规模开发，学界对此意见并不统一，明确开采流传入内地约在明代晚期。参见杨伯达《翡翠传播的文化背景及其社会意义》，《故宫学刊》2004 年第 1 辑，第 99—157 页；王春云：《有关翡翠输入中国传说的考证与科学性分析》，《超硬材料与宝石（特辑）》2003 年第 2 期；郑育宇、许博、余晓艳《翡翠的历史溯源——翡翠在中国的使用历史》，《中国宝玉石》2022 年第 3 期。

② 牟永抗：《试论中国古玉的考古学研究》，《出土玉器鉴定与研究》，紫禁城出版社 2001 年版，第 57—90 页。

③ Hawkes，C.，“Archaeological Theory and Method：Some Suggestions from the Old World”，*American Anthropology*，1954，56（2）：155 – 168.

④ 透闪石—阳起石玉具有交织纤维显微结构，因此韧性极高，在矿物中仅次于黑金刚石。参见闻广《玉的评价标志》，《矿物岩石地球化学通讯》1989 年第 3 期。

从社会层面，人们用玉是出于装饰身体、通灵礼神或显示身份等需要。玉器自诞生之初，大致经历了饰品、巫玉、礼玉、德玉、民玉等阶段，各阶段玉的使用习俗有别。需要结合社会背景和使用情境来分析古人对玉的认识。社会行为是复杂的，反常规的现象经常出现，具体分析尤其必要。例如在商代，玉戈为军权之象征，随葬玉戈是贵族的常见行为。但到殷墟三期，贵族丧葬观念有变，流行“以石代玉”，常代之以材料易得、加工方便的大理石戈。后来平民竞相效仿，形成了用玉上的“僭越”。但当僭越形成社会风尚时，其原本的内涵就不复存在，石戈演变为随葬明器。从摆放位置看，商代先民对玉戈相当珍视，多放置在棺内身体上部，而对石戈的使用显得轻率和随意，常放置在棺顶、棺椁之间、椁顶、二层台上或填土内。这也说明商人并不认为大理石戈是玉。

从精神和信仰层面，各时期的人们对玉器象征意义的认知也不同，并随着社会发展和时代风尚的变化而改变。古人早期的用玉行为主要是出于审美和实用需求，可能并没有明确的玉石区分意识。新石器时代晚期，在原始宗教泛灵崇拜思想的作用下，以红山文化像生玉器为代表，将玉器作为与神灵沟通的媒介，可称为以玉通神阶段。自此，人们对玉石形成了明确的认知和区分。龙山时代至商代，社会复杂化加速，需要以玉器来标识身份，进入以玉为礼阶段。周汉时期，玉德思想产生，以玉象德、以玉为瑞的做法流行，形成“君子贵玉而贱珉”、“君子无故，玉不去身”的观念，玉石区分依然严格。汉代以后，仪式用玉衰退，人们以玉为玩好，对玉石的区分不再严格，会根据需求不断扩张玉的概念。又如现代的玉石国家标准，不仅将和田玉等同于透闪石—阳起石玉，而且将石英类的美石也冠以石英岩玉的称呼①。

因此，在社会层面和精神信仰层面上，玉的概念是不断发展变化

① 现行玉石国家标准参见 GB/T 16552—2017《珠宝玉石名称》。

的，不能用商业化的标准作为依据。应该坚持学术导向，从古代遗存中寻找证据，尤其关注保留原生埋藏环境的出土玉器，结合技术、社会、精神信仰三个维度，以技术维度为准绳，以社会、精神信仰两个维度为参考进行对比分析，将玉器放在古代社会背景中观察，动态揭示各个时期玉器的具体内涵。

二　古代玉器的解读方式

客位研究法与主位研究法最初来自语言学，后被人类学者所用。客位指研究者对事物的看法、分析和解释，建立在对人类行为细致观察的基础上。主位指被研究者对事物的看法、分析和解释，尽可能以被研究者的观念体系来认知①。研究古代玉器也有两种视角。第一种视角是站在研究者立场上观察材料，优点是符合常规研究思路，不足是容易受自身思考方式影响，已有的“常识性”观点会影响分析和结论。例如根据矿物学分类，玉包含软玉和硬玉，即透闪石—阳起石玉和翡翠。但是翡翠在国内流行迟至明代晚期之后，直至清代，翡翠也不被视作玉②。因此早期文献中的玉仅指透闪石—阳起石玉。如果直接采用现代矿物学定义，可能会导致结论产生问题。在玉器材质的科学检测中，对标本的主观选择也会影响结论。如果仅挑选色泽美观，根据常识认为是玉的标本进行检测，忽略那些次生变化严重、色泽泛白、近似石质的样品，亦会影响结论。第二种视角是站在古人立场上观察材料。文献资料和文字材料是了解古人用玉行为和思想的直接证据。然而，文献材料和复杂的实际情况往往难以吻合，如《周礼》提

① ［美］帕梯·J. 皮尔托、格丽特尔·H. 皮尔托：《人类学中的主位和客位研究法》，《民族译丛》1991 年第 4 期；汪宁生：《文化人类学调查——正确认识社会的方法》（增订本），文物出版社 2002 年版，第 41 页。

② 杨伯达：《翡翠传播的文化背景及其社会意义》，《故宫学刊》2004 年第 1 辑，第 99—157 页。

出的理想化用玉制度，与实际发现大相径庭。即使有直接文字证据，也难以据此轻下结论。河北中山王墓内曾经出土若干件墨书“它玉环”的玉环[①]，这似乎说明古人认为这是一件玉器，名为环。然而，还需要考虑文字是谁所写，是当时社会的普遍观点，还是墓主人家族的认知，抑或仅是书写者自己的理解？

无论采取何种研究视角，了解古人的用玉行为，需要从考古材料出发，观察使用情境。在商周玉石器中，有象征墓主人身份的礼器，有与职业相关的工具，有反映个人喜好，装饰身体、衣服和器物的饰品和玩好之物，有作为墓主口含、手握、足踏的敛葬用品，还有专用于丧葬仪式的明器。随葬的礼器、生活用品、玩好，多为墓主人生前使用，玉质比例较高；敛葬用品通常权宜性使用各类小件器物，玉质比例也较高；装饰品则受个人喜好影响，玉石兼用，充斥大量绿松石、天河石、玛瑙等美石；专用于丧葬仪式的明器多为石质，制作简单粗劣。

以妇好墓为例，按原报告划分，出土玉器 755 件、石器 63 件、宝石器 47 件[②]。该墓葬年代为殷墟二期，正是商代玉器的鼎盛期。墓主人作为商王配偶既富且贵，能够拥有大量高规格的玉石礼器、饰品和工具。妇好墓玉石器构成较为复杂。由表 1 可知，棺内放置有部分玉礼器和装饰品，应是墓主人生前所用，玉器比例较高。体积较大的青铜礼器和部分玉石礼器位于棺椁之间、椁顶、椁顶上层，有的为墓主所有，有的则是亲友官员致送的赗赙[③]。以上三个位置的玉器比例较低，多为大型石质礼器。其中“司辛”石牛是妇好之子为其所做的祭器，“妊竹入石”石磬为官员所致送。填土第六层出土较多玉石礼

① 河北省文物研究所编：《𰯼墓——战国中山国国王之墓》，文物出版社 1996 年版，第 168—180 页。

② 妇好墓报告所言玉器、石器未经科学检测，与实际情况当有出入。器物出土情况参见中国社会科学院考古研究所《殷墟妇好墓》，文物出版社 1980 年版，第 9—14 页。

③ 曹定云先生对妇好墓出土器铭及人物、族属关系有详细讨论。参见曹定云《殷墟妇好墓铭文研究》，云南人民出版社 2007 年版。

器、装饰品，性质应当与椁顶上层器物类似，为送葬者致送的赗赙。填土第二层至第五层石质器物比例亦较大，可能是专门为丧葬仪式中制作和使用的物品。由此可见，日常使用的玉质礼器、饰品，与墓主人距离最近；大件的容器、乐器、石像生多用大理岩制作，有的可能是墓主人生前所用，有的则为祭器或赗赙，与墓主距离稍远；专为丧葬仪式制作的器物多为石质，且与墓主的距离最远。因此，商代先民对玉石应当有明确区分。

表 1　**妇好墓玉石器出土层位表**

层位	器物
填土第二层	石臼
填土第三层	石铲、石磬
填土第四层	石管
填土第五层	石钺、石戈
填土第六层	铜内玉援戈、玉璧、玉牙璧、石豆、石罐、石罍、石棒形器、石鸟、石牛、孔雀石兽头、石蝉、玉管
椁顶上层	“司辛”石牛、“妊竹入石”石磬、玉箍形器、绿松石片，部分铜礼器。
椁顶	石簋两件
棺椁之间	主要为铜礼器，可能有部分玉石礼器
棺内	玉人、玉鱼、刻刀在腰坑附近，玉戈在棺北，璧、环在棺内四周，还有大量海贝

无论采用何种解读方式，辨明古人对于玉的认知，讨论用玉习俗和用玉制度，需要考虑时代、地域、文化等宏观特征，结合出土器物的材质、出土位置、组合关系等微观特征，进行综合分析。

三　玉器功能的分析

玉器功能的分析是了解玉器在原生情境中的使用方式。在对玉器定名和分类时，即会受到常识和预设的影响。夏商周时期的柄形器，曾被冠以琴拨、大圭、柄形饰、柄形器等名称。定名时隐含的预设判断会影响到分类。学界对于玉器的分类方式，常见有功能分类、形制分类、经生分类三种。常见的功能分类，往往在研究的开始即划分若干类别，将对于功能的经验判断作为研究预设。如将柄形器定名为琴拨，很可能将其归入工具类；定名为柄形饰，可能归入装饰品类；定名为大圭或柄形器，则可能归入礼器。这样忽略了对于功能的分析，在讨论器物功能时易陷入循环论证。

因此论证玉器的功能，需要在把握遗迹、遗物宏观特征基础上，对器物出土情境进行具体分析。首先需要区分遗迹和出土玉器的年代、性质，辨别旧器和外来器。例如二里头遗址内出土的牙璋是高规格礼玉，对于春秋晚期桐柏月河一号墓而言，出土牙璋则为前代旧器①，可能是墓主人生前的收藏和玩好。此类器物在商代以后的中原地区不再流行，不可视同礼器。器物尺寸和出土情境亦需要考察。直径超过 10 厘米的玉璧，如出自居址内，可能作为室内陈设；出自墓葬内，有较大可能作为礼器。直径小于 7 厘米的小玉璧，作为佩饰组件较多；但在某些祭祀遗存中，如战国晚期至秦代的西安联志村、庐家口祭祀遗址②，临时改制的小玉璧又被权宜性用作祭天的礼器③。又如商代长度在 15 厘米以上的玉戈，通常是象征墓主人身份的礼器，多出自墓主头部至腰部附近。在高级贵族墓中，殉人亦可能随葬玉戈，因此应当区分墓主人的随葬品和殉人的随葬品。长度不足 10 厘米的小玉戈多用作佩饰，出自墓主人颈部、腰部等位置；也有的会用作口含、手握、足踏等敛葬用玉。

玉器在遗迹内的摆放方式是判断器物功能的重要依据。墓葬空间的利用，能够反映遗物的重要性，以及和墓主人的亲疏关系，前述妇

---

① 南阳市文物研究所、桐柏县文管办：《桐柏月河一号春秋墓发掘简报》，《中原文物》1997 年第 4 期。

② 也有学者认为两处遗址是西汉时期的。参见梁云《对鸾亭山祭祀遗址的初步认识》，《中国历史文物》2005 年第 5 期。

③ 李银德著，陆建芳主编：《中国玉器通史 · 秦汉卷》，海天出版社 2014 年版，第 14 页。

好墓的例子就很好地说明了遗物摆放位置与墓主人的关系。玉器周边的伴出物和器物组合，亦有助于判断器物功能。首先需要注意使用上存在关联的器物。有机质构件可能腐朽，例如戈、钺等器物的木柄。殷墟早期的戈经常将木柄顺墓室长轴方向放入，戈身与墓室长轴垂直，尖锋朝内或朝外，木柄两端时常能够发现帽和镦。因此观察此类有刃器的摆放和尖锋、刃部朝向，以及可能伴出的饰物，有助于复原器物组合。其次，不同质地和功能的器物相互靠近，也说明重要性相似，可能存在功能关联，或是同一批人致送的赗赙，或是曾在仪式中使用。

此外，即使同一类器物，材质、器形、纹饰、尺寸不同，功能可能存在差异。良渚文化玉琮通常作为礼器使用，出自墓主人头部至腹部，尤以中晚期器壁厚、俯视呈璧形的矮体玉琮和多节高体玉琮为代表。良渚文化还有一种器形较小的琮形管，造型、纹饰与玉琮无异，但直径一般不超过 3 厘米，经常作为钺柄部的坠饰①。时代相近的清凉寺玉琮，琮的形制以矮体、器壁较薄的镯形琮为主，通常套在手臂作为手镯或臂钏②。因此，在论证器物功能时，需要综合考察年代、材质、尺寸、造型、纹饰和出土情境等。

四　玉器社会生命史的认知

社会生命史研究是西方上世纪 80 年代后兴起的方法，将器物视作有机生命体，通过观察器物背后的社会行为，了解其对人与社会的

① 出土玉琮较多的反山、瑶山墓葬可作为典型案例。参见浙江省文物考古研究所《反山》，文物出版社 2005 年；浙江省文物考古研究所《瑶山》，文物出版社 2003 年版。

② 山西省考古研究所、运城市文物工作站、芮城县旅游文物局编著，薛新明主编：《清凉寺史前墓地》，文物出版社 2016 年版。

意义[①]。玉器作为高规格物品，从原料获得、加工到流通等过程均需要消耗社会资源。开采、设计和加工、分配与流通、使用、维护、改造、废弃过程大致构成了玉器的社会生命史。用玉行为与地位、身份、财富和社会关系均有密切联系，因此玉器在其生命史的各个环节中，存在某些“优先级”。在设计和加工环节中，优先制作重要的、消耗原料多的大型礼器、圆雕像生器等。良渚文化的琮、璧、钺，夏代的牙璋，商代的戈，作为各个时代的核心礼器，制作优先级在其他器物之上。在分配与流通环节，掌握王权、军权的社会上层对玉器拥有优先使用权，这不仅体现于象征身份的礼器，也体现于玉质装饰品和工具等。“优先权”显示了社会上层的富与贵，也是资源控制和占有能力的体现。

玉料的开采、设计和加工，不仅体现了政体的经济、技术水平，更体现了资源控制范围和能力。古代政体对玉的获取主要有获取原料、获取成品两类，方式则有直接控制矿源，间接的贡纳、贸易、战争等。前仰韶时代至仰韶时代，由于交通运输条件所限，用玉兴盛的古文化，多位于玉矿附近，能否控制矿源成为了关键。龙山时代以后，随着社会进步，玉器逐渐遍地开花。如无法控制矿源，对于古文化可能造成的结果，一是玉器小型化，二是对玉器进行反复改造和再利用，三是寻求其他材质的替代品。齐家文化分布区控制了甘青地区的玉矿，原料丰富，玉器通常大而粗糙，反映了对玉料使用相对随意。石家河文化[②]则可能远离玉料产地，玉器普遍小型化且加工较精美，这反映了对于原料的珍视。又如商代早中期处于文化扩张阶段，对周边玉料资源的控制力强，可见大型器。盘龙城遗址出土的商代早

① Arjun Appadurai ed., *The Social Life of Things*: *Commodities in Cultural Perspective*, Cambridge: University Press, 1986, pp. 3 – 63.

② 对于用玉兴盛的石家河文化晚期遗存，学界目前常称作后石家河文化、肖家屋脊文化，本文仍将其称作石家河文化。

中期玉戈，长度可达70—90厘米。晚商时期，商文化势力收缩，对于周边资源的控制力减弱，多小型器。玉戈的长度多在20—30厘米，罕见50厘米以上者。有的小型器甚至用原先的大器剖切改造，妇好墓角形玉饰M5：1513和M5：1514，璜形玉鱼半成品M5：1113和M5：1116就是用有领璧环分割而成①。这或许是晚商时期玉礼器衰落，小型装饰品逐渐兴盛的原因之一。

判断一个政体是否具有玉器设计和加工能力，制玉作坊和相关遗物是重要线索。由于制玉作坊发现有限，制玉有关的原料、毛坯、半成品、成品、废品、余料和加工工具亦是线索。由于玉料宝贵，半成品、废品也可能被直接使用或经改造后使用。既富且贵如妇好，也随葬有若干件玉器半成品，如未施纹的玉鹦鹉M5：396、玉龙M5：1118，中孔未钻透的小玉环M5：1101②。殷墟铁三路M89随葬多件玉器半成品（玉鸟M89：16）和废品（玉戚M89：8），该墓主人应为制玉工匠③，说明附近很可能存在制玉作坊。另在殷墟小屯西北地，曾发现有出土制玉工具和玉料的半地穴房址④；在戚家庄东、北徐家桥墓葬，亦发现有随葬制玉工具和玉石器毛坯的墓葬⑤，说明当时的玉石作坊应有多处。制作大型器物的余料则多为中下层贵族使用，殷墟时期的大量小型像生器和几何形佩饰即为余料再利用的作品。

---

① 中国社会科学院考古研究所：《殷墟妇好墓》，文物出版社1980年版，第114—205页；中国社会科学院考古研究所、广东省博物馆：《妇好墓玉器》，岭南美术出版社2016年版，第155、303页。

② 中国社会科学院考古研究所：《殷墟妇好墓》，文物出版社1980年版，第114—205页；中国社会科学院考古研究所、广东省博物馆：《妇好墓玉器》，岭南美术出版社2016年版，第215、307、241页。

③ 中国社会科学院考古研究所安阳工作队：《河南安阳市殷墟铁三路89号墓的发掘》，《考古》2017年第3期。

④ 中国社会科学院考古研究所：《殷墟玉器》，文物出版社1982年版，第11—12页。

⑤ 安阳市文物考古研究所：《安阳殷墟戚家庄东商代墓地发掘报告》，中州古籍出版社2015年版；安阳市文物考古研究所：《安阳北徐家桥2001—2002年发掘报告》，中州古籍出版社2020年版。

探讨玉器的分配至废弃过程较为复杂，因为玉器既可大范围地交流和仿制，又能长期流通传世，还可被改造。史前玉器发现证明，当时已经存在大范围的原料、技术，甚至精神信仰的交流。早至前仰韶时代，环玦类饰品在东部地区普遍流行；长条形坠饰在南方地区大范围流行。这说明玉器的大范围交流是长期存在的。邓淑苹认为新石器时代晚期至末期，华东地区存在对于“物精崇拜”的广泛共识，而华西地区存在对天体崇拜和宇宙观的认知①。这是大范围精神信仰交流的结果，也对玉器产生了根本影响。有的古文化即使无法获取玉料，也会用本地石料对流行的器类进行仿制和使用，河姆渡文化的萤石、叶腊石玦就是一例②。良渚文化玉琮出现之后，受到了从北方至南方多地文化遗存的欢迎和仿制。有的直接引进原器，如较晚的金沙遗址出土多节高体玉琮 2001CQJC：61 为良渚文化晚期遗物③；有的则进行精细仿制，例如延安芦山峁玉琮装饰有神人兽面纹，但琮角纹饰正反交错，与良渚玉琮迥异④；广东封开禄美村玉琮的简化神人兽面纹也与良渚文化玉琮近似⑤。有的仿制粗糙写意，如山东五莲丹土玉琮用多组横向弦纹和圆眼表示神人兽面形象⑥。即使神人兽面纹被简化掉，依然可以看出良渚式玉琮的构图，例如甘肃静宁⑦、山西兴县碧村⑧出土的琮角装饰瓦棱纹的玉琮，山西襄汾陶寺 M3168：7 和 M3448：1 石琮⑨、

---

① 邓淑苹：《玉礼器与玉礼制初探》，《南方文物》2017 年第 1 期。

② 浙江省文物考古研究所：《河姆渡：新石器时代遗址考古发掘报告》，文物出版社 2003 年版，第 83—84、255、315、351 页。

③ 成都市文物考古研究所：《成都金沙遗址 I 区“梅苑”地点发掘一期简报》，《文物》2004 年第 4 期。

④ 古方主编：《中国出土玉器全集》第 14 册，科学出版社 2005 年版，第 23 页。

⑤ 古方主编：《中国出土玉器全集》第 11 册，科学出版社 2005 年版，第 2 页。

⑥ 古方主编：《中国出土玉器全集》第 4 册，科学出版社 2005 年版，第 28 页。

⑦ 古方主编：《中国出土玉器全集》第 15 册，科学出版社 2005 年版，第 35 页。

⑧ 国家文物局主编：《2015 中国重要考古发现》，文物出版社 2016 年版，第 31 页。

⑨ 中国社会科学院考古研究所、山西省临汾市文物局：《襄汾陶寺：1978—1985 年考古发掘报告》，文物出版社 2015 年版，第 707—710 页。

芮城清凉寺 M87：1 石琮[①]、湖南安乡度家岗玉琮[②]使用竖向弦纹分割琮面、琮角，琮角装饰横向弦纹，是仿良渚式玉琮最简易的形式。

蔡庆良对原生形、次生形、再生形玉器的分析模式[③]，有助于认识玉器的分配至废弃过程。原生形器物为优先设计，满足礼仪等需求，玉料根据需求主动设计，即料依形，原料消耗较多。次生形器物则利用边角料制作，器形依玉料形状而被动设计，即形依料。再生形器物指对原器进行改造或重新设计。一是残损被迫改制；二是有了新的观念和需求，将原器改作他用。辨别原生形、次生形和再生形三类器物，有助于了解玉料的分配与流通。以殷墟为例，妇好墓的原生形玉器比例很高，如戈、钺、璧等礼器，圆雕像生器，另有大型石像生、成组石容器等大理石质器物，还有较多的传世玉器，反映了墓主人对资源的占有能力。在殷墟中小墓葬中，玉器多为余料制作的次生形，玉质像生器几乎均为片雕，基本不见传世古玉。商代原生形、次生形器物的分配不均，体现了用玉优先级的不同，也体现了社会的等级差异。

由于玉器可以长期流传，需要根据器形、纹饰等特征，分辨经过改制的再生形玉器，探讨玉器被改制的方式和原因。殷墟花东 M54：351 玉戈形饰，就是在援部残损之后，将鸟首曲内前端磨成三角形。玉璧戚 M54：315 和 M54：的 359 系用玉璧切割两侧边，再磨出刃部制成[④]。此外，还应该分辨外来玉器和前代旧玉，探索随葬玉器的构

① 山西省考古研究所、运城市文物工作站、芮城县旅游文物局编著，薛新明主编：《清凉寺史前墓地》，文物出版社 2016 年版，第 242 页。

② 荆州博物馆：《石家河文化玉器》，文物出版社 2008 年版，第 165 页。

③ 蔡庆良：《古器物学研究——原生形、次生形、再生形玉器的讨论》，《古代文明》第 3 卷，文物出版社 2004 年版，第 359—379 页。

④ 中国社会科学院考古研究所：《安阳殷墟花园庄东地商代墓葬》，科学出版社 2007 年版，第 185—186、192 页。

成。例如陶寺22号大墓出土的玉兽面M22：135来自石家河文化[①]。商代的高级贵族墓如妇好墓和花东M54，均随葬有多件前代旧器。妇好墓的玉凤M5：350、玉鹰形笄M5：942为石家河文化旧器，玉勾云形器M5：948、玉钩形器M5：964为红山文化旧器[②]。花东54号墓的玉璧戚M54：314、玉戚M54：320均是夏代遗物，玉琮M54：349则来自新石器末期的西北地区[③]。因此，深入了解遗迹内玉器的构成方式，才能全面认识玉器的生命史，探讨器物背后的人类行为。

五　中华玉文化的统一性与多样性

数千年不断裂的用玉文化，构成了中华文明的重要特征。纵观中华文明的用玉史，与满天星斗的地方文化相映，也呈现出统一性与多样性，具备多元一体的特征。

中华玉文化的统一性体现在以下几个方面。

第一，对透闪石—阳起石玉的共同认知。在翡翠流行之前，透闪石—阳起石玉是唯一符合“五德”的矿物。从审美角度，玉有温润的光泽质感，被引申用来象征君子的品质。从技术角度，高韧性与参差状断口，使得玉器加工成为了专门的技术。从地缘角度，国内多地有玉矿分布，具备开采条件。缺乏其他便于开采的宝石资源，或许也是中国古代先民推崇玉的原因。

第二，对某些器类的大范围共同接受。早在前仰韶时代，环、

---

① 中国社会科学院考古研究所山西队、山西省考古研究所、临汾市文物局：《陶寺城址发现陶寺文化中期墓葬》，《考古》2003年第9期。

② 中国社会科学院考古研究所：《殷墟妇好墓》，文物出版社1980年，114—205页；中国社会科学院考古研究所、广东省博物馆：《妇好墓玉器》，岭南美术出版社2016年版，第234、288—289页。

③ 荆志淳先生的近红外光谱主元分析模型也证明了以上器物与同类玉器来源有别。材料参见中国社会科学院考古研究所《安阳殷墟花园庄东地商代墓葬》，科学出版社2007年版，第175—209页；研究参见报告附录345—387页的《M54出土玉器的地址考古学研究》一文。

玦、弯条形器等器物就在从东北到东部沿海地区均有发现。即使在玉矿资源匮乏的华北和华东地区，古人也利用当地的美石来仿制上述“流行”器类。长江下游的跨湖桥文化利用当地相对方便获取的萤石制作玦①，稍晚的河姆渡文化②、马家浜文化③也有类似的做法。前仰韶时代的南方地区则流行棒形坠饰，此类器物向北可达中原地区④。自仰韶至龙山时代，钺在长江下游的马家浜晚期出现以后，由东向西、北传播⑤。琮在良渚文化早期出现，到中期逐渐定形，随后流传各地，引发了由北到南众多地区的仿制。牙璋较早见于龙山时代的黄河中下游，很快也开始向周边扩散。夏商时期，戈作为中原地区的核心礼器之一，步牙璋后尘，影响到了从北向南的广大地区。器物交流的背后，可能也伴随着人员、技术、精神信仰的交流，构成了华夏民族的共同记忆。

第三，玉的引申观念的广泛交流和认知。仰韶时代的东部地区，以东北的红山文化和东南的凌家滩文化为代表，在原始宗教的影响下，引申并共享了“以玉通灵”的巫玉观念⑥。制作大量的像生器，可能是作为人与神灵沟通的媒介。龙山时代的社会复杂化加速，玉作为高规格物品，被用于制作各类礼器，象征社会地位的礼玉形成，直到夏商时期逐渐被更容易大规模生产的青铜礼器取代。周代以后，玉

---

① 方向明著，陆建芳主编：《中国玉器通史·新石器时代南方卷》，海天出版社2014年版，第16—17页。

② 河姆渡文化石玦的材质以萤石、叶腊石为主。参见浙江省文物考古研究所《河姆渡：新石器时代遗址考古发掘报告》，文物出版社2003年版，第83—84、255、315、351页。

③ 陆建芳主编，方向明著：《中国玉器通史·新石器时代南方卷》，海天出版社2014年版，第7—11页。

④ 河南省文物考古研究所：《舞阳贾湖》，科学出版社1999年版，第396页。

⑤ 隗元丽：《先秦时期玉石钺研究》，硕士学位论文，吉林大学，2019年。

⑥ 多位学者曾经论及此问题。邓淑苹女士认为在华东先民曾经在公元前3500—2600年交流过“物精崇拜”观念。孙庆伟先生对此也有过讨论。参见邓淑苹《玉礼器与玉礼制初探》，《南方文物》2017年第1期；孙庆伟《礼以玉成：早期玉器与用玉制度研究》，北京大学出版社2022年版，第1—5页。

的礼制地位衰落，但在玉德思想的影响下，成为了“君子”的象征，被制作为服饰用玉和生活用玉。汉唐以后，玉更加生活化，成为文人雅士的玩好之物，成为了一种文化符号。

中华玉文化的多样性体现在以下几个方面。

第一，存在对用玉文化的接受与不接受，尤其在新石器时代较为显著。仰韶时代，东北地区的红山文化玉器空前繁荣。李新伟认为红山文化先民具有明显的“超自然倾向”，玉器被认为是与神灵沟通的媒介而得到重视。后来面对气候恶化，社会上层仍然将希望诉诸神灵，修建大型仪式建筑，制作精美玉器，加剧了社会的崩溃①，其后东北地区玉文化衰落。龙山时代，成组玉礼器出现，以玉为礼逐渐成为时代风尚。然而中原地区的王湾三期文化却成为了用玉洼地，玉器仅零星发现，不成系统，且所出玉器、陶礼器多受到南方石家河文化和东方龙山文化的影响②。王湾三期文化流行薄葬，少见随葬品，这可能体现了其注重实用的精神理念。夏商以后，随着广域王权国家的出现和发展，玉器被各地先民普遍接受。

第二，应用本地矿物，“以石代玉”仿制流行器类。河姆渡文化的环、玦类饰品流行，此时长江下游地区尚无玉矿发现，常以萤石制作以上器物。仰韶文化时期，起源于长江下游的钺在北方流行。灵宝西坡墓葬有较多随葬石钺，其材质主要为蛇纹石③，此类材质在中原地区较为常见。夏商时代，玉戈由中原地区逐渐南传，在江西清江吴

① 李新伟：《仪式圣地的兴衰：辽西史前社会的独特文明化进程》，上海古籍出版社 2017 年版，第 139—141、168—170 页。

② 例如禹州瓦店遗址发现有石家河文化的鹰形笄。王城岗石琮和瓦店陶礼器则来自山东龙山文化影响。参见河南省文物考古研究所《禹州瓦店》，世界图书出版公司 2003 年版，第 109 页；北京大学考古文博学院、河南省文物考古研究所：《登封王城岗考古发现与研究（2002—2005）》，大象出版社 2007 年版，第 137 页。

③ 石钺和材质鉴定散见于报告正文，不再标出页码。中国社会科学院考古研究所、河南省文物考古研究所：《灵宝西坡墓地》，文物出版社 2010 年版。

城[1]、福建漳州虎林山[2]等遗址出土有大量石戈，多用本地石料制作，使用亦无等级差异。吴城文化遗址出土石戈多残损，可能是作为实用的兵器；虎林山遗址的石戈主要作为随葬，或许是作为士兵身份的象征。

第三，对同一器类，各地存在不同的认知和用法，对器物进行重新设计和改造。前仰韶时代，弯条形器曾经是东北地区流行的装饰品，一侧有穿孔，作为串饰佩戴。当跨湖桥先民接触到此类器物，将其改为两侧穿孔，产生了璜。后来璜的流行时间、空间跨度大大超过了弯条形器。多孔石刀产生于长江下游，至薛家岗文化兴盛，逐渐影响到山东、晋南等地。薛家岗多孔刀为较长的斜梯形，多孔呈直线排列。良渚文化虽然接受了多孔刀，但是将其改为长方形。山东地区则用玉制作大刀，刀身呈较宽的梯形。晋南的清凉寺文化使用本地的蛇纹石、大理岩仿制多孔刀，器形同样为宽梯形，可能受到了山东地区的影响。多孔刀直到夏文化仍然流行，器形为较长的斜梯形，不同的是刀后部有收窄的柄部[3]。

第四，存在特色鲜明的地方用玉文化。龙山时代的各地区在玉器风格上大致形成了西北、东南二元格局。西北方以龙山文化、陶寺文化、齐家文化为代表，流行器形简洁的素面礼器。东南方以良渚文化和石家河文化为代表，以琮和像生器为典型，可见大量器表装饰和神徽纹饰。这反映了当时两大区域共享了不同的精神信仰体系[4]。长江中游的石家河文化常见制作精美的小型玉器，对后世产生了深远影

---

① 江西省文物考古研究所、樟树市博物馆：《吴城：1973—2002 年考古发掘报告》，科学出版社 2005 年版，第 129—132 页。

② 石戈和材质鉴定散见于报告正文，不再标出页码。福建博物院、漳州市文物办、漳州市博物馆：《虎林山遗址》，海潮摄影艺术出版社 2003 年版。

③ 方向明：《夏商时期钺、大刀、牙璋等端刃玉器变迁的考古学观察》，《夏商玉器及玉文化学术研讨会论文集》，岭南美术出版社 2018 年版，第 56—68 页。

④ 邓淑苹：《玉礼器与玉礼制初探》，《南方文物》2017 年第 1 期。

响。石家河玉器散见于夏商周及后代遗存中，并且典型器类如柄形器、人形饰、蝉等器类，为夏商以后的中原地区继承和发展。巴蜀地区的用玉文化同样地方特色浓郁，礼器系统独具一格。商代以后，牙璋在中原地区不再流行，但巴蜀地区的三星堆文化大量制作和使用牙璋，尤其以端刃呈人字形、端刃镂雕鸟纹的牙璋为特色。巴蜀先民还引进中原地区流行的玉戈并改造，将戈的尖锋改造为类似牙璋的端刃，有的亦施镂雕玉鸟装饰，形成了独具特色的风格①。

多元一体的玉文化，凝聚了华夏先民的共同精神信仰，构成了中华民族多元一体格局的基石。

① 四川省文物考古研究所：《三星堆祭祀坑》，文物出版社 1999 年版，第 61—95 页。

二里头文化对二里岗文化的影响

赵海涛　李　杰

（中国社会科学院考古研究所；郑州大学考古与文化遗产学院）

二里头文化与二里岗文化是中国青铜时代重要的两支考古学文化，二者前后相继，均已进入王朝国家阶段。二者均已出现面积较大的都邑，都邑中具有明确的功能区划和严格的等级制度，出现城墙、大型宫殿建筑、礼制建筑、高等级手工业作坊、高级贵族墓葬、青铜礼器、玉质礼器群等象征王国文明与王权礼制的遗迹遗物，并且二者之间具有诸多共性，二者文明形态与礼乐文化一脉相承，呈现出极为相似的面貌和特征①，本文拟在之前学者研究的基础上，继续比较二里头文化与二里岗文化的相似特征，探讨前者对后者的影响，以及所体现的文明形态与特征。

一

二里头文化②主要分布在现今河南省大部和山西省西南部，最大分布范围可达陕西东部、湖北北部。二里头文化聚落包括都邑、区域

---

① 张渭莲：《二里头文化对商文明形成的影响》，《二里头遗址与二里头文化研究：中国·二里头遗址与二里头文化国际学术研讨会论文集》，科学出版社 2006 年版。

② 中国社会科学院考古研究所：《中国考古学·夏商卷》，中国社会科学出版社 2003 年版；王巍总主编：《中国考古学大辞典》，上海辞书出版社 2014 年版。

中心聚落及村落，以二里头都邑发展水平最高。二里头都邑①现存面积约300万平方米，是当时中国乃至东亚地区最大的城市遗址。二里头都邑发现有多条纵横交错的主干道路和夯土墙垣，形成多网格式布局。都邑中心有方正规整的宫城和大型夯土建筑群，祭祀区和多处祭祀遗存，官营围垣作坊区和大型青铜铸造作坊、绿松石器加工作坊，制陶、制骨有关的遗迹若干处，包括出土成组青铜礼器和玉器的墓葬在内的400余座多层级墓葬。有大中型夯土建筑到地面式建筑和半地穴式房屋等多个等级的建筑，墓葬的规模、葬具和随葬品的质地、数量也显现出社会的高度分化。已有高度发达的铸铜、加工玉石器、制陶和制骨等手工业。二里头文化存在于距今约3800—3500年。一般认为，中晚期夏都和夏文化是二里头遗址和二里头文化的最佳历史属性。

二里岗文化②早期与二里头文化的分布范围大致重合，随着商王朝实力的增加，分布范围大规模扩张，东达泰沂山脉以北，东南到达巢湖以东，南抵向长江，北至太行山以北壶流河流域，西进到耀县、铜川一线。二里岗文化的聚落包括多处都邑性城址、区域中心聚落及村落。郑州商城③和偃师商城④为都邑性城址，均构筑有包括内外两

① 二里头遗址的考古材料参见中国社会科学院考古研究所《偃师二里头（1959—1978年考古发掘报告）》，中国大百科全书出版社1999年版；杜金鹏、许宏主编《偃师二里头遗址研究》，科学出版社2005年版；中国社会科学院考古研究所《二里头（1999—2006）》，文物出版社2014年版；中国社会科学院考古研究所二里头工作队《河南偃师市二里头遗址墙垣和道路2012—2013年发掘简报》，《考古》2015年第1期；中国社会科学院考古研究所二里头工作队《河南偃师市二里头遗址宫殿区1号巨型坑的勘探与发掘》，《考古》2015年第12期；中国社会科学院考古研究所二里头工作队《河南偃师市二里头遗址宫殿区5号基址发掘简报》，《考古》2020年第1期。如未另外注明，后文涉及的二里头遗址考古材料，均引自上述文献。

② 中国社会科学院考古研究所：《中国考古学·夏商卷》，中国社会科学出版社2003年版；王巍总主编：《中国考古学大辞典》，上海辞书出版社2014年版，第304页。

③ 郑州商城的考古材料参见河南省文物研究所《郑州商城考古新发现与研究（1985—1992）》，中州古籍出版社1993年版；河南省文物考古研究所《郑州商城：1953—1985年考古发掘报告》，文物出版社2001年版；河南省文物考古研究院《郑州商城遗址考古研究》，大象出版社2015年版。如未另外注明，后文涉及的郑州商城遗址考古材料，均引自上述文献。

④ 偃师商城的考古材料主要见于：杜金鹏、王学荣主编：《偃师商城遗址研究》，科学出版社2004年版；中国社会科学院考古研究所：《偃师商城》（第一卷），科学出版社2013年版。如未另外注明，后文涉及的偃师商城遗址考古材料，均引自上述文献。

重城垣在内的比较完整的防御体系。偃师商城保存较好，大城城墙外有城壕，每面城墙上均有多座城门，有完备的给排水体系。在城址的南部以宫城为主体，分布有成片的大型夯土建筑基址。宫城内有多座大、中、小型建筑基址池，北部有池苑遗迹和祭祀遗迹。小城内有多处规模可观的府库遗址。在城址的东北部发现多处制陶、制骨、铸铜等与手工业相关的遗存。郑州商城发现较多出土青铜礼器的墓葬和青铜器窖藏坑，还有铸造青铜礼器的作坊和制陶、制骨作坊；偃师商城仅见个别随葬少量青铜礼器的墓葬。一般认为，二里岗文化为早于殷墟文化的商代早期文化。

二

学术界多认为与二里头文化相邻的下七垣文化是二里岗文化的主要来源。与二里头文化出现超大型单一性中心聚落、社会发展水平较高的情况相比，下七垣文化①的高等级聚落，仅有辉县孟庄等城址，未见其他高等级遗迹。陶容器流行平底器，以深腹罐、鬲、甗等为主要炊器。青铜器数量稀少，仅见青铜刀、镞、耳环、笄等小型器物，尚未发现青铜容器。其他遗物也仅为小件工具。从现有的考古发现综合分析，二里头文化对二里岗文化礼制方面的影响甚至要远远超过下七垣文化。与统治者和贵族相关的都城规划、大型建筑的营建和青铜礼器的铸造技术和礼乐制度，显然来自于彼时发展程度最高的二里头文化。

通过对两种文化的对比和分析可以发现，二里头文化为二里岗文化的产生和发展奠定了最主要和最直接的基础。二里头文化对二里岗文化的影响，主要体现在以下多个方面。

① 井中伟、王立新：《夏商周考古学》（第二版），科学出版社2020年版。

（一）择天下之中的建都制度

二里头都邑选址的洛阳盆地，被认为是天下之中。现知“中国"一词最早见于西周初年青铜器《何尊》铭文。这篇铭文记述了周成王告祭于天，以洛邑作为“地中之国”“中土之国”，统治民众。《尚书》、《逸周书》、《史记·周本纪》也有关于成王营建东都洛邑的记载，可相印证。《史记·周本纪》① 记载：“自洛汭延于伊汭，居易毋固，其有夏之居，我南望三涂，北望岳鄙，顾詹有河，粤詹雒、伊，毋远天室。营周居于雒邑而后去。”集解：“徐广曰：《周书·度邑》曰：武王问太公曰：吾将因有夏之居也，南望过于三塗，北詹望于有河。”“成王在丰，使召公复营洛邑，如武王之意。周公复卜申视，卒营筑，居九鼎焉。曰：此天下之中，四方入贡道里均。”从这些铭文和文献记载可以看出，西周王朝认为，夏朝建都的洛阳盆地是天下之中，都城要在天下之中建造。二里头文化所代表的夏王朝，选择以位居天下之中的洛阳盆地作为建都的空间。这种观念得到了西周王朝的认同和接受。

以位居天下之中的洛阳盆地作为建都空间的观念，可能同样被二里岗政权认同和接受。二里岗文化之初，与二里头都邑直线距离只有6公里的偃师商城取代前者成为洛阳盆地的主导。兴建偃师商城的目的，第一，应是二里岗文化的上层统治者尚未掌握高端的铸铜技术，还未建成自己的铸铜作坊并投入使用，需要继续使用二里头聚落的铸铜作坊②。第二，应是便于商政权监视、控制夏遗民③。

---

① （汉）司马迁：《史记》，中华书局2014年版。

② 赵海涛：《二里头遗址二里头文化四期晚段遗存探析》，《南方文物》2016年第4期。

③ 田昌五：《谈偃师商城的一些问题》，《全国商史学会讨论会论文集》，《殷都学刊增刊》，1985年；蔡运章、洛夫：《商都西亳略论》，《华夏考古》1988年第4期；邹衡：《西亳与桐宫考辨》，《夏商周考古学论文集（续集）》，科学出版社1998年版；郑杰祥：《关于偃师商城的几个问题》，《中原文物》1995年第3期；张国硕：《郑州商城与偃师商城并为亳都说》，《考古与文物》1996年第1期；王学荣：《河南偃师商城遗址的考古发掘与研究述评》，《考古求知集》，中国社会科学出版社1997年版；杜金鹏、王学荣、张良仁：《试论偃师商城小城的几个问题》，《考古》年第2期。

二里岗文化时期，二里头遗址几乎不见相当于偃师商城第 3、5 段的遗存[①]，相当于偃师商城商文化第 4、6 段时，二里头聚落中仅在原宫殿区及附近有少量灰坑、小型房址和墓葬等一般遗迹，罕见高等级遗物，表明此时二里头已全面衰败，沦为一般聚落。[②] 而偃师商城从其商文化第 1 段开始兴建，直到其商文化第 6 段才废弃，二里头成为一般聚落之后的约百年内它仍然是二里岗文化中地位仅次于郑州商城的都邑性城址。显然，二里头成为一般聚落之后，发展、兴盛持续了约百年的偃师商城监视、控制夏遗民的作用不复存在，那么利用洛阳盆地位居天下之中的优越位置，实现对天下的统治，应该是偃师商城兴起、发展的另一非常重要目的。

（二）网格式的城邑布局

二里头都邑是迄今所知最早具有明确规划的青铜时代大型都邑。中心区已发现东西向和南北向各 3 条主干道路，道路两侧多有同向的墙垣[③]。这些主干道路和墙垣把二里头都邑规划形成多个网格。祭祀区、宫殿区和官营作坊区这三个最重要的功能区恰好在都邑的中路区域，中路区域的东、西两侧，都是贵族居住和墓葬区。根据现有的发现，宫殿区西侧的南北向道路向北超过最北侧的东西向道路，因此推测，南北方向上可能存在 4 个分区。宫城东墙以东约 270 米发现南北向道路和两侧的墙垣，表明祭祀区、宫城以东至少存在两个分区。宫城以西暂未发现南北向道路及墙垣，宫城以西至少存在一个分区。如果二里头文化是按照对称原则进行规划，那么宫城以西可能也有两个

---

① 中国社会科学院考古研究所：《二里头（1999—2006）》，文物出版社 2014 年版。

② 中国社会科学院考古研究所：《二里头（1999～2006）》，文物出版社 2014 年版。

③ 中国社会科学院考古研究所二里头工作队：《河南洛阳市二里头遗址主干道路及墙垣 2019—2023 年勘探与发掘简报》，《考古》2024 年第 5 期。

分区。如果这样，推测二里头都邑东西方向上可能有5个分区。祭祀区、贵族居住和墓葬区、加工贵族奢侈品的官营手工业作坊区都拱卫在宫殿区的周围。都邑内部形成了“宫殿核心区——祭祀区、官营作坊区、贵族居住、墓葬区等中心区——一般居住活动区”的“向心式”布局结构，显示出宫城居中、显贵拱卫、分层规划、分区而居、区外设墙、居葬合一的多网格式布局[①]。

偃师商城从小城城墙的走向来看，四面城墙均存在着多处拐折，每一个拐折旁都可能设置有城门和与之连通的道路。从道路分布状况来看，小城内已经具有纵横交错的路网，将小城的城市空间区划为东中西三路，南北不少于四行的网格状。宫城、小城内外两侧的顺城或环城路，和城内的棋盘状路网一起，共同打造了与现代城市街区规划特征类似的“一核、二环、三轴、多区”的向心式网格状封闭城市空间格局[②]。望京楼商城共发现两纵两横4条道路贯穿城内，基本形成“井”字形，大致将城内分成九个区域。其中东侧的南北向道路对应南城墙上的东城门，2条东西向道路对应东城墙上的两座城门，基本将东城墙分成三等份[③]。郑州商城内城区已发现包括W22在内的三道夯土隔墙、多处高等级的夯土宫室建筑[④]，其中紫荆山隔墙和北大街隔墙大致平行，它们均与W22隔墙大致垂直，推测郑州商城内城区可能也是网格式布局。

---

① 赵海涛：《营国城郭　井井有序———二里头都邑布局考古的重大进展与意义》，《河北师范大学学报》（哲学社会科学版）2023年第5期。

② 陈国梁：《偃师商城小城城市空间格局》，《考古》2023年第12期。

③ 郑州市文物考古研究院：《新郑望京楼：2010—2012年田野考古发掘报告》第419页，科学出版社2016年版。

④ 河南省文物研究所：《郑州黄委会青年公寓考古发掘报告》，《郑州商城考古新发现与研究（1985—1992）》，中州古籍出版社1993年版，第185—227页；河南省文物考古研究所：《河南郑州商城宫殿区夯土墙1998年的发掘》，《考古》2000年第2期；河南省文物考古研究所：《郑州商城宫城墙和城市供水设施》，《中国考古学年鉴（1996）》，文物出版社1998年版，第169页。

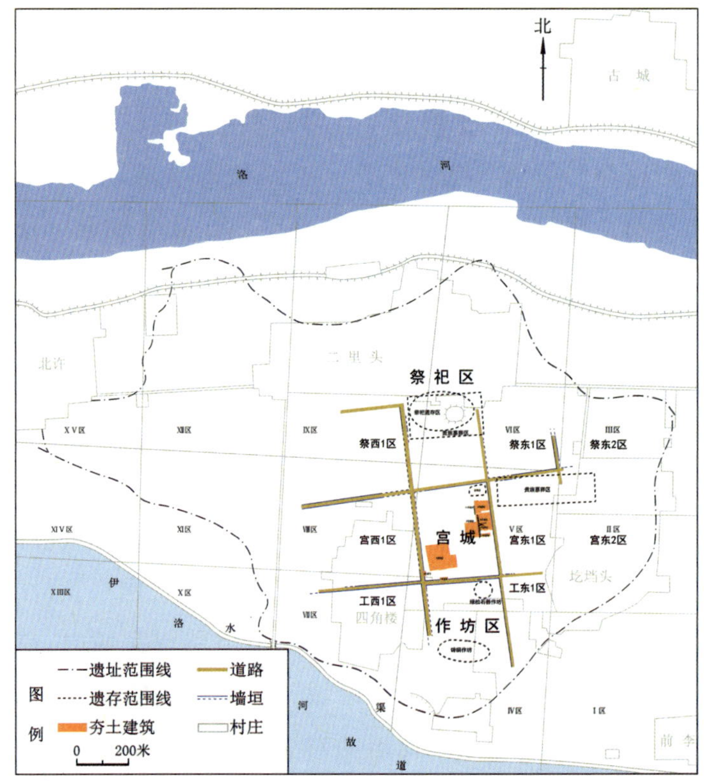

图1　二里头都邑多网格式布局示意图

（三）方正布局与宫城居中

二里头都邑宫殿区位居中心，二里头文化早期时其中建成了中国最早的多进院落宫室建筑群，晚期时在宫殿区外围修建了城墙，形成了方正、规整的近长方形宫城。宫城平面略呈纵长方形，东墙方向174.5度，西墙方向175度，南墙方向88度，北墙方向84.5度。东北角呈直角，南墙与东墙延长线的夹角为86.5度。东、西墙的复原长度分别约为378米、359米，南、北墙的复原长度分别约为295米、292米，围起的面积约10.8万平方米①。在宫殿区东北部发现一处面

① 中国社会科学院考古研究所：《二里头（1999—2006）》，文物出版社2014年版。

图 2 偃师商城城市空间格局平面图

积约 2200 平方米的巨型坑，平面近似圆角长方形，深度 4—6 米，坑中发现有多处以幼猪为牺牲的祭祀遗存①。

---

① 中国社会科学院考古研究所二里头工作队：《河南偃师市二里头遗址宫殿区 1 号巨型坑的勘探与发掘》，《考古》2015 年第 12 期。

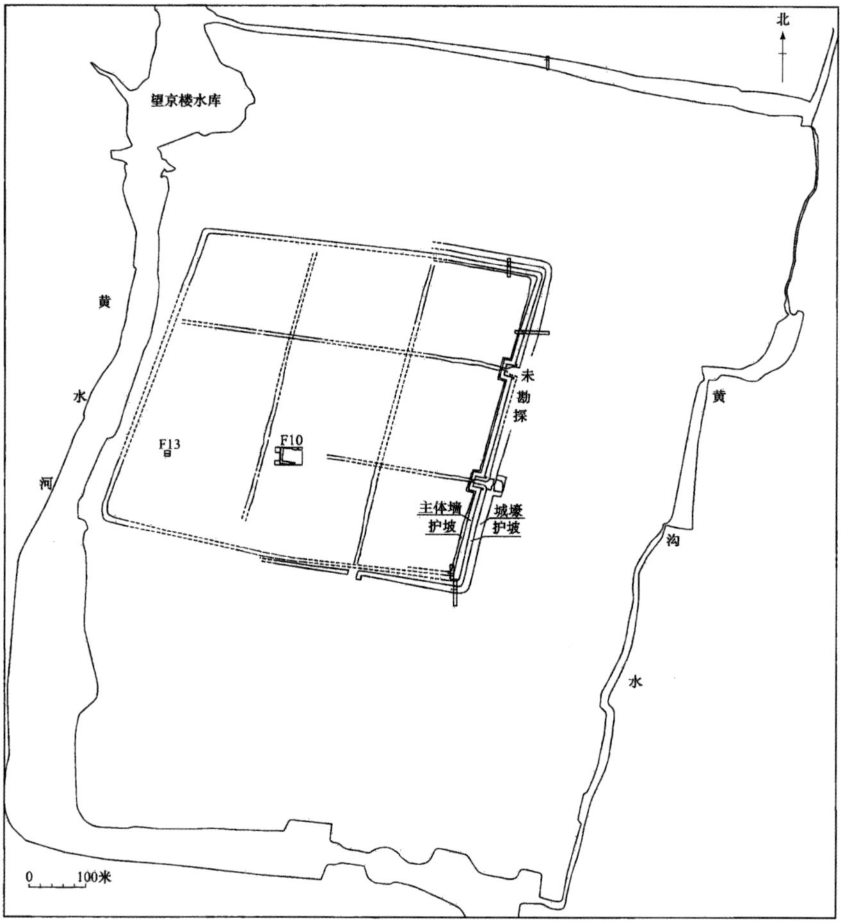

图 3　望京楼二里岗城址平面图

偃师商城宫城位于小城内南北向三列空间的中路偏南部。早期宫城大致呈正方形，长宽均约 190 米，面积约 3.6 万平方米；晚期向西，向南扩建后，东西最长 232 米，南北最宽 221 米，总面积近 5 万平方米[①]。该区域自北向南大体可以分为三个区域：池苑区、祭祀区

① 陈国梁：《都与邑——多重视角下偃师商城遗址的探究》（上、下），《南方文物》2021 年第 6 期、2022 年第 5 期。

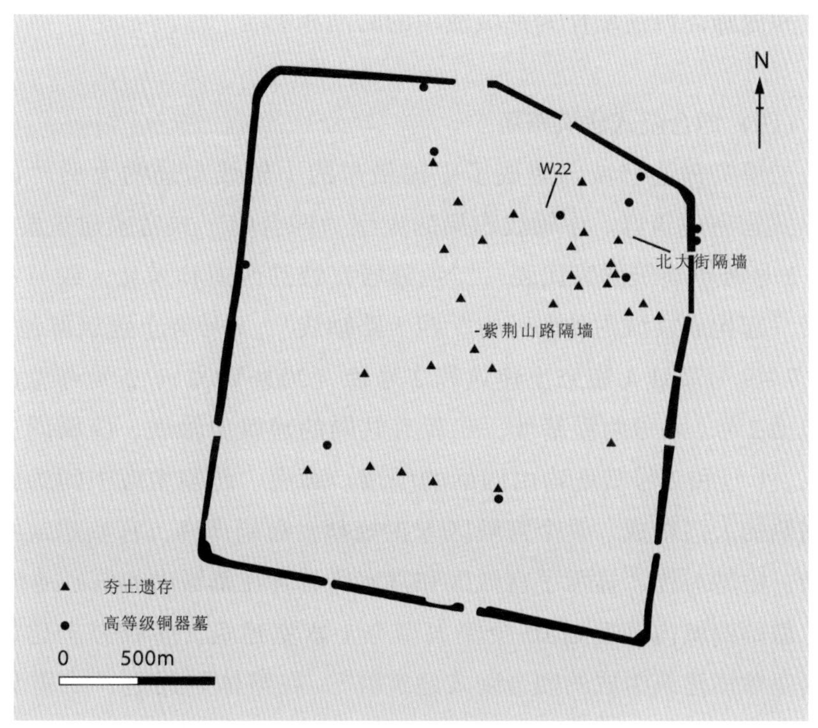

图4　郑州商城内城居葬分布示意图

资料来源：刘亦方、张东：《关于郑州商城内城布局的反思》，《中原文物》2021年第1期。

和宫室建筑区。祭祀遗存区主要位于宫城区北中部，集中分布于宫室建筑与池苑之间，分为东西三个区域，总面积约3300平方米，有“祭祀场”和“祭祀坑”①。在宫城东南部5号建筑基址庭院东北部也有一处祭祀遗存集中分布区，后称之为祭祀D区②。两处祭祀区的祭祀牺牲都是以猪为主，自偃师商城商文化第一期一直延续使用到第二

① 中国社会科学院考古研究所河南第二工作队：《河南偃师商城宫城北部“大灰沟”发掘简报》，《考古》2000年第7期。

② 中国社会科学院考古研究所河南第二工作队：《河南偃师市偃师商城宫城祭祀D区发掘简报》，《考古》2019年第11期。

期，和偃师商城遗址作为都城使用的时间相吻合。

（四）四合院式建筑布局

二里头都邑宫城内建成了中国最早的中轴线布局的大型“四合院”式宫室建筑群。中轴线布局的大型“四合院”式宫室建筑群以1号、2号夯土建筑群为代表，二者分居宫城的西南和东北，或与中间地带一起构成宫城内的东、中、西3路轴线①。1号夯土建筑群包括1号、7－9号基址4座夯土建筑和2号墙（2004ⅤQ2），2号夯土建筑群包括2号、4号两座基址，二者有共同的建筑中轴线，应属同一组建筑。1号和2号基址均由四面的围墙、廊庑、北侧主殿中间的庭院和南侧的大门组成。整个宫殿区方正规整，布局严谨，宫室建筑结构复杂，中轴对称，显示了宫殿区和宫室所有者在都城中的核心地位。

偃师商城内已发掘10余座大型夯土宫室建筑，多数夯土建筑是由四座单体建筑组成的四合院式建筑群②。在整体格局上，二里头和偃师商城的多数宫室建筑都为四合院式，但也有区别。以二里头1号、2号基址群为代表的四合院式宫室建筑，主殿在围墙围成的封闭空间内侧，不直接朝外，而偃师商城的多数四合院式宫室建筑的主殿外侧没有围墙，围墙连接在了主殿的东、西两侧。这种主殿外侧无围墙的建筑格局，最早见于二里头聚落的6号夯土建筑基址。

---

① 杜金鹏：《偃师二里头遗址都邑制度研究》，《夏商周考古学研究》，科学出版社2007年版。

② 杜金鹏：《夏商周考古学研究》，科学出版社2007年版；中国社会科学考古研究所河南第二工作队：《河南偃师商城宫城第三号宫殿建筑基址发掘简报》，《考古》2015年第12期；中国社会科学考古研究所河南第二工作队：《河南偃师商城宫城第五号宫殿建筑基址》，《考古》2017年第10期；谷飞：《2011—2014年河南偃师商城宫城遗址复查的主要收获》，《三代考古（六）》，科学出版社2015年版；中国社会科学院考古研究所河南第二工作队：《2011年至2016年偃师商城宫城遗址复查工作的主要收获》，《中原文物》2018年第3期；谷飞：《偃师商城宫城建筑过程解析》，《三代考古（七）》，科学出版社2017年版。

（五）青铜礼器铸造技术

二里头都邑的铸铜作坊①，面积约有2万平方米，发现较多与铸铜有关的遗迹、遗物，包括了铸铜工艺的多个流程。二里头文化的铸铜技术出现重大突破和飞跃，创造出使用复合陶范铸造青铜容器的技术，铸造出中国最早的青铜容器铜爵，同时创制了较大型的青铜戈、戚等兵器。青铜的比例不断增加，原料配比更加合理，铜器材质与器类已形成一定的对应关系，铜器材料的选择、制备工艺的基本方法与规范，显示出了稳定、成熟的铸铜技术和较强的铸造能力。四期时青铜容器至少已有爵、斝、盉、觚（？）、鼎等种类，并且使用了弦纹、乳钉纹、方格纹、镂孔等装饰技术。

二里岗文化继承二里头文化的铸铜技术、铜器种类、造型、装饰、功能和风格，并在品种、器物造型、装饰及铸造技术上有很大发展。器类和数量都大幅增多，器壁增厚，纹饰趋于复杂，且施纹面积扩大。二里头的铸铜作坊在政权更替之后仍然被使用了一段时间，为二里岗文化铸造青铜礼器，而偃师商城最早的东北隅铸铜作坊和郑州商城南关外铸铜作坊，在政权更替之后并未立即出现，而是比宫殿建筑稍晚了一个阶段才出现。

（六）贵族墓葬与铜玉礼器群

二里头文化开始出现以青铜礼器为核心的铜玉礼器群随葬的高等级贵族墓。在二里头遗址中发现有30余座随葬铜、玉礼器的贵族墓，在所有二里头文化的墓葬中属于第一等级，面积最大，规格最高。二里头文化二期时，开始出现以铜铃、铜牌饰和玉柄形器、绿松石器随

---

① 中国社会科学院考古研究所：《中国考古学·夏商卷》，中国社会科学出版社2003年版；陈国梁：《二里头遗址铸铜遗存再探讨》，《中原文物》2016年第3期；许宏、袁靖：《二里头考古六十年》，中国社会科学出版社2019年版。

葬的贵族墓葬。其中绿松石数量众多，用绿松石片拼缀成动物、几何图案等放置于墓葬中，与铜铃一起组成最早的铜玉礼器组合。二里头文化三期，开始出现以铜爵和牙璋、璧戚等较为复杂的铜玉礼器随葬的贵族墓葬，礼器组合开始以铜爵为核心。二里头文化四期开始，随着铸造技术的发展，青铜礼器更加丰富，除铜爵和铜铃之外，贵族墓葬中还出现了铜盉、铜斝、铜觚、铜鼎等随葬品，配合玉柄形器、玉钺、牙璋、玉戈、玉圭等玉礼器，形成了成熟的铜玉礼器群。其中青铜礼器基本组合以觚、爵、斝（或有鼎）为常见，玉器以柄形器最为多见，与绿松石、漆、陶等质地的礼器搭配，依照贵族等级的高低，形成了较为稳定的礼器组合，铜爵成为体现贵族地位等级、身份的最基本、最核心礼器。贵族墓葬的器物组合显示，二里头文化形成一套以青铜酒礼器为核心的青铜礼乐制度。

二里岗文化继承了二里头的铜玉礼器随葬传统，高等级贵族墓葬中随葬的青铜爵和斝成为青铜酒礼器的核心组合，或有另加铜盉或铜鬲的情况；也有铜爵、铜盉的组合，但是不见二里头时期的铜铃。二里岗文化延续了二里头文化青铜容器的基本种类、形制、铸造技术，当然更包括它背后所蕴含的青铜礼乐制度，确立了商周青铜文明最重要的内涵和模式。虽然在铜礼器的器类、造型、装饰及铸造技术上有很大发展，但其核心仍然是延续二里头文化的酒器组合。玉器方面，二里岗文化玉器继承了二里头文化玉器的部分种类、形制和使用制度，玉戈、玉璋、柄形器与二里头文化所见者非常相似，也以玉柄形器的数量最多，但是二里头时期的牙璋几乎消失不见。

（七）“居葬合一”的布局形态

二里头文化确立了“居葬合一”的布局形态。龙山文化晚期中原地区出现的“居葬合一”形式，头向尚不一致，排列尚不规则，均为小型墓葬[①]。二里头文化的“居葬合一”布局明显得到强化和提升，成为主流的埋葬形式。从二里头都邑到普通聚落，从宫殿区到一般居民活动区，多数区域、多数居址均有对应的小型墓地，且墓葬成组、成排分布，头向一致，排列有序，墓葬等级从贵族到平民均有，甚至宫殿区的大型夯土建筑中也有同期的成组墓葬。

二里岗文化城址中较多存在“居葬合一”的布局形态。郑州商城[②]、偃师商城[③]、望京楼商城[④]、垣曲商城城墙处墓地[⑤]，郑州商城铭功路制陶作坊墓地[⑥]，位于辉县孟庄遗址的部分墓地[⑦]，延续到洹北商城的花园庄东地墓地[⑧]以及铸铜作坊墓地[⑨]，均为居葬合一。甚至到了殷墟时期，“居葬合一”的模式成为最主要的聚落形态[⑩]。

三

通过对两种文化的深入研究与比较可以发现，二里岗文化在其形成和发展过程中，受到了二里头文化的多方面影响，吸收了大量的二

---

① 张海：《中原核心区文明起源研究》，上海古籍出版社2021年版；张海：《试论二里头早期国家的世俗王权》，《中国国家博物馆馆刊》2023年第11期。

② 冉宏林：《郑州商城手工业者居葬关系研究》，《中华之源与嵩山文明研究（第二辑）》，科学出版社2015年版。

③ 桑栋、陈国梁：《偃师商城几种丧葬习俗的探讨》，《考古》2017年第4期。

④ 郑州市文物考古研究院编著：《新郑望京楼：2010～2012年田野考古发掘报告》，科学出版社2016年版，第473页。

⑤ 中国国家博物馆田野考古研究中心、山西省考古研究所、垣曲县博物馆编著：《垣曲商城·2，1988～2003年度考古发掘报告》，科学出版社2014年版，第272页。

⑥ 郜向平：《郑州铭功路商代制陶作坊浅探》，《夏商都邑与文化（一）》，中国社会科学出版社2014年版。

⑦ 河南省文物考古研究所编：《辉县孟庄》，中州古籍出版社2003年版，第254页。

⑧ 中国社会科学院考古研究所安阳工作队：《1998～1999年安阳洹北商城花园庄东地发掘报告》，《考古学集刊》第15集，2004年第2期。

⑨ 中国社会科学院考古研究所安阳工作队：《河南安阳洹北商城手工业作坊区墓葬2015～2020年的发掘》，《考古学报》2022年第3期。

⑩ 岳洪彬、岳占伟：《殷墟宫殿宗庙区内的墓葬群综合研究》，《三代考古》（六），科学出版社2015年版。

里头文化传统，继承了二里头王国的礼乐文明，因此具有极为相似的文明形态与特征。在都城建设方面，二里岗文化沿袭了二里头文化择中建都、多网格区划的都邑建设模式，在建立之初就有严格的布局规划。在宫城、宫室建筑的营建上，二里岗文化继承了二里头宫城居中、方正布局、中轴对称的建筑理念，也以四周合围的四合院式建筑作为宫殿建筑，以此将统治者与其他阶级族群进行区分，树立统治者的权威。在居址与墓葬的布局关系方面，常见“居葬合一”的布局形态。二里岗文化青铜铸造技术、礼器组合、基本形制、礼制观念上全面继承了二里头文化的青铜礼乐制度，并继续提升、改造。

二里岗政权虽然取代二里头成为中原社会发展的主导，完成了中国历史上第一次王朝更替，但是也受到了二里头文化的强烈影响。二里岗文化继承了二里头文化的多项重要制度，并且将其进行改造和发扬光大，形成更加辉煌、丰富的青铜文化。二里头文化与二里岗文化、殷墟文化一起，构成早期华夏文明的发展主流和基本特质，共同奠定了中国核心政治制度、身份认同和文化思想的基础，成为中华文明生生不息、连绵不断的重要基因。

西邑与商汤都亳

张　锟

（烟台大学文学与新闻传播学院中文系）

"清华简"《尹至》《尹诰》中有关西邑、西邑夏和亳的记载，是夏王朝末年中原腹地夏商并立的政治格局的反映。西邑可与偃师二里头遗址相对应，亳可与郑州商城相对应。在相当于郑州二里岗下层一期时，亳与西邑东西并立。亳都的兴建，是商汤灭夏过程中最为关键的政治操作，直接奠定了灭夏的基础。郑州商城作为商汤的亳都，代表商人在先商时期社会复杂化进程的最高水平。

"西邑"和"西邑夏"见于《清华大学藏战国竹简》（一）公布简文中的两篇《尹至》《尹诰》，简文的主要内容是对伊尹、商汤以及商汤灭夏的记载，涉及到历史上夏商之际政权更替的重要史实。[①]经学者研究，这两篇简文属于《尚书》类文献，相关内容可与多种传世文献相互印证，史料价值弥足珍贵。[②]

与西邑和西邑夏共同见于这两篇简文的还有地名亳，是商汤的居地以及灭夏的出发地。因此，《尹至》《尹诰》中的西邑、西邑夏以及亳，还涉及到了夏商之际的商汤都亳的问题。汤都亳在夏商考古学研究中是一个核心性的问题，关系到夏商文化的谱系、商文化的发展

---

① 清华大学出土文献研究与保护中心：《清华大学藏战国竹简（一）》，中西书局 2010 年版。

② 刘国忠：《走近清华简》，高等教育出版社 2011 年版。

阶段、夏商王朝的更替等一系列重要问题的解决，向来受到学界的关注。以《尹至》《尹诰》为代表的全新材料的公布，特别是其中与亳相对的西邑和西邑夏的材料，为探讨汤都亳问题提供了新的线索。笔者不揣浅陋，从西邑和西邑夏入手，结合传世文献的记载，并联系相关的考古材料，在以往学界研究成果的基础上，对商汤都亳问题提出一些想法，希望得到学界的指正。

一 《尹至》《尹诰》中的西邑、西邑夏

为了便于检索，将《尹至》《尹诰》两篇简文的释文列于下（释文用宽式）：

《尹至》

惟尹自夏徂亳，逯至在汤。汤曰："格，汝其有吉志。"尹曰："后，我来，越今旬日。余闵其有夏众◇吉好，其有后厥志其爽，宠二玉，弗虞其有众。民噂曰：'余及汝皆亡'。惟灾虐极暴瘇，亡典。夏有祥，在西在东，见彰于天，其有民率曰：'惟我速祸'。咸曰：'胡今东祥不彰？今其如台？'"汤曰："汝告我夏隐率若时？"尹曰："若时。"汤盟誓及尹，兹乃柔大萦。汤往征弗服，挚度，挚德不僭。自西捷西邑，戡其有夏。夏播民入于水曰战，帝曰："一勿遗。"

《尹诰》

惟尹既及汤咸有一德，尹念天之败西邑夏，曰："夏自绝其有民，亦惟厥众，非民亡与守邑，厥辟作怨于民，民复之用离心，我捷灭夏。今后胡不监？"挚告汤曰："我克协我友，今惟民远邦归志。"汤曰："呜呼，吾何祚于民，俾我众勿违朕言？"挚曰："后其赉之，其有夏之［金］玉实邑，舍之吉言。"乃致众

于亳中邑。

这两篇简文的主要内容，是对伊尹与汤谋划灭夏以及灭夏具体过程的描述，其中涉及的某些细节，可以与传世文献中的有关记载相互印证，可信性极高。

《尹至》篇中描述了伊尹从夏去往亳地见汤，向汤报告夏政昏乱及夏桀众叛亲离的情形，汤于是决定兴兵灭夏，“自西捷西邑”。这里的西邑，很明显是指夏王朝的政治中心，即夏桀所居的夏都。而且由于夏都可被称为西邑，所以夏王朝也可被称为西邑夏，即《尹诰》篇中的“尹念天之败西邑夏”。除了西邑和西邑夏的名称以外，由于夏都居于西邑，夏王朝也被称为西夏，《逸周书·史记解》中有两段记载可以与此相联系。第一段记载是：“赏罚无位，随财而行，夏后氏以亡。”说的是夏后氏灭亡的原因。第二段记载是：“文武不行者亡。昔者西夏性仁非兵，城郭不修，武士无位；惠而好赏，财屈而无以赏。唐氏伐之，城郭不守，武士不用，西夏以亡。”这里说的西夏灭亡的原因“武士无位，惠而好赏，财屈而无以赏”其实就是第一段记载中夏后氏灭亡的原因“赏罚无位，随财而行”。因此，西夏就是夏后氏。此外，第二段记载中灭亡西夏的唐氏，以往一般认为是尧或唐尧，其实不然。这里的唐氏应该是商汤，因为在甲骨文中，商汤常常被称为唐或成唐，也就是说汤的本字原来是唐，后来才被写作汤。所以唐氏灭亡西夏，说的正是商汤灭夏，这就更加可以证明西夏就是夏后氏。因此，夏都或夏王朝不仅可以被称为西邑、西邑夏，也可以被称作西夏。

西邑、西邑夏或者西夏这三种称呼，都是从西字着眼而称名。很显然，西是指方位，而且是与东相对而言的。那么，既然有西邑或西邑夏，当然就预示着有一个在方位上与西邑夏相对而言的“东邑”或“东邑×”。在《尹至》篇中，有一段描述夏王朝末年天空中出现异常天象的文字："夏有祥，在西在东，见彰于天，其有民率曰：'惟我速祸。'咸曰：'胡今东祥不彰？今其如台？'"这一段描述与《吕氏春秋·慎大》篇中的记载可相互对照："伊尹又复往视旷夏，听于末喜，末喜言曰：'今昔天子梦西方有日，东方有日，两日相与斗，西方日胜，东方日不胜。'伊尹以告汤。商涸旱，汤犹发师，以信伊尹之盟。故令师从东方出于国西以进，未接刃而桀走，逐之至大沙，身体离散，为天下戮。"从这两段描述来看，相对于西邑夏的显然就是位于夏王朝东面的商人，与西邑相对的当然也就是商汤所居的亳。正因为有位于东面的商汤所居的亳，夏都才会有西邑的名称。这也说明亳与西邑必须曾经东西并立，分别代表着商与夏两个互相对立的政治军事集团，才会有西邑、西邑夏这样的称呼出现，在一定程度上甚至可以认为二者互为对方成立的前提，缺一不可。因此，西邑、西邑夏反映了以商汤为代表的商族已经将自己的势力推进到中原腹地，与夏王朝东西并立，打破了夏王朝在中原地区一家独大的局面，夏商之际中原核心区的政治格局发生了重大变化，更剧烈的历史变动即将发生。当然，我们可以合理地推测，类似西邑、西邑夏这样的称呼，不大可能是夏人的自称，而更有可能是来自商人的命名，即商人用以称呼位于其西的夏人和夏王朝。作为胜利者的商人所用的称呼，自然会流传下来，长期为后世所沿用，并出现在《尹至》《尹诰》这一类重要文献中。

《尹至》《尹诰》中的西邑、西邑夏，反映的不仅仅是称名的问题，更是以一方作为参照点，对夏商之际中原核心区某一时段内东西对立的政治军事格局的描述，为我们提供了探讨与之相关的一系列问题，尤其是与西邑相对立的亳的问题的新的线索。

二　夏商都邑与商汤都亳

西邑、西邑夏反映的是夏商之际中原腹地的政治格局，与此相关，特别是与商汤都亳相关的对夏商都邑遗址的发现与研究，就成为探讨商汤都亳问题的首要材料。目前，中原核心区发现的具备都邑规模的大型都邑遗址主要有偃师二里头遗址、偃师商城和郑州商城遗址。尽管在关于商汤都亳问题的讨论中，学术界提出了不同的观点，[①]但是涉及最多的主要是这三处遗址。

偃师二里头遗址作为夏王朝晚期的都城遗址，二里头文化一至四期为夏代晚期文化，现已得到大多数学者的公认。因此，西邑、西邑夏可与二里头遗址相对应，这是首先可以确定下来的。接下来便是亳都在何处，是偃师商城还是郑州商城的问题。自从 20 世纪 50 年代在考古学上提出亳都问题以来，郑州商城亳都说以其严整的学说体系、严密的论证逻辑、确凿的出土实物与文字资料，以及高度切合的出土材料与文献证据，得到越来越多学者的支持与赞同。清华简新材料的公布，也为郑亳说的进一步落实提供了新的线索和证据。

从亳与西邑即二里头遗址的位置关系角度来看，显然郑州商城在方位与距离上与亳的关系均更为密切。如前文所述，与西邑相对而言的亳主要是在夏王朝末年的某一时段内才与夏都东西并立，彼时夏王朝尚存，夏都犹在。如果指偃师商城为亳，则夏人不可能容忍商人在距夏都直线距离仅 6 公里的地方建自己的都城，这对双方来讲都不现实，无此种可能。我们也很难想象，商汤率领商人从几乎近在咫尺的偃师商城出发，向西南去进攻作为西邑的二里头遗址，这明显不合常理。如果指偃师商城为夏商界标，那么偃师商城就是灭夏后所建，而此时商人也不可能容忍一个与亳都东西并立的西邑和西邑夏存在。西邑与亳必须地位对等，东西并立，互为前提，这些都是《尹至》《尹诰》的重要提示。当然，曾经作为西邑的二里头遗址，在夏亡之后可能继续为夏遗民使用一段时间，商人也仍可能称其为西邑，但在逻辑

① 刘琼：《商汤都亳研究综述》，《南方文物》2010 年第 4 期。

上仅仅只能是承袭旧称。因为在商人灭夏之后，西邑的王都地位已然失去，处于不断的衰落之中，渐次沦为一般性聚落。对于商人而言，完全没有必要新造西邑的称呼，来指称一个越来越无足轻重的聚居点。因此，西邑、西邑夏只有在夏末才具备成立的必要性。作为与西邑相对立的“东邑”意义上的亳，必须与二里头遗址有一定的距离，即不能如偃师商城那样距离如此之近；但又不至于过远，过远则无所谓东西并立的“东邑”、西邑。另外，在与西邑的距离上，亳还要能满足时刻保持对夏王朝的威胁的条件。《尹至》和《吕氏春秋·慎大》中对夏末出现异常天象的记载，也可以从一个侧面反映出处于西邑中的夏众对位于东面不远处的商人的时时关注，以至于将天空中位于东方的异常天象与商人联系在一起。如果亳的位置更靠东，例如远至豫东乃至鲁西，即如部分学者所主张的南亳、北亳说，那么恐怕不致引起夏众对于夏王朝即将覆亡的联想。再结合目前中原地区都邑规模遗址的发现，在方位与距离方面，则亳非郑州商城莫属。

亳与西邑在夏末的某一时段内是东西并立的，意味着亳在年代上必然要与夏都有一段重合。引申开来，郑州商城的始建年代就要早至夏末，才能与二里头遗址代表的西邑在一段时间内共存。目前，一般认为郑州二里岗下层一期与二里头四期晚段在年代上是大致重合的，而且均已进入商代纪年。[①] 二者在绝对年代上是处于夏代还是商代，实际上是需要进一步辨析的。邹衡先生在对夏文化的研究中，认为二里头文化一至四期均为夏文化，整体上处于夏代；将商文化分为三期七段十四组，将以郑州二里岗 C1H9 为代表的遗存划入先商期，属第Ⅱ组，大致与二里头文化第四期同时。[②] 关于郑州商城的始建年代，邹衡先生认为，在先商期第Ⅱ组时，尚未建城，早商期第Ⅲ组时，已

① 杨锡璋、高炜：《中国考古学·夏商卷》，中国社会科学出版社 2003 年版。

② 邹衡：《试论夏文化》，《夏商周考古学论文集》（第二版），科学出版社 2001 年版。

经建城，也就是郑州商城始建于郑州二里岗下层二期。① 此后，学者们进一步研究认为，郑州商城的始建年代可提前至郑州二里岗下层一期。②

既然二里岗下层一期与二里头四期晚段大致重合，判定其绝对年代就要依据二里头四期晚段的年代。因此，关键是要确定二里头遗址在相当于四期晚段时，仍然被作为王都使用。二里头遗址宫殿区夯土基址的建造、使用和废弃年代，可以作为解决这一问题的重要依据。目前，在二里头遗址宫殿区范围内发现的大型夯土基址，大致可区分为东西两区，即东、西两组夯土基址群。③ 西部基址群包括 1、7、8、9 号基址；东部基址群包括 2、3、4、5、6、11、12 号基址。建造、使用及废弃年代涉及到四期晚段的主要有 1、2、4、6、7、8、9、11、12 号基址，其中 6 号和 11 号基址均建造于四期晚段。6 号基址的主体殿堂经过了三个阶段的修建，即初次建成后，又经历了两次扩建的过程。它的建造、使用和废弃至少代表着二里头四期晚段中的三个更小的阶段，其最终被废弃很可能即意味着宫殿区的整体废弃，而这只能是夏商更替已经完成的结果。除 6 号基址外，11 号基址也始建于四期晚段，其部分夯土被 6 号基址的夯土打破，年代略早于 6 号基址。可见，至二里头四期晚段，宫殿区内仍有大型夯土基址的兴建及扩建活动，大部分更早期兴建的宫殿也延用到了四期晚段，宫城、道路网络及重要作坊被继续使用。这种种迹象表明，在二里头四期晚段的绝大部分时间里，宫殿区仍然发挥着以往的功能，二里头王都的地位没有被取代。曾有学者从 6 号基址的平面形制异于其他基址的角度，论证其为商人灭夏后所建。④ 在二里头遗址宫城的东部基址群内，6 号

① 邹衡：《再论“郑亳说”》，《考古》1981 年第 3 期。

② 张文军、张玉石、方燕明：《关于郑州商城的考古学年代及其若干问题》，《郑州商城考古新发现与研究》，中州古籍出版社 1993 年版。

③ 中国社会科学院考古研究所：《二里头：1999—2006》，文物出版社 2014 年版。

④ 赵海涛：《二里头遗址二里头文化四期晚段遗存探析》，《南方文物》2016 年第 4 期。

基址与2号、4号基址从北向南一字排列；其东墙即宫城东墙，是利用了宫城东墙而建的，这一点与2号基址相同；6号基址的南墙与2号基址的北墙平行，其间还有一条东西向通道，向东与宫城的东一城门相通；6号基址西庑的柱洞与2号基址西庑柱洞几乎在南北一条线上排列。这些都充分说明，6号基址的兴建，是在全盘考虑东部基址群的整体布局的情况下规划的，并没有破坏这一区域宫殿基址分布的整体布局，而是服从于这一固有布局。如果为灭夏后兴建，则全无此必要。根据二里头遗址宫殿区大型夯土基址存废的年代，可以推定二里头四期晚段的绝大部分时段仍属夏代，与之相应的郑州二里岗下层一期也应主要处于夏代晚期纪年内。正是在这一时期，亳与西邑即二里头夏都东西并立，西邑作为商人对夏都的称名才能成立。

三　夏商并立与商汤灭夏

夏王朝末年，商人在商汤的率领下，不断向中原腹地挺进。在相当于郑州二里岗下层一期时，商人的政治军事中心已转移至郑州一带，商成为与夏东西并立的集团，中原核心区出现了夏商并立的格局。

根据文献的记载，商汤灭夏之前，曾进行了长期的征伐，扩大商人的影响，扩张自己的实力。据《孟子·滕文公下》："汤始征，自葛载；十一征而无敌於天下。"另一方面，消灭夏王朝的与国，剪除夏桀的羽翼，在商汤的征伐中具有重要的战略意义。《诗经·商颂·长发》："苞有三蘖，莫遂莫达，九有有截。韦顾既伐，昆吾夏桀。"韦、顾和昆吾是夏王朝三个最重要的盟友，消灭这三个夏的与国，商人就消除了灭夏过程中最主要的障碍，灭夏的大势已成。韦、顾和昆吾三国均属祝融八姓，昆吾、顾为己姓，韦又称豕韦，为彭姓。三国分布的主要区域，大致从豫中至豫北地区。[①] 这一带正好处于夏商之间的缓冲位置，自然会被商汤作为征伐的重要区域。豫北地区在夏代晚期主要分布着二里头文化和下七垣文化的辉卫类型，二者的分界大致在沁河一带。[②] 辉卫类型虽然在文化面貌上被归入下七垣文化，但是其所代表的人群似乎不宜简单地归入商人系统。文献记载中的韦、顾和昆吾等国都曾在夏代分布于豫北地区，提示我们辉卫类所代表的人群主体与漳河型代表的人群（以商人为主体）很可能不属于同一集团，所以曾被商汤作为重要的征伐目标。辉卫类型与二里头文化的关系也较为密切，二里头文化晚期（三、四期）中出现的以鬲为代表的文化因素，主要应来自于辉卫类型，而不是来自于漳河型。进入商代以后，早商文化主要继承的是漳河型文化的因素，而非辉卫型因素。[③] 所以，从先商至早商，漳河型与早商文化之间更多地表现出一脉相承的特征，与辉卫型的关系则较为疏远。因此，辉卫型在下七垣文化中的地位，以及其所代表的人群主体在当时中原地区政治格局中的地位，都需要重新考虑。尤其是辉卫类型在分布上正处于二里头文化与下七垣文化漳河型之间，如果其人群主体确实有别于商人，那么辉卫类型恰好充当了夏王朝防御、抵挡商人南下扩张的战略缓冲的角色，而同时也就成了商人向中原核心区进军路上的主要障碍，必须要首先加以清除。这很可能就是商汤灭夏过程中“韦顾既伐，昆吾夏桀”的文化和历史背景。

商人清除了豫北地区的异己势力，随后就会面对夏王朝布置在郑州一带的屏障。目前，在郑州及周边发现了两座夏代晚期城址，即荥阳大师姑城址和新郑望京楼城址。这两座城址作为夏王朝设置在夏都以东的地区性军事重镇，有力地拱卫着位于洛阳盆地的“有夏之居”。

---

① 徐旭生：《中国古史的传说时代》，广西师范大学出版社 2003 年版。

② 张立东：《论辉卫文化》，《考古学集刊》（第 10 集），地质出版社 1996 年版。

③ 王立新：《早商文化研究》，高等教育出版社 1998 年版。

大师姑城址的废弃年代为本遗址二里头文化遗存的第五段，大致相当于二里头文化的四期晚段。[①] 新郑望京楼城址的年代为二里头文化三期至四期，四期的遗存较为丰富。[②] 望京楼城址的二里头四期遗存又可以细分为早、晚两段，同于二里头遗址。早段主要以遗址第Ⅳ区的主要发掘区⑥层下灰坑为代表，晚段主要以遗址第Ⅳ区的主要发掘区⑥层为代表。属于早段遗存的遗物数量较多，遗迹也较为丰富，代表着城址的繁盛期；晚段的遗存数量较少，很可能城址已经废弃。大师姑城址和望京楼城址均大致于二里头四期晚段被废弃，而同时商人的势力抵达郑州地区，说明这两座城址的废弃很可能主要是由于商人进入中原核心区以及随之而来的征伐。在消灭了夏王朝布置在郑州一带的屏障以后，商汤随即将郑州一带作为灭夏的基地，重点经营这一区域，并开始修建郑州商城。因此，郑州商城的修建时间，应该是在相当于郑州二里岗下层一期阶段开始后不久，这可能是商人巩固胜利成果的重要措施。如前所述，以大师姑和望京楼为代表的二里头城址在郑州及附近的存在，说明夏王朝非常重视在郑州一带的政治军事经营，夏人在郑州一带的势力也很稳固。对于刚刚到达中原腹地的商人来说，加强对这一区域被征服的夏人的控制，很可能是他们首先要考虑的问题。这也许可以部分解释商人为什么没有马上西进，而是选择在郑州及附近暂时先稳定下来。当然，商人同时也可以进一步积聚力量，等待灭夏的有利时机。由于商人在郑州一带停留并开始修建郑州商城，中原核心区在相当于郑州二里岗下层一期时出现了夏商并立的政治军事格局，西邑就成为了商人以郑州商城为参照点对夏都的称呼。

商人灭夏的进程暂时止步于郑州，不仅形成了夏商并立的政治军事格局，而且使得在二里头四期晚段时，郑州一带在考古学文化方面

---

① 郑州市文物考古研究所：《郑州大师姑（2002—2003）》，科学出版社 2004 年版。

② 顾万发：《新郑望京楼：2010—2012 年田野考古发掘报告》，科学出版社 2016 年版。

呈现出一种复杂局面。商人在政治上处于统治地位，其自身文化的主体因素为下七垣文化漳河型，此时又容纳了更多二里头文化的因素。此外，最为引人注目的是，来自东方的东夷文化——岳石文化的因素大量出现在郑州一带，并与商人的文化深度融合。有学者认为，郑州所见的岳石文化因素是随着先商文化一起进入郑州地区的，除了冀南和豫东北地区之外，杞县境内的先商文化也是其直接来源之一，并表现出先商文化与岳石文化的高度融合。[①] 前文曾述及，豫北地区曾是商人进行征伐的主要地区，商人在此进行征伐，以消除灭夏的主要障碍。除了这一地区之外，东方地区尤其是邻近中原腹地的豫东和鲁西地区也是商人征伐的重要对象，商人将其纳入以商人为主的政治军事集团中，借此极大地增强了自身的实力。根据目前的考古发现，在相当于郑州二里岗下层一期时，岳石文化因素在郑州几个地点发现的遗存中表现得均非常突出，包括南关外下层遗存、郑州电力学校 H6 为代表的遗存、郑州化工三厂 H1 为代表的遗存以及郑州二里岗遗址。[②] 在上述遗存中，岳石文化因素大都经过了改造而发生了变化，仅具岳石文化风格，不同于原生的岳石文化因素，器物的具体形制与岳石文化的同类器存在明显的区别。这些都是文化融合的结果，而且是以商人文化为主的融合。在商人和夷人的关系中，夷人及其文化处于明显的依附地位，很可能受商人的政治军事支配。商、夷文化在郑州的融合，不可能在很短的时间内完成，是在商、夷到达郑州后逐渐完成的过程，即在夏商并立的政治格局下完成。在郑州二里岗下层一期时，商、夷及夏人共同居住在郑州及附近地区，彼此的文化相互影响，导致文化面貌呈现出某种复杂性。郑州商城的修建，一定程度上也可以看作对当地文化面貌及人群关系复杂性的回应。通过城邑的修建，商

---

① 宋豫秦：《论杞县与郑州新发现的先商文化》，《中国商文化国际学术讨论会论文集》，中国大百科全书出版社 1998 年版。

② 杨锡璋、高炜：《中国考古学·夏商卷》，中国社会科学出版社 2003 年版。

人试图进一步实现政治、军事、文化整合，加强对当地夏人乃至随商人而来的夷人的控制，提升商人的政治权威，巩固、突出商人的主体地位。大型城址的修建，依靠的是对整个社会人力、物力、财力的动员，资源的集中和利用水平必须达到组织化、制度化层次，对社会人群的行为控制也要达到相应的程度。郑州商城即亳都的兴建，是对以商汤为代表的商人上层的社会整合、控制能力的演练，也是商王朝建立之前即先商时期商人在政治复杂化方面所达到的最高水平。迄今为止，在与商人关系最密切的下七垣文化漳河类型中，几乎没有发现过与政治复杂化相关的遗存，例如大型的聚落、城址、高规格的遗物等。只有到了夏末商汤时期，商汤的大规模征伐，尤其是亳都的兴起，才让我们看到商人在社会政治复杂性方面的快速、显著的推进。只有这个层次的政治复杂化，才使商人能够与夏王朝的古代国家水平的动员、整合能力分庭抗礼。所以，亳都即郑州商城与西邑即二里头遗址分别代表着夏、商两个国家水平的社会，在中原腹地东西对立。相对于西邑，亳都就相当于“东邑”，也是“前王朝”时期在中原核心区商人的都城。最终，商汤从亳都即郑州商城出发，西进灭夏，如《尹至》所载“自西捷西邑”。灭夏后，商汤又返回亳都，如《尹诰》所载“乃致众于亳中邑”，也是在郑州商城。

四　小结

“清华简”《尹至》《尹诰》两篇简文中提到的西邑、西邑夏和亳，为我们进一步探讨商汤都亳问题提供了重要线索。西邑的称名，是商人以亳为参照点对夏都的称呼。它反映了夏商并立的政治军事格局，提示我们从夏商并立的角度去考察夏王朝末年中原核心区的历史变动。偃师二里头遗址和郑州商城遗址分别代表着西邑和“东邑”，在相当于郑州二里岗下层一期时，并立于中原腹地。郑州商城作为商汤的亳都，其兴建是商人进入中原核心区以后政治操作的重要环节，用以加强对当地夏人的控制，整合商、夷、夏的资源，突显商人的主体地位，进一步积蓄力量等。同时，亳都的修建，也是商人在先商时期政治复杂化程度的集中体现。

郑州商城是商人在中原腹地修建的年代最早的都邑，持续使用至商人建立商王朝之后，而其他早商时期城址均修建于灭夏之后。在这个意义上，可以说郑州商城也是夏商交替的真正界标。因为商汤最终灭夏是从亳都出发的，也是亳都见证了夏王朝的灭亡。包括偃师商城在内的早商时期城址是商王朝建立之后才渐次出现的，而且也无法确指其修建距夏商交替的历史事件发生时的时间跨度，不能仅仅凭借其只能在灭夏后出现就指其为夏商界标。

此外，从西邑、西邑夏角度考察商汤都亳问题，还提示我们要进一步加强相关的考古研究工作，包括二里头遗址在二里头文化四期的持续使用动态考察，对郑州商城遗址不同地点遗存文化因素更精确的定量分析，下七垣文化不同地方类型及所代表的人群的关系，先商期商人社会复杂化进程，商、夷关系等。随着这些研究的逐步推进，我们会越来越接近商汤都亳的历史真相。

论商周车马的单镳现象

王 鹏

（中国社会科学院考古研究所）

1973年，山西省考古研究所侯马工作站在上马墓地发掘了10座春秋时期的大型墓葬，其中被现代墓破坏的M4078出土了4件形制相似的铜马衔（图1，2）、4件形制相似的铜马镳（图1，3），以及一套较为特别的联体铜衔—镳（图1，1）①。该套衔—镳的马衔为双节衔，一端的衔孔较大，另一端的衔孔较小；马镳为一件表面带有镂孔的“凹”形齿镳，中部以横梁铸嵌在马衔一端较小的衔孔内。其特别之处在于，马镳为单件，仅存在于马衔的一端。

上马墓地M4078衔—镳马镳的形制较古，与商周时期流行的“U”形齿镳相似（图2，3）。不仅如此，上马墓地M4078衔—镳马镳仅存在于马衔一端的情况，在一些商周时期车马坑和墓葬内埋葬车马的单镳现象上亦有所体现。所谓单镳现象是指，驾车的马匹仅在马嘴的一侧装配马镳，或在马嘴的一侧装配由平镳、齿镳组成的复合镳（图2，2、3），而在马嘴的另一侧仅装配复合镳中的平镳或齿镳一种。本文将举例说明考古发现的单镳现象，分析单镳对马匹控制产生的影响，并根据先秦文献讨论单镳现象反映出的驾车技术。同时也将根据欧亚草原的考古发现和其他文献记载讨论这种驾车技术的起源。

---

① 山西省考古研究所：《上马墓地》，文物出版社1994年版。

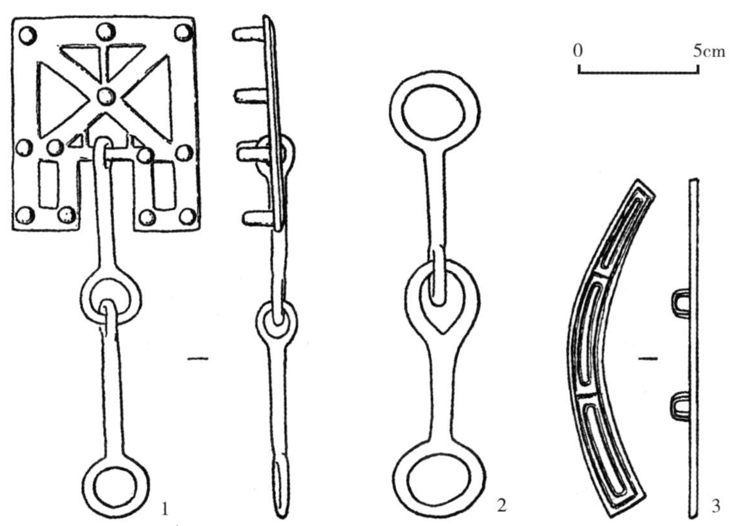

图 1　上马墓地 M4078 出土铜衔—镳、衔、镳

1. 衔—镳；2. 衔；3. 镳

资料来源：山西省考古研究所，1994 年。

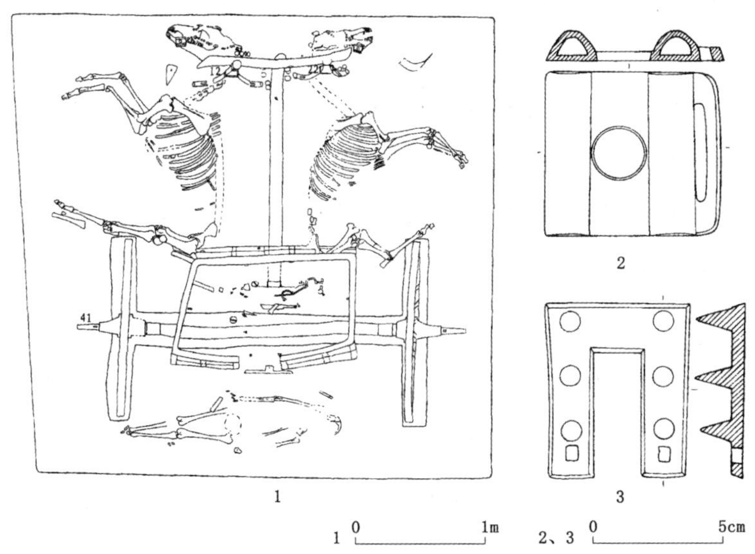

图 2　安阳梅园庄东南铁西城建 M41 及出土平镳、齿镳

资料来源：中国社会科学院考古研究所安阳工作队，1998 年。

一　考古发现的单镳现象

目前考古发现存在明显单镳现象的商周时期车马坑和墓葬至少有以下实例①。

1. 安阳孝民屯1号车马坑②。该车马坑保存基本完整，内埋葬1车2马1人。出土马镳1件，为平镳，位于右马头部右侧。

2. 洛阳老城4号车马坑③。该车马坑保存完整，内埋葬1车2马。出土马镳1件，为齿镳，位于左马右侧嘴角。

3. 安阳殷墟西区M151④。该车马坑埋葬1车2马，其中右马被扰乱，左马骨架及辔饰保存完好。出土马镳1件，为平镳，位于左马右侧嘴角。

4. 前掌大墓地M1325。该车马坑埋葬1车2马1人，其中右马被扰乱，左马骨架及辔饰保存完好。出土马镳1件，为平镳，位于左马右侧嘴角⑤。

5. 安阳梅园庄东南铁西城建M41⑥。该车马坑保存完整，内埋葬1车2马1人。出土马镳6件，4件为平镳，分别位于左、右马的两侧嘴角，2件为齿镳，分别位于左、右"两马嘴之外侧"的平镳下，即

---

① 仅选取在考古发掘现场完全清理以及装箱提取并进行彻底清理的车马，不选取装箱提取但未进行彻底清理的车马，原因在于后者马头之下马镳的情况不明。

② 中国科学院考古研究所安阳发掘队：《安阳殷墟孝民屯的两座车马坑》，《考古》1977年第1期。

③ 中国社会科学院考古研究所洛阳唐城队：《洛阳老城发现四座西周车马坑》，《考古》1988年第1期。

④ 中国科学院考古研究所安阳工作队：《1969—1977年殷墟西区墓葬发掘报告》，《考古学报》1979年第1期。

⑤ 《滕州前掌大墓地》公布的M132左马头部照片（彩板二十二.2）误将实际照片左右翻转。

⑥ 中国社会科学院考古研究所安阳工作队：《河南安阳市梅园庄东南的殷代车马坑》，《考古》1998年第10期。

分别位于左马左侧嘴角和右马右侧嘴角（图 2，1）。

6. 滕州前掌大墓地 M18①。该墓保存完整，内埋葬 1 辆拆散的马车以及一套车马器，其中的马器包括衔 2 件、平镳 4 件、齿镳 2 件，显然分属于 2 匹马。4 件平镳、2 件齿镳暗示了单镳现象的存在②。

7. 安阳郭家庄东南赛格金地 CK1③。该车马坑保存完整，内埋葬 1 车 2 马。出土马镳 3 件，包括 2 件平镳和 1 件齿镳，其中 1 件平镳和 1 件齿镳属于左马（CK1：7、CK1：14），1 件平镳属于右马（CK1：15），其他信息不明，但暗示了单镳现象的存在④。

上举实例说明了商周时期的车马存在单镳现象。其中例 6、7 具体信息不明；例 5 左马和右马保存完好，分别为左侧单镳和右侧单镳；例 3、4 仅存左马，均为右侧单镳；例 1、2 左马和右马均保存完好，前者为右马右侧单镳，后者为左马右侧单镳。可见右侧单镳在单镳现象中较为普遍。

右侧单镳现象在金文记载中亦有所反映。赏赐铭文中的车马器常见有“[illegible]”。此二字一般释为“右轭”，“[illegible]”显系“轭”的象形（图 3），释为“轭”没有疑问，但学术界对“右轭”的争议较大。其原因在于先秦马车均一车二轭（或四轭），单独的一件轭无法保证车辆的正常行驶。因此有学者根据“右”有“比”、“并”之意，将“右轭”解释为衡上左右相并之轭；有学者根据先秦车制车右职务的重要，认为右马与左马不同，将“右轭”解释为册命中的特别赐予之物；有学者认为“右”即“佑”，遂将“右轭”解释为帮助车与马联

① 中国社会科学院考古研究所：《滕州前掌大墓地》，文物出版社 2005 年版。

② 需要指出的是，前掌大 M45 车马坑，内埋葬 1 车 2 马 1 人，登记表描述出土 2 件 B 型平镳，据平面图，分别位于左马的左侧嘴角和右马的右侧嘴角。但正文中指出 B 型平镳共出土 4 件。

③ 安阳市文物考古研究所：《安阳殷墟徐家桥郭家庄商代墓葬：2004—2008 年殷墟考古报告》，科学出版社 2011 年版。

④ 报告中描述的内容及公布的平面图、彩板照片不符。

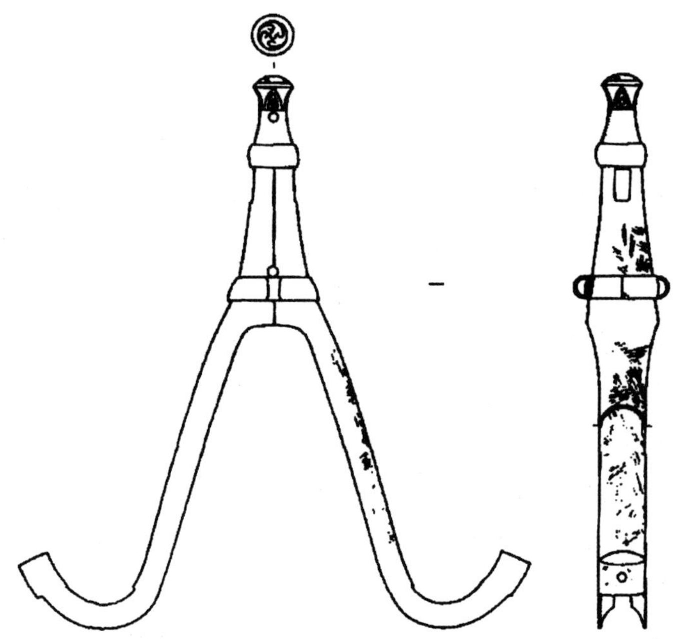

图3　前掌大墓地 M131 出土铜軛示意图

资料来源：中国社会科学院考古研究所，2005 年版。

系起来的軛头[①]。陈剑先生认为，“[illegible]”之“[illegible]”应为“厷”，与“轉”的意思相近（《说文》：“轉，軛裹也”），“厷軛”很可能是指裹束、绑扎有皮革之类的铜軛[②]。其最主要的根据是，“厷”字甲骨文、早期族氏金文作“[illegible]”、“[illegible]”、“[illegible]”等形，本为“肱”的表意初文，意为手臂，作为指示符号的“○”与“[illegible]”之“[illegible]”所从相似，而与“右”字所从的“[illegible]”区别明显。实际上，陈剑先生已经指出，三年师兑簋（《集成》04318）“[illegible]”的“[illegible]”作“[illegible]”，正是

① 陈剑：《释西周金文中的“厷”字》，见陈剑著《甲骨文金文考释论集》，线装书局 2007 年版，第 234～242 页。

② 陈剑：《释西周金文中的“厷”字》，见陈剑著《甲骨文金文考释论集》，线装书局 2007 年版，第 234～242 页。

从“[illegible]”。因此我们认为，金文赏赐车马器中的“[illegible]”仍以释“右轭”为佳。

在我们看来，金文中“右轭”的“轭”字很有可能泛指同样起到限制马匹作用的车轭与马镳（亦很有可能专门指代马镳）。右侧马镳具有特殊的意义，右侧单镳具有古老的传统，铭文遂以“右轭”指代轭、镳等物品（或专门指代右镳）。若是如此，金文中的“右轭”可视作考古所见商周时期车马右侧单镳现象最直接的反映。

二　右镳与左旋

马镳的主要作用是将马衔固牢在马嘴内，同时向马嘴的左侧或右侧施加来自缰绳、通过马衔传递的力量，从而控制马匹的左转或右转。以齿镳为例，当拉动左侧缰绳时，右侧齿镳会刺痛马的右侧嘴角，马向左转；当拉动右侧缰绳时，左侧齿镳会刺痛马的左侧嘴角，马向右转①。

通常情况下，马车左转和右转的频率相同，因此左侧马镳和右侧马镳的作用同等重要。这在考古发现上有所体现：绝大部分车马，均是装配了由左镳和右镳构成的一副整镳。上举例 5 的 2 件齿镳分别位于左马左侧嘴角和右马右侧嘴角，虽不是整镳，但能表明左镳和右镳具有同等的重要性。然而例 1—4，尤其是例 1、2 的右侧单镳，却突显了右镳相对于左镳的重要性。重右镳而轻左镳，这无疑表明，驭手所在意的，是当其发出左转的指令时，必须得到马匹及时的反馈。

古人对车辆左转动作的重视，见于先秦文献记载。比如，《诗

① 井中伟：《錣策、钉齿镳与镝衔——公元前二千纪至前三世纪中西方御马器比较研究》，《考古学报》2013 年第 3 期。

经·郑风·清人》：

清人在轴，驷介陶陶。左旋右抽，中军作好。

毛传云："左旋，讲兵；右抽，抽矢以射。居军中为容好。"郑笺云："左，左人，谓御者；右，车右也；中军，谓将也。高克之为将，久不得归，日使其御者习旋车。军右抽刃，自居中央，为军之容好而已。兵车之法，将居鼓下，故御者在左。"毛传以左右中为"一军之事"，谓将在军中，以战车左旋和战士右手抽矢而射为军之容好；郑笺以左右中为"一车之事"，谓将在车中，以车左御者回旋战车、车右勇士抽刃击刺为军之容好[①]。后世经学家考证，兵车御者居中，车右操戈、矛，车左为将，故一般从毛传，将"左旋右抽"理解为"戎车回旋演战之法"，视"左旋"为战车之左转[②]。在我们看来，"左旋"为战车之左转殆无疑问，因为在战场上，相对冲锋的双方只有在恰当的时机同时左旋战车，操戈的车右才能交兵，即《楚辞·国殇》所谓："车错毂兮短兵接"[③]。毛传云"左旋，讲兵"，明言以左旋演兵，左旋之所以重要，正因其直接关系到刹那之间的"错毂"[④]（图4）。

除了战事之外，对车辆左转动作的强调也见于具有军事演练性质的田猎活动。比如，《诗经·秦风·驷驖》：

奉时辰牡，辰牡孔硕。公曰左之，舍拔则获。

---

① （汉）郑玄笺，（唐）孔颖达等正义：《毛诗正义》，《十三经注疏》，上海古籍出版社1997年版，第338页。

② （明）王夫之：《诗经稗疏 附考异叶韵辨·诗广传》，岳麓出版社2011年版，第73页；（清）胡承珙撰，郭全芝校点：《毛诗后笺》，黄山书社2014年版，第382—383页。详见赵长征《春秋车战中的单车战术》，《文史知识》2012年第7期。

③ （宋）朱熹撰，黄灵庚点校：《楚辞集注》，上海古籍出版社2015年版，第60页。

④ 参见孙机《中国古代车战没落的原因》，《中国国家博物馆馆刊》2014年第11期。

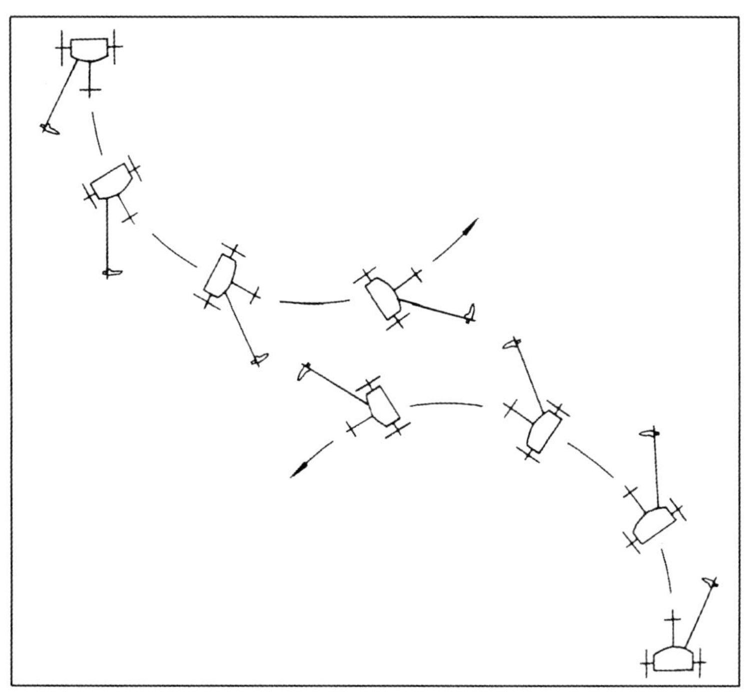

图 4　车战中的左旋

资料来源：孙机：《中国古代车战没落的原因》，《中国国家博物馆馆刊》2014 年第 11 期。

关于“公曰左之”，郑笺云：“左之者，从禽之左射之也”。孔疏云：“《王制》云‘佐车止则百姓田猎’，注云‘佐车，驱逆之车’。得不以从左驱禽，谓之佐车者，彼驱逆之车，依《周礼·田仆》所设，非君所乘。此‘公曰左之’，是公命御者从禽之左逐之，欲从禽之左而射之也。”①

逐禽左是六艺之五驭中的一种，《周礼·保氏》：“保氏掌谏王

① （汉）郑玄笺，（唐）孔颖达等正义：《毛诗正义》，《十三经注疏》，上海古籍出版社 1997 年版，第 369 页。

恶，而养国子以道，乃教之六艺，一曰五礼，二曰六乐，三曰五射，四曰五驭，五曰六书，六曰九数”。郑注：“五驭，鸣和鸾、逐水曲、过君表、舞交衢、逐禽左”，贾公彦疏：“云逐禽左者，谓御驱逆之车，逆驱禽兽使左当人君以射之，人君自左射。”①

关于“逆驱禽兽使左当人君以射之”，胡承珙《毛诗后笺》引沈青崖《毛诗明辨录》云：“古之逐禽，射于车上，与今骑射不同，骑射，奔马可以逐兽，故有顺驱而杀者；车上射兽，亦必有步骑合围驱兽逆来，然后左向射之能以中左……兽逆车而来，必在车左，而去车远者，矢不能贯兽，故命媚子微左以迎兽耳。”胡承珙大体是其说，但对公车是否旋而向左提出异议：“但兽之来未必定在车左，设出于车右而旋车向左，则向背。故‘公曰左之者’，盖兽自远奔突而来，公命御者旋当其左以便于射耳”②。在我们看来，逆驱禽兽，“兽逆车而来，必在车左”是正确的，“去车远者，矢不能贯兽，故命媚子微左”亦有可能，但称“迎兽”却失之毫厘，因其忽视了礼制规定的不逆射兽的原则。

《诗·小雅·车攻》：“萧萧马鸣，悠悠旆旌。徒御不惊，大庖不盈。”

毛传云：“‘不盈’，盈也。一曰干豆，二曰宾客，三日充君之庖，故自左膘而射之，达于右腢，为上杀；射右耳本，次之；射左髀达于右髃，为下杀。面伤不献，践毛不献。”郑笺云：“‘不盈’，盈也。反其言，美之也。‘射右耳本’，‘射’当为‘达’。”

孔疏云：“自左膘而射之，达过于右肩腢，为上杀……以为干豆也……自左射之，达右耳本而死者，为次杀……以为宾客也……射左股髀，而达过于右胁髃，为下杀……充君之庖也……面伤不献者，谓

① （汉）郑玄注，（唐）贾公彦疏：《周礼注疏》，《十三经注疏》，上海古籍出版社 1997 年版，第 731 页。

② （清）胡承珙撰，郭全芝校点：《毛诗后笺》，黄山书社 2014 年版，第 558、559 页。

当面射之。翦毛不献，谓在傍而逆射之。二者皆为逆射，不献者，嫌诛降之义。”①

可见上杀、次杀、下杀均是自左后至右前贯中兽体，这符合“面伤不献，践毛不献”的不逆射的原则。因此“公曰左之”的射猎方式可根据“御驱逆之车，逆驱禽兽使左当人君以射之”理解为：自右前方向公所乘战车之左前方（或左后方）逆驱禽兽，兽逆车而来不射，待兽遁走战车左侧的一瞬，公命及时左旋战车，自兽左后射之。足见左旋的重要性，以及马匹对左旋指令及时反馈的必要性。

先秦文献记载的对车辆左旋的强调，与商周车马右侧单镳现象所反映的情况如出一辙，并且上马墓地 M4078 衔—镳马镳仅存在于马衔一端的配置，很有可能是继承了商周时期的古制，这说明与春秋时代相似的强调左旋的战法或田法也许起源甚早。

很多学者注意到，甲骨卜辞中商王田猎所射的动物多在商王的右方②，如：

1. 王其射右豕，湄日亡灾，擒。（《合集》28305）
2. 弜射右豕，弗擒。（《合集》28366）
3. 其射右鹿。（《合集》28327）
4. 王涉滴，射右鹿，擒。（《合集》28339）
5. ……射右鹿，弗每。（《屯南》495）
6. 弜射右麋。（《合集》28364）
7. ……斿……射右麋。（《合集》28365）

① （汉）郑玄笺，（唐）孔颖达等正义：《毛诗正义》，《十三经注疏》，上海古籍出版社 1997 年版，第 429 页。

② 参见王宇信《甲骨文“马”、“射”的再考察——兼驳马、射与战车相配置说》，《出土文献研究》第五集，科学出版社 1999 年版，第 59—72 页；冯时《殷田射御考》，《甲骨文与殷商史》新一辑，线装书局 2009 年版，第 79—86 页；孙机《中国古代车战没落的原因》，《中国国家博物馆馆刊》2014 年第 11 期。

8. ……射右麋，弗每。(《屯南》461)

9. 惟壬射右兕。(《合集》28392)

10. 癸未卜，王曰贞，右兕在行，其左射，获。(《合集》24391)

我们认为例1—9中的“右兽”为右前方之兽[①]，“射右兽”为射右前方之兽，但卜辞未指明射法，其完整的表达方式应为“左射右兽”，正如例10所云“右兕在行，其左射”，即兕在王的右前方，右翼包抄，将其向王的左前方（或左后方）驱赶，王左射。卜辞云：“丁酉，中录卜，在兮，贞在𤞷田萛其以右人𨚶，亡灾，不雉众”[②]（《甲编》2562），“以右人𨚶”正此之谓。

殷商时期，马车已广泛应用于田猎，如卜辞所记：“王往逐兕，小臣协车马硪𢍟王车，子央亦坠”[③]（《合集》10405）。若例10商王以车射兕，这便与春秋时期“公曰左之”的射猎方式十分相似。可见卜辞表明殷商存在强调左旋的田法。

三　左旋技法的起源

欧亚草原是世界上最早出现辐条式双轮马车的地区。已有充分的证据表明，中国早期的双轮马车、部分车马器以及成套的车载装备均

① 甲骨卜辞中又有“阱”右兽、“敉”右兽、“焚”右兽等。在我们看来，无论是“射”，还是“阱”“敉”“焚”，在本质上均是围猎，即将野兽向射手或陷阱等处驱赶，如“其逐沓麋，自西、东、北，亡灾；自东、西、北逐沓麋，亡灾”（《合集》28789），正是自西、东、北三面合围，使麋奔南。因此，“右兽”很可能泛指被围猎的动物，卜辞中常见的“告右兽”“遘右兽”“逐右兽”“擒右兽”均当作此解。

② 罗琨：《商代战争与军制》，中国社会科学出版社2010年版，第536页。

③ 罗琨：《商代战争与军制》，中国社会科学出版社2010年版，第402、403页。

来自欧亚草原[①]。因此有必要进一步考察，强调左旋的驾车技术是否伴随着马车一并来自草原。

在欧亚草原上，符合单镳现象特征，即出有 1 件、2 件、3 件马镳的墓葬较多，但这些墓葬绝大多数均曾遭扰动，不能当做单镳现象存在的证据[②]。保存完好或较好的墓葬极少，其中有出土 4 件马镳者，亦有出土 2 件、3 件马镳者，举数例如下。

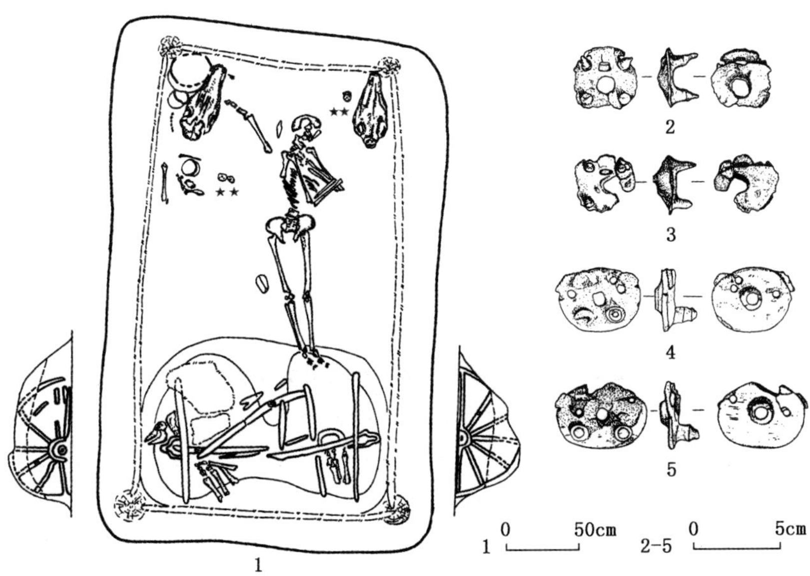

图 5　曲湖墓地 9 号冢 1 号墓及出土马镳

资料来源：Виноградов Н. Б.，Могильник бронзового века. Кривое озеро в Южном Зауралье，Челябинск，2003。

1. 辛塔什塔—彼特罗夫卡类型（синташтинско-петровский тип）

① 王鹏：《周原遗址青铜轮牙马车与东西文化交流》，《考古》2019 年第 2 期；王鹏：《关于弓形器的用途和定名问题》，《南方文物》2021 年第 5 期；王鹏：《从欧亚草原的考古发现看殷商的不对称形反曲复合弓》，待刊。

② 值得注意的是，在这些墓葬中，陶器，铜矛、斧、镞等随葬品往往并未遗失。

曲湖墓地（Могильник Криво Озеро）9号冢1号墓[①]（图5、6）。该墓埋葬1人、1车、2马。马为头蹄葬，马头、尾骨位于墓室一端，腿骨位于墓室另一端的车轮附近。4件角质齿镳形制略有不同，分为两对，分别位于左（图5，2、3）、右（图5，4、5）马头骨附近。

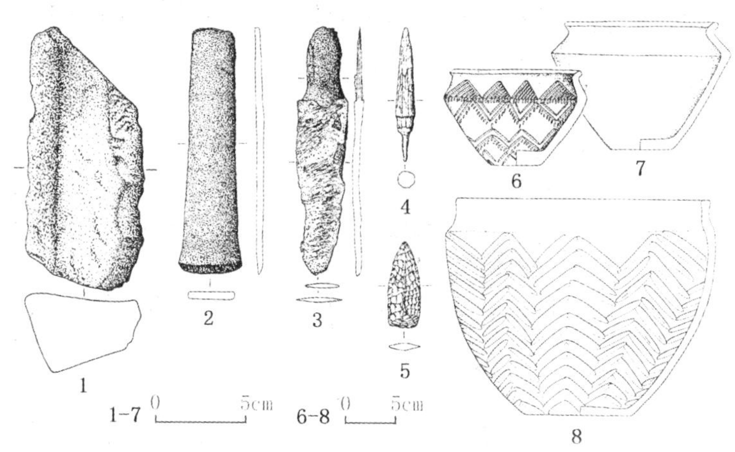

图6　曲湖墓地9号冢1号墓出土其他遗物

1. 砺石 2. 铜奔 3. 铜刀 4. 铜镞 5. 石镞 6—8. 陶罐

资料来源：Виноградов Н. Б.，Могильник бронзового века. Кривое озеро в Южном Зауралье，Челябинск，2003。

2. 辛塔什塔文化（синташтинская культура）辛塔什塔墓地（Памятник СМ）11号墓[②]（图7、8）。该墓埋葬2人、2马、1牛。马为头蹄葬，与曲湖墓地9号冢1号墓相似，马头位于墓室一端，腿骨位于另一端。3件角质齿镳，其中两件分别位于保存较好的左侧马头骨嘴角两侧，处于“在编”状态（图7，2、3），另一件位于保存较差的右侧马头骨附近（图7，4）。

---

① Виноградов Н. Б.，Могильник бронзового века. Кривое озеро в Южном Зауралье，Челябинск，2003.

② Генинг В. Ф.，Зданович Г. Б.，Генинг В. В.，*Синташта*，Ч. 1，Челябинск，1992.

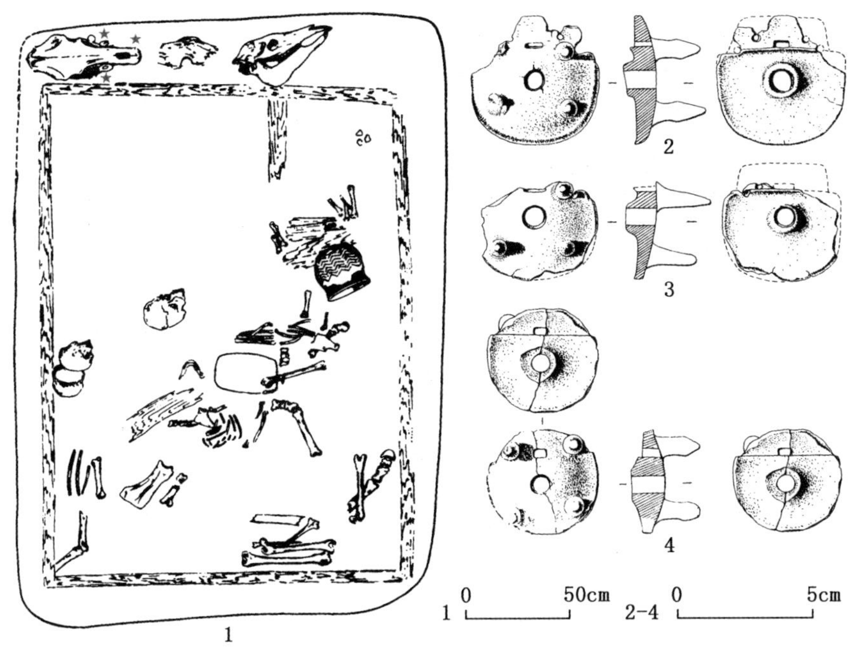

图7　辛塔什塔墓地11号墓及出土马镳

资料来源：Генинг В. Ф.，Зданович Г. Б.，Генинг В. В.，*Синташта*，Ч. 1，Челябинск，1992。

3. 辛塔什塔文化辛塔什塔墓地12号墓①。该墓埋葬1人、1车（或2车）、4马、1羊（图9、10）。其中2马及1车位于墓室一端，2件角质马镳分别位于左、右车轮附近。

4. 辛塔什塔文化辛塔什塔墓地30号墓②。该墓埋葬1人、1车、2马（图11、12）。马为头蹄葬，人为二次葬，均位于墓室一端，车轮位于墓室另一端。包括3件角质马镳在内的随葬品集中出土于左侧马骨附近，其中2件马镳叠摞在一起，位于左侧马头骨右侧（图11，

① Генинг В. Ф.，Зданович Г. Б.，Генинг В. В.，*Синташта*，Ч. 1，Челябинск，1992.

② Генинг В. Ф.，Зданович Г. Б.，Генинг В. В.，*Синташта*，Ч. 1，Челябинск，1992.

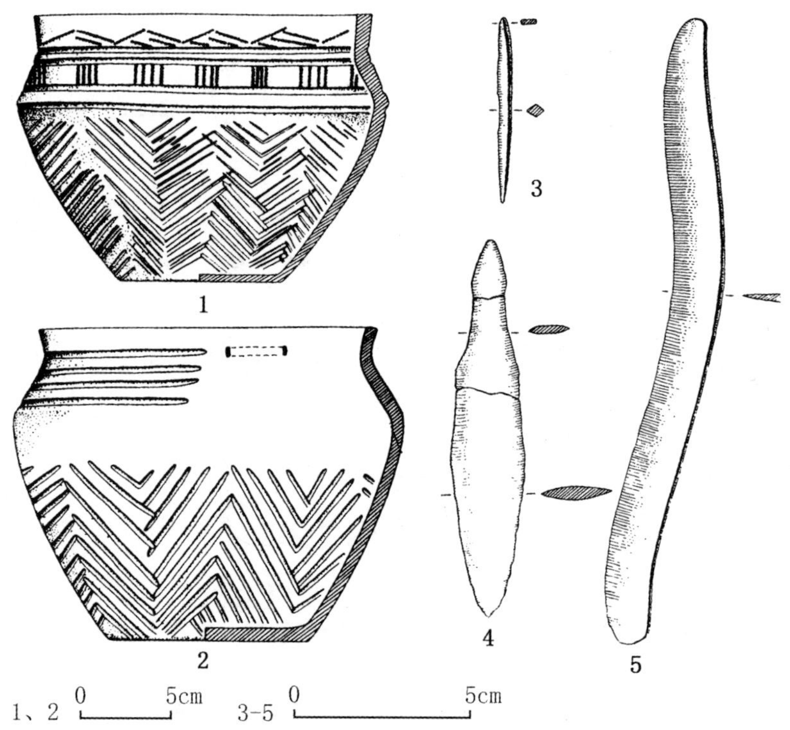

图8 辛塔什塔墓地11号墓出土其他遗物

1、2. 陶罐 3. 铜锥 4. 铜刀 5. 铜镰

资料来源：Генинг В. Ф.，Зданович Г. Б.，Генинг В. В.，*Синташта*，Ч. 1，Челябинск，1992。

3、4)，1件马镳位于左侧马头骨右侧陶罐的右侧（图11，2)。

上举例1为“标准”的1车2马，1马配2镳。例2的2件马镳处于“在编”状态，据此推测另一件马镳亦应处于“在编”状态，同时根据出土位置判断，其为右侧马的右侧马镳。例3、例4分别出土2件、3件马镳，虽然符合单镳现象特征，但系右侧单镳抑或左侧单镳不明。

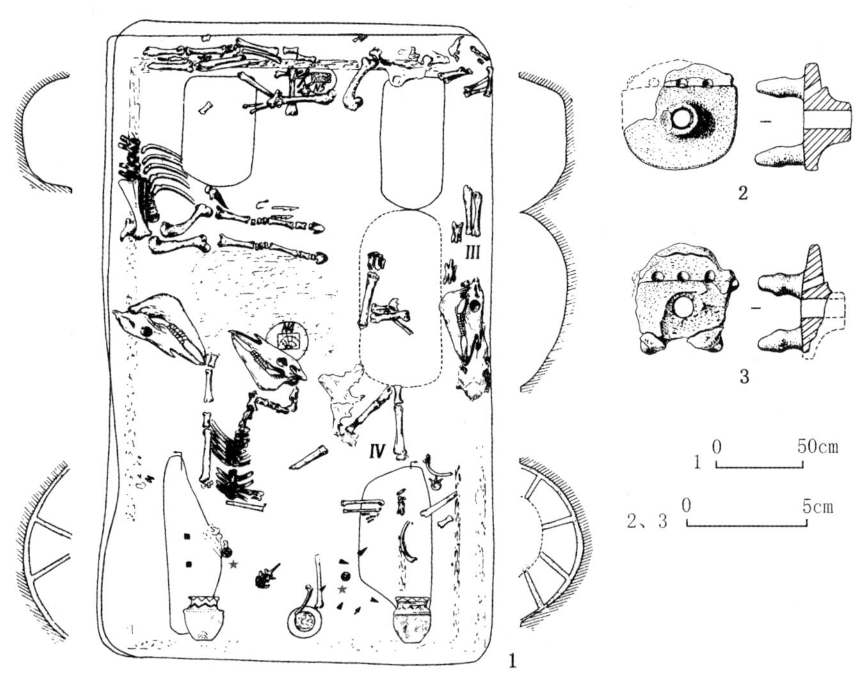

图9　辛塔什塔墓地12号墓及出土马镳

资料来源：Генинг В. Ф.，Зданович Г. Б.，Генинг В. В.，*Синташта*，Ч. 1，Челябинск，1992。

除了数量方面之外，同一墓葬出土的马镳在磨损程度和形制上有时也存在明显不同①。

比如，阿巴舍沃文化（абашевская культура）老尤里耶沃墓地（могильник Староюрьево）被扰乱的2号冢2号墓出土的2件马镳，据颊带孔的位置判断分属左镳（图13，1）和右镳（图13，2），右镳

① Пряхин А. Д.，Беседин В. И.，Конская узда периода средней бронзы в восточноевропейской лесостепи и степи，Российская археология，1998，№3，С. 22－35.

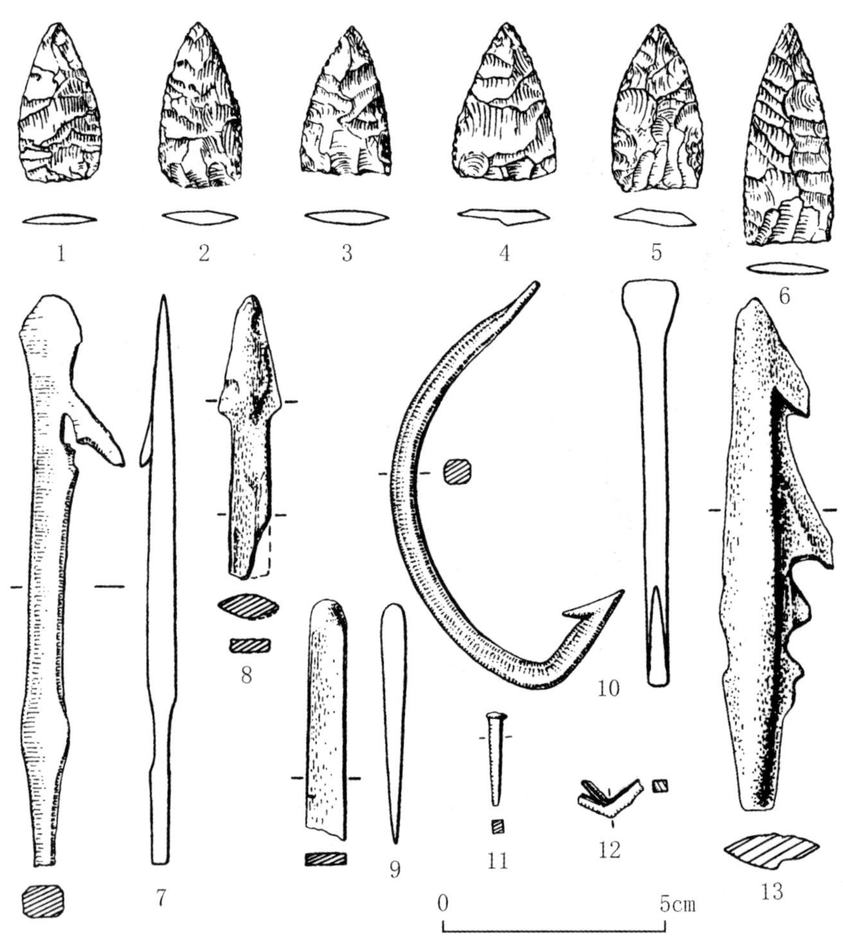

图 10　辛塔什塔墓地 12 号墓出土其他遗物

1—6. 石镞；7. 铜鱼镖；8、9. 骨镞；10. 铜鱼钩；11. 铜钉；12. 铜片 13. 骨鱼镖

资料来源：Генинг В. Ф.，Зданович Г. Б.，Генинг В. В.，*Синташта*，Ч. 1，Челябинск，1992。

整体的磨损程度远大于左镳①。由于不能确认这 2 件马镳属于一副马镳中的左镳和右镳还是分属两副马镳的左镳和右镳，无法据磨损较甚

① Пряхин А. Д.，Курганы поздней бронзы у с. Староюрьево，Советская археология，1972，№3，С. 233 – 243.

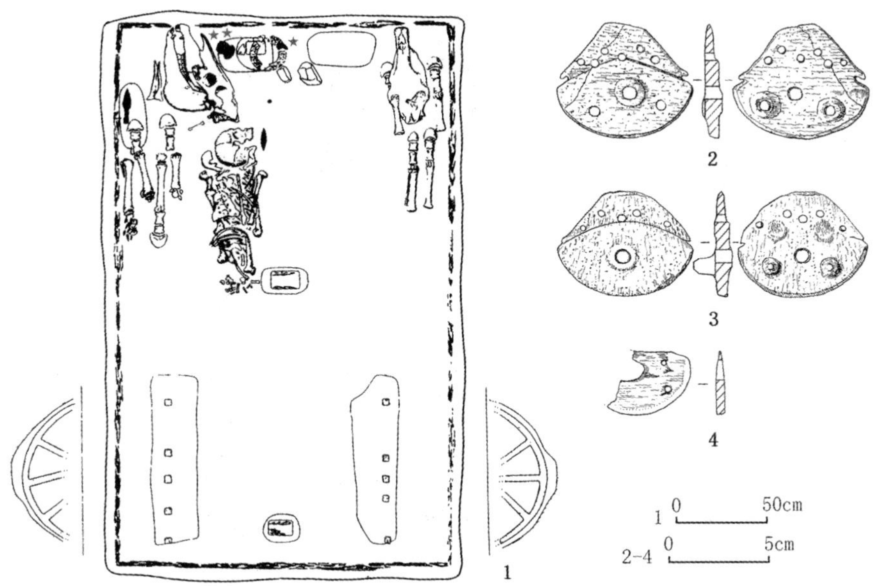

图 11　辛塔什塔墓地 30 号墓及出土马镳

资料来源：Генинг В. Ф.，Зданович Г. Б.，Генинг В. В.，*Синташта*，Ч. 1，Челябинск，1992。

的右镳推定马车惯于左转①。

再比如阿巴舍沃文化谢列兹尼墓地（могильник Селезни）被扰乱的 1 号冢 2 号墓出土了 3 件马镳（图 13，3—5），其中保存较为完整的 2 件据颊带孔的位置判断分属左镳（图 13，3）和右镳（图 13，

① 老尤里耶沃墓地 2 号冢 2 号墓的发掘者 А. Д. 普利亚辛（А. Д. Пряхин）最初认为，这两件马镳的形制、纹饰大体相同，应属于同一匹马。在普利亚辛看来，马车的左转和右转分别由左马和右马控制，当牵动左马的缰绳时，左马的右镳发挥作用，马车左转，当牵动右马的缰绳时，右马的左镳发挥作用，马车右转（普利亚辛显然认为马车具有两条缰绳，左缰绳位于左马左侧，右缰绳位于右马右侧），该墓的右镳磨损严重，说明这两件马镳属于左服马。普利亚辛还将左镳衔孔上方单独的小孔推定为与左马的缰绳有关，以此证明他的结论。实际上，马车的左转和右转均是由左服马和右服马同时控制的——马车左转时，左服马和右服马的右镳同时发挥作用，马车右转时，左服马和右服马的左镳同时发挥作用。此外，缰绳绑系在通过衔孔的马衔上，老尤里耶沃墓地 2 号冢 2 号墓左镳衔孔上方单独的小孔应与缰绳无关。见 Пряхин А. Д.，Курганы поздней бронзы у с. Староюрьево，Советская археология，1972，№3，С. 233－243.

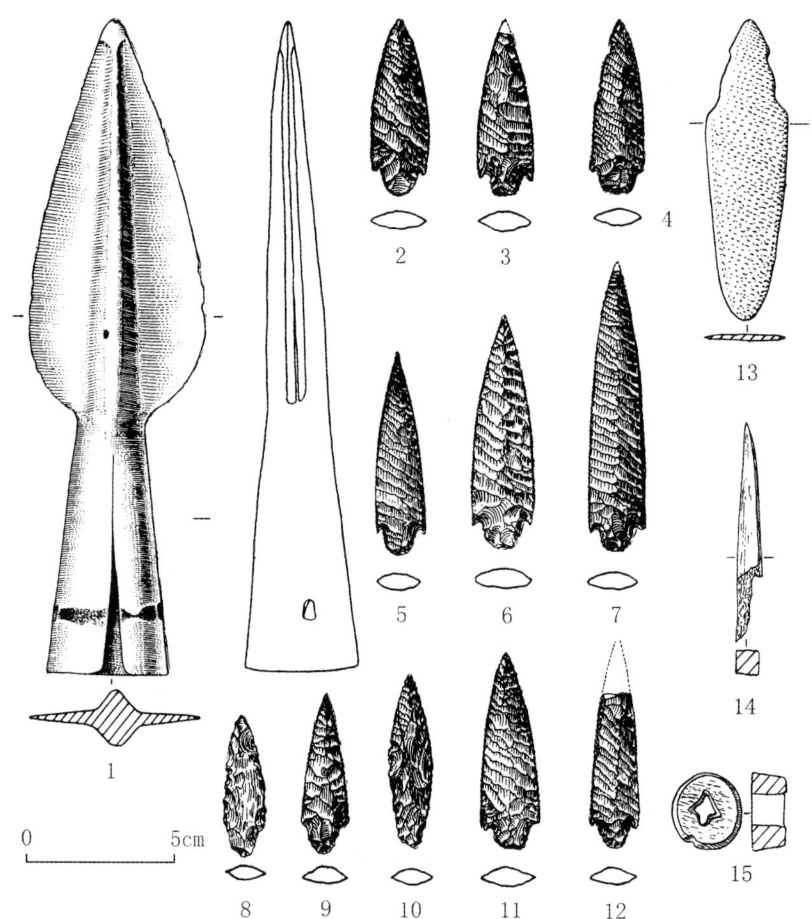

图 12　辛塔什塔墓地 30 号墓出土其他遗物

1. 铜矛；2—12 石镞；13. 铜刀；14. 骨镞；15. 角环

资料来源：Генинг В. Ф.，Зданович Г. Б.，Генинг В. В.，*Синташта*，Ч. 1，Челябинск，1992。

4)，左镳为四齿，右镳为三齿①。由于不能确认这 2 件马镳属于一副马镳中的左镳和右镳还是分属两副马镳的左镳和右镳，无法据四齿的

① Моисеев Н. Б.，*Курганы Окско – Донской равнины. Памятники Тамбовской области*，Тамбов，1998.

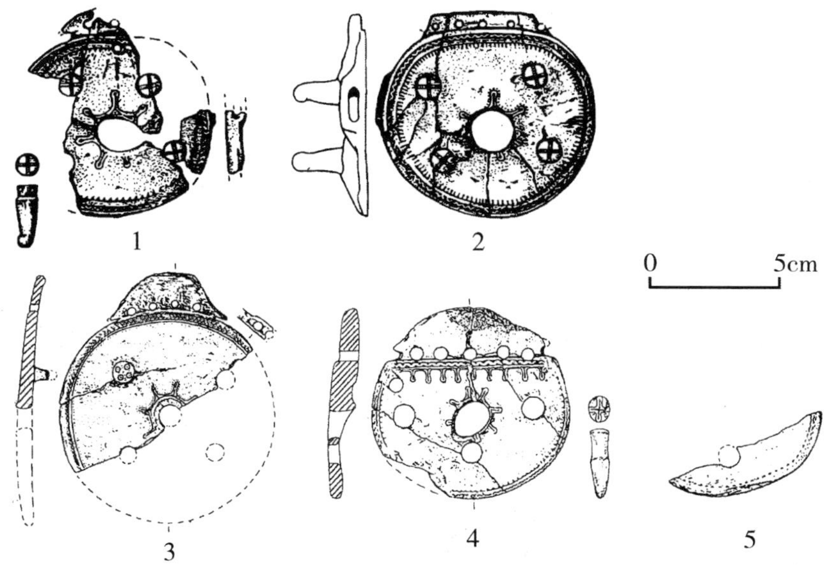

图 13　老尤里耶沃墓地 2 号冢 2 号墓、谢列兹尼墓地 1 号冢 2 号墓出土马镳

1. 老尤里耶沃墓地 2 号冢 2 号墓左镳；2. 老尤里耶沃墓地 2 号冢 2 号墓右镳；3. 谢列兹尼墓地 1 号冢 2 号墓左镳；4. 谢列兹尼墓地 1 号冢 2 号墓右镳；5. 谢列兹尼墓地 1 号冢 2 号墓马镳

（1、2 改自 Пряхин А. Д.，1972，3—5 改自 Моисеев Н. Б.，1998）

左镳推定马车强调右转。

此外，大卫·安东尼（David W. Anthony）注意到，曲湖墓地 9 号冢 1 号墓左侧马骨附近发现的 2 件马镳，在衔孔上方均有一狭窄的小孔[①]（图 14，1、2），而右侧马骨附近发现的 2 件马镳均无此类穿孔（图 14，3、4）；石库墓地 2 号冢 8 号墓出土 3 件马镳中的 2 件在衔孔上方均有一斜穿的小孔（图 14，5、6），而另一件无此类穿孔（图 14，7）。大卫·安东尼认为，曲湖墓地 9 号冢 1 号墓以及石库墓地 2 号冢 8 号墓出土马镳衔孔上方的窄孔和斜孔，用于系联与左服马

① Епимахов А. В.，*Ранние комплексные общества Севера Центральной Евразии*（*по материалам могильника Каменный Амбар－5*），Кн. 1，Челябинск，2005.

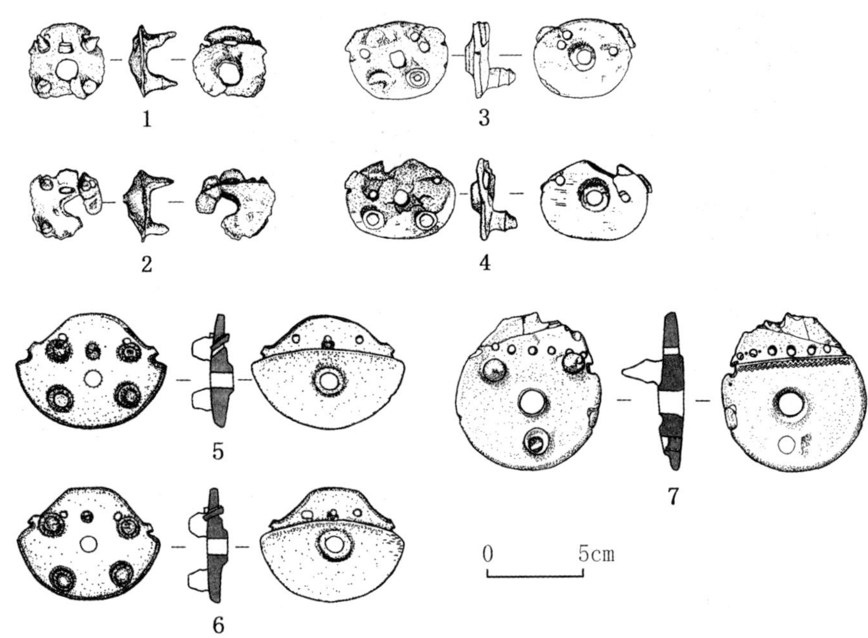

图 14 曲湖墓地 9 号冢 1 号墓、石库墓地 2 号冢 8 号墓出土马镳

1—4. 曲湖墓地 9 号冢 1 号墓出；5—7. 石库墓地 2 号冢 8 号墓出土

（5—7 改自 Епимахов А. В.，2005）

缰绳相连接的“鼻带”，当牵引缰绳时，“鼻带”使左服马减速，马车左转[①]，并将曲湖墓地 9 号冢 1 号墓以及石库墓地 2 号冢 8 号墓的考古发现，与和草原人群早期历史密切相关的吠陀古经中记载的马车竞赛的左旋规则相联系[②]。

---

① 与普利亚辛的看法一样，大卫·安东尼也认为马车的左转和右转分别由左马和右马控制，并且也将衔孔上方的小孔推定为与缰绳有关。见 Anthony David W.，*The Horse*，*the Wheel*，*and Language*：*How Bronze-Age Riders from the Eurasian Steppes Shaped the Modern World*，Princeton University Press，2007，p. 402；（美）大卫·安东尼著，张礼艳等译：《马、车轮和语言：欧亚草原青铜时代的骑马者如何塑造了现代世界》，中国社会科学出版社 2016 年版，第 410 页。

② Anthony David W.，*The Horse*，*the Wheel*，*and Language*：*How Bronze-Age Riders from the Eurasian Steppes Shaped the Modern World*，Princeton University Press，2007，p. 402；（美）大卫·安东尼著，张礼艳等译：《马、车轮和语言：欧亚草原青铜时代的骑马者如何塑造了现代世界》，中国社会科学出版社 2016 年版，第 410 页。

实际上，大卫安东尼强调的位于衔孔上方的窄孔和斜孔均为颌带孔，而无论是左服马还是右服马，缰绳均系联在横穿马镳衔孔的马衔上，衔孔上方颌带孔的作用仅是将马镳固定在马匹的上颌，与缰绳无关。至于曲湖墓地 9 号冢 1 号墓以及石库墓地 2 号冢 8 号墓出土马镳形制各自不同的原因，很有可能像 А. Д. 波利亚欣（А. Д. Пряхин）等解释阿巴舍沃文化老尤里耶沃墓地 2 号冢 2 号墓出土的左、右马镳磨损程度不同时所提出的：角质马镳是极易消耗的物品，同一墓葬出土，甚至是属于同一马匹的马镳，也有可能并非原配①（图 13）。

虽然曲湖墓地 9 号冢 1 号墓以及石库墓地 2 号冢 8 号墓出土马镳不能提供更多的信息，但大卫安东尼提及的马车竞赛的左旋规则，却对讨论欧亚草原车马的左旋技法，以及商周车马左旋技法的起源颇具启发性。

吠陀古经中的马车左旋规则，见于公元前 8—公元前 5 世纪成书、从属于《黑夜柔吠陀》的包德哈亚那法经（Baudhayana Srauta Sutra）中记载的，在瓦贾佩亚祭祀仪式（vajapeya）上所举行的战车竞速赛②：

战车停靠在起点，面向东方，赛道是一条长长的直道，其长度相当于 17 倍弓箭射程的距离，在赛道的尽头是作为折点的立柱，参赛车辆在抵达赛道尽头时必须绕过折点后返回出发的位置。在比赛开始之前，婆罗门会向赛车手叮嘱，“啊，车手们，不要超过那个点，到达它之前不要返回，让它保持在两边之间；拉紧左侧马的缰绳，利用右侧马做转弯；没有得到命令不要移动”③。“拉紧左侧马的缰绳，利用右侧马做转弯”，实施的显然是战车左转的动作④。

---

① Пряхин А. Д., Беседин В. И., Конская узда периода средней бронзы в восточноевропейской лесостепи и степи, Российская археология, 1998, №3, С. 22 – 35.

② 详见 Sparreboom Max, *Chariots in the Veda*, Leiden: E. J. Brill, 1985.

③ 见 Sparreboom Max, *Chariots in the Veda*, Leiden: E. J. Brill, 1985, p. 34.

④ 这里指的是向左的急转弯，此时收紧左服马两侧以及右服马左侧的缰绳。若向右急转弯，则收紧右服马两侧以及左服马右侧的缰绳。可见车辆向左、向右急转时发挥作用的分别是右服马的右镳和左服马的左镳，这与安阳梅园庄东南铁西城建 M41 马镳的配置情况相同。

除了吠陀古经之外，荷马史诗《伊利亚特》中也记载了类似的战车竞赛[①]：在比赛开始之前，涅斯托尔向他参赛的儿子安提洛科斯叮嘱道，“到了那里，你一定要小心驾驭车马，紧靠着标桩拐弯，此与同时，你要在战车中稳稳站住，身体重心略向左倾，并鞭打右边的战马，使它向左拐弯，注意放松它的缰绳，让左边的战马紧靠着标桩拐过，不过小心别紧贴上去，否则车毂就会撞上标桩，两侧的白石可能会砸坏了战车，伤着战马”。

可见包德哈亚那法经、《伊利亚特》中记载的竞赛的驾车技术[②]，与《诗经》中记载的战争和田猎的驾车技术十分相似。

在我们看来，古代印度、希腊和中国驾车技术的相似性，似不能用各自独立的发明进行解释。考虑到古代印度、希腊和中国的马车均源自欧亚草原[③]，同时考虑到辛塔什塔墓地11号墓发映出欧亚草原的车马也有可能存在右侧单镳现象，我们认为这种强调左旋的驾车技术也应源自欧亚草原。至于欧亚草原左旋技法的发明，应该是为了在最大程度上发挥车上勇士右手所持的矛（标枪）、竖銎斧、“权杖头”等车载武器的攻击性能[④]（图15，1、2、4）。

四　结论

综上所述，考古发现的商周时期车马的单镳现象以右侧单镳为主，西周金文中常见的赏赐物“右轭”是右侧单镳现象直接的反映。

---

① （古希腊）荷马著，陈中梅译：《荷马史诗：伊利亚特·奥德赛》，上海译文出版社2021年版。另见 Sparreboom Max, *Chariots in the Veda*, Leiden: E. J. Brill, 1985, p. 44.

② 商代也很有可能存在马（或马车）的竞赛活动。见晁福林：《殷卜辞所见商代的赛马与比箭》，《史学集刊》2023年第2期。

③ 详见 Чечушков И. В., Колесницы евразийских степей эпохи бронзы, Вестник археологии, антропологии и этнографии, 2011, № 2, С. 57–65.

④ 一般认为草原上马车墓的墓主为驾驶战车的勇士，随葬的武器显然属于车载武器。竖銎斧亦很有可能为车载装备，而非车载武器。

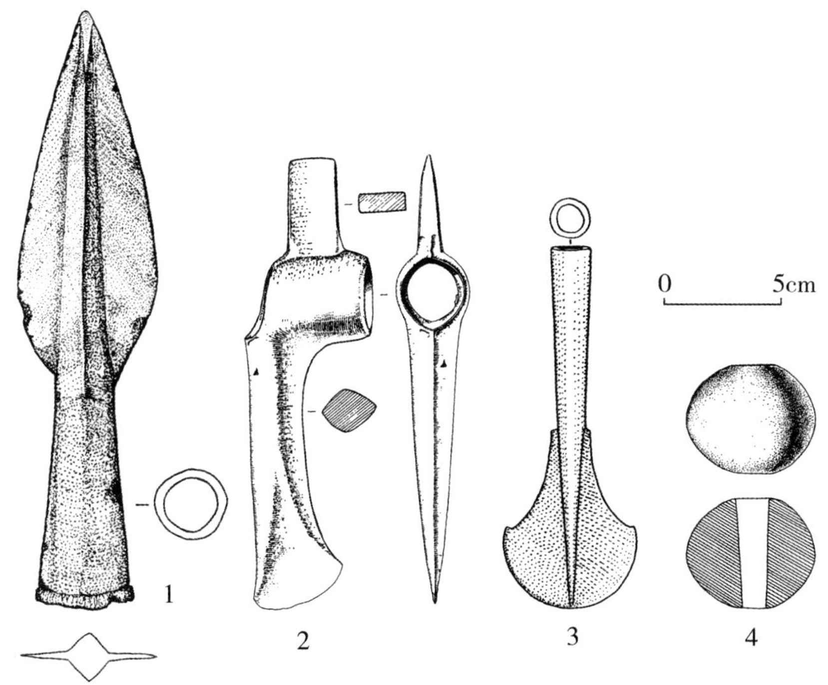

图 15　欧亚草原发现的车载武器

1. 曲湖墓地 2 号冢 1 号墓出土铜矛（标枪）2. 辛塔什塔墓地 39 号墓出土铜斧；3. 辛塔什塔墓地 6 号墓出土骨铲；4. 辛塔什塔墓地 39 号墓出土石“权杖头”

（1 改自 Виноградов Н. Б.，2003；2—4 改自 Генинг В. Ф.，Зданович Г. Б.，Генинг В. В.，1992）

右镳控制马车左旋，右侧单镳现象是强调马车左旋的体现。对马车左旋的强调，在甲骨文和先秦文献中有所记载。欧亚草原的马车墓中也存在右侧单镳现象，并且在与草原人群早期历史密切相关的吠陀古经和荷马史诗中，也记载有对马车左旋的强调。古代印度、希腊和中国的马车均自欧亚草原传入，因此可以合理地推测，商周时期强调左旋的驾车技术源自欧亚草原。

五 余论

殷商的一些车马坑中出土的，以及一些墓葬中与车马器伴出的武器和装备①，与欧亚草原发现的车载武器和装备十分相似（图15、16），说明这些殷商车马坑和墓葬中的武器和装备有可能为战车所属。卜辞亦表明，殷商的马车已经作为战车参与战争②。那么，左旋的技法是否应用于车战，则是一个值得思考的问题。如是，同样使用该技法、与商人“错毂”的车战的另一方的有关情况，也是一个值得思考的问题。

甲骨刻辞记有伐危方、美方，并擒获车辆事：“……小臣墙比伐，擒危、美……人廿人四，须千五百七十，奚百……丙，车二丙，甲百八十三，函五十，矢……”（《合集》36481）。“车二丙”为战场上缴获的敌方战车，可见殷商车战确有发生的可能性。

据沈建华先生考证，上举小臣墙刻辞的年代为帝乙时期，危方、美方位于殷都西北边疆的泾、渭间，今陕、甘交界处③。朱凤瀚先生的研究表明，至少自卜辞时代的武丁时期开始，商王国的北土、西土便经常受到工方、土方、方方等部族的侵扰，商人与北方人群之间的战事频发，这在客观上促进了双方的文化交流④。

若扩大时间和空间的视角，便会发现商人与北方人群之间的文化交

---

① 中国社会科学院考古研究所：《殷墟妇好墓》，文物出版社1980年；中国社会科学院考古研究所：《安阳殷墟花园庄东地商代墓葬》，科学出版社2007年；White William Charles, *Bronze Culture of Ancient China. An Archaeological Study of Bronze Objects from Northern Honan, dating from about 1400 B. C. – 771 B. C.*, Toronto: University of Toronto Press, 1956, pp. 15 – 17.

② 卜辞记有伐宙用车事：“癸丑卜，争，贞自今至于丁巳我灾宙，王占曰，丁巳我毋其灾，于来甲子灾，旬又一日癸亥车弗其灾，之夕皿甲子允灾”（《合集》6834），详见罗琨：《商代战争与军制》，中国社会科学出版社2010年版，第125—128页。

③ 沈建华：《重读小臣墙刻辞——论殷代的西北地理及其有关问题》，中国国家博物馆编：《中国国家博物馆馆藏文物研究丛书·甲骨卷》，上海古籍出版社2007年版，第298—304页。

④ 朱凤瀚：《由殷墟出土北方式青铜器看商人与北方族群的联系》，《考古学报》2013年第1期。

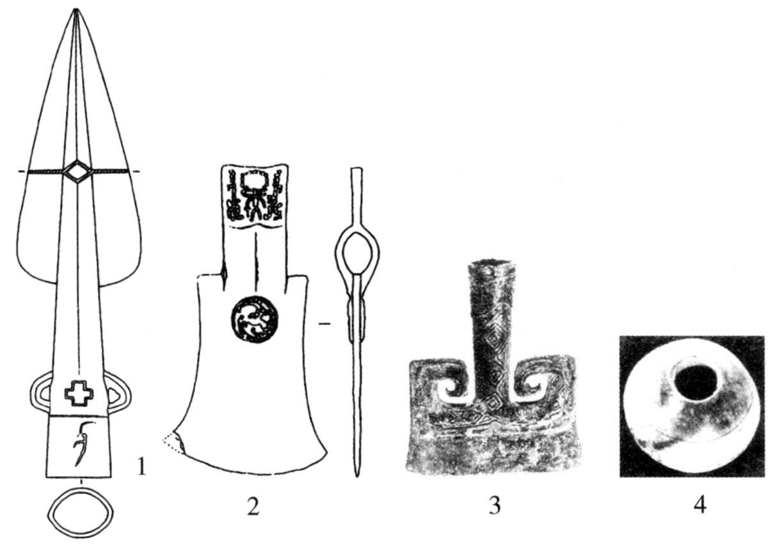

图 16　殷墟部分墓葬出土的武器和装备

1. 花园庄东地 54 号墓出土铜矛；2. “象墓”出土铜斧；3. 妇好墓出土铜铲；4. 妇好墓出土石“权杖头”

（1 取自中国社会科学院考古研究所，2007；2 取自 White William Charles，1956；3、4 取自中国社会科学院考古研究所，1980）

流，是龙山至青铜时代，发生在（包括中原在内的）中国北方与欧亚草原东部地区之间的两次文化联系之外的另一波并更加复杂的文化交流①。

① 第一次文化联系发生在公元前 20 世纪前后，背景为塞伊玛—图尔宾诺式铜器自阿尔泰向周边地区的扩散，主要表现为特殊的葬俗、塞伊玛—图尔宾诺式铜器及相关冶铸技术、黄牛、轮式交通工具等在中国北方乃至长江流域的出现；南西伯利亚青铜时代别具一格的猛兽类图像深刻地影响了石峁、龙山、后石家河等考古学文化，并间接地被商文化继承（特别是带有“第三目”和牛角的饕餮纹），相关论述见王鹏：《论南西伯利亚及周边地区青铜时代早期的“月形器”》，《考古》2022 年第 3 期；王鹏：《淅川下王岗遗址出土塞伊玛—图尔宾诺式铜矛与南北文化交流》，《考古》2023 年第 6 期。第二次文化联系发生在公元前 14—13 世纪，背景为安德罗诺沃类文化遗存自草原向周边地区的扩散，主要表现为特殊的葬俗、马、马车、车马器、成套的车载武器和装备、驾车技术在中国北方地区出现，同时一系列几何形纹饰开始在陶器和青铜礼器上出现（特别是三角纹、勾连文、菱格乳钉纹），相关论述见王鹏：《周原遗址青铜轮牙马车与东西文化交流》，《考古》2019 年第 2 期；王鹏：《从欧亚草原的考古发现看殷商的不对称形反曲复合弓》，待刊。

这一波文化交流既是第一次文化联系的后续，又与第二次文化联系发生了“旋涡”式的结合①：第一次文化联系之后，持续存在于长城地带与蒙古高原地区，以兽首、蕈首以及带有凸钮的环首刀剑，空首斧等北方系青铜器为代表的塞伊玛—图尔宾诺类后继遗存，与殷商文化、东进的安德罗诺沃类遗存、米努辛斯克盆地的卡拉苏克类遗存之间发生了多方的互动②。此波文化交流对于理解商人与北方人群的关系，以及基于这种关系的中国早期很长一段时间的历史——至少是丝绸之路开通以前的历史——的发展极为重要③。

① 林沄先生在讨论北方系青铜器的成分来源时，曾打比方：“中央亚细亚的开阔草原地带，是一个奇妙的历史旋涡所在。它把不同起源的成分在这里逐渐融合成一种相当一致而稳定的综合体，又把这种综合体中的成分，像飞沫一样或先或后地溅湿着四周地区”。见林沄：《商文化青铜器与北方地区青铜器关系之再研究》，苏秉琦：《考古学文化论集》（一），文物出版社1987年版，第129—155页。

② 关于这些文化互动，学术界近年比较重要的研究成果有：《商文化对中国北方以及欧亚草原东部地区的影响》，《考古与文物》2014年第3期；杨建华、邵会秋：《欧亚草原东部金属之路的形成》，《文物》2017年第6期；杨建华、邵会秋、潘玲：《欧亚草原东部的金属之路——丝绸之路与匈奴联盟的孕育过程》，上海古籍出版社2017年；杰西卡·罗森、康斯坦丁·丘贡诺夫、葛觉智、宦立旻：《从殷墟葬式再看商文化与欧亚草原的联系》，《青铜器与金文》（第四辑），上海古籍出版社2020年版，第1—38页；曹大志：《贸易网络中的黄土丘陵（BC1300—1050）》，北京大学出版社2021年；Поляков А. В., *Хронология и культурогенез памятников эпохи палеометалла Минусинских котловин*，СПб，2022.

③ 第一、二次文化联系均是草原上的文化因素往黄河流域的单向传播（前者是南北向的传播，最有可能的路线是，自米努辛斯克盆地翻过西萨彦岭，穿过图瓦盆地，沿阿尔泰山东麓经蒙古高原南下至河西走廊和河套地区；后者的根源在位于西部的欧亚草原，具体路线尚不明朗，但很有可能部分地重复了前者的路线）。究其原因，当是以畜牧业为主的经济模式所导致的，草原人群往中国北方“有去无回”的单向移动，另一方面，以农业为主的经济模式所塑造的黄河流域居民安土重迁的民族性格，未使他们将除黍、粟类作物之外其他高度发达的物质和精神文化成就向遥远的草原大规模传播。而第三波文化交流，则标志着黄河流域与欧亚草原最东部（米努辛斯克盆地）人群之间开始了直接或间接的互动，其是春秋战国时期畜牧业人群流动性增强之后，以斯基泰式器物、山字纹铜镜、丝织品等的流通为代表的，早期东西文化交流的先声。直到丝绸之路开通以后，“有去有回”的商业往返才使文化交流的形式和本质发生了相当程度的改变。但中原与北方人群之间的命运纠缠，却仍未结束。

西周政治系统三级分封结构的考古学观察*

王一凡

（中国社会科学院考古研究所）

采邑与封国是西周政治系统结构的重要组成部分，二者由高等级贵族的血缘关系联结彼此。而西周都城内的公卿贵族“居土”，常常在采邑与封国的研究中被淡化。因此系统性地研究西周分封制度的层级结构对于理解这一政治系统的运行方式很有价值。而西周时期“都内居土、畿内采邑、畿外封国”的“三级分封结构”，体现了“土”“采”“国”之间的互动，这是西周王朝利用血缘关系，纵横链接天下的政治系统运行方式。

一 缘起

《左传·定公四年》记载分封卫康叔时明言“有阎之土”，但长期以来鲜有人关注。

同时，畿内分赐采邑，畿外封邦建国一直是学界研究分封制度的两个层面，采邑与封国问题是许多学者试图探索西周政治系统的集中入手之处，但这也导致了西周都城内生活的血缘家族核心成员研究及相关问题的空白。

* 本文为国家社科基金重点项目“陕西丰京大原村西周制陶遗址考古发掘资料整理与研究”阶段性成果（项目编号：23AKG006）。

因此，我们在讨论西周分封制这一命题时，要全面将“都城”、“畿内”、“畿外”三个不同的空间置于同等重要的维度去考虑。

二　前人研究成果与我们的研究方法

如今，学界普遍认为西周政治系统的基本设计是畿外封邦建国，畿内分赐采邑。[①] 采邑与封国互为表里，它们是西周政治系统的一个重要方面，采邑与封国依靠高等级贵族的血缘家族维系在一起。

在前人研究的基础上，我们对“居土”、“采邑”、“封国”、“分封制度”这四个概念先做简要分析，再对学界重点关注的问题着重梳理：

居土是指王卿在都城的居住、生活、埋葬之处，目前来看应主要集中于丰镐二京的范围内。

采邑是周天子分赐给卿、大夫的土地，同时包括土地上的农民。一般位于畿内，国君也有收回采邑重新分赐的权力。

封国是周天子为了维护自己的统治，把可用之人安置在畿外地区的重要据点，封国保证王朝的统治权威、资源供给与政权稳定。

而分封制度将此三者有机联系，共同置放于血缘关系之下。

（一）有关采邑制度

研究采邑制度的学者大多关注于周代采邑制度的产生、发展、变革和衰亡的历史过程，分析采邑制度在不同历史阶段的形态和特点，揭示采邑制度的演变：

如吕文郁主要通过对西周王畿的范围和王畿范围内采邑分布的考察，并结合它们的变迁过程，探讨采邑的发展演变规律。并通过专题

---

① 徐良高：《家国天下——西周的社会与政体》，《三代考古（七）》，科学出版社 2017 年版。

分析西周王畿内三十四个采邑，又考证春秋时代各国采邑的争夺与公室盛衰、卿族废兴等问题，得出了郡县制必然取代采邑制的结论。[①]此书是国内较为深入研究周代采邑制度的专著，所选材料可谓详细，涵盖时间可谓全面，系统地梳理了大量散于文献、金文中的信息。李春利同样关注两周采邑制度的演变规律，对采邑的城邑结构、土地形态、社会政治组织以及采邑的军事功能等问题进行了研究；同时还从采邑类型、城邑结构状况、军事组织的变化等方面对西周、春秋、战国三个时期采邑制度变化的原因做了探讨。[②]

（二）有关分封制度

分封制度是周代重要的政治制度，周代分封制的形成原因、过程，分封制的巩固、衰亡，分封制在周代国家统治中发挥的政治功能是学界关注的焦点。近来已有学者较为系统全面地阐释这一问题：

如葛志毅对周代分封制度的形成、发展、解体的整个过程进行了深入研究。认为分封制是周代为了建立和巩固国家统治创立的一种新制度，是周代特有的政治制度。分封制的内容总摄周代的制度整体，相互关联策命制、五等爵制、畿服制、朝聘会盟制等多个方面，各构成部分围绕等级制原则运行，从而巩固周代国家统治的政治功能。[③]任伟选取西周时期鲁、齐、晋、燕、虢、应、曾、吴这 8 个重要的诸侯国及箕子与箕子朝鲜进行了讨论，对各自涉及的始封时间、都城地点、受封者身世及世系、封国兴亡及相关的官制制度等问题进行了专题研究。[④]

然而分封制度的研究存在只言及畿外的封邦建国，而不谈畿内的

---

① 吕文郁：《周代的采邑制度》（增订版），社会科学文献出版社 2006 年版。

② 李春利：《两周时期采邑制度的演变》，中国社会科学出版社 2016 年版。

③ 葛志毅：《周代分封制度研究》（第 2 版），黑龙江人民出版社 2005 年版。

④ 任伟：《西周封国考疑》，社会科学文献出版社 2004 年版。

分赐采邑的问题，这使得畿外封国不能与畿内采邑和作为家族大宗主的都内王卿建立有机联系。

（三）有关西周社会形态、政治系统结构

在对西周政权、社会形态、政治系统结构的全面研究中，学者们也关注到王畿内外采邑与封国的关系。赵伯雄审视了西周所谓“天下”的政治格局，通过王室与邦君、城市与乡村的关系讨论了西周国家的主权结构，君主政体等问题。在对“邦、家、宗、族、姓、氏”讨论时涉及了采邑制度、分封制度的一些方面。① 王健则提出“政治地理结构”这一概念，他指出西周的政治地理结构是指西周王朝在地理空间上对其控制的政治疆域所实行统治的结构形式。该研究考虑到了西周王朝的地理空间与政治统治格局，初步探索了国家整体与部分即中央与地方的层级结构，提出了“天子—方伯—诸侯”统治结构。②

朱凤瀚讨论了商周时期的家族形态问题，着眼于商周家族亲属组织的规模与结构、居住方式、家族成员的等级结构、家族内部的政治形态与经济形态、家族的社会功能。③ 通过对家族形态，家族成员关系，血缘家族在墓葬、居址、聚落等考古学物质材料上的表现的分析，为我们提供了解释西周同一血缘家族的不同成员在畿内任卿、在畿外任侯的这种分封模式的途径。赵庆淼认为西周金文中的“诸侯大亚”④，是指留居畿内的外服诸侯宗亲组织之分支，主要有两种形成途径：一是诸侯就封之际贵族家族组织的分衍与别氏，二是诸侯公室子弟入驻畿内朝宿邑或供职王朝。

---

① 赵伯雄：《周代国家形态研究》，湖南教育出版社 1990 年版。

② 王健：《西周政治地理结构研究》，中州古籍出版社 2004 年版。

③ 朱凤瀚：《商周家族形态研究》（增订本），天津古籍出版社 2004 年版。

④ 赵庆淼：《从“诸侯大亚”看西周央地关系》，《历史研究》2023 年第 6 期，第 76—97 页。

总而言之，目前的研究大多未考虑到贵族家族都内居土与畿内采邑、畿内采邑与畿外封国、畿外封国与都内居土的互动关系与层级结构。

（四）我们的研究方法

因此，进行一次这样的考察是十分必要的：

我们将从都城出发，以高等级贵族的血缘家族在都内拥有的居土为起点。继而确定畿内采邑与都内居土的血缘联系。再次转向畿外，探索封国、采邑与居土三者由外及内、由内及外的互动。

最终描画出西周时期的一种“都内有土、畿内有采、畿外有国”的“三级分封结构”，并尝试剖析“土”、“采”、“国”之间的良性互动，及其在血缘关系、地缘联系上对西周分封制结构形式和内在联系的稳定作用。

三　从“有阎之土”管窥“三级结构”

（一）释“有阎之土”

《左传·定公四年》云：“分康叔以大路、少帛、綪茷、旃旌、大吕，殷民七族，陶氏、施氏、繁氏、锜氏、樊氏、饥氏、终葵氏；封畛土略，自武父以南，及圃田之北境，取于有阎之土，以共王职。取于相土之东都，以会王之东蒐。聃季授土，陶叔授民，命以《康诰》，而封于殷虚。”①

此段是分封康叔的史事，已为学界熟知，故不作过多解释。而其中“封畛土略，自武父以南，及圃田之北境，取于有阎之土，以共王职。取于相土之东都，以会王之东蒐。”一句值得再深究。该句叙述分封给卫的疆域是“封畛土略，自武父以南，及圃田之北竟”即以商

① （晋）杜预注；（唐）孔颖达疏：《春秋左传正义》，（清）阮元校刻：《十三经注疏》（清嘉庆刊本），中华书局2009年版，第4636页。

都周围为主要封地，其南部跨过大河达到圃田泽的北境。转而又谈及卫有一片供其“以共王职”的“有阎之土”，这一点十分重要。杜注云：“有阎，卫所受朝宿邑，盖近京畿。”《公羊》说，诸侯朝天子，天子之郊皆有朝宿之邑。[①]《五经异义》引《左氏》说，诸侯有功德于王室，京师有朝宿之邑。[②]

不过许慎案道：“京师之地，皆有朝宿邑，周千八百诸侯，京师地不能容之，不合事理之宜。”[③] 这个质疑是准确的。若诸侯均在京师之地拥有“朝宿邑”，都城的面积似乎是不能满足的。这里《仪礼·觐礼》的解释就给予了一些线索：“天子赐舍。”[④] 孔广林曰：若皆有朝宿邑，何必每朝更致？[⑤] 郑玄注“赐舍”云“致馆”。若将天子赐给诸侯朝宿邑的行为理解为“赐舍”，也就是在都城内拥有供其居住的“馆”，那么都城丰镐的面积则能够容纳“周千八百诸侯”。所以将《左传》中的“有阎之土”理解为诸侯所在的家族在都城内拥有的供其居住的“馆”才是合适的。

这就是说康叔封被封到畿外的卫之后，在都城内还拥有一片供其家族居住的“馆”，即“有阎之土”。

（二）康氏家族的畿内采邑

《史记·卫康叔世家》载：卫康叔名封，周武王同母少弟也。《索隐》曰康，畿内国名。又宋忠曰：“康叔从康徙封卫，卫即殷墟定昌之地。畿内之康，不知所在。”[⑥]《尚书》伪孔传云：“康，圻内

① （汉）何休注；（唐）徐彦疏：《春秋公羊传注疏》，（清）阮元校刻：《十三经注疏》（清嘉庆刊本），中华书局2009年版，第4803页。

② （清）陈寿祺撰、王丰先整理：《五经异义疏证》，中华书局2014年版，第188页。

③ （清）陈寿祺撰、王丰先整理：《五经异义疏证》，中华书局2014年版，第188页。

④ （汉）郑玄注；（唐）贾公彦疏：《仪礼注疏》，（清）阮元校刻：《十三经注疏》（清嘉庆刊本），中华书局2009年版，第2354页。

⑤ （清）陈寿祺撰；王丰先整理：《五经异义疏证》，中华书局2014年版，第188页。

⑥ （汉）司马迁：《史记》，中华书局1982年版，第1589页。

国名"[①] 王肃《康诰》注云："康，国名，在千里之畿内。"然而西周王畿之内，无封国只有采邑，[②] 这里的"康"应实为采邑名。故不难看出，康氏家族除了在都城内拥有的供其居住的"馆"，在王畿之内，还有一个被称为"康"的地方，是康氏家族的采邑。

《清华简·系年》澄清了居住在畿内的"康氏家族"与畿外卫地的卫侯家族关系，其产生的先后顺序等问题。

《清华简·系年》云：周成王、周公既迁殷民于洛邑，乃追念夏、商之亡由，旁设出宗子，以作周厚屏。乃先建卫叔封于庚丘，以侯殷之馀民。卫人自庚丘迁于淇卫。[③]

李学勤提出"庚丘"即"康丘"，是叔封的始封之地。[④] 这条记载解决了康叔始封的问题。先将康叔封，分封在了殷故土境内的"康"地"庚丘"，故"叔封"称"康叔封"，之后将其徙封至了"卫"，又称"卫康叔"。叔封在康地建国后，便以"康"为氏，以"叔封"为大宗主的家族便可自称为"康氏"，这与后文我们讨论的周公旦令其子在今河北邢台的邢地建立邢国，之后畿内便出现"井（邢）氏家族"的情况是相似的。[⑤] 因此畿内也有了"康氏家族"。

生活在畿内的血缘家族成员以"康"为氏之后，畿内的"康"便出现了。

康季鼎（《集成》02261）的出土地及附近，很可能存在畿内之康邑。该鼎出土于陕西省岐山县周家桥程家村，铭文为："王作康季

① （唐）孔颖达疏：《尚书正义》，（清）阮元校刻：《十三经注疏》（清嘉庆刊本），中华书局2009年版，第430页。

② 吕文郁：《周代的采邑制度》（增订版），社会科学文献出版社2006年版，第10—19页。

③ 清华大学出土文献研究与保护中心编、李学勤主编：《清华大学藏战国竹简（贰）》，中西书局2011年版，第144页。

④ 李学勤：《清华简〈系年〉及有关古史问题》，《文物》2011年第3期；李学勤：《清华简〈系年〉解答封卫疑谜》，《文史知识》2012年第3期。

⑤ 参见徐良高《家国天下——西周的社会与政体》，《三代考古》（七），科学出版社2017年版；与后文关于井氏家族的讨论。

宝尊鬲。”

王献唐考证云“康叔（封）卒，长子康伯袭封卫侯，初封之康国、亦当让出。彼有季弟，如周王再以康国续封之，循其旧称，正可号曰康季矣。”[①]《清华简·系年》解释了叔封从康徙封卫的事件，且康即庚丘之地，不在畿内。故王献唐“以康国续封之”之说便不成立。但康季确与叔封同属康氏家族，合理的推测只能为康季是叔封受封康地之后，其在畿内以康为氏的族人，拥有的采邑也称“康”。因此，“康季鼎”的出土为西周畿内存在康邑提供了线索。

（三）康氏家族的畿外封国

二十世纪三十年代以来，浚县辛村墓地的发掘，发现了西周成康时期至春秋早期的卫国公室墓地。埋葬有康叔至惠公之间的国君和夫人。目前普遍认为 M21 墓主为卫康叔，M1、M6 墓主为卫康伯及其夫人，M42 墓主可能为卫嗣伯、M2 墓主可能为卫嗣伯以后至卫釐侯之间的某位卫君，M17、M5 墓主为卫庄公及其夫人，M24 墓主为卫桓公。[②]

截至 2018 年底，已发表有关周代卫地考古遗址共九处，发现灰坑、水井、灰沟、陶窑、居址、铸铜作坊、制骨作坊、墓葬等遗迹单位。延续时代自西周早期至公元前 292 年以后。[③]

这为我们展现了康氏家族在畿外地区的封国，从出土遗物所反映的文化因素看卫国考古学文化由商、周两种因素及二者融合形成的本地创新文化因素构成。[④] 如鬲（刘家庄南殷墓 M64：3、后冈 M9：1）、

---

① 王献唐：《岐山出土康季鼎铭读记》，《考古》1964 年第 9 期。

② 郭宝钧：《浚县辛村》，科学出版社 1964 年版。

③ 陈康：《周代卫国考古学文化研究——以卫地遗址和墓葬为中心》，博士学位论文，郑州大学，2019 年。

④ 陈康：《周代卫国考古学文化研究——以卫地遗址和墓葬为中心》，博士学位论文，郑州大学，2019 年，第 203 页。

簋（刘家庄北地 M104：9）、折肩罐（刘家庄北地 M97：2）、豆（宋窑 H56：4、西高平 H19：1）具有鲜明的周文化因素。[①] 不过，虽然在卫地商文化与周文化因素均广泛存在于居址和墓葬当中，但从数量上说，商文化因素所占比例还是大于周文化因素的。这是因为周人分封建卫，仅仅是居于社会上层的统治阶层，其社会的主体构成人群还是生活在本地区的商人群体，即《左传》中所述“殷民七族”。而卫国的社会上层便是以康氏家族为代表的周人贵族。

通过分析与康氏家族和卫国有关的传世文献材料、铜器及铭文材料、考古发现材料，依稀描画出康氏家族在都内有居土——“有阎之土”，在畿内有采邑——康邑，在畿外有封国——卫国的立体图景。这样一个由血缘家族关系维系的“都内居土—畿内采邑—畿外封国”的三级结构，可以进一步阐释西周的分封制、家国统治模式及政治系统运行机制。

其实，西周之前的殷商时期，也存在这类统治现象。王震中在讨论商王朝国家结构时，综合殷墟发现的贵族墓葬与畿外的商代墓地提出：内服与外服不是截然分离的，二者连接的纽带是四土诸侯国的一些人作为朝臣，住在王都，参与王朝的一些事务。[②] 外服诸侯在王朝任职，他和他的家族居住在殷都。[③] 殷墟中发现除王族之外，还有异姓贵族居住在殷都，他们是其国族本家派往朝廷为官者。[④] 商王依靠支配王畿内的望族，对地方上的人群形成“间接支配”。[⑤] 商代存在一种三级的都鄙结构。[⑥]

---

① 陈康：《周代卫国考古学文化研究——以卫地遗址和墓葬为中心》，博士学位论文，郑州大学，2019 年，第 176—178 页。

② 王震中：《论商代复合制国家结构》，《中国史研究》2012 年第 3 期。

③ 王震中：《论商代复合制国家结构》，《中国史研究》2012 年第 3 期。

④ 王震中：《商代都鄙邑落结构与商王的统治方式》，《中国社会科学》2007 年第 4 期。

⑤ 王震中：《商代都鄙邑落结构与商王的统治方式》，《中国社会科学》2007 年第 4 期。

⑥ 王震中：《商代都鄙邑落结构与商王的统治方式》，《中国社会科学》2007 年第 4 期。

如今，随着考古发掘工作的大量展开，越来越多的材料逐渐揭露出西周时期高等级贵族家族的“三级结构”，理解这一结构的内在关系对于我们探索西周王畿地区的组成结构和西周政治系统运行具有很大帮助。下面我们将运用传世文献、金文信息、考古材料较全面的三个血缘家族作为例子讨论这一问题。[①]

四　王畿内外所见居土—采邑—封国

（一）井氏家族与张家坡·井邑·邢国

1. 井氏家族的都内居土

张家坡井叔墓地的发掘较为完整地揭露了一个西周家族墓地。根据1983—1986年的发掘材料，墓葬可分为五期，自武王始，至幽王终。[②] 通过墓地中1座中字形大墓与3座甲字形大墓，结合铜器铭文与随葬品分期排队，可知四座大墓年代相接，大致自西周中期中叶至西周晚期偏早，即穆王晚叶至厉王偏早。[③] 其中M170墓主应为井叔氏宗子，男性，是目前发现的最早一代井叔，墓葬年代在西周中期中叶，约穆、共之际。M168墓主身份不可知，时代约为懿、孝时。M157的墓主人为井叔叔采，墓葬年代为西周中期晚叶，约孝王时。M152亦为一代井叔，墓主人活动年代为夷王时，墓葬年代可能为厉王偏早时。[④] 墓葬中随葬有玉器、铜器、漆器、石磬、车马器等，高等级墓葬边或附葬有车马坑。

---

① 王震中也曾讨论过西周王朝的“复合制”结构，参见王震中：《中国王权的诞生——兼论王权与夏商西周复合制国家结构之关系》，《中国社会科学》2016年第6期。对本文启发很大，本文则关注于考古物质遗存所呈现的能够系联的都内、畿内、畿外的分封结构。

② 中国社会科学院考古研究所编著：《张家坡西周墓地》，中国大百科全书出版社1999年版。

③ 朱凤瀚：《商周家族形态研究》（增订本），天津古籍出版社2004年版，第649页。

④ 朱凤瀚：《商周家族形态研究》（增订本），天津古籍出版社2004年版，第644—649页。

由张家坡墓地提供的信息可知西周贵族家族的亲属结构和居住形式。井氏家族在丰镐地区以宗族形式存在，包含有一个主干家庭和数个血缘关系较近的旁系家族，世代聚居。①

依据张家坡墓地的发掘材料，可以明确这片区域是属于居住在都城丰镐的井氏家族几代人甚至是贯穿整个西周一朝的家族墓地。这说明井氏家族在都城丰镐内，同样应该拥有能够与墓地时代相匹配的居住址。

庞小霞将张家坡一带与井叔家族相关的遗址，称为“井氏居邑”②，已经意识到此区域与“采邑”的不同。我们认为，张家坡这一地点即是井氏家族在王都之内的“居土”，之所以称之为“土”，乃源自于“有阎之土”中“土”。

2. 井氏家族的畿内采邑

《左传·僖公二十四年》云：昔周公吊二叔之不咸，故封建亲戚，以藩屏周……凡、蒋、邢、茅、胙、祭，周公之胤也。③

文献记载了邢国始封之君是周公旦庶子，近年来的考古发掘也建立起张家坡井叔墓地与邢台邢国的关系，井即邢已为学界所公认。

由金文材料可知，除在邢台邢国的井氏外，在西周王畿地区与都城丰镐内还存在井氏家族。《清华简·祭公》曰：“‘允哉!’乃召毕桓、井利、毛班……”④ 也说明井利为三公之一，是王臣。目前学界认为这是因为先分封了邢国，而后第一代封在今河北邢台的邢侯庶子即周公旦之叔孙回到都城丰镐供职于王朝。⑤ 井氏一族除在畿外拥有

---

① 朱凤瀚：《商周家族形态研究》（增订本），天津古籍出版社2004年版，第304、654页。

② 庞小霞：《商周之邢综合研究》，社会科学文献出版社2014年版，第191页。

③ （晋）杜预注；（唐）孔颖达疏：《春秋左传正义》，（清）阮元校刻：《十三经注疏》（清嘉庆刊本），中华书局2009年版，第3944页。

④ 清华大学出土文献研究与保护中心编、李学勤主编：《清华大学藏战国竹简（壹）》，中西书局2010年版，第174页。

⑤ 吕文郁：《周代的采邑制度》（增订版），社会科学文献出版社2006年版，第103页。

封国外，还在都城内拥有居土，在畿内也拥有采邑。

徐良高通过对比张家坡井叔墓地与邢台南小汪、葛家庄西周遗存，并疏通不同组别井氏铜器发现：目前存世的“井”氏铜器可按早晚关系分为井侯（邢侯）组、井伯组、井叔组、井季组、丰井叔组、奠井叔组等多组。其先后顺序是先有井侯再有井伯、井叔，再由井叔分出井季、郑井叔、丰井叔的脉络，是周代井侯不同支系繁衍的结果，郑井与丰井分别是食邑于郑和丰的井侯后裔。[①] 这一点我们是赞成的。

目前，丰井叔组铜器只见一件丰井叔簋（《集成》03923），铭文为：“丰丼叔作伯姬尊簋，其万年子子孙孙永宝用。”出土于扶风齐村，通过铭文可知这是丰井叔家族为外嫁女子所作媵器，那么此地不为丰井叔家族居所或采邑，铭文中的“丰”字是为了标记该女子来自于生活在丰京的井氏家族。

至于井氏家族的封土，朱凤瀚通过大克鼎、散氏盘、禹鼎铭文及有关“井”氏铜器的出土地点认为，禹鼎中有“政于丼邦”，说明禹属于井氏；据传光绪十六年陕西扶风县法门寺任村出土一带的散氏盘（《集成》10176）铭文曰：“以南封于谷徕道，以西至于鳿、莫、堳、井邑田。”说明井氏封土又与“散”相邻，可能在宝鸡凤翔一带。[②]

3. 井氏家族的畿外封国

西周早期麦方尊（《集成》06015）铭文云：“王令辟邢侯出伾，侯于邢，雩若二月，侯见于宗周……赐……赍用王乘车马……”记载了周天子分封邢侯的史事，弥补了史册之缺。铭文中邢侯被赐“王乘车马”可见其地位之高，深受周王器重。

---

① 徐良高：《邢·郑井·丰井刍议》，《三代文明研究（一）》，科学出版社 1999 年版。

② 参见朱凤瀚《商周家族形态研究》（增订本），天津古籍出版社 2004 年版，第 379 页；徐中舒《禹鼎的年代及其相关问题》，《考古学报》1959 年第 3 期；曲英杰《散盘图说》，《西周史研究》（《人文杂志》丛刊第二辑），1984 年，第 325 页。

20世纪50年代以来邢台西关外西周遗址的发现，逐渐为我们揭开了河北邢台西周邢国的面纱。① 1978年元氏西张村墓葬又出土臣谏簋，② 1991年邢台南小汪遗址发掘发现了西周刻字甲骨，③ 1993—1997年邢台葛家庄墓地的发掘更是为我们提供了研究西周邢国的重要材料。在邢台葛家庄共发掘墓葬230座，车马坑28座，其中大型墓5座，中型墓31座。中字形墓和甲字形墓是墓群中的最高等级，此外还发现了一车六马的附葬车马坑。④

徐良高提出邢台葛家庄邢国墓地、西安张家坡井叔墓地的考古材料具有明显的相似性和可比性，墓地的构成、墓葬的规模、墓道的有无及多少、随葬车马、青铜器和玉器显示出双方在西周统治阶层中地位相似。⑤

邢台西周邢国遗址这一畿外封国的考古发现，为我们研究西周时期井氏家族在社会政治中的重要作用提供了材料。由邢台南小汪核心聚落、葛家庄邢侯墓地组成的邢台西周邢国遗址群，具有邢台西周居民区、手工业作坊、平民墓葬区、高等级贵族墓葬区，总面积超过300万平方米。这是井氏家族在都城居所、畿内采邑之外，拥有的畿外统辖区域。

（二）周公家族与周公宫·周公庙·鲁国

1. 周公家族的都内居土

矢令方尊（《集成》06016）、矢令方彝（《集成》09901）铭文

① 唐云明：《邢台西关外遗址试掘》，《文物》1960年第7期。

② 河北省文物管理处：《河北元氏县西张村的西周遗址和墓葬》，《考古》1979年第1期。

③ 河北省文物研究所、邢台市文物管理处：《河北邢台南小汪周代遗址发掘简报》，《文物》2012年第1期。

④ 郭瑞海、任亚珊、贾金标：《河北邢台葛家庄邢侯墓地》，《中华文化画报》1997年第4期；《1993－1997年邢台葛家庄先商遗址、两周贵族墓地考古工作的主要收获》，《三代文明研究（一）》，科学出版社1999年版。

⑤ 徐良高：《邢·郑井·丰井刍议》，《三代文明研究（一）》，科学出版社1999年版。

载："唯八月，辰在甲申，王命周公子明保，尹三事四方，授卿事寮，丁亥，令矢告于周公宫，公令诞同卿事寮，唯十月月吉癸未，明公朝至于成周，诞令舍三事令，罛卿事寮、罛诸尹，罛里君、罛百工，罛诸侯：侯、甸、男，舍四方令……"

疏通铭文大意，"丁亥，令矢告于周公宫，公令诞同卿事寮"一句是说：丁亥这一天，王命令矢去周公宫向周公旦报告"王命周公子明保，尹三事四方，授卿事寮"这件事。周公旦听后命令矢也进入卿事寮，作为其子明保的助手一同去成周。由此可知，此时周公旦尚在，矢令尊、彝铭文记载的是明保前往成周接替其父周公旦的职务，公指周公旦本人[①]，而周公旦似是因为年龄问题已回到宗周的周公宫居住。此说明周公在丰镐都内拥有自己的居所。

虽然目前丰镐遗址的考古发掘并未发现能够实证为周公居所的大型建筑基址，但二十世纪七八十年代以来，在镐京花园村、落水村发现的十一处夯土建筑基址，镐京五号建筑基址，在客省庄西南发现的十四处夯土建筑基址，至少可能有高级贵族居所存在。[②] 所以说，在都城丰镐内，应存在周公家族居土。

2. 周公家族的畿内采邑

《左传》定公四年云："昔武王克商，成王定之，选建明德，以藩屏周，故周公相王室以尹天下。"[③] 这是说武王、成王虽然分封诸侯，但周公是留在王的身边辅佐王的"尹"。其未去鲁地就封。即《史记》索隐所云："周公元子就封于鲁，次子留相王室，代为周公。"[④]

---

① 参见杜勇《曾公编钟破解康宫难题》，《中国社会科学报》2020年6月8日。

② 中国社会科学院考古研究所、陕西省考古研究院、西安市周秦都城遗址保护管理中心：《丰镐考古八十年》，科学出版社2016年版，第177—178页。

③ （晋）杜预注，（唐）孔颖达疏：《春秋左传正义》，（清）阮元校刻：《十三经注疏》（清嘉庆刊本），中华书局2009年版，第4635页。

④ （汉）司马迁：《史记》，中华书局1982年版，第1524页。

《书序》曰："周公既没，命君陈分正东郊、成周，作《君陈》。"[①]《礼记·檀弓上》孔疏引郑玄《毛诗谱》云："元子伯禽封鲁，次子君陈世守采地。"[②] 这说明留在畿内的周公家族除了在都城丰镐拥有居土外，还在畿内拥有一片采邑。

二十世纪九十年代曹玮就提出，现岐山县北郭乡和周公庙一带是一处不同于狭义周原遗址的大型周代遗址区。这一区域面积大约 2 平方公里，面积大，堆积厚，曾出土有西周空心砖和先周—西周铜器，基于此他认为这里是周公的采邑。[③]

随着 2003—2005 年在周公庙一带的考古调查与发掘工作的展开，逐渐揭露了一处北起凤凰岭的陵坡，南至祝家巷、周公村一线，东自陵头村西，西至董家台。南北约 2200 米、东西约 1700 米，面积约 370 万平方米[④]的拥有大型墓葬、大型夯土基址、铸铜作坊、制陶作坊、卜甲的大型聚落逐渐被揭露。

其中，在陵坡地点发现了有四条墓道的大墓 10 座，三条、两条、一条墓道者各 4 座。另有竖穴土坑墓、车马坑等，还有长达 1500 米的环绕于墓地外围的夯土墙。陵坡墓地大墓年代上限当不早于西周中期偏晚，下限进入西周晚期。[⑤] 根据地层关系和出土遗物的年代特征判断，在夯土建筑群的北部发掘的夯土建筑的建造年代不早于先周晚期，废弃的年代可能不晚于西周中期。发掘者宣称该建筑是目前所知年代最早的周代大型建筑基址，并推定建筑群中应还有西周偏晚时期的建筑。从铸铜作坊的年代陶范的纹样、形制及共存陶器的年代特征

① （唐）孔颖达疏：《尚书正义》，（清）阮元校刻：《十三经注疏》（清嘉庆刊本），中华书局 2009 年版，第 503 页。

② （汉）郑玄注，（唐）孔颖达疏：《礼记正义》，（清）阮元校刻：《十三经注疏》（清嘉庆刊本），中华书局 2009 年版，第 2774 页。

③ 曹玮：《太王都邑与周公封邑》，载《周原遗址与西周铜器研究》，科学出版社 2004 年版，第 7 页。

④ 徐天进：《周公庙遗址的考古所获及所思》，《文物》2006 年第 8 期。

⑤ 种建荣：《周公庙遗址陵坡墓地及相关问题》，《中国国家博物馆馆刊》2018 年第 7 期。

分析，铸铜作坊的年代上限或可早至先周晚期，为西周初期的可能性较大。制陶作坊的年代大致为先周晚期。① 在祝家巷村北出土卜甲的遗迹单位大多属于先周晚期，部分属于西周早期，个别可至西周中期，发掘者认为卜甲的年代不晚于商末周初。② 在庙王村北白草坡墓地南出土卜甲700余片，其中有刻辞者90余片，发掘者认为其年代是西周早期，刻辞内容见“周公”，地名有“周”“新邑”“唐”“先”“薄姑”等。③

纵观周公庙遗址在不同时期的盛衰情况，我们发现该遗址历经仰韶、龙山、先周偏晚、西周四个阶段。其中以先周时期（偏晚阶段）的遗物分布面积较广，所暴露的遗迹也相对比较丰富，似乎是该遗址最兴盛的时期。到了西周时期，居址以西周早期最丰富，中期次之，晚期少见。自西周中期开始，遗址呈现出衰落的趋势。这一在先周、西周早期兴盛，西周中期及以后衰败的现象，恰可与金文和文献中所反映的周公家族在周王朝的地位起伏相呼应：西周一朝，周天子在不同时间扶植不同等级、不同阶层的贵族来掌握核心权力，使得单一家族不会过于长久地拥有最高权力，有利于巩固天子的权威，以保证西周政治系统有效运行。从传世文献与铜器铭文看，当“周公旦”消失后，原本权力不及周公的毕公登上了西周初期的最高权力舞台，与“周初二公”中的另一位——“召公奭”并肩而立。且自康王始直至西周灭亡，未见明确与周公旦或继任周公有关的铜器。以周公旦为大宗的周公家族在西周中、晚期的政治舞台上突然消失，直到春秋时期才再次出现并掌握王朝大权。这似可以解释周公庙遗址在西周早期兴盛，西周中晚期走向衰落的现象。因此，周公庙遗址的西周时期周公畿内采邑是有据可寻的。

---

① 徐天进：《周公庙遗址的考古所获及所思》，《文物》2006年第8期。

② 徐天进：《周公庙遗址的考古所获及所思》，《文物》2006年第8期。

③ 徐天进：《周公庙遗址的考古所获及所思》，《文物》2006年第8期。

3. 周公家族的畿外封国

《史记·鲁周公世家》载：周公乃告太公望、召公奭曰："我之所以弗辟而摄行政者，恐天下畔周，无以告我先王太王、王季、文王。三王之忧劳天下久矣，于今而后成。武王蚤终，成王少，将以成周，我所以为之若此。"于是卒相成王，而使其子伯禽代就封于鲁。① 周公虽受封鲁地，不过其子伯禽就封，周公本人留在都城以辅佐周王。周公家族在都城及畿内的居土和采邑我们已可略知一二，其在畿外的封国，也被考古工作者进行了较为全面的揭露。

曲阜鲁故城的勘探发掘工作基本弄清了城址的年代、结构。在鲁故城中查明了一二十处手工业作坊遗址和居住址。在城的西部、西北部、北部大片地区存在西周早期或前期的文化堆积，在城的东北部则发现了西周晚期遗存。证明了鲁国在西周早期建都之地便在曲阜。② 这是周公家族的畿外封国。

（三）南公家族与太公家族三级结构的文献、考古迹象

康氏家族、井氏家族、周公家族的材料为探讨西周时期贵族阶层的人口繁衍、宗族支系、宗法政治、分封结构、家国统治模式及政治系统运行机制提供了根据。西周一代，除上述四支血缘家族外，还存在一些目前限于材料，未完全展现其三级结构，但能够从文献、金文和零星的考古发现中找到相关线索的家族。在此我们也简要概述：

1. 南公家族的三级结构

南公家族是西周重要的股肱之臣，可分为"南宫"和"曾侯"两个系统。从大盂鼎（《集成》02837）"王曰：'耐，令汝盂型乃嗣祖南公'"，南宫柳鼎（《集成》02805）"王在康庙，武公佑南宫柳，即位中廷，北向，"膳夫山鼎（《集成》02825）"唯卅又七年正月初

① （汉）司马迁：《史记》，中华书局1982年版，第1518页。

② 山东省文物考古研究所：《曲阜鲁国故城》，齐鲁书社1982年版。

吉庚戌，王在周，各图室，南宫乎入右膳夫山”，南宫乎钟（《集成》00181）“先祖南公、亚祖公仲”来看，南宫系统的大臣留在宗周，世代为王卿士，在都城能应有居土。而通过康王之世的大盂鼎出土于陕西省岐山县礼村沟岸中，厉王之世的南宫柳鼎、膳夫山鼎分别出土于陕西省宝鸡虢镇、陕西省永寿县好畤河村，宣王之世的南宫乎钟1979年出土于陕西扶风县豹子沟来看，在扶风、岐山一带也应存在时间上延续西周一朝的南公家族畿内采邑。

曾侯乙墓发掘以来，叶家山、郭家庙、枣树林等地曾侯墓葬的发掘和出土铜器上的长篇铭文理清了曾侯系统与南宫系统的血缘关系，易知曾国是南公家族在畿外的封国。①

2. 太公家族的三级结构

太公封齐，长子吕伋之后世为齐君，其家族成员依然有在王朝任职的。李学勤考证太公望有两子留于王朝内，封在畿内郭（墉）地的郭（墉）公一支继承太公的大师职位，幼弟郭季一支也在大师属下。② 郭（墉）公一支与郭（墉）季为王臣，在都城内需有居土。西周中期青铜器善鼎（《集成》02820）铭文中“唯十又二月初吉，辰在丁亥，王在宗周，王各太师宫”的“太师宫”，可能便是留在王朝内任职的太公家族在都内的居土。

岐山孔头沟遗址是岐山县城以东一处重要的西周时期遗址，是继周公庙发现以来又一处较大规模的商周时期聚落，延续时间自先周晚期至西周晚期。在遗址中发现了墓地、作坊、居址等功能区划，其中

---

① 参见黄凤春、胡刚《说西周金文中的“南公”——兼论随州叶家山西周曾国墓地的族属》，《江汉考古》2014年第2期；黄凤春、胡刚《再说西周金文中的“南公”——二论叶家山西周曾国墓地的族属》，《江汉考古》2014年第5期。

② 李学勤：《论西周王朝中的齐太公后裔》，《烟台大学学报》（哲学社会科学版）2010年第4期。

在宋家墓地发现了中字形墓一座、甲字形墓一座，[①] 提示我们该聚落等级较高。有学者将宋家墓地 M10（中字形墓）出土的尚爵（铭文为：尚作墉公宝尊彝）与扶风海家出土的师宝钟[②]、北宋熙宁年间出土的姬寏母豆（《集成》04693）相联读，认为师宝钟铭文中的“墉公”是姜太公之子，师宝是先祖太公吕尚。[③] 继而认为尚爵铭文中的“墉公”与师宝钟和姬寏母豆中的“墉公”是同一人，那么宋家 M10 的墓主人便是太公望之子。并由此推测孔头沟遗址聚落是姜太公家族的采邑，认为这种情况可能是西周初年，太公望封齐，长子吕伋及后世为齐君，其次子“墉公”便留在孔头沟世守采邑。[④]

《史记·齐太公世家》载：“于是武王已平商而王天下，封师尚父于齐营丘。”[⑤] 山东高青陈庄西周城址的发掘也为西周早期齐国历史的研究提供了新的增长点。[⑥] 王恩田认为高青陈庄西周城址就是齐太公建立的都城营丘。[⑦] 时至今日，研究高青陈庄遗址的论著已超过 50 余篇，学者对与其相关的各类问题，均有不同程度的探讨，对城址的性质也有多种看法。[⑧] 但齐国自西周便封于山东是毋庸置疑的。

五　三级结构在西周政治系统运行中的作用

我们将这五个血缘家族的三级分封情况整理见表 1：

---

① 种建荣、张敏、雷兴山：《岐山孔头沟遗址商周时期聚落性质初探》，《文博》2007 年第 5 期。

② 高西省：《扶风巨良海家出土大型爬龙等青铜器》，《文物》1994 年第 2 期。

③ 参见雷兴山《考古周原》，李玮涓撰文：《讲座回顾丨雷兴山：考古周原》，山大考古微信公众号，2020 年 12 月 5 日。

④ 辛怡华：《岐山孔头沟遗址与姜太公家族之关系》，《宝鸡社会科学》2018 年第 1 期；《岐山孔头沟遗址族属及相关问题》，《西部考古》（第 17 辑），科学出版社 2019 年版。

⑤ （汉）司马迁：《史记》，中华书局 1982 年版，第 1480 页。

⑥ 山东省文物考古研究所：《山东高青县陈庄西周遗存发掘简报》，《考古》2011 年第 2 期。

⑦ 王恩田：《高青陈庄西周遗址与齐都营丘》，《管子学刊》2010 年第 3 期。

⑧ 李秀亮：《高青陈庄遗址研究综述》，《管子学刊》2019 年第 2 期。

表1　五个血缘家庭的分封情况

家族	核心人物	都内居土	畿内采邑	畿外封国
康氏家族	康叔封	“有阎之土”	今宝鸡市岐山县周家桥一带	卫国（今河南）
井氏家族	邢侯（见麦方尊）	张家坡一带	今宝鸡凤翔一带	邢国（今河北）
周公家族	周公旦	金文中的周公宫	今周公庙一带	鲁国（今山东）
南公家族	南宫适	王之卿士南宫	今扶风、岐山一带	曾国（今湖北）
太公家族	太公望	金文中的太师宫	今孔头沟遗址一带	齐国（今山东）

通过整理可以发现西周政治系统在三级结构中分层有序、分权明显，高等级贵族家族在都内、畿内、畿外都拥有极大的政治经济权力。而分封制的稳定又建立在这种三级结构之上，它依靠血缘维系，产生凝聚力、向心力，并在地缘上进行空间的覆盖。

至此，我们将康氏家族、井氏家族、周公家族、南公家族、太公家族的都内居土、畿内采邑、畿外封国的可能情况做了初步的整理。下面考虑其在西周王畿组成结构及政治地理中的作用。

（一）血缘维系，明辨尊卑

家族是宗族的分支，西周时期家族、宗族是依靠血缘关系维系的。时至目前，在关中王畿内可能已经发掘出有关周公家族、井叔家族、太公家族的家族墓地，这从墓葬角度有力地体现了血缘家族的存在。

西周时期家族墓地的最根本特点是聚族而葬，即以家族为单位，成片分区埋葬。一个大的家族墓地是围绕着宗氏形成的，在其下它可能由几个分支家族墓地组成，即同一宗氏内的近亲小家族有各自的墓地，分别聚葬在一起，彼此之间存在一定的界限。[①] 而这些近亲小家

① 徐良高：《家国天下——西周的社会与政体》，《三代考古（七）》，科学出版社2017年版，第480页。

族并非完全独立的，他们的生产生活与其所在的宗氏息息相关，在墓地上又相互聚合，组成一个更大的墓地。

《周礼·地官·大司徒》云：“以本俗六，安万民，一曰媺宫室，二曰族坟墓，三曰联兄弟……”郑注云：“族，犹类也。同宗者，生相近，死相迫。”[①] 这是说同一宗室的人生前活动范围相近，死后聚葬在一起。《周礼·春官》进一步解释了在家族墓地中不同身份地位的成员墓位该如何排列：“冢人掌公墓之地，辨其兆域而为之图，先王之葬居中，以昭穆为左右。凡诸侯居左右以前，卿大夫士居后，各以其族。”[②] 一个家族中的大宗墓位居中，次一级的位列其左右居前，再次一级的位列其后。此二者虽为东周时期文献，离西周的族墓葬制度存在一定的距离，西周时期的墓葬埋葬方式并非完全按照其规定的顺序位次排列，但这种按照墓主人的生前地位及宗法等级关系，以尊卑安排墓位前后的方式，在我们讨论的周公家族、太公家族、井叔家族中都有所体现：周公庙遗址陵坡地点发现了有四条墓道的大墓10座，三条、两条、一条墓道者各4座。另有竖穴土坑墓、车马坑等。[③] 其墓地墓位就是按照“自上而下，大墓居中”的原则来安排的。[④] 岐山孔头沟遗址宋家墓地发现了中字形墓一座、甲字形墓一座。[⑤] 根据M10中出土的尚爵（铭文为：尚作墉公宝尊彝）等信息，提示我们其可能是西周时期太公家族的家族墓地。[⑥] 张家坡井叔家族墓地，双墓

① （汉）郑玄注；（唐）贾公彦疏：《周礼注疏》，（清）阮元校刻：《十三经注疏》（清嘉庆刊本），中华书局2009年版，第1521—1522页。

② （汉）郑玄注；（唐）贾公彦疏：《周礼注疏》，（清）阮元校刻：《十三经注疏》（清嘉庆刊本），中华书局2009年版，第1697页。

③ 徐天进：《周公庙遗址的考古所获及所思》，《文物》2006年第8期。

④ 种建荣：《周公庙遗址陵坡墓地及相关问题》，《中国国家博物馆馆刊》2018年第7期。

⑤ 种建荣、张敏、雷兴山：《岐山孔头沟遗址商周时期聚落性质初探》，《文博》2007年第5期。

⑥ 详见辛怡华《岐山孔头沟遗址与姜太公家族之关系》，《宝鸡社会科学》2018年第1期；辛怡华《岐山孔头沟遗址族属及相关问题》，《西部考古》（第17辑），科学出版社2019年版。

道大墓 M157 位于最西部，向东依次为单墓道大墓 M152、M168、M170，或体现都内井叔家族位次尊卑的排列。家族墓地体现出西周时期以血缘关系维系的人群组成、社会结构和政治体系。对于整个宗族来说，族墓地亦至关重要，地下的墓葬与地上的宗庙帮助血缘关系聚合着整个宗族。多处家族墓地的发现，体现了作为基层社会组织的血缘家族组织的广泛存在。

（二）宗族内外，禄邑庇族

西周时期以血缘维系的关中王畿内各贵族家族并不是孤立存在的。宗族内外，始终处于一种动态平衡的状态。结合第三章中从文献整理的有关关中王畿内各贵族家族的居址情况及土田关系，可以发现考古学上的各聚落其实代表着关中王畿内各贵族家族的采邑、平民生活的村落和士兵驻扎的军事性据点。各贵族家族无论是在内部关系还是外部联系上，都是既独立又相互关联的。

就同一宗族而言，从五年琱生簋、五年琱生尊、六年琱生簋体现的宗族间土地司法过程，可以理解土田在同一宗族间的流动转移。就不同宗族而言，从裘卫诸器、散氏盘体现的不同宗族间土地纠纷、司法、判决的事件，可以理解西周贵族世家在王畿内的土地交易和利益交换。我们在考古学上观察到的土地在西周不同时期，发生了人群变更的现象。如周原李家西铸铜作坊和墓葬中“有多达 13 座墓葬被其它墓葬或者灰坑打破”，研究者将其解读为“遗址在中间某个阶段可能存在‘换土易居’的现象”。①

在一个宗族内最高等级的宗子及其家族，一般居于都城内的居土，为王朝卿士，在都城内拥有属于自己的宫庙，这是整个宗族子孙祖先崇拜与血缘统治的集中体现；宗族子孙大多居于王畿内的采邑，

① 马赛：《聚落与社会——商周时期周原遗址的考古学研究》，博士学位论文，北京大学，2009 年，第 79 页。

采邑也可以理解为周王赏赐给贵族“俸禄”①；宗族中非常强有力的一支或会被外封建国，以屏藩周室。这三者之间彼此关联，共同进退。

宗子在王朝内获取高的朝位，居于采邑和封国的宗族成员则利用土地资源吸收更多的人群与财富。一方面，宗子的朝位为宗族成员提供政治支撑；另一方面，宗族成员在采邑与封国不断汲取大量土地与人口，为宗子提供经济保障。正如赵世超所说“朝位是卿大夫庇族的政治资本，帑和器用是财贿是他们可以自由支配的私有财产，采邑作为与位相联的禄，既是贵族致富的重要基础，又是收族聚党的经济凭借”。②

从居土到采邑再到封国，此三者既保证了西周血缘宗族间大宗与小宗的统一，又保证了西周王朝政治中国与野的统一。

（三）纵向分封，横向联姻

宗法制度是西周最重要的制度之一，宗法制度的普遍实行，并与分封制度紧密结合，集中体现了西周时期国家的基本特点——君统与宗统合一、政权与族权合一。③ 政治组织与血缘组织的密切结合，推广了宗法制度，必然导致西周政治系统的家国同构特征。西周社会的贵族既是不同等级社会政治组织的负责人，也是特定血缘组织的族长、大宗。④ 周王的绝对权力和至高地位依靠宗法制度判别出的亲属远近，以及对各宗族首领、各家族长的封赐来获得效忠。金文中大量的册命金文证明了这一点。

通过血缘维系的西周政治系统三级结构是一种从王朝到地方的纵

---

① 吕文郁：《周代的采邑制度》（增订版），社会科学文献出版社2006年版，第144页。

② 赵世超：《周代国野制度研究》，陕西人民出版社1991年版，第219页。

③ 赵伯雄：《周代国家形态研究》，湖南教育出版社1990年版，第79页。

④ 徐良高：《家国天下——西周的社会与政体》，《三代考古（七）》，科学出版社2017年版，第483页。

向统治关系，它保证了王命自上而下的施行，横向上则依靠异姓联姻制度维系着不同宗族间的紧密关系。

（四）三级结构，链接天下

西周的政治体制是血缘维系的分封制，政治疆域①则可分为都内、畿内、畿外三个部分。西周的统治阶层是由一个个血缘家族构成的，而每一个血缘家族中又有多个核心家庭，家庭与家庭之间也是由血缘关系维系的。

在血缘家族中，有的家庭因有成员担任高级王卿士，故成为整个血缘家族的核心家庭；有的家庭有成员被封畿外，则会成为畿外封国的核心家庭。这些畿外封国的核心家庭虽然对封国中其它家庭与普通民众拥有统治地位，但在完整的西周政治系统结构中均系联在有成员在都内为王卿士的核心家庭下，并服从或在形式上服从于它。

虽然分封畿外诸侯的命令是周王发出的，但畿外诸侯的血缘关系还是建立在家族层面上的。诸侯在建国后有服务于周天子的义务，但作为血缘家族中的成员，诸侯又为其留在畿内的家族大宗主提供着服务，这一点我们从堇鼎铭文反映的畿外燕国君主对畿内家族大宗主召公奭的服务，周公庙遗址在先周、西周早期兴盛，西周中期及以后衰败的现象与金文、文献中所反映的周公家族在周王朝的地位起伏呼应等线索可以见得。这种彼此帮助、共同增长、共同衰退、相辅相成的独立而又共生的关系是一类高等级贵族家族的分封结构。

这一类拥有完整三级结构的家族，在西周王朝中的命运与地位与其都内的居土、畿内的采邑，畿外的封国互为表里。畿内的家族大宗主在都内为周王服务，谋取较高的政治地位，而较高的政治地位又为

① 有关王健的政治疆域的概念的定义：统一王朝中央权力控制下的，具有大致范围的政治统治区域。在现代领土国家产生之前的中国古代国家都是拥有政治疆域的统一国家。参见王健《西周政治地理结构研究》，中州古籍出版社 2004 年版，第 12 页。

其在获得畿内采邑、畿外封国中获得更多优势。同时在营建采邑与发展封国时也可获取到更多政治、经济资源，畿内采邑、畿外封国的兴盛反之为他的血缘家族提供了支持，这又可使在都内担任王卿士的家族大宗主拥有更多的政治筹码。在此种情况下，都内有土、畿内有采、畿外有国的三级结构，保证了土、采、国之间的良性互动，从血缘关系与地缘联系上稳定了分封制的结构形式和内在联系。

六　结语

通观本文，我们首先对学界有关西周采邑制度、封国制度的研究进行了梳理分析，发现“都内居土”、“畿内采邑”、“畿外封国”是西周政治系统研究中需要深入发掘的一个方面。《左传・定公四年》中“取于有阎之土，以共王职”的“有阎之土”便是传世文献对于“都内居土”的暗示。

第一步，从都城出发，使用目前丰镐遗址考古发现的高等级贵族墓葬、居址等材料，以及金文中与高等级贵族血缘家族都内宫室有关的记载，推测出一批可能存在的以血缘家族为单位的高等级贵族“都内居土”。

第二步，放眼于畿内地区，结合目前关中地区西周王畿考古材料，周原遗址、周公庙遗址、孔头沟遗址等系统发掘的商周聚落，以及部分重要青铜器出土地点与窖藏分布，考察了畿内采邑家族属性及其与都内居土的联系。

第三步，转向王畿之外，探索封国、采邑与居土三者由外及内、由内及外的互动。最终描画出西周时期的一种“都内有土、畿内有采、畿外有国”的“三级分封结构”，并尝试剖析“土”、“采”、“国”之间的良性互动，及其在血缘关系、地缘关系等方面对西周分封制结构形式和内在联系的稳定作用。

“吴头楚尾”的考古学观察（之二）

——以墓葬形制为中心的探讨*

唐锦琼

（中国社会科学院考古研究所）

对于东周时期的江西，人们惯常用“吴头楚尾”来概括之。这首先体现在国家统治势力的消长，政治疆域的变迁，作者已有小文略加揣测①。“吴头楚尾”还体现在多种文化因素在此间碰撞交融、互动共生的过程。曾有学者依托考古材料对此进行过探索②。江西樟树国字山战国墓等的发现③是近年来南方地区东周时期考古的重大突破，也为这一问题提供了新的材料和视角。以下仅就文化因素上体现的“吴头楚尾”加以初步探讨。

---

* 本文的写作得到国家社科基金重大项目“长江下游社会复杂化及中原化进程研究”（20&ZD247）、“南京地域文明探源与早期吴文化研究”项目资助。

① 唐锦琼：《“吴头楚尾”的考古学观察（之一）》，《南方文物》2021 年第 6 期；唐锦琼、王意乐、张建仕：《江西考古的重头戏：东周时期的清江盆地》，《中国文物报》2022 年 3 月 25 日。

② 彭适凡：《江西通史 · 先秦卷》（第九章、第十章），江西出版集团 · 江西人民出版社 2008 年 1 月；刘诗中、许智范：《东周时期江西地区吴文化初探》，《江西历史文物》1982 年第 2 期；李科友：《东周时期江西地区的楚文化及其有关问题》，《江西历史文物》1981 年第 1 期。

③ 江西省文物考古研究院、中国社会科学院考古研究所、樟树市博物馆国字山考古队：《江西樟树市国字山战国墓》，《考古》2022 年第 7 期；江西省文物考古研究院、樟树市博物馆：《江西樟树国字山墓地考古调查勘探简报》，《文物》2020 年第 3 期。江西省文物考古研究院、中国社会科学院考古研究所、樟树市博物馆：《江西樟树国字山墓地三号、七号墓发掘简报》，《南方文物》2023 年第 2 期。依次是征引国字山墓地各墓资料均出于此，恕不一一注明。

一 解题

文化因素分析法是考古学的基本方法之一[①]，是把一种"集合态"的文化事象解构到"原子"状态，发现它的本质性特征和每一种"原子态"因素的发生、发展脉络，从而为洞察某种文化所具有的复杂的时间、空间、结构、内涵等方面的运动过程和运动规律提供细节性的证据[②]。换言之，就是把一只考古学文化的各组成部分掰开揉碎，通过与类似遗存的比较性研究，探讨其来源、演变的历程，从而丰富对整个考古学文化面貌的认识。因此，考古学文化因素的剖析实际上是对特征相似遗迹和遗物之间的关联性进行探讨[③]。通过考古学文化中不同文化因素的数量比重分析探讨该文化的结构及性质，可以讨论不同文化之间的相关文化因素的交流与融汇关系，以及区系文化类型问题等[④]。在江西的考古实践中，周广明先生将吴城文化的陶器群分为六组，指出除了较为典型的商文化因素，还包括本地文化因素、商文化盘龙城文化因素、赣西和湘东地区文化因素、赣东万年类型文化因素和湖熟文化因素等，并从历时性的角度探讨了诸文化因素在吴城文化内部发展和消长历程，从而更为全面地认识了吴城文化和商代中后期的江西[⑤]。

两周时期的考古研究普遍采用"国别 + 文化"的考古学文化命

① 李伯谦：《论文化因素分析法》，《中国文物报》1988 年 11 月 4 日。

② 贺云翱：《具有解构思维特征的"文化因素分析法"——考古学者的"利器"之四》，《大众考古》2013 年第 11 期。

③ 桑栎：《文化因素分析方法的省思——以二里岗文化的研究为例》，《南方文物》2017 年第 1 期。

④ 李伯谦：《文化因素分析与晋文化研究——1985 年在晋文化研究座谈会上的讲话》，《中国青铜文化结构体系研究》，科学出版社 1998 年版。

⑤ 江西省文物考古研究所、樟树市博物馆：《吴城——1973—2002 年考古发掘报告》，科学出版社 2005 年版，第 410—417 页。

名，如“楚文化”、秦文化、晋文化、巴蜀文化、吴越文化、齐文化等①。苏秉琦先生在探讨楚文化时指出，“楚文化就是‘楚’的文化。这个‘楚’有四个互相关联又互相区别的概念：第一，是地域概念；第二，是国家概念；第三，是民族概念；第四，是文化概念”②。因此，这些国别文化并非确指具体的某一国家所独创的文化，更多地是借助于地域上主要国家的名称来指代某个特定区域内具有共同特征的考古遗存。李学勤先生指出的东周列国七个文化圈或更为贴切③。与江西地区直接相关的是位于长江中游的楚文化圈，以及位于淮河中下游和长江下游的吴越文化圈。

起源于江汉地区的楚文化圈，地处江西的西北方向。楚由“僻在荆山，筚路蓝缕”（《史记·楚世家》）而成为“天下之强国”（《战国策·楚策》），在战国中期前后达到了全盛，其疆域范围西起大巴山、巫山、武陵山，东至大海，南起五岭，北至汝、颖、沂、泗，囊括了长江中下游以及淮水流域④。随着楚国疆域的不断扩大，楚文化也在新扩展的区域呈席卷之势，摧枯拉朽地取代了本地原有文化，使得后者文化面貌为之一新。在统治疆域之外，楚文化也有着极强的辐射作用。苏州东周时期虎丘墓和何山墓内出土的楚文化特征铜器是为其证⑤。

吴越文化圈得名于东周时期两个重要的国家——吴国和越国。两个国家分布的核心区域在长江下游地区的宁镇地区、环太湖地区和宁

---

① 文物出版社推出的“20世纪中国文物考古发现与研究丛书”中有“秦文化”“燕文化”“晋文化”“蜀文化”“滇文化”“吴越文化”“楚文化””等书目。

② 苏秉琦：《楚文化探索中提出的问题——在中国考古学会第二次年会闭幕式上的讲话》，《苏秉琦考古学论述选集》，文物出版社1984年版。

③ 李学勤：《东周与秦代文明》，上海人民出版社2007年版，第10—11页。七个文化圈指的是中原文化圈、北方文化圈、齐鲁文化圈、楚文化圈、吴越文化圈、巴蜀文化圈和秦文化圈。

④ 张正明：《楚史》，湖北教育出版社1995年版，第290页。

⑤ 苏州市博物馆考古组：《苏州虎丘东周墓》，《文物》1981年第11期；吴县文物管理委员会：《江苏吴县何山东周墓》，《文物》1984年第5期。

绍平原等[①]。在这个区域内有着以本地特色的铜器、原始瓷、几何印纹陶，以及土墩墓、石室土墩墓为代表的考古遗存。由于受到不同地理环境因素、不同文化传统及周边不同文化的影响，这些遗存可以划分为三个亚区，但总体而言还是具有很强的文化一致性[②]。吴、越也对周边有着很深的文化影响。山东地区发现典型的战国时期越文化遗存[③]，最早出现在吴越地区的刻纹铜器对三晋地区的类似器物产生了很大的影响[④]，都是吴越文化向外传播的突出体现。

文化因素的研究需要植根于对具体文化遗存的考察。江西地区两周时期的考古资料以墓葬为最大宗，数量占比达到八成以上。墓葬并非是墓主遗体简单地瘗埋了之，而是通过或简或繁的丧葬礼仪完成的。最后呈现在我们面前的墓葬实际上是丧葬礼仪的最终物化形态[⑤]。丧葬礼仪首先是人们精神世界的集中体现，是“事死如生”（《荀子·礼论》）的亲情观念和“事鬼敬神”（《论语·雍也》）鬼神观念的对立统一[⑥]。在丧葬仪式中会使用大量的用具、器物等，其中一部分也会置于事先营建的墓穴中，成为墓葬的有机组成部分。因此，墓葬是人们精神世界和物质遗存的结合体和凝聚物，是了解古代社会诸多方面的绝佳视角。考古发现除墓内出土的随葬品外，还包括墓葬形制、棺椁制度等体现出的丧葬习俗。丧葬习俗是人们精神世界的集中

---

① 根据文献记载，吴国都城在无锡梅里，但据考古发现，更可能在镇江的大港—谏壁一带。后期吴国都城迁到今苏州。越国都城多认为在今绍兴，虽然北上争霸时，迁都于琅琊，但随着国力的下降，又回迁到苏州。吴国北上争霸时，曾将北侧疆域拓展到苏鲁交界地带。但随着越灭吴，越国“渡淮南，以淮上地与楚，归吴所侵宋地于宋，与鲁泗东方百里”（《史记·越王勾践世家》），还是着力经营江南地区。

② 徐良高：《考古学文化、文献文本与吴越早期历史的构建》，《考古》2020 年第 9 期。

③ 刘延常、徐倩倩：《山东地区越文化遗存分析》，《东方考古》（第 9 辑），科学出版社 2012 年版。

④ 滕铭予：《东周时期刻纹铜器再检讨》，《考古》2020 年第 9 期。

⑤ 墓葬还有着腐朽、坍塌，后期破坏、盗扰等多种因素的影响。发掘是对墓葬本体的一种破坏，以及后期的记录和研究的局限，对墓葬的认识仅仅是其原貌的一部分。

⑥ 于海广、李慧竹、钱益汇、陈以凤：《中国殡葬史（第一卷史前·先秦）》，社会科学文献出版社 2017 年版，第 31—53 页。

反映，充分体现了当时人们的生死、鬼神的观念。相较于交流频仍，易于移动的随葬品，在没有新的观念和习俗推动的情况下，丧葬习俗会在较长时间内保持相对稳定性。因此，以丧葬制度（习俗）为中心的探讨，或能在常见的器物探讨之外①，为“吴头楚尾”的探讨提供全新的视角。

二 比较

江西地区东周时期墓葬主要有两大类，一类是以国字山战国墓为代表的深竖穴土坑木椁墓，其最为突出的特点在于平面近方形的深墓圹，木头垒砌的椁室。此类墓葬主要分布在清江盆地，有国字山墓群、郭峰堆墓群和牛头山墓群等。

国字山墓群已发现五座形制较为统一的大型墓葬，此外还发掘一座中型墓葬（M7）。大型墓葬均位于小山或者台地顶部，绝大多数是东西向“中”字形竖穴土圹墓，墓室长宽比接近。其中 M1 和 M2 外侧有长方形或圆形围沟环绕。经过科学发掘的 M1 与 M3 均为大型深坑木椁墓。M1 东西各有一条短斜坡状墓葬。M3 西侧被破坏，是否有西墓道不得而知。两座墓葬的墓室均近方形：M1 墓室东西长约 16、南北宽约 14.4 米；M3 墓室东西长约 10、南北宽 9.75 米。两座墓葬均较深，M1 深约 6 米。M3 最深约 3.3 米。墓室底部四角均有意留出一个角坑。墓葬墓室中部是长方形箱式椁室。M1 的椁室东西长约 13.5、南北宽约 11.4、高约 2 米。M3 椁东西长约 8、南北宽约 6.95 米。两座墓的椁室构建方式一致，由下方的枕木、底板、侧板及盖板等构成。椁室外用木皮包裹，椁室内用隔断和立柱等划分分室。M1

① 对于随葬品所体现文化因素的交流，发掘者在国字山战国的简报中已有初步论述。此后又有学者就江西地区发现的越文化因素器物进行过探讨。徐长青、陈书迁：《吴头楚尾越韵：江西出土的典型越系器物》，《美成在久》2023 年第 1 期。

内有25个分室，M3内有11个分室。M1椁室内有7具棺木，其中主棺为船形独木棺。两座墓葬的时代均在战国中期。M1内出有"旨翳戈（戟）""不寿戈（戟）"等与越国王室相关的文物。发掘者认为墓主有着很高的身份地位，当为附近筑卫城的统治阶层，可能与越国王室密切相关。M7为中型长方形竖穴土坑墓。墓口东西长7.44、南北宽5.60、深1.78米。墓葬被破坏殆尽，仅在墓底有两道东西向垫木痕迹，表明上方原先承托有椁室。该墓时代不早于春秋末期，不晚于战国中期。

郭峰堆墓群位于筑卫城东北方向，共发现三座高大封土的大型墓葬①。1993年清理了其中的郭堆垴墓葬②。该墓时代约在春秋晚期，是竖穴土坑墓，墓室近方形（9.5×7.5），残深0.9—1.5米。这座墓葬被盗扰严重，棺椁无存，仅在墓底有一层厚约2—3厘米的灰土层，发掘者推断是椁室朽痕。在筑卫城以东5公里的沔下邹家村后的牛头山上发现6座墓葬，清理了其中4座③。墓葬上残存有最高2.2米的封土。墓葬均为长方形竖穴土坑墓。墓口长8.68—9.42、宽7.66—8.65米，长宽比较为接近。其中M3时代约在战国早期，墓室长8.68、宽7.6米，距地表深约2.82米。墓室四周的二层台是用木炭和红褐色生土分层填筑而成，墓底部铺4厘米厚的木炭，与国字山战国墓的做法相同。

此种形制墓葬在江西其他地区也有所发现。1984年，在锦江流域的高安郭家山发现一座战国中晚期的竖穴土坑墓。其墓口长3.2、宽2.9米。葬具为一椁重棺。椁室是由盖板、墙板、挡板和底板构成，并在内部隔出边箱。随葬品多置于边箱中④。在赣西的莲花桐鼓堆曾

① 1975年曾在此处发掘一座大型战国墓，但未有报道。

② 樟树市博物馆：《江西樟树观上春秋墓》，《南方文物》1997年第2期。

③ 江西省博物馆、清江县博物馆：《江西清江战国墓清理简报》，《考古》1977年第5期；陈文华、程应林、胡义慈：《清江战国墓发掘简报》，《文物工作资料》1976年第1期。

④ 赵承告、刘诗中：《江西近十年考古新收获》，《东南文化》1990年第4期。

发现一座战国中晚期土坑竖穴墓。该墓有底径15—20米，残高4米的封土。墓葬呈甲字形，斜坡状墓道位于东侧。墓道底部铺有一层青膏泥，再在其上铺一层树皮。墓室近方形，东西长16.5米，南北宽16米，深8.3米。葬具为一椁三棺。椁室呈长方形，用长方木料垒砌而成，包括垫木、底板、侧板和盖板。椁室东西长10.1米，南北宽5.4米，高3.4米。椁内分室情况因破坏而不明。棺散乱置于椁室内，为两层外棺，一层内棺。墓内出有大量漆木器残件，包括乐器和纺织工具等，还出有几何印纹陶陶片①。修水流域的武宁县曾发现一座竖穴土坑墓。墓室残长2.9米、宽1.95米、深约2米。墓内葬具等已然腐朽不存。墓内出有铜剑、铜戈，铜斧，原始瓷器等，还出有铁锄②。发掘者推断墓葬时代为战国早期，或可信从。新建昌邑墓是一座战国晚期南北向长方形土坑竖穴墓。墓口长2.65、宽2、深7.95米。墓内出土有陶器和青铜器等共十七件③。墓内随葬品的楚文化特征十分明显。

此种深坑木椁墓与江西地区乃至其他南方地区秦汉时期墓葬一脉相承。南昌老福山汉墓④的时代在西汉中期，在深约3米的墓室内有长5.3、宽3.9米的木制椁室。此墓未介绍墓室大小，由椁室的尺寸可推断其近方形。莲花罗汉山汉代安成侯墓⑤也是一座带墓道的竖穴木椁墓，墓室长10.9、宽8.9米，接近方形。墓内葬具被破坏殆尽，墓底发现的枕木痕迹与国字山M7的形制一样，表明上方应承托有椁室。广西贵县罗泊湾一号和二号汉墓也是类似的墓葬形制⑥。

---

① 江西省文物考古研究院、萍乡市博物馆、莲花县博物馆：《江西莲花桐鼓堆东周木椁墓考古发掘简报》，《东方博物》第七十三辑，中国书店2019年版。

② 彭适凡：《武宁战国墓葬的清理》，《文物工作资料》1976年第4期。

③ 石凡：《江西出土部分楚文物介绍》，《江西历史文物》1985年第2期。

④ 江西省文物管理委员会：《江西南昌老福山西汉木椁墓》，《考古》1965年第6期。

⑤ 江西省文物考古研究院：、萍乡市莲花县文物办：《江西莲花罗汉山西汉安成侯墓》，上海古籍出版社2017年版，第6页。

⑥ 广西壮族自治区博物馆：《广西贵县罗泊湾汉墓》，文物出版社1988年版。

除了以上列举的深坑木椁的形制外，两周时期的江西还有着其他形制的墓葬。最为引人关注的是崖墓。崖墓又称悬棺葬、崖洞葬等，是将死者葬于险峻的悬崖峭壁上的一种特殊埋葬方式。其特点是墓葬独立崖际，冢不闭户，有葬无坟①。浙、闽、赣三省交界处的武夷山脉周边地区是悬棺葬时代最早且分布最为集中的区域。悬棺葬在武夷山脉西麓的赣东北、赣东和赣南十六个县（市）均有分布②。上世纪70年代末，曾在贵溪清理了一批崖墓③，出土硬陶器和原始瓷器等与长江下游地区出土的同类器极为相似。此外还出土有木质的鼓、筝等乐器、生活用品以及纺织工具等。根据出土遗物，结合 C^{14} 测年数据等可判定墓葬时代约在春秋晚期至战国早期。考虑到武夷山东麓的福建观音洞、白岩等处发现相当于中原地区夏商时期的崖墓④，江西或许有早于春秋晚期的崖墓。

另一类墓葬则是土墩墓。土墩墓是江南地区特殊的埋葬方式，主要分布在苏南、皖南和浙江地区。赣东北属于土墩墓的“黄山—天台山以南区”的边缘地带⑤。此间曾发现过上饶马鞍山、玉山双明窑山、对面山、洪家山、狗槽岗等多处土墩墓⑥。上饶马鞍山墓⑦平地掩埋，墓底铺有石床，出土有大量原始瓷器，时代约在西周晚期至春秋早期。

---

① 吴春明：《中国南方崖葬的类型学考察》，《考古学报》1999年第3期。

② 彭适凡、杨凤光、程应林：《江西悬棺葬的分布及贵溪崖葬的有关问题》，《江西文物》1991年第1期。

③ 江西省历史博物馆、贵溪县文化馆：《江西贵溪崖墓发掘简报》，《文物》1980年第11期；李科友：《贵溪崖墓》，文物出版社1990年版，第22页。

④ 此处发现的棺木经 C^{14} 年代测定，时代距今约3400年上下。参见北京大学历史系考古专业碳十四实验室《碳十四年代测定报告（续一）》，《文物》1978年第5期；中国社会科学院考古研究所实验室《放射性碳素测定年代报告（六）》，《考古》1979年第1期。

⑤ 黄山—天台山以南区东达海边，西至秋浦河岸，南抵浙闽赣交界一带，即武夷山脉北段东、西麓的延伸地带。参见杨楠《江南土墩遗存》，民族出版社1998年版，第50页。

⑥ 江西省文物考古研究所、玉山县博物馆：《玉山双明地区考古调查与试掘》，《南方文物》1994年第3期。

⑦ 江西省上饶县博物馆：《上饶县马鞍山西周墓》，《东南文化》1989年Z1期。

以上两类墓葬主要分布在赣东和赣东北的边缘地区，偏于一隅，对赣中腹地的墓葬形制影响[①]较小。探讨“吴头楚尾”的考古学体现还需从赣中腹地的墓葬中寻找线索。

两周时期江西发现的其他类型墓葬殊少，除了前文论述的深坑式木椁墓外，还有一批平地掩埋或者浅坑埋葬的墓葬。春秋晚期的高安太阳墟墓是一座“南北方向，平地起封，用熟土掩埋器物的无圹穴土墩墓”。墓内随葬的器物分置于一条长约 0. 8、宽约 0. 23、深约 0. 21 米小沟的南北两端，其中 5 件铜器位于北侧，南侧是 6 件原始青瓷钵[②]。此外在樟树市三桥黄阁也发现平地掩埋的无圹墓[③]，虽未有详细资料发表，仅由其遗物与贵溪崖墓等处出土器物类似，可推断时代约在春秋晚期至战国时期[④]。

此外还发现一些浅穴墓。宜春下浦坝墓 M3[⑤] 是一座长方形竖穴土坑墓。该墓长 3. 5 米、宽 3 米。墓坑四周、底部及封土均为大小不同的鹅卵石。墓底距地表深 0. 75 米。根据发表的平剖面图可推断墓葬深约 0. 5 米，属于浅坑墓。墓内出土有越式提梁铜鼎、铜钺、剑、矛、镞、刮刀以及印纹陶罐等，时代为春秋时期。战国时期的新余陈家石鼓突 M5[⑥] 内随葬有青铜剑、刀、锯等。其是东西向土坑竖穴墓，长 2. 2、宽 0. 9、深 0. 5—0. 6 米，深度与下浦坝 M3 相当。

---

① 如下文所提的宜春下浦坝 M3 墓坑的四周、底部及封土均为大小不同的鹅卵石，与土墩墓内以石床作为葬具的葬俗近似。

② 江西省文物工作队、高安县博物馆：《高安太阳墟春秋墓》，《南方文物》1986 年第 2 期。

③ 江西省文物工作队、高安县博物馆：《高安太阳墟春秋墓》，《南方文物》1986 年第 2 期。

④ 江西省文物考古研究所：《江西名胜古迹旅游博览》，天马图书有限公司 2002 年版，第 258 页。

⑤ 江西省文物考古研究所、宜春市博物馆：《江西宜春下浦坝上古墓群发掘报告》，《江西文物》1991 年第 2 期。

⑥ 江西省文物考古研究所、江西省新余市博物馆：《江西新余陈家遗址发掘报告》，《南方文物》2003 年第 2 期。

另一座重要墓葬是靖安李洲坳墓[1]，也是一座竖穴土坑墓，上有高约12米的圆形封土。这座墓葬的墓室近方形，南北长14.5、东西宽11.3—11.7米，墓室面积约160平方米。墓壁陡直，深约4米。在东壁南端有一东西向的斜坡墓道。墓内没有椁室，而是密密麻麻放置着47具棺木。这些棺木分三个区域放置，其中G47是主棺，其余为陪葬棺。随葬品多放置在陪葬棺棺内的竹笥中，分属于各陪葬者。出土的铜器包括越式鼎以及铜刮刀等。通过随葬品可推断墓葬时代约在春秋中晚期。李洲坳墓内未出有铭文资料，难以确知墓主的情况。李洲坳墓东北800米处，同属于水口乡的李家曾在1979年发现三件徐国铜器，包括“徐王义楚”鉴、“徐令尹者旨떡”炭炉和“徐諮尹者故监”铎等[2]，为探讨李洲坳墓的墓主提供了线索。

纵观以上墓例，形制并不统一，难以从墓葬制度探讨“吴头楚尾”的具体体现。若将江西地区置于南中国的大格局下加以考察，或可增进认识。

以上墓例中，除了李洲坳墓，其余墓葬深度都很浅，甚至就是平地掩埋的墓葬。此种浅坑埋葬当来自本地的丧葬传统。浅坑或者平地掩埋并不是专指某种特定的墓葬形态，更多是指从长江下游地区到湖南两广地区普遍使用的浅埋葬传统。吴城遗址先后发现23座商代墓葬，平均深度在0.4米，更有多座被“冲刷甚剧”，而墓圹无存[3]，益发证明了墓坑很浅。新干大洋洲墓葬[4]的“墓底标高－2.15米”，指

① 江西省文物考古研究所：《江西靖安县李洲坳东周墓葬》，《考古》2008年第7期；江西省文物考古研究所、靖安县博物馆：《江西靖安李洲坳东周墓发掘简报》，《文物》2009年第2期。

② 江西省历史博物馆、靖安县文化馆：《江西靖安出土春秋徐国铜器》，《文物》1980年第8期。

③ 江西省文物考古研究所、樟树市博物馆：《吴城：1973—2002年考古发掘报告》，科学出版社2005年版，第86—90、459—462页。

④ 江西省文物考古研究所、江西省博物馆、新干县博物馆：《新干商代大墓》，文物出版社1997年版，第1—7页。

的是墓底与墓葬“所在沙丘中现存的人行道路为基准”间的高度差，并非墓葬的深度。根据发掘报告，“当发掘深度达80厘米时，发现在探方东部一片近长方形且呈南北向的范围内，沙土颜色偏褐。继续下掘，含土量略有增加，且零星地夹杂有碳化木质纤维成分”。此深度当为墓口暴露的位置。由此，墓葬的深度当为1.3米（2.15米—0.8米）。1.3米的深度相较于有着长8.22、宽约3.6米椁室的墓葬来讲是很浅的。考虑到墓葬所在区域均为沙土，过深的墓壁是难以保持的，可见这座墓葬也应该是浅坑墓。墓内较高的遗物，如四足甗（XDM：38）通高105厘米，乳丁纹虎耳方鼎（XDM：8）通高97厘米，正好能容身于这1.3米深的墓室内。浅坑葬也是南方地区墓葬的普遍传统。长江下游地区的土墩墓有着从平地掩埋、浅坑，墓穴逐步加深的发展演变过程，大致在战国时期出现深坑墓。湖南地区楚文化进入之前的本地文化墓葬（“越人墓”）的墓室较浅，深度多数在1米至2.5米之间①。春秋中晚期的桃江腰子仑墓地的墓葬深度不一，最深为1.35米（M067），最浅的仅0.2米（M110）②。浅坑或平地掩埋墓葬或是南方地区墓葬的普遍做法。

南方地区墓葬更为突出的特征在于长条形墓室。新干大洋洲墓葬的墓坑形状并不清楚，但由其2.28的椁室长宽比可推想墓室的大小比例应与之相当，是为长条形。在吴城遗址发掘的商代墓葬中，墓圹长宽比多在2左右，最大达到2.75。两例长宽比在1.2左右的，一座墓圹冲刷甚剧，一座长度残损，均非原始比例。可见，在江西地区较早时期的墓葬是以长条形墓室为特征的。湖南和两广地区楚人进入前的本地墓葬均流行窄长形土坑竖穴墓，长宽比例多为2.5：1③。1978

① 潘茂辉、曹伟：《湖南春秋晚期越楚墓考辨》，《湖南考古辑刊》（第10辑），2014年。

② 益阳市文物管理处：《湖南桃江腰子仑春秋墓》，《考古学报》2003年第4期。需要指出的是在墓葬登记表中登记的墓葬深度多座超过1.35米，如1.7米（M6、M9、M29、M44），1.8米（M10、M13、M14、M24），1.9米（M35）。或许是墓底据地表的深度。此处暂且存疑。

③ 李龙章：《湖南两广青铜时代越墓研究》，《考古学报》1995年第3期。

年在资兴旧市清理了47座西周末期至春秋早期的墓葬，发掘者推断是越族的墓地，是本地人群的遗存。墓葬均为狭长土坑竖穴墓，墓室长宽比一般为3.5∶1①。桃江腰子仑墓地共清理春秋中期至战国初年墓葬113座。这批墓葬大多数是没有封土的狭长型竖穴土坑墓，随葬有越式鼎、扁茎铜剑和圆銎铜矛等具有本地特色的器物，是楚人进入前的土著遗存。在江西以东的浙江金衢盆地发现一批西周时期土墩墓。庙山尖土墩墓②是一座熟土堆筑的浅坑木室墓。墓坑呈长条形，长约14.3米、宽约6.2米、深约0.3米，长宽比约为2.3。衢州孟姜3号墩③由墓道、甬道、墓室三部分组成，墓室长12.7—14.3米、宽6.2—8米，长宽比为1.78，亦呈长条形。从春秋晚期开始，位于长江下游及钱塘江流域的越国墓葬开始由传统土墩墓向土坑墓转变，到战国时期越国贵族普遍使用带墓道的竖穴土坑木椁墓④。这些墓葬的墓坑大多保持着以往石室土墩墓长条状的基本形态。印山越王墓墓坑长46米，最宽处约19米⑤，长宽比为2.42；绍兴祝家山M1墓坑长9.84、宽4.04米⑥，长宽比为2.43；绍兴小家山M17墓坑长9.4、宽4.12米⑦，长宽比为2.28；东阳D2M1墓坑长13.52、宽4米⑧，长宽比为3.38；长兴鼻子山M1⑨墓坑长14.8、宽5.7，长

① 湖南省博物馆、东江水电站工程指挥部考古队：《资兴旧市春秋墓》，《湖南考古辑刊》（第1辑），1982年11月。

② 《浙江衢州庙山尖西周土墩墓》，《2019中国重要考古发现》，文物出版社2020年5月。

③ 《浙江衢州孟姜土墩墓群》，《2021中国重要考古发现》，文物出版社2022年5月。

④ 陈元甫：《越国贵族墓葬制葬俗初步研究》，《东南文化》2010年第1期。

⑤ 浙江省文物考古研究所、绍兴市文物保护管理局：《印山越王陵》，文物出版社2002年版，第11页。

⑥ 浙江省文物考古研究所、绍兴市文物考古研究所、绍兴市柯桥区文化发展中心、嵊州市文物管理处：《绍兴越墓》，文物出版社2016年版，第56页。

⑦ 浙江省文物考古研究所、绍兴市文物考古研究所、绍兴市柯桥区文化发展中心、嵊州市文物管理处：《绍兴越墓》，文物出版社2016年版，第73页。

⑧ 浙江省文物考古研究所：《浙江越墓》，文物出版社2009年版，第9页。

⑨ 浙江省文物考古研究所：《浙江越墓》，文物出版社2009年版，第52页。

宽比为2.59；安吉龙山D141M1墓坑长15.4、宽7.6米①，长宽比为2.02；无锡邱承墩M1②墓室长23.6、宽6.3，长宽比为3.74。以上这些例子都表明长条形是南方地区普遍流行的墓葬形态。江西位于湖南和浙江之间。东西两侧的土著墓葬形状均为长条形，想必境内亦有同类墓葬。新余陈家石鼓突M5墓室长宽比为2.44，近长条形。因此，长条形墓室很可能是江西地区原有的墓葬形态。相应地，墓室平面近方形，长宽比在1.1左右的墓室形态并非本地文化传统，应当是外来文化因素影响所致。

三 阐释

从图1列举的两类墓葬的延续时间来看，江西地区浅坑或平地掩埋墓葬从西周晚期大致延续使用到春秋晚期至战国早期，深坑木椁墓则起自春秋晚期，并延续使用到战国晚期，乃至汉代。两者之间变化显著，当非自身演变所能解释，而是当时吸收外来文化因素影响所致。前者应当是本地原有的文化传统，后者属于外来的文化因素。两者的交替时间大致在春秋晚期到战国早期。这一时间点恰与楚国进入江西的时间相契合③。大致从春秋中晚期开始，随着吴楚争霸的展开，吴、越、徐、楚多种势力汇聚在江西中北部，形成了错综复杂的历史局面。在这个过程中，伴随着国家势力的进入，必然产生相应的文化交流，出现文化因素的交汇融合。

两类墓葬间最为直观的差异在于墓室形态的变化：墓室形状从长方形到方形，掩埋深度走向深坑化。这种转变当是受到来着西北方向

① 浙江省文物考古研究所：《浙江越墓》，文物出版社2009年版，第112页。

② 南京博物院、江苏省考古研究所、无锡市锡山区文物管理委员会：《鸿山越墓发掘报告》，文物出版社2007年版，第170页。

③ 唐锦琼：《“吴头楚尾”的考古学观察（之一）》，《南方文物》2022年第6期。

类型	春秋		战国		
	早中期	晚期	早期	中期	晚期
浅坑或平地掩埋墓	下浦坝墓	三桥黄阁墓	陈家M5		
深坑木椁墓		郭堆墒墓	牛头山墓 武宁墓	国字山墓 郭家山墓、桐鼓堆墓	昌邑墓

图 1　江西两周时期墓葬时代示意图

楚文化因素的影响。在楚文化墓葬中，以较宽的墓葬最为常见。九店东周墓春秋晚期至战国晚期的乙组墓葬为 573 座竖穴土坑墓，其以长宽比 2. 44（原报告采用的是宽长比 0. 41 的数值，换算下来为 2. 44）为界划分为窄坑和宽坑两大类，占比为 46. 8%（268 座）和 53. 2%（305 座）。前者多为无葬具和单棺墓葬，后者大多是棺椁墓，代表着等级相对较高的人群。所有墓葬中，最浅的是单棺 M75，深 0. 8 米。带椁室的墓葬深度在 3—5 米之间，带墓道的墓葬深度更深，在 4. 9 米—6. 3 米间，最深的是 M485，深 7. 47 米①。江陵雨台山楚墓的深度一般在 3—6 米，最深为 8 米，最浅的也有 1 米②。长沙地区楚墓一般深 3—5 米，最深达到 7. 6 米③。这些都表明楚墓的基本形态是较深且略宽的墓室。

① 湖北省文物考古研究所：《江陵九店东周墓》，第 28 页，科学出版社 1995 年 7 月。

② 湖北省荆州地区博物馆：《江陵雨台山楚墓》，第 5 页，文物出版社 1984 年 4 月。

③ 湖南省博物馆、湖南省文物考古研究所、长沙市博物馆、长沙市文物考古研究所：《长沙楚墓（上、下）》，第 9 页，文物出版社 2000 年版。

而等级越高的楚葬，墓室越宽，长宽比近1。如楚王级别的墓葬都大多呈方形。荆州熊家冢主墓墓室的长宽比是1.04（70米：67米，下同），其陪葬墓的墓室长宽比为1.2（36：30）[①]；荆州冯家冢M1墓室长宽比为1.07（62：58），M2墓室长宽比为1.04（29：28）[②]，寿县李三孤堆楚王墓的墓室长宽比为1.02（41.2：40.2）[③]。卿级别的荆州天星观M1墓室长宽比为1.1（41.2：37.2）[④]。大夫级别的包山M2墓室的长宽比为1.08（34.4：31.9）[⑤]，枣阳九连墩M1墓室长宽比1.09（38.1：34.8）[⑥]，下大夫级别的望山M1墓室长宽比1.19（16.1：13.5），M2墓室的长宽比为1.25（11.84：9.43）[⑦]……以上不厌其烦地列举了高等级楚系墓葬的墓室情况，可见等级越高，长宽比越趋近于1。江西地区发现近方形墓室结构应当是楚文化的深刻影响所致，特别是高等级阶层率先接受并采用。

随着墓葬形制由长条形变为近方形，墓内的棺椁制度也必然随之变化，最直观的表现是椁室宽度随之拉宽。国字山战国墓的椁室东西长约13.5米、南北宽约11.4米，平面近方形，与近方形的墓室相匹配。

在椁室的构建方式上，国字山战国墓也更接近楚墓的一般做法。国字山战国墓的椁室的构筑方式是在墓底先垫东西向枕木，枕木间铺满木炭，再盖数层木皮，木皮上铺南北向底板，底板四周再用木方垒砌形成侧板。椁室内被隔断划分多个分室。在木质隔断上有承载立柱的卯孔。立柱上方原应有横木承托南北分布的椁盖板。有学者总结楚

① 荆州博物馆：《湖北荆州熊家冢墓地2006—2007年发掘简报》，《文物》2009年第4期。

② 荆州博物馆：《湖北荆州八岭山冯家冢墓地考古勘探简报》，《文物》2015年第2期。

③ 李德文：《朱家集楚王墓的形制与棺椁制度》，载《楚文化研究论集》（第一集），荆楚书杜1987年版。

④ 湖北省荆州地区博物馆：《江陵天星观1号楚墓》，《考古学报》1982年第1期。

⑤ 湖北省荆沙铁路考古队：《包山楚墓》，文物出版社1991年版。

⑥ 湖北省文物考古研究所：《湖北枣阳市九连墩楚墓》，《考古》2003年第7期。

⑦ 湖北省文物考古研究所：《江陵望山沙冢楚墓》，文物出版社1996年版。

墓椁室的筑造过程是"在开挖竖穴墓圹后，在墓圹底部中央先铺设2—3根枕木，用以维持椁底平衡。接着在枕木上平铺方材做椁底板，再在底板四周用方材组立四面椁壁。……之后，在椁壁上方架盖顶板封闭，最终埋土回填①"。两者的做法如出一辙，前者当是受到后者的影响所致。反观这一时期的越国墓葬，虽然也是木椁墓，但由于椁室呈长条形，椁室一般被前后进行横向切割，或分为前中后三个分室（印山大墓②），或前后两个分室（绍兴小家山M17、绍兴小黄山M13③），未出现"井"字的分室结构④。

楚墓对国字山战国墓等更深的影响还体现在墓内随葬物品及棺木的放置方式上。楚墓的随葬品及棺木等是由上方放入的。这是由墓道与椁室之间的高差决定的。新蔡葛陵楚墓⑤、信阳长台关一号、二号楚墓⑥的墓道底部基本与椁室上口平齐。由发表的剖面图上可知，枣阳九连墩M1和M2墓道的底端也大致与椁盖板等高⑦。望山M2的墓道底端距墓底约3米，椁室总高约2.5米，由此可大致推断此处墓道底端略高于椁室上口仅0.5米⑧。包山二号楚墓的墓道底部与椁顶板

---

① 黄晓芬：《汉墓的考古学研究》，岳麓书社2003年版，第63页。

② 如印山大墓的椁室内分为前、中、后三室，各室间以门槛、门梁景和门板相隔，墓主的独木棺置于中室内。参见浙江省文物考古研究所、绍兴市文物保护管理局：《印山越王陵》，文物出版社2002年版，第11页。

③ 浙江省文物考古研究所、绍兴市文物考古研究所、绍兴市柯桥区文化发展中心、嵊州市文物管理处：《绍兴越墓》，文物出版社2016年版，第73、121—124页。根据报道，绍兴小家山M17椁室呈凸长方形，前室长3.66米、宽1.88米，后室长5米、宽2.82米。绍兴小黄山M13前室长1.4米、宽1.82米，后室长6.5米、宽2.6米。

④ 值得注意的是鸿山越墓的邱承墩墓中，发掘者称墓室用木板隔成主室和南北两侧室。但未有详细介绍，且发表的平面图也没有体现出分室的情况，此处存疑。参见南京博物院、江苏省考古研究所、无锡市锡山区文物管理委员会《鸿山越墓发掘报告》，文物出版社2007年版，第170页。

⑤ 河南省文物考古研究所：《新蔡葛陵楚墓》，大象出版社2003年版，，第20页。

⑥ 河南省文物研究所：《信阳楚墓》，文物出版社1986年版，第3、70页。

⑦ 湖北省文物考古研究所、襄阳市文物考古研究所、枣阳市文物考古队：《湖北枣阳九连墩M1发掘简报》，《江汉考古》2019年第3期；湖北省文物考古研究所、襄阳市文物考古研究所、枣阳市文物考古队：《湖北枣阳九连墩M2发掘简报》，《江汉考古》2019年第3期。

⑧ 湖北省文物考古研究所：《江陵望山沙冢楚墓》，文物出版社1996年第4期。

高差仅0.18米[①]。通过以上列举，可见作为下移和放置随葬品最为便捷的通道，墓道都会止于椁盖板的高度。因此，随葬品等是由上方吊入椁室内，再行封闭椁盖板、填土完成埋葬过程。这一传统应当始于殷墟王陵区的带墓道大墓[②]，一直延续至汉代初年，如马王堆汉墓[③]亦是如此形制。

相比较而言，长江下游在商周时期采用的是土墩墓的形式，其特点在于平地起堆、封土成墩[④]。大致在春秋晚期，土墩墓开始了向土坑墓的转变，开始普遍设置墓道和木椁。但其形制还是在很多地方延续了土墩墓的传统作法，最突出的体现就是墓道与墓室基本在同一平面上。如印山大墓的墓道位于墓室东端，大致呈水平，斜度仅5—6°。其顶端与椁室地面基本在同一平面上[⑤]。无锡鸿山越墓群中的邱承墩墓葬是一座长条形木椁墓，由剖面图可知，墓道和墓室等都位于同一个水平面上[⑥]。此外这时候墓葬的椁室有两种形式：横截面呈三角形的人字形椁室和横截面呈矩形的长方形椁室。人字形椁室的修建相对较为麻烦。如果事先在椁室内放置了棺木和随葬品，在构建侧板时万一失误的话，会对其内的器物等造成很大的破坏。多方面结合来看，越国墓葬是先行构筑好椁室，再将随葬的器物及墓主的棺木等顺着墓道、墓门放入墓室的。印山大墓的独木棺宽约1.2米，能够很顺利的进入内径宽约4.78米的墓室。可见国字山战国墓采用的是自上而下呈垂直方向放置棺木和随葬品的方式，更多的是吸纳了楚

① 湖北省荆沙铁路考古队：《包山楚墓》，文物出版社1991年版，第47页。

② 中国社会科学院考古研究所：《殷墟的发掘与研究》，科学出版社1994年版，第101—109页。

③ 湖南省博物馆、中国科学院考古研究所：《马王堆一号汉墓》，文物出版社1973年版，第3—4页。

④ 杨楠：《江南土墩遗存研究》，民族出版社1998年版，第63页。

⑤ 浙江省文物考古研究所、绍兴市文物保护管理局：《印山越王陵》，文物出版社2002年版，第9—10页。墓道与墓室之间的高差参见《图四·墓葬平、剖面图》。

⑥ 南京博物院、江苏省考古研究所、无锡市锡山区文物管理委员会：《鸿山越墓发掘报告》，文物出版社2007年版，第170页，图一四六。

墓的做法。

这种吸纳并非简单的全盘“楚”化，而是有所取舍，在很多方面，保留了自身特点。主要体现在以下几点：

1. 国字山墓群的中字形墓葬东西两侧有短斜坡状墓道。国字山M1的东墓道长8米，西墓道长6米。这与楚墓中大部分为甲字形墓葬，并有较长的墓道有着明显的区别，如寿县李三孤堆楚王墓的墓道长22.4米①，荆州熊家冢墓地主墓的墓道长36米，陪葬墓的墓道长18米②，荆州冯家冢M1墓道长25.5米，M2墓道长21.5米③，荆门包山M2墓道长19.8米④，望山M1墓道长19.8米⑤，天星观楚墓M1墓道长18.8米⑥，枣阳九连墩M1墓道长20.9⑦米，M2墓道长20.15米⑧，信阳长台关楚墓M1墓道长14米，M2墓道长14.65米⑨。这些楚国高等级墓葬的墓道狭长，观感上与国字山墓葬有着显著的差别。

2. 在高等级楚墓中，随着墓室深度的增加，为了便于出土和防止坍塌，会设置有台阶。台阶具有一定的标识等级地位的意义。荆州天星观M1有15层台阶，枣阳九连墩M1和荆门包山M2的台阶数为14层，寿县李三孤堆楚王墓为9层，淮阳马鞍冢楚墓的北冢与信阳长台关M1均为7级台阶。国字山战国墓（M1）深约6米，但墓壁竖直，未见有台阶，在这一点上显然没有接受楚制。

---

① 李德文：《朱家集楚王墓的形制与棺椁制度》，载《楚文化研究论集》（第一集），荆楚书社1987年版。

② 荆州博物馆：《湖北荆州熊家冢墓地2006～2007年发掘简报》，《文物》2009年第4期。

③ 荆州博物馆：《湖北荆州八岭山冯家冢墓地考古勘探简报》，《文物》2015年第2期。

④ 湖北省荆沙铁路考古队：《包山楚墓》，文物出版社1991年版。

⑤ 湖北省文物考古研究所：《江陵望山沙冢楚墓》，文物出版社1996年第4期。

⑥ 湖北省荆州地区博物馆：《江陵天星观1号楚墓》，《考古学报》1982年第1期。

⑦ 湖北省文物考古研究所、襄阳市文物考古研究所、枣阳市文物考古队：《湖北枣阳九连墩M1发掘简报》，《江汉考古》2019年第3期。

⑧ 湖北省文物考古研究所、襄阳市文物考古研究所、枣阳市文物考古队：《湖北枣阳九连墩M2发掘简报》，《江汉考古》2019年第3期。

⑨ 河南省文物研究所：《信阳楚墓》，文物出版社1986年3月。

由于台阶的存在，墓室向下逐渐缩小，使得下方的墓室面积逐渐缩小，相应的椁室面积与墓室大小有着很大的反差。表1统计了墓口面积超过100平方米的大型楚墓椁室占比情况。可以清晰地看到核心区域的楚墓椁室相对于墓室面积占比很低，最大不过37%，最小仅有2%，而国字山战国墓这一比值则为67%，明显不同。

表1　　**墓葬统计表**

墓葬	墓口				椁室			椁室占比	台阶数
	长（m）	宽（m）	长宽比	面积（m^2）	长（m）	宽（m）	面积（m^2）		
荆州熊家冢主墓	70	67	1.04	4690	—	—	400	12%	?
荆州冯家冢 M1	62	58	1.07	3596	18	18	324	11%	?
寿县李三孤堆楚王墓	41.2	40.2	1.02	1656	—	—	—	—	9
荆州天星观 M1	41.2	37.2	1.1	1533	8.2	7.5	62	4%	15
枣阳九连墩 M1	38.1	34.8	1.09	1326	8	6.82	55	4%	14
临澧九里 M1	34.5	32.8	1.05	1131	8.8	8.8	77	7%	11
枣阳九连墩 M2	34.7	32	1.08	1110	7.45	6.8	51	5%	14
荆门包山 M2	34.4	31.9	1.06	1097	6.36	6.26	39.8	27%	14
荆门严仓 M1	34	32	1.06	1088	5.56	4.59	25	2%	15
荆州熊家冢陪葬墓	36	30	1.2	1080	—	—	—	—	?
荆州冯家冢 M2	29	28	1.04	812	8.5	8.5	72	11%	?
新蔡葛陵楚墓	25.25	23.25	1.09	655	10.7	9.2	100	15%	7
淮阳马鞍冢北冢	16.6	15.3	1.08	254	—	—	—	—	7
国字山战国墓	16	14.4	1.11	230	13.5	11.4	154	67%	0
望山 M1	16.1	13.5	1.19	217	6.14	4.08	25.1	12%	5
淮阳马鞍冢南冢	14.5	13.5	1.07	196	—	—	—	—	5
信阳长台关 M1	14.5	12.55	1.16	182	8.95	7.6	68	37%	4
信阳长台关 M2	14.5	12.1	1.2	175	8.3	7，1	59	34%	7

续表

墓葬	墓口				椁室			椁室占比	台阶数
	长（m）	宽（m）	长宽比	面积（m^2）	长（m）	宽（m）	面积（m^2）		
望山 M2	11.84	9.43	1.25	112	5.08	2.96	15	13%	3

资料来源：荆州博物馆：《湖北荆州熊家冢墓地2006—2007年发掘简报》，《文物》2009年第4期。荆州博物馆：《湖北荆州八岭山冯家冢墓地考古勘探简报》，《文物》2015年第2期。李德文：《朱家集楚王墓的形制与棺椁制度》，载《楚文化研究论集》（第一集），荆楚书杜1987年版。湖北省荆州地区博物馆：《江陵天星观1号楚墓》，《考古学报》1982年第1期。湖北省文物考古研究所、襄阳市文物考古研究所、枣阳市文物考古队：《湖北枣阳九连墩M1发掘简报》，《江汉考古》2019年第3期。熊传薪：《湖南临澧九里一号大型楚墓发掘简报》，《湖南省博物馆馆刊》（第八辑），2020年。湖北省文物考古研究所、襄阳市文物考古研究所、枣阳市文物考古队：《湖北枣阳九连墩M2发掘简报》，《江汉考古》2019年第3期。湖北省荆沙铁路考古队：《包山楚墓》，文物出版社1991年版。宋有志：《湖北荆门严仓墓群M1发掘情况》，《江汉考古》2010年第1期。河南省文物考古研究所：《新蔡葛陵楚墓》，大象出版社2003年版。河南省文物研究所、周口地区文化局文物科：《河南淮阳马鞍冢楚墓发掘简报》，《文物》1984年第10期。湖北省文物考古研究所：《江陵望山沙冢楚墓》，文物出版社1996年版。河南省文物研究所：《信阳楚墓》，文物出版社1986年版。

3. 国字山战国墓M1和M3的墓室四角均有意设置角坑。角坑是依托墓室一角，向下挖出一个低于墓底的方形或扇形坑，并在墓底用木头围出一个扇形区域，外围用木皮与二层台相隔。角坑的原有高度与二层台高度大体相当。角坑在构筑二层台时是有意空出来的空间。此种设置在已发掘的数千座楚墓中未有发现，应当是本地区特有的丧葬习俗。

与之相类似的现象见于印山大墓。墓口向下深1.5米左右的墓坑四角填筑的是经过夯筑，极为坚硬的夹碎石黄土，总厚度在3—5米，与周围的青膏泥填土形成了显著的差别①。即在墓室四角留出深约3—5米的黄土坑。这一现象与国字山战国墓的角坑有异曲同工的效

① 浙江省文物考古研究所、绍兴市文物保护管理局：《印山越王陵》，文物出版社2002年版，第12页。

果。两者的区别在于，印山大墓的是在填土中，国字山的是在墓底的二层台四角。该现象或与某种宗教观念有关。

4. 虽然国字山战国墓棺椁在总体上采用了楚系墓葬的做法，但在一些细部的处理上还体现着与越系墓葬类似的处理方式。首先，国字山战国墓的底部使用垫木垫高，垫木间填充木炭，周边的二层台除了使用白膏泥和红生土，还使用大量木炭分层夯筑而成，从而起到防潮的作用。牛头山墓葬也有类似做法。此现象亦见于印山大墓等越地高等级墓葬。印山大墓为东西向，墓底的两条垫木顺着椁室的方向，呈东西向平行分布、南北对称，垫木间铺有一层厚度与垫木的高度平齐的木炭①。

此外，国字山 M1 和 M3 椁室外侧均有木皮包裹。这种葬俗见于绍兴和湖州地区同时期的越墓。印山大墓的人字形椁室被包护在 140 层左右的树皮下，厚度达到 20 厘米，被完全地密封起来②。安吉龙山 D141M1 也是人字形椁室，外侧也包裹有多层树皮③。这一现象亦见于绍兴香山 M1④。此类现象当时越地特有的丧葬习俗，在国字山战国墓延续使用。战国中晚期的莲花桐鼓堆墓墓底的木炭层上方也铺有一层树皮，当是此类葬俗的孑遗。

国字山战国墓的主棺是用一根整木掏挖而成的船型独木棺。印山大墓的主棺也是一具巨大的独木棺，选用整根巨大的圆木对剖挖空而成，一半作棺身，另一半作棺盖⑤。贵溪崖墓清理了 37 具棺木，全部

---

① 浙江省文物考古研究所、绍兴市文物保护管理局：《印山越王陵》，文物出版社 2002 年版，第 17 页。

② 浙江省文物考古研究所、绍兴市文物保护管理局：《印山越王陵》，文物出版社 2002 年版，第 13 页。

③ 浙江省文物考古研究所：《浙江越墓》，文物出版社 2009 年版，第 112 页。

④ 浙江省文物考古研究所、绍兴市文物考古研究所、绍兴市柯桥区文化发展中心、嵊州市文物管理处：《绍兴越墓》，文物出版社 2016 年版，第 20 页。

⑤ 浙江省文物考古研究所、绍兴市文物保护管理局：《印山越王陵》，文物出版社 2002 年版，第 30 页。

是整料挖制而成[①]。靖安李洲坳墓的主棺[②]也是这种形制。在湖南地区，楚人进入前的古越人使用狭长形窄坑墓，葬具使用的是“独木舟”形[③]。因此此类原木挖成的船形葬具当是东周时期南方地区普遍采用的葬具。而楚墓基本不使用此类葬具。九店楚墓的乙组墓是战国时期典型的楚文化墓地，墓地内出土的木棺虽分为悬底方棺、悬底弧棺和平底方棺等多种形制，但都是由盖板、墙板、底板等构成的箱体结构[④]。长沙楚墓的棺椁也是多块木板拼接而成[⑤]。国字山战国墓采用的独木棺为葬具是对原有葬俗的坚守。

本文对文化因素的探讨，并未借助较为传统的器物的比较研究，而是将国字山战国墓等江西地区墓葬置于两周时期南中国的大时空框架下的整体性考察，以墓葬形制和棺椁制度为线索探讨春秋战国之交本区域丧葬习俗的改变，进而体现出多种文化因素在此间的交流共存、吸纳融通，以及“楚化”的过程。在“楚化”的过程中，文化因素的变化并非一蹴而就，而是有所变，有所不变，在许多地方还顽固地保留了原有的文化因素，从而为我们更为全面透彻地认识“吴头楚尾”的具体过程，提供了全新的视角。这才是考古学的最大魅力所在。

---

① 江西省历史博物馆、贵溪县文化馆：《江西贵溪崖墓发掘简报》，《文物》1980 年第 11 期。

② 江西省文物考古研究所：《江西靖安县李洲坳东周墓葬》，《考古》2008 年第 7 期；江西省文物考古研究所、靖安县博物馆：《江西靖安李洲坳东周墓发掘简报》，《文物》2009 年第 2 期。

③ 吴铭生：《湖南东周时期越人墓葬的研究》，《湖南考古辑刊》（第五集），1989 年。

④ 湖北省文物考古研究所：《江陵九店东周墓》，科学出版社 1995 年版，第 31 页。

⑤ 湖南省博物馆、湖南省文物考古研究所、长沙市博物馆、长沙市文物考古研究所：《长沙楚墓（上、下）》，文物出版社 2000 年版，第 10 页。

淇县卫国故城为东周晋邑朝歌考辩*

高振龙　田思玥

（河南省文物考古研究院）

淇县古城坐落于河南省鹤壁市淇县县城，地处淇河下游冲积平原，地势平坦。西距淇河5.6公里，折胫河自西南流经该城址汇入卫河（图1）。淇县一带多有商纣—周武王时代的传说地名，如纣王墓、比干庙、摘星台、轩辕坛等，传世文献也记载淇县为朝歌所在地，有学者据此认为武王伐纣，封建卫国，淇县古城承袭商都朝歌，为卫国故城。2006年，第六批全国重点文物保护单位中，“卫国故城”赫然在列，略微有所区别的是，《中国考古学大辞典》认为“卫国故城可能是东周时期卫国都城”。殷墟为商都已成学界共识、辛村遗址近年持续的考古工作展现浓厚卫国都邑文化内涵的前提下，如何理解淇县“朝歌”古城与传说中的商都、卫都之关系，是一个极为重要的学术问题。

以郭沫若、白寿彝为代表的史学界依据文献对淇县朝歌有所论述[①]，考古学界则侧重于对淇县古城的实地考察。20世纪50年代河南省文物考古研究所安金槐[②]，1984年中国社会科学院考古研究所夏

---

* 该文系“河南省四个分时期专题历史文化研究课题成果”。

① 相关学者观点可参见潘明娟《殷墟·朝歌·成汤故居之政治关系探讨》，《中原文化研究》2016年第2期。

② 安金槐：《汤阴朝歌镇发现龙山和商代等文化遗址》，《文物参考资料》（今《文物》）1957年第5期。

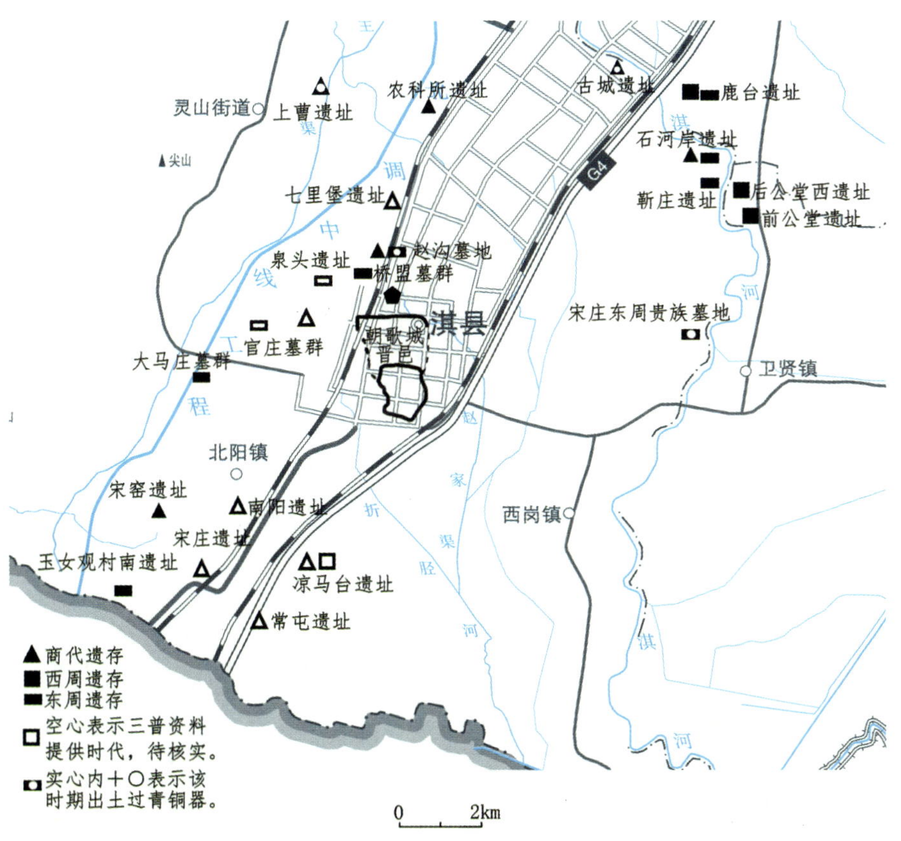

图 1　淇县境内主要商周遗存

鼐先生①，1987 年北京大学邹衡教授均考察过淇县古城②。1990 年、

① 夏鼐：《夏鼐日记》，华东师范大学出版社 2011 年版，第 403—404 页。1984 年 10 月 10 日星期三 “在县招待所稍息，然后赴‘摘星台’参观。这里似为夯土城墙的残迹。……出来后，至附近的另一夯土城墙，闻宽度达 80 米，断续数百米。夯土内含绳纹陶片。返淇县城，至文化陈列室，有县境内所出土新生代化石（如水牛角、犀齿等），磁山文化遗址出土的带耳陶罐及石器、仰韶陶片、商代铜器（觯）、周代铜器及汉镜等，还有宋金元明瓷器、汉代明器等，在留言簿上签名。”

② 李维明：《传道授业教泽惠远——在邹衡先生教导下成长》，《南方文物》2010 年第 4 期。文中提及 “（邹衡）当天上午实地考察了位于食品公司院内的一段城墙。邹衡先生从城墙夯土中包含的碎小陶片特征判断其时代在东周时期。”

1991 年秋季，河南省文物考古研究院（所）解剖了城墙东北角、北城墙中段，并在城内开辟探沟进行试掘①；1998 年，中国社会科学院考古研究所、北京大学为配合夏商周断代工程，专门成立“朝歌遗址调查组”，对包括淇县古城在内的鹤壁境内商周遗存进行了调查，并采集了大量陶片②；2016 年起，笔者也多次踏查该古城。经实地考察的考古学者大多有着倾向性意见，即淇县古城年代为东周，其言外之意则是不言而喻的，但缺乏系统论述。本文通过仔细梳理，充分利用不同时期影像、测绘资料，首先绘制出明清、先秦时期的淇县古城平面图，同时分析城内外遗物遗迹以确定其营建的考古学年代。在此基础上，将该城置于特定的时空框架中进行比较，继而定位其在先秦城邑中的历史坐标。结合文献，分析其营建的历史背景及朝歌之命名缘由，最后引申出豫北区域社会政治变迁。

一　城址的平面布局

学界对淇县古城的关注虽然较早，但关于该城的平面布局却流于纯文字描述，亟待一张完整科学地平面图。《中国文物地图集：河南分册》“淇县故城”词条：“城址长形。长约 3100 米、宽 2500 米。城墙基宽约 50 米，残高约 8 米。”③ 1996 年版《淇县志》“朝歌殷墟城垣图”④（图 2）虽附有比例尺，但该图属于复原性质，不符合学术研

① 中国考古学会编：《淇县朝歌故城》，《中国考古学年鉴（1992）》，文物出版社 1993 年版。

② 夏商周断代工程朝歌遗址调查组：《1998 年鹤壁市、淇县晚商遗址考古调查报告》，《华夏考古》2006 年第 1 期。

③ 国家文物局：《中国文物地图集：河南分册》，中国地图出版社 1991 年版，第 224 页。

④ 李清堂：《淇县志》第 371—372 页，中州古籍出版社 1996 年版。文中认为“朝歌……时有三道城墙，外城北在今高村桥一带，南在今常屯附近，西依太行山，东临淇河；第二道城即纣王城，北城墙在今工业路东端铁路立交桥处至三海北一带，南城墙在今南关一带，东城墙在今东关一带，西城墙在今林业局南北一带；第三道（内城）在今三海、西坛一带，时为纣王宫城。”

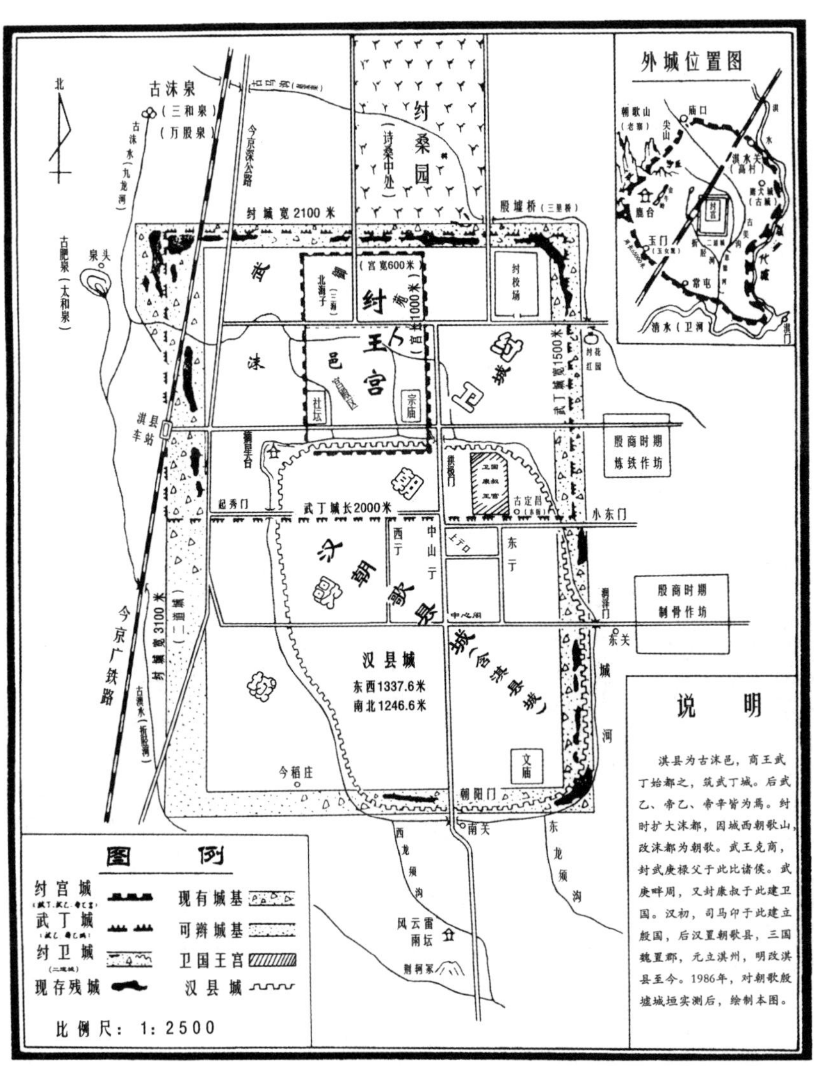

图2 《淇县志》（1996年版）复原“城垣图”

究要求的客观真实。笔者拟结合20世纪70年代的卫星图（图3，以下简称70卫图）① 为蓝本，结合同时期的地形测绘图（图4，以下简

① 二十世纪六十年代美国科罗娜卫星影像资料，由中国社会科学院考古研究所刘建国先生提供。

图3　20世纪70年代淇县县城卫星图

称75测图)①，辅以实地踏查，绘制一张完整地淇县古城平面图。

① 河南省文物考古研究院图书资料库藏“1975年出版的总参测绘局1：50000地形图”。鉴于近年来市政建设对城墙遗迹的不断侵蚀，导致现有的城墙保存极差，而早年的卫图与测绘图则较好地保存了古城的轮廓。

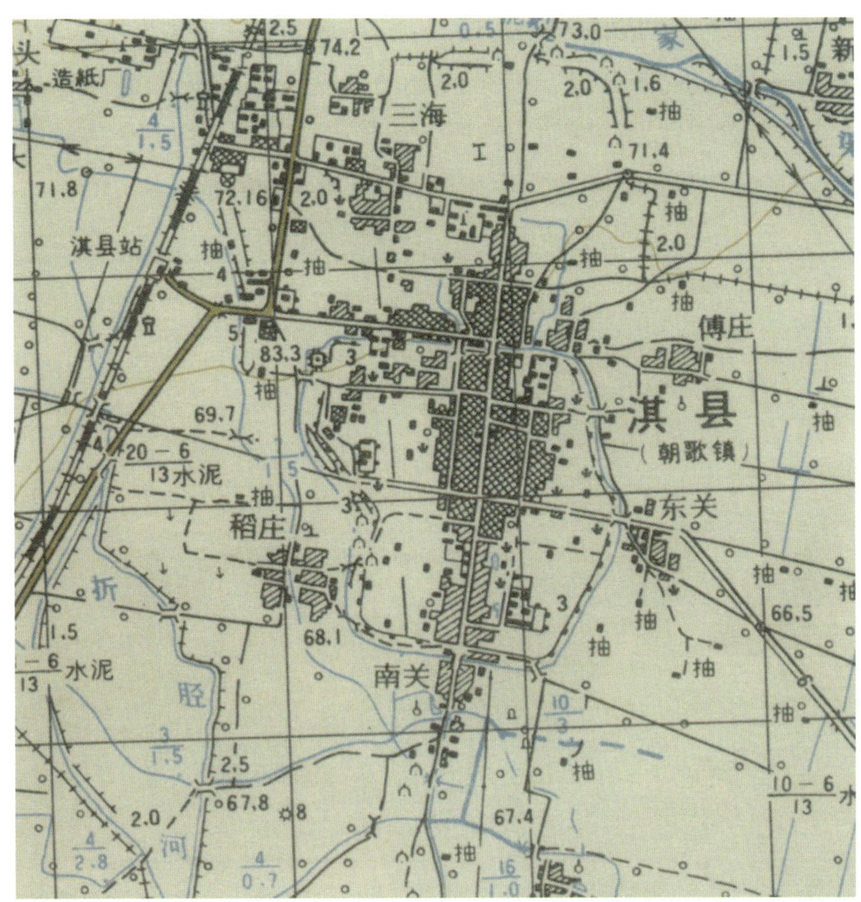

图4　20 世纪 70 年代淇县县城周围地形图

《淇县志》（1996 版）① 提及该城有三道城墙，由外而内分别为外

① 清顺治十七年《淇县志》"卷二""按今淇县城即右殷墟地，西汉始置朝歌县，即筑城于此，隋废朝歌置卫县，此城遂废。唐宋金因之，元至元丙子，都转运使周惠请立淇州，因旧城增修。明正统十二年知县董英重筑周围八里二百步高一丈五尺，宽一丈，四门，各建城楼四角楼，修土堞二千三百有奇，池深七尺，阔一丈二尺，弘治正德嘉靖间知县颜颐寿、高杰、杜严、刘金、方员相继修理。嘉靖二十二年，知县张宜周围接筑五尺许，引骪胫河水以益池，万历癸巳，署淇事本府通判卢茂重修，改建西门于北，以固风气。崇祯七年知县程墨建南北外城门二座，崇祯十年，知县路鸿逵修，周围砖堞二千有奇，复改建西一门于南，未就而罢，今新旧二西门。"

城、王城、宫城。依其文字描述，将所谓的“第三道城”视为外城，则该城东西长 14.5 公里，南北长 18.5 公里，面积史无前例地达到 260 多平方公里，但检视历史地图，结合实地踏查，均无任何城墙迹象。因此我们将重点关注“第二道城”王城及明清城墙。

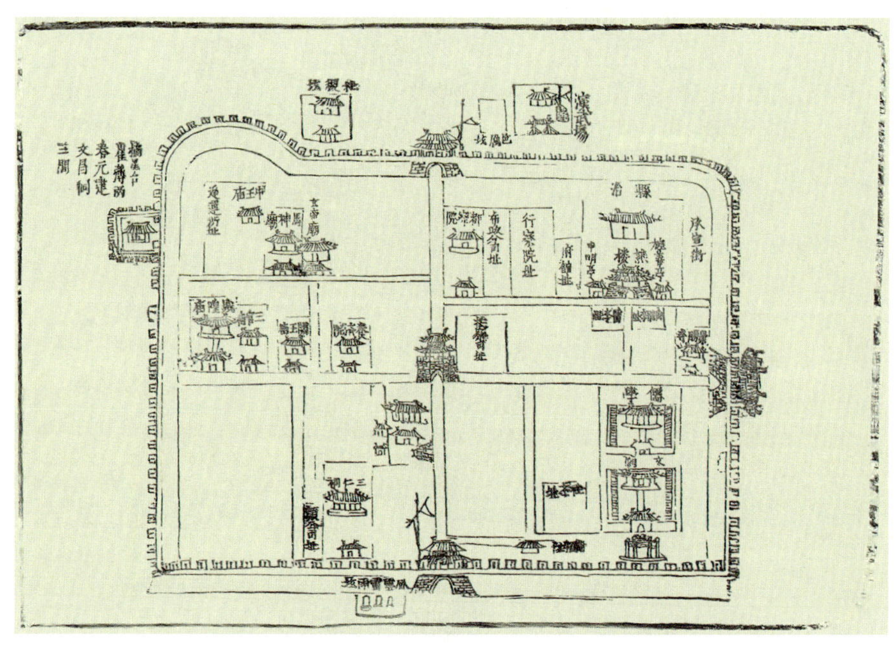

图 5 《淇县志》（顺治十七年）淇县城垣图

文献明确记载，淇县明清城是在汉代城址的基础上修建的。明清城[①]保存较好，《淇县志》（清顺治十七年）城垣图、70 卫图、75 测图所显示的城内布局基本一致，但轮廓方面，顺治版城垣图显然失真（图 5）。我们首先以 70 卫图、75 测图为底稿，勾勒明清城之布局。明清城平面整体呈方形，南北城墙为东西平直走向，北城墙长 1000 米，南城墙长 800 米，直线距离 1400 米。东西城墙不甚规则，西城墙

① 为行文流畅，我们将明清时期的城称为明清城，先秦时期的城称为先秦城。

根据走向分为三段，北段略微直南，中段斜向东南收缩后再直南，东城墙北段略东南走向，至中段后又略向西南收。城墙西北角明显可看出一处高台地，即所谓的纣王“摘星台”（图 6）①。明清城面积约 130 万平方米，街道以四个城门为轴线，构成“十字形”大街，中部为鼓楼，城外设一周护城河。总而言之，这是一座唐宋以降典型的中原地区县城。

图 6　1937 年摘星台远眺

在确认明清城的基础上，我们将视线向北移。观察 75 测图，北城墙以北约 1400 米处，有一道东西向十分规整地凸出遗迹，断断续续，西穿京广线又南折 1500 米，在 70 卫图上亦有此道遗迹。经现场确认为一道明显凸出地面的土坡，即“二道城子”。为判断该段夯土的结构、性质及始建年代，1990—1991 年考古工作者在此进行过多段

① 摘自《汉平新语》，1929 年第 1 卷第 7 期，第 15 页。数据来源于“全国报刊索引数据库”（http：//www. cnbksy. net/home），民国照片称之为“摘仙台”。

解剖，确认为东周时期的城墙遗迹。现地方政府以该段保存完好的墙体为依托，开辟了一处遗址公园，并展示有部分夯土墙体，可见明显夯土，周围散落有陶片、瓦等（图7）。70卫图、75测图同时显示，当时城墙的东北角、西北角，东、西城墙的北段保存较好，均高出地面，其中北城墙保存最为完整，长约1800米。西城墙北段向南穿过京广铁路后偏东南走向，与明清西城墙呈相连之势，保留的长度约有1600米，外侧有一条沫水与之平行，推断西城墙整体长度约2700米。东城墙仅残留近300米的北段，往南地表并无迹象，但明清东城墙中段最凸出部分处于北段城墙向南的延长线上，参照西城墙的走向，我们可视其为同一墙体，可知东城墙整体长约2700米。明清南城墙南侧地势低洼，且有多条河流，基于河流的阻挡，以南应当不具备新筑城墙的条件，结合卫图、测图来看，也并未有高出地面的遗迹土冈，因此明清南城墙修筑时间可能早至先秦，与所谓的“二道城子”曾共时。概而言之，先秦淇县城平面呈类似刀把形，北城墙长1800米，

图7　淇县城墙公园展示的城墙夯土剖面

南城墙长800米，东西城墙均长2700米，城内总面积约345万平方米（图8）。

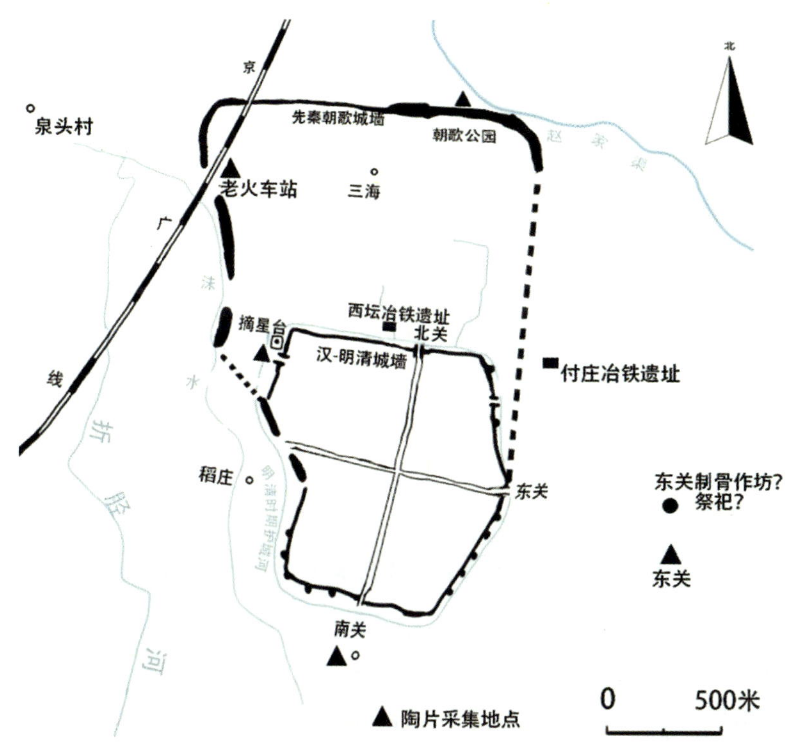

图8　淇县晋邑朝歌平面布局图

对比不同时期两座城址，我们不难发现汉代—明清城对先秦城的改造利用主要体现在放弃了先秦时期的北城墙，向南收缩1200米，另筑新的北城墙，其他三面城墙还是沿用了前代的南城墙，东、西两城墙的南段，随之而来城内面积由370万平方米缩小至143万平方米。考古材料显示，汉代绝大多数城址是改建再利用春秋战国时期的中小城邑，比如汉河南县城是利用了东周王城部分改建而成，汉曲阜县城的西、南墙是利用了周鲁国故城的西、南墙部分，然后新筑了东、北墙，甚至晚至有明一代的北京城，也是利用了元北京城主体，因此淇县汉代城利用了先秦城也就不足为奇了。汉时明确朝歌为县级城邑，这种改造利用导致缩小城内面积，则是为了满足汉制对县一级城邑的要求。

城内外大部分为现代楼房占压，我们仅能依据文献推测城内布局。《左传·哀公三年》载“冬十月，晋赵鞅围朝歌，师于其南。荀寅伐其郛，使其徒自北门入，己犯师而出。癸丑，奔邯郸。”① 荀寅派人以佯攻诱赵鞅兵聚集于“郛”之际，其外援从北门打通一条突围通道。“郛”“北门”相对，这可能暗示当时设置内外两道具有防御性质的城墙，前者为“郛”城墙，即外城，后者类似宫或者郭城墙之门，这与齐国宫城与郭城的镶嵌关系类似，与“郛”共用部分墙体，这样从“宫”或“郭”之北门出发，不经“郛”城便可径直出城。

二　城址内外遗存及考古学年代

城邑在其辐射范围内，必定是政治、经济、文化之中心，周围有与之对应的作坊、居址、墓地等生产生活遗迹、遗物，特别是大量的陶片。越是高等级的城邑，出土遗物越为丰富，其周围分布的墓葬等级也越高，出土青铜器的可能性则越大。遗憾的是，在城市化浪潮中，除了1990—1991年对北城墙进行过解剖工作外，配合基本建设的考古发掘工作极少。但该城内外的现代生产生活中，则时伴有陶片、青铜器出土，加之相关的新闻报道，我们拟对该城内外的主要遗迹、遗物进行初步的考古学分析，以反映该城址营建的主体年代、整体的文化面貌及兴衰更替。

① 杨伯峻：《春秋左传注》，中华书局1981年版，第1623—1634页。

（一）城内主要遗迹与遗物

1. 遗迹

摘星台　又名摘心台、摘仙台①，位于明清城墙的西北角，为一近似长方形的土台，台高 13 米，东西长 80 米，南北宽 40 米，面积 3200 平方米，传说为纣王所建②。分上下两层，下层为龙山文化，上层为周代。我们在此处采集了大量的东周建筑筒瓦、板瓦，可知东周时期该处应当是一座依托城墙而建的高台楼阁式建筑。

北城墙　位于卫都路以北，现朝歌城墙遗址公园内。是目前保存最为完好的一段城墙，东西续存长度约 1000 米，当地文物部门在该处解剖了一段城墙断面用以展示。1990 年对该段城墙进行过解剖，发掘者由外而内将其分为 9 期。其中第 1 期为平夯，夯层厚 4—5 厘米，第六期为战国早期。第 1 期文化层中因未能发现文化遗物，其始建年代难以判断。但该期夯层中发现了东西向与南北向的穿棍，这种在墙体内铺设木构网的配筋工艺极为成熟，类似者见于齐都临淄城（图 9）、费县防古城，甚至更晚的洛阳汉魏故城，最早为春秋晚期③。

老火车站　该地点是依据尹达之记录④，笔者前往踏查。结合地图，应当为先秦城墙西北角。现地面以上已荡然无存，地表处散落有零碎陶片。

东关村　据报道，早年在东关村、跃进路北侧发现牛、猪在内的

---

① 为便于对各地点陶片进行描述，陶片编号为缩写采集地点。具体如下：摘星台 ZXT，城墙北公园 CQB，东关为 DG，老火车站实际为城墙西北角，为 CQXB，南关为 NG。

② 见第三次文物普查数据库。

③ 山东文物考古研究所：《临淄故城》，文物出版社 2013 年版，第 75 页图四四·4。

④ 参见石璋如《殷墟发掘员工传》“职员传刘耀”章节记载，“在火车站、西关、东关断崖上有大量灰土，当地帝纣都淇的传说，可能为殷商遗物。”中国台湾“中央研究院”历史语言研究所，2017 年，第 311 页。

大量骨骼遗存，面积达2.4万平方米①。制骨作坊内最大特征是有数量巨大的、大小不一的、切割痕迹十分明显的各类骨废料及半成品，而非完整的或大块的骨头。笔者踏查过程中也未发现任何有切割痕迹的骨头碎片，因此仅靠“大量骨头”来判定制骨作坊恐怕非事实。同时该地点位于城外，在春秋晚期晋国卿大夫捭阖纵横的格局，不排除其性质可能为郊外祭祀坑，故而采用大量动物祭祀。后遭破坏而暴露出来，被误认为是制骨作坊。

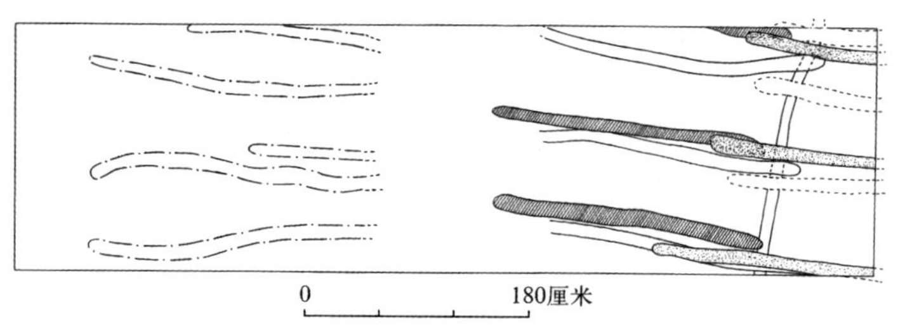

图9　齐都临淄城夯土内穿棍

东付庄、西坛村　20世纪80年代，在城东付庄、西坛村小学附近，各发现一处冶铁遗址，出土有与冶炼相关的炉子、木炭、熔渣、鼓风嘴等遗物。中原地区商周时期对铁虽然有一定的认识，但大规模的冶铁活动，已到春秋晚期甚至更晚②。报道提及了出土遗物包含了细把陶豆、折沿旋纹陶盆，此类器物则盛行于春秋中晚期—战国。因此，假使该地点存在冶铁作坊区，其时代也不会早于春秋晚期。

2. 遗物

笔者在上述地点踏查过程中，均采集有陶片，多数为东周常见的器物。(图10、11、12、13）现简述如下：

---

①　陈静：《卫国故城：见证古城朝歌的繁荣昌盛》，《鹤壁日报》2013年05月24日第2版。

②　陈建立：《中国古代金属冶铸文明新探》，科学出版社2014年版，第192—235页。

1. 98ZXT:6.2

2. ZXT:3

3. 黄张H64:2

4. CQXB:2

5. ZXT:2

6. ZXT:1

7. 上马甲种瘪裆A Ⅰ M6271:1

8. 上马甲种平裆Da Ⅰ M2213:4

9. 上马甲种平裆Da Ⅱ M4090:11

10. ZXT:4

1、3 0 10cm 2、4~10 0 5cm

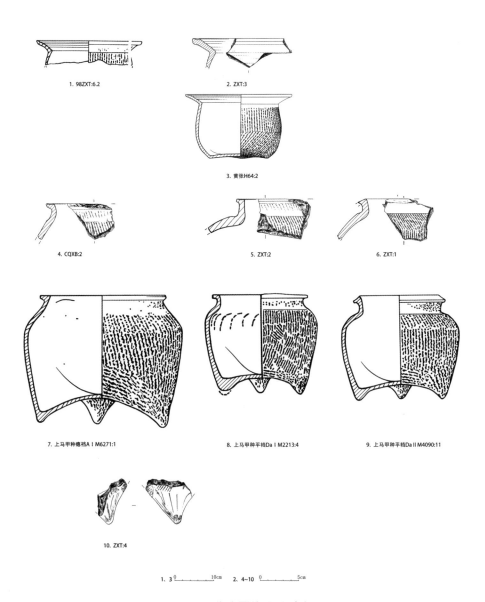

图 10 采集陶鬲线图及对比图

陶鬲 4 件口沿，1 件鬲足。

A 型陶鬲 3 件，均为口沿。窄沿，沿面略外倾。CQXB：2 夹砂灰陶。侈口，折沿稍下，内缘厚，外缘薄呈尖唇，小短颈。颈部隐约可见稀疏竖直绳纹，时代为春秋中晚期①。残高 4 厘米，厚度 0.9 厘米（图 10，4）。标本 ZXT：1，泥质灰褐陶。微侈口，斜窄口沿，素面颈部。残高 4.3 厘米，厚度 0.8—1.1 厘米（图 10，6、图 12，7）。标本 ZXT：2，泥质灰陶，外缘略厚呈方唇。颈部右斜向稀疏绳纹。残高 4.8 厘米，厚度 0.8—1.2 厘米（图 10，5、图 12，8）。

B 型口沿　1 件。ZXT：3 多棱弦纹宽口沿沿面起楞陶鬲，沿面宽大，密施多道弦纹，残高 3.7 厘米，厚度 0.6—0.8 厘米（图 10，2）。

鬲足　素面鬲足 1 件。ZXT：4 尖足，素足根抹光，上部为绳纹。根据足跟内侧弧度来看，应该是低矮弧裆。残高 5.5 厘米（图 12，10）。

宽折沿盆　共 3 件。均为泥质灰陶。ZXT：12，方圆唇，平沿，沿面内缘、外缘各有 1 周凹弦纹。敛口。残高 4.6 厘米，厚 0.7—0.9 厘米（图 11，1）。ZXT：13，盆口，器表磨光。宽平沿，沿面有多道暗纹，敛口。残高 4 厘米（图 11，2、图 12，12）。ZXT：14 盆腹片，上腹部为横向凸楞纹，下腹部为斜向绳纹。残高 11.3 厘米，厚 1 厘米左右（图 11，4）。1998 年亦有采集（图 11，3）。

陶壶　2 件。标本 CQXB：1，泥质灰陶，短束颈，沿面有小凹槽（图 11，5、图 12，11）。标本 NG：1，淇县博物馆藏，1975 年县城南关出土。保存完好。束颈，鼓腹，下腹斜收，近底部向内弧收，形成假圈足。斗笠状盖。器身磨光黑皮，颈部下方一周横向 S，肩部两周锯齿纹（图 11，6）。

陶豆　共计 6 件。泥质灰陶。ZXT：5 豆底座，磨光黝黑皮，可见多道暗纹。残高 2.7 厘米，厚 5—8 厘米（图 11，11、图 12，1）。ZXT：8 凸楞柄陶豆，凸楞柄是西周中期时候始见的豆的风格。仅残

① 时代主要参考王震《东周时期郑韩墓葬研究》，硕士学位论文，吉林大学，2014 年。

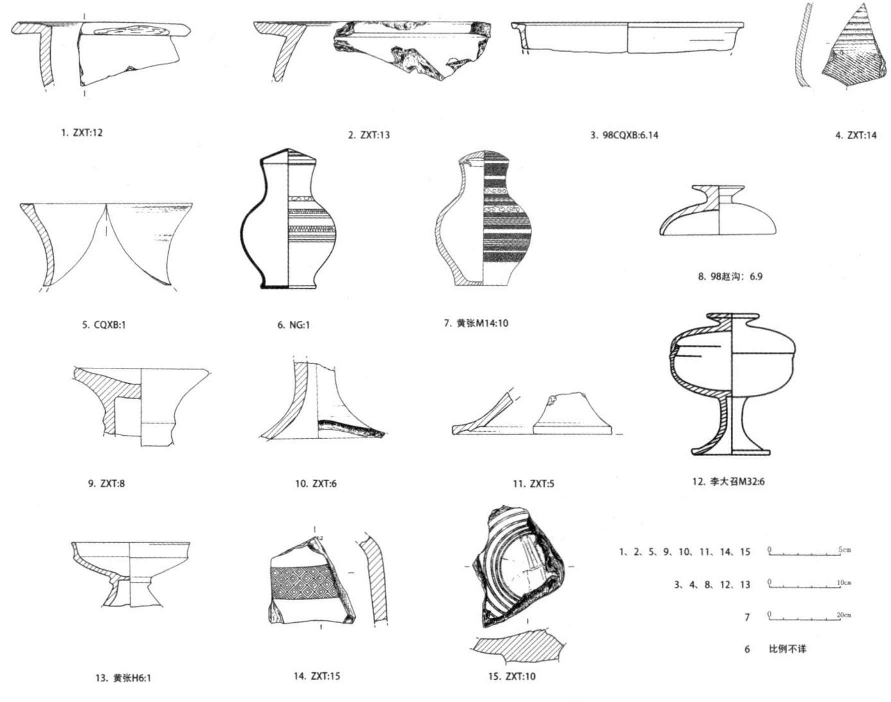

图 11　采集陶器线图及对比陶器图

存豆柄及盘底部分，柄较粗，凸楞略宽，盘底不平，略凹。残高 5.5 厘米（图 11，9、图 12，4）。ZXT：9 豆柄，细空心，仅残留柄底部，磨光黑皮，周围隐约可见多周暗纹。残高 5.5 厘米（图 12，9）。ZXT：7 豆柄，较细，残高 4 厘米（图 12，3）。ZXT：10 豆盘，盘内底有 6 周同心暗弦纹，残高 2.1 厘米（图 11，15、图 12，6）。ZXT：6 柄，空心，残高 8 厘米（图 12，2）。

不辨器形者，ZXT：15 泥质灰陶，可能为器物肩部，饰几何云雷纹（图 11，14）。

建筑材料　以瓦为大宗，少量绳纹砖。瓦分为筒瓦与板瓦。

筒瓦　共 9 件。以泥质灰陶为主，绳纹多见，靠近瓦唇多有数道

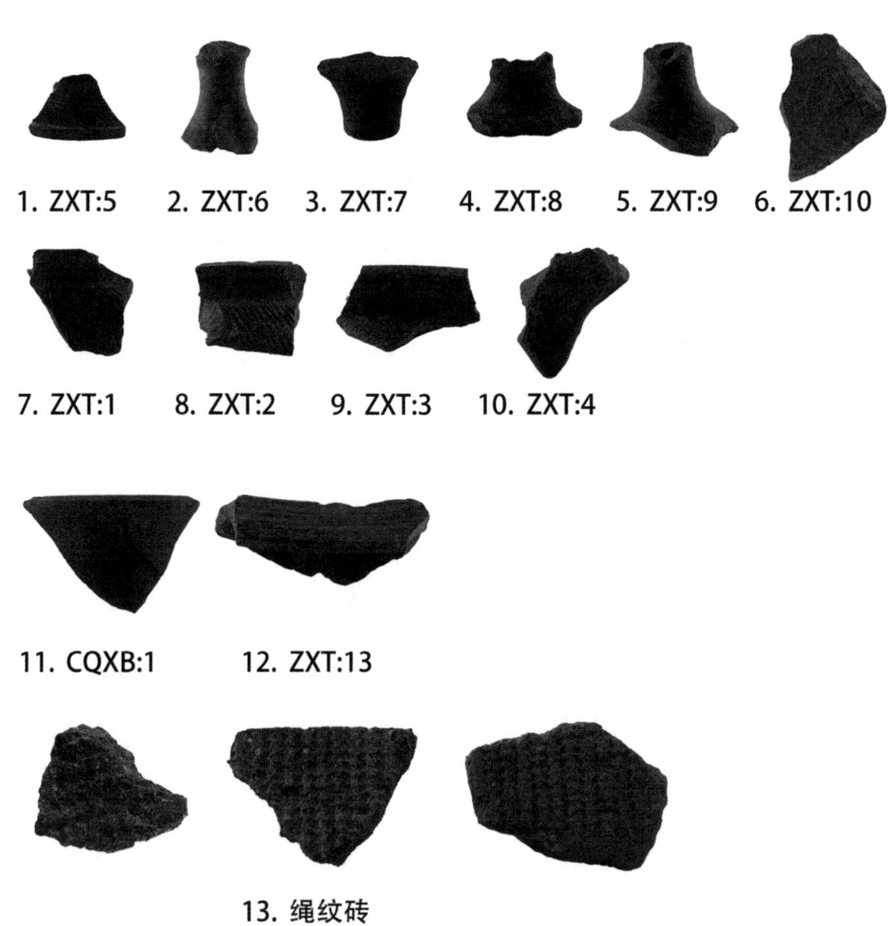

图 12　采集陶片彩图

凸楞纹，一侧边缘由外至内的半切割痕迹。标本 ZXT：16，瓦身正面以素面为主，间饰稀疏粗浅绳纹呈凹块状分布，应为方形拍印而成。内面凹凸不平，可见泥条接缝及手指按捺的痕迹。残长 15 厘米，厚 1.6 厘米（图 13，1）。ZXT：17，泥质红褐陶，绳纹浅而粗，靠近瓦唇部有数道凸楞纹，内面为素面，可见工具修整的平行细线，近瓦唇部有一泥条接缝。残长 9.2 厘米，厚 1 厘米（图 13，2）。标本 ZXT：

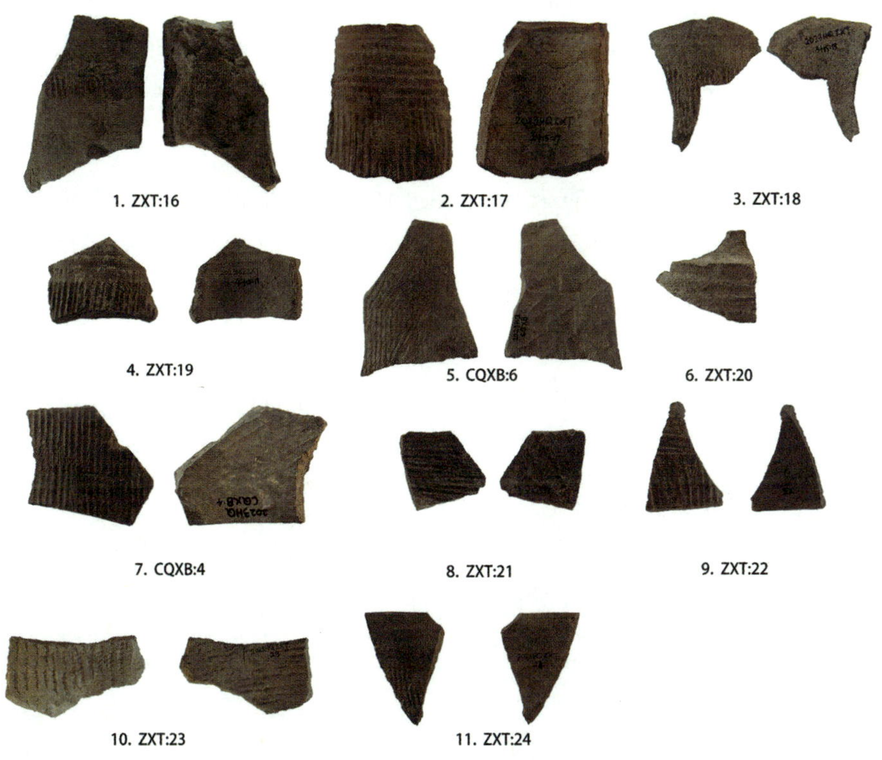

图 13　采集陶瓦彩图

18，浅细绳纹，内壁隐约细密布纹。残长 9 厘米，厚 1.2 厘米（图 13，3）。标本 ZXT：19，略倾斜深粗绳纹，内素面。残长 5.7 厘米，厚 1.1 厘米（图 13，4）。标本 ZXT：20，唇舌前倾，残长 4.6 厘米（图 13，6）。

板瓦　共 6 件。泥质灰陶，绳纹为主。凹面有素面、菱形纹、菱形加方格纹、绳纹，保存完好的边缘一侧多见绳纹。标本 CQXB：4，凸面竖直浅粗绳纹，凹面凌乱的浅突大菱形纹。残长 8.8 厘米，厚 1.2 厘米（图 13，7）。标本 ZXT：21，中粗斜浅绳纹，凹面小菱形纹。残长 7 厘米，厚 1 厘米（图 13，8）。标本 CQXB：6，凸面交错绳纹，浅且粗。凹面为大菱形纹加长方形纹，残长 17 厘米，厚 0.8

厘米左右（图13，5）。标本ZXT：22，一端有多道凸棱纹，中粗深绳纹饰，内面素面，多有刮痕。残长8.1厘米，厚1.2厘米（图13，9）。标本ZXT：23，凸面竖直稀疏中粗浅绳纹，内面横向中粗浅绳纹，从痕迹来看，在施绳纹后，又刮子之类打磨过，绳纹不甚刺手。残长5.2厘米，厚1.2厘米（图13，10）。标本ZXT：24，凹面竖直中粗绳纹，一端绳纹稀疏，且有多道横向刮弦纹，内面素面，留有细密刮痕。残长9厘米，厚1厘米（图13，11）。

绳纹砖　共3块。夹砂灰色，双面均饰绳纹，较薄，厚度均1.8—2厘米左右。城墙西北角1块，东关2块（图12，13）。

（二）城址外围遗存

根据第三次文物普查资料，淇县古城周边5公里范围内的商周遗址包括了南阳遗址（商）、泉头遗址（商）、七里堡遗址（新石器、商）、凉马台遗址（新石器、商、西周），宋庄遗址（商）、宋窑遗址（商）。1998年“朝歌遗址调查组”、2021年河南省夏文化专项调查，及笔者对上述地点的实地踏查，确认上述遗址主体遗存为新石器时代文化及先商文化，零星的商周时期遗物①。经报道出土青铜礼器的地点主要有1处，位于城北800米的桥盟乡赵沟，城西大马庄发掘过一批战国晚期陶器墓。

1. 桥盟乡赵沟墓地

1981年、1982年，各清理出一座青铜器墓。② 81M1出土1鼎、1敦、1鉌、1盘、1匜，82M1出土1鼎、1敦、1盘、1匜。随葬品组合来看，其等级为士大夫一级。当地文物工作者先后零散地在该乡征

① 2021年采集标本收藏于河南省文物考古研究院驻鹤壁辛村遗址考古队库房内。

② 该地点的出土青铜器曾经两次学术期刊报道过，但第二次报道与第一次报道相比，发现绝大多数出土背景存在问题。鉴于第一次发表的时间距离出土时间较近，因此依据第一次版本为主。

集到2枚铜镞，1柄铜剑。[①]

2. 大马庄墓地

2006—2007年，为配合南水北调中线工程，在县城以西4公里的北阳镇大马庄，考古发掘了一批战国至汉代的墓葬。其中33座为战国晚期，随葬品数量极少，大多数仅随葬1件壶或罐、钵、豆，应当是城外的一处平民墓地。[②]

（三）考古学年代及反映的城址兴衰

采集的陶片中，瓦数量最多，其次为豆、盆，鬲最少，这与东周时期作为炊器的陶鬲数量减少，建筑材料瓦增多的整体时代背景是一致的，同类器形、装饰风格也多见于同时期遗址内。从器形特征来看，有窄斜沿面鬲、宽折沿盆、细柄豆、绳纹方砖，瓦内面以素面、几何纹、绳纹为主，罕见布纹；装饰风格来看，有磨光暗纹、几何云雷纹、绳纹等。为了进一步说明该城址在先秦时期的兴衰演变，我们对历年来发表的、1998年及近年来笔者采集到的若干陶片标本的考古学年代进一步细化（图14）。

西周晚期　ZXT：8凸楞柄豆，类似者见于1997沣西M11：4[③]、黄张H6：1[④]（图11，13）；标本ZXT：3沿面多弦纹鬲，口沿残片，沿面有多周凸棱弦纹，相似见于黄张H64：2（图10，3），亦见于1998年摘星台所采集（图10，1），皆是西周晚期—春秋早期的常见陶鬲特征。

---

① 王小运：《河南淇县文物管理所藏春秋青铜器》，《华夏考古》2012年第3期。

② 西安市文物保护考古研究所、河南省文物局南水北调文物保护办公室：《河南淇县大马庄战国墓发掘简报》，《西部考古》2009年第4辑。

③ 中国社会科学院考古研究所丰镐工作队：《1997年沣西发掘报告》，《考古学报》2000年第2期。

④ 中国社会科学院考古研究所：《河南安阳市黄张两周时期文化遗存发掘简报》，《考古》2009年第4期。

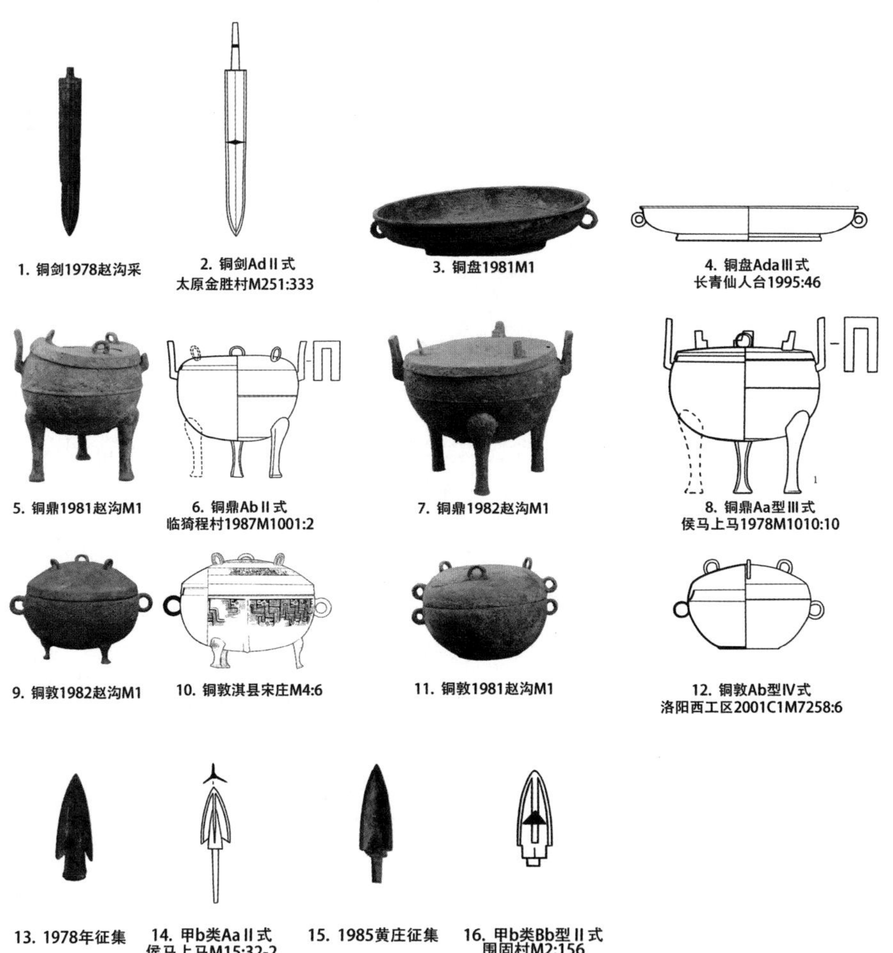

图 14　铜器比较图

春秋中晚期　赵沟 81M1 鼎属于附耳子母口鼎 Ab 型Ⅱ式[①]（图 14，5、6），敦整体与 Ab 型Ⅳ式相似（图 14，11、12），铜盘属 Ada Ⅲ式（图 14，3、4）。赵沟 82M1 鼎属附耳子母口鼎 Aa 型Ⅲ式（图

① 对青铜器的分期断代主要依据路国权《东周青铜容器谱系研究》，上海古籍出版社 2018 年版。

14，7、8），敦属 Bba 型Ⅱ式（图 14，9），相似者还见于淇县宋庄墓地 M4 出土敦（图 14，10）[①]，盘属于 Abba 型Ⅳ式，流行于二、三期，即春秋中晚期。采集的三件东周陶鬲，虽然仅有口沿残片，但根据形态，多为方唇，束颈，相似者多见于春秋中晚期的东周晋地，而罕见于郑韩故城、东周洛阳。如在侯马晋都新田近郊的上马墓地，CQXB：2 与甲种瘪裆 AⅠM6271：1 相似，为春秋中期偏晚（图 10，7），ZXT：2 与甲种平裆 DaⅠM2213：4 相似，为春秋晚期偏早（图 10，8），ZXT：1 与甲种平裆 DaⅡM4090：11 相似，时代春秋战国之际[②]（图10，9）。

战国早期　1978 采剑属田伟划分的 AdⅡ式[③]，为战国早期。（图 14，1、2）

战国中期　淇县博物馆藏南关陶壶，整体形态、装饰风格与李大召 M35：13 陶壶[④]、黄张 M14：10 颇为相似（图 11，7）；CQXB：1 陶壶，与琉璃阁 M129：1 接近，但后者颈部略短；98ZXT：6.9 陶盖豆，片状圆形小捉手，盖壁圆缓，属于岳亚莉所划分的 CⅡ式李大召 M32：6[⑤]（图 11，12），上述时代皆为战国中期。98 采集陶豆器盖，顶部捉手较平，低矮，实心，盖部隆起，为战国中晚期（图 11，8）；1985 黄征集镞，属于甲 b 类 Bb 型Ⅱ式[⑥]（图 14，15、16），时代亦为战国中晚期。

---

① 河南省文物考古研究院：《河南淇县宋庄东周墓地 M4 发掘简报》，《华夏考古》2015 年第 4 期。

② 山西省考古研究所：《上马墓地》，文物出版社 1994 年版，第 111 页、116 页。本对比只是用于说明其大概年代，春秋中期或者晚期则有待商榷。

③ 田伟：《试论两周时期的青铜剑》图三·2，《考古学报》2013 年第 4 期。

④ 郑州大学考古专业、新乡地区文物管理委员会、新乡县文物保护管理所：《河南新乡李大召遗址战国两汉墓发掘简报》，《考古与文物》2005 年第 4 期。

⑤ 岳亚莉：《豫北地区战国墓研究》，硕士学位，郑州大学，2010 年。

⑥ 石岩：《中国北方先秦时期青铜镞研究》，博士学位论文，吉林大学，2006 年。

战国晚期　1978年征集三棱镞（图14，13），属于石岩划分甲b类AaⅡ式[①]（图14，14），为战国晚期。

综上所述，淇县古城墙始建阶段的配筋夯筑工艺，有规模的冶铁遗存，各类陶片，城外的铜器墓、陶器墓等多重证据指向该城的营建不早于春秋中期，很可能出现于春秋晚期，兴盛于春秋晚期—战国早期，战国中晚期应有城墙多次修筑，人口也持续增长，但重要性俨然已经有所下降，直至汉代，缩小沦为普通县邑。

三　城址的规模与时代特征

古代城邑规模有一定的规制，如《左传·隐公元年》“先王之制，大都，不过叁国之一；中，五之一；小，九之一”[②]。在实际营建过程中，虽然未发现严格符合相应的等级城邑，但城邑规模大小与时代背景、政治地位、战略地位相关则是符合事实的。

（一）殷墟—西周时期

河南地区目前尚未明确有修筑于殷墟—西周早期的城址，其他地区发现的同期的城址规模往往较小[③]（表1）。山东高青陈庄西周城，城内面积不足4万平方米，可能为一处军事城堡[④]；北京房山琉璃河为西周早期燕国都城，城内面积仅10万平方米；近年来发现的宁夏彭阳姚河塬仅有一道南北墙体将内外城隔开，总面积也只有86万平

① 石岩：《中国北方先秦时期青铜镞研究》第172页图3－7·4，博士学位论文，吉林大学，2006年。

② 《左传》，第11页。

③ 表1、表2关于城址的面积、时代皆引用自许宏《先秦城邑考古》，金城出版社、西苑出版社2017年版。

④ 李学勤等：《山东高青县陈庄西周遗址笔谈》，《考古》2011年第2期。

方米[①]。事实上，纵观整个中原地区西周城址，如韩旗周城、荥阳官庄遗址、娘娘寨内城、三门峡虢都上阳城等，以最外城圈为标准，面积均不超过150万平方米。齐鲁文化圈的曲阜鲁国故城总面积约1000万平方米，但始建年代依旧不早于两周之际[②]，距鲁国受封建国的年代相去甚远。淇县先秦城面积达345万平方米，将其视为从商代延续至西周时期的都城，在中原地区罕见殷墟—西周早期的城址、西周晚期又缺乏大型城址的时代背景下，是不合适的。

表1　**西周时期主要城址对比**

城邑	城内面积	营建年代	性质	文化区
淇县古城	345万平方米			
韩旗周城	480万平方米	西周晚期/两周之际		
荥阳官庄遗址	34.6万平方米	西周晚期/两周之际		中原地区
娘娘寨内城	10万平方米	东周	军事据点	
上阳城遗址	64多万平方米	两周之际	虢都	
高青陈庄西周城	4万平方米	西周早期	军事城堡	
曲阜故城	1000万平方米	两周之际	鲁都	海岱地区
滕州薛国内小城	6万平方米	不晚于西周早期		
房山琉璃河遗址	10万平方米	西周早期	燕都	燕山南麓
姚河塬遗址	86万平方米	西周早期	诸侯国都	西北上游

（二）东周时期

东周时期城邑最大特点是数量迅速增多，规模急剧扩大。“千丈之城，万邑之家相望”（《战国策·赵策三》）。有学者统计了先秦时期的城邑，西周时期仅有48处，东周时期达657处，其中以春秋战

① 宁夏回族自治区文物考古研究所：《宁夏彭阳县姚河塬遗址铸铜作坊区2017—2018年发掘简报》，《考古》2020年第10期。

② 许宏：《曲阜鲁国故城之再研究》，《三代考古》2004年第1期。

国之际最盛①。（表2）我们例举东周时期主要诸侯国都城面积②，可知多超过1000万平方米，包括东周王城、晋都新田、魏都安邑、郑韩故城、赵都邯郸、齐国临淄、秦都雍城。卫国是西周时期最早受封的诸侯国之一，进入东周时期，与鲁国、宋国、蔡国等老牌诸侯国一样，迅速沦为二流国家。明确为鲁、宋、蔡三国的都城面积多超过1000万平方米，即便是丧失大半疆土、国力大减而被迫东迁至濮阳一带的卫国晚期都城高城，面积依然近900万平方米（图15）。很难想象，假设淇县先秦古城为卫都，春秋早期正值其强盛时期，国都面积仅有345万平方米，显然不符合历史发展的逻辑。因此将淇县先秦城作为东周卫都的推断，尚需更多的证据。

表2　**东周时期重要诸侯国都城面积对比**

城邑	城内面积（万 m^2）	城墙营建年代	性质	文化区
洛阳东周王城	924	战国	王城	中原文化区
侯马晋都宫城	359.9③	春秋中期	晋都晋国公室之宫城	
郑韩故城	1600	东周？	郑韩都	
赵邯郸故城	1719	春秋晚期	赵都	
濮阳高城卫国故城	916	春秋中期	卫都	
魏都安邑	1300	战国	魏都	
临淄齐国故城	2000	春秋晚期	齐都	齐鲁文化区
宋国故城	1020	东周	宋都	
晋阳古城	1200？	春秋中晚期	晋卿赵氏之初都	北方文化区
秦雍城	1056	战国	秦都	秦文化区

① 许宏：《先秦城邑考古（上编）》，金城出版社2017年版。

② 以黄河中游地区的周王朝、晋国及后来的三晋为中心，参见李学勤《东周与秦代文明》，上海人民出版社2007年版。

③ 统计的主要为晋国公室宫城所在的牛村、平望、台神三座城址的面积。

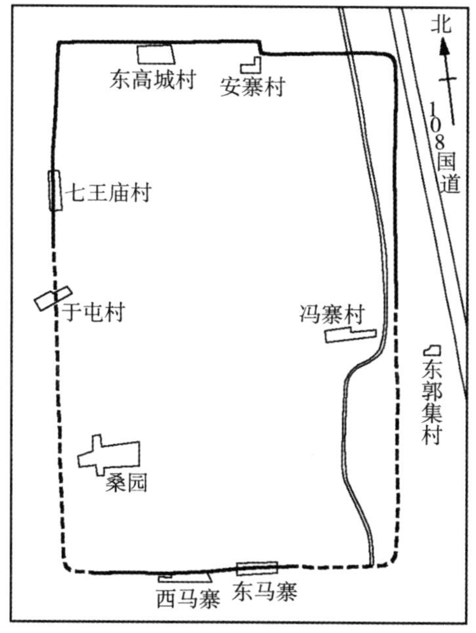

图 15　濮阳高城东周卫国故城

四　文献所见“朝歌”

（一）归属国与归属卿

卫由“康丘”徙封至“淇卫”，自西周晚期起“戎狄交侵，暴虐中国”，盘踞于太行山山地的赤狄东出，先后攻陷邢都（前 659 年）、卫都（前 660 年）。齐桓公以“尊王攘夷”，率领中原诸国抵抗，卫国被迫苟安于濮阳一带，古黄河以西的鹤壁、新乡一带的卫国疆域尽丧狄人之手，《清华简（贰）》记：“周惠王立十又七年，赤翟王峁虎起师伐卫，大败卫师于景，幽侯灭焉。翟遂居卫，卫人乃东涉河。”① 狄

① 李学勤主编：《清华大学藏战国竹简（贰）》，中西书局 2011 年版，第 145 页。

对卫侵扰是持续的，导致卫都屡次迁徙，先后从曹（前660年，今滑县东）、楚丘（前658年，今滑县东北）直至帝丘（前629年，今濮阳县西南故县村）才稳定下来。近半个世纪后，来自临汾—运城盆地的晋国发动了大规模对外军事扩张，太行山东西两侧的狄人成为其重点讨伐的对象，继晋"败狄于箕"（前627年）后，采取"西连东击"之策，联合西部的白狄，重点打击东部的赤狄[①]，黄河以西原属邢国、卫国的疆域逐渐纳入晋国疆域。史料中并未记载明确晋东出太行，占领卫国旧地的具体时间，但梳理晋与赤狄相关的战争文献，可侧面反映该段史实：

1. 左传·宣公十五年（公元前594年）："六月癸卯，晋荀林父败赤狄于曲梁。辛亥，灭潞。酆舒奔卫，卫人归诸晋，晋人杀之。"[②]

"晋侯赏桓子狄臣千室，亦赏士伯以瓜衍之县。曰：'吾获狄土，子之功也。微子，吾丧伯氏矣。'"[③]

2. 宣公十六年（公元前593年）："十六年春，晋士会帅师灭赤狄甲氏及留吁、铎辰。"[④]

3. 成公三年（公元前588年）："晋郤克、卫孙良夫伐廧咎如，讨赤狄之余焉。"杜注："宣公十五年晋灭赤狄潞氏，其余民散入啬咎如，故讨之。"[⑤]

4. 左传·襄公二十三年（公元前546年）"齐侯遂伐晋，取朝歌，为二队，入孟门，登大行，张武军于荧庭，戍郫邵，封少

---

① 杨建华：《<春秋>与<左传>中所见的狄》，《史学集刊》1999年第2期。

② 《左传》，第763页。

③ 《左传》，第764—765页。

④ 《左传》，第766—767页。

⑤ 《左传》，第814页。

水，以报平阴之役，乃还。赵胜帅东阳之师以追之，获麾。”①

“秋，齐侯伐卫。遂伐晋。八月，叔孙豹帅师救晋。次于雍渝。”②

5. 左传·昭公二十二年（公元前520年）：“荀吴略东阳。”③

曲梁今河北省邯郸、永年、曲周，介于邢国、卫国之间；潞，今山西潞城县；廧咎如，今河南安阳市西南；雍榆，淇县古城东，今浚县西南小河镇。④ 自晋景公开始，对太行山两侧的赤狄一系列军事行动，公元前594年派荀林父灭潞地（山西潞城县）赤狄，次年派士会灭赤狄之甲氏、留吁、铎辰部（均在山西屯留一带），前588年派郤克与卫国大夫孙良夫联合灭赤狄廧咎如（今安阳西南）。晋国东出太行山，基本路线是沿着太行山南麓至东麓与黄河所形成的弧形地带由南至北展开⑤。淇县位于安阳南部，灭安阳之赤狄意味着，最迟在公元前588年淇县一带土地已尽悉晋国囊中。晋侯所言“吾获狄土”之“狄土”，显然不仅包括太行山以西长治、晋城，还包括了狄人占据的原本为邢、卫的故土。经晋人四五十年的经营，公元前546年，该区域成为晋国之稳固疆域。朝歌城作为晋国在东南方向的边境大邑，齐袭晋的“太行之战”中，率先为齐所攻破，这也是“朝歌”始见于文献。

晋国军功往往以赏赐土地为主，而土地重要来源之一就是对外兼并战争，这类土地发展成为各卿世袭的采邑⑥。在一系列灭狄战争中，

① 《左传》，第1077页。

② 《左传》，第1078页。

③ 《左传》，第1435页。

④ 马保春：《晋国地名考》，学苑出版社2010年版，第272页。

⑤ 杨保红：《春秋战国时期河内南阳变迁考辨》，《焦作大学学报》2020年第2期。

⑥ 周苏平：《春秋时期晋国的军功制度及其影响》，《西北大学学报》（哲学社会科学版）1996年第4期。

荀氏林父（即桓子）、范氏士伯功勋卓著，晋侯赏赐荀林父千家狄族的臣子作为奴仆，士伯受赐瓜衍之县。当鹤壁、安阳一带纳入了晋国版图，荀氏、范氏的封地极有可能扩展至此。公元前520年，荀林父的曾孙荀吴巡视“东阳”，杜注：“略，行也，东阳，晋之东邑，魏郡、广平以北。”以太行山以东为朝阳之地，故称“东阳”，地跨晋、齐、鲁之疆域，淇县一带也当属于东阳。从前文分析淇县古城主体年代不会早于春秋中晚期，这与晋人灭赤狄、占领该地区的时间基本吻合，可知大约在此时，晋人便修筑了此城。

> 6. 史记·晋世家（公元前497年）：“十五年，赵鞅使邯郸大夫午，不信，欲杀午，午与中行寅、范吉射亲攻赵鞅，鞅走保晋阳。……范、中行反，晋君击之，败范、中行。范、中行走朝歌，保之。……二十二年，晋败范、中行氏，二子奔齐。”①
>
> 7. 左传·哀公三年（公元前492年）：“冬十月，晋赵鞅围朝歌，师于其南。荀寅伐其郛，使其徒自北门入，已犯师而出。癸丑，奔邯郸。”②

晋国晚期六卿专政，相互攻伐。以范氏、中行氏（即荀氏）组成的政治联盟率先发动对其他卿的战争，但这场斗争并非毕其功于一役，先后经历公元前497年：下邑之役，败范氏、中行氏之役；公元前494年：五鹿之役、棘蒲之役、伐朝歌之役；公元前493年：铁之战；公元前492年：克朝歌之役等系列战争。中行寅又名荀寅，是灭狄有功而受封的荀林父之族孙、巡视东阳的荀吴之子；范吉射是士伯之同宗后代、范士会之玄孙。受益于先辈们灭赤狄的功勋而拥有该地区采邑，荀寅、范吉射必然在这一带颇具声望和势力。之前的战场以

---

① （汉）司马迁：《史记》，中华书局2011年版，第1523页。

② 《左传》，第1623—1624页。

旷野为主，春秋中晚期发展出以城邑为中心的城邑攻防战，其烈度与强度前所未有。在晋核心地区斗争失利之后，他们便以朝歌城为大本营固守，并在周遭齐、卫、郑等国的支援下，面对以赵鞅为首的围城战中，坚守长达6年。在这场权力纷争中，竟然出现了赤狄首领小王桃甲和析成鲋作为荀、范之同盟，配合围攻晋都，在兵败小桃王甲也投奔至朝歌，这恐与范氏祖上“赏桓子狄臣千室”历史渊源有一定干系。

8. 史记·晋世家（公元前458年）：“出公十七年，知伯与赵、韩、魏共分范、中行地以为邑。”①

9. 史记·魏世家（公元前408年）：“子击逢文侯之师田子方于朝歌，引车避，下谒。”②

在灭掉范氏、荀氏之后，其他四卿瓜分了其原有土地，朝歌归属不详，但至公元前408年，魏文侯之太子率军讨伐中山国时候经过朝歌城，遇到了当时儒学名家田子方，可知朝歌此时已属魏国了。

梳理上述历史脉络，可知朝歌一带前660年—前588年属赤狄，持续73年；后属晋国荀氏或范氏至458年，持续131年③；最迟至408年，属魏国。依刘绪先生关于春秋时期考古学文化分期④，春秋早期为前770年—前665年，中期为前664年—559年，晚期为前558年—前454年，战国早期为前453年—前377年。将各事件年代置于考古分期中（图16），卫懿公“好鹤失国”在春秋早中期之际，赤狄横行豫北地区为春秋中期早段，春秋中期晚段至春秋晚期早段为晋国

① （汉）司马迁：《史记》，中华书局2011年版，第1524页。

② （汉）司马迁：《史记》，中华书局2011年版，第1650页。

③ 马保春：《晋国历史地理研究》，文物出版社2007年版，第253页图二十四。

④ 刘绪：《晋与晋文化的年代问题》，《文物季刊》1993年第4期。

荀氏或者范氏之采邑，春秋晚期晚段更属某晋卿，战国早期晚段属魏。

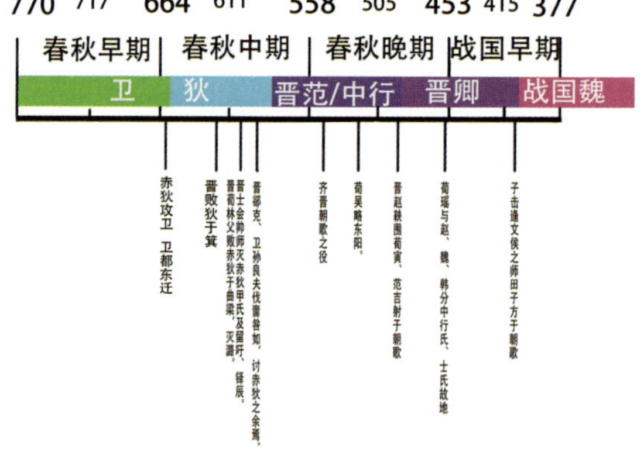

图16　淇县一带春秋战国时期政治变迁

（二）何以“朝歌”

关于“朝歌”之本义，则有三种说法：其一“有糟丘、酒池之事焉，有新声靡乐，号邑朝歌”[①]；第二种为《山海经》有朝歌山而名之；第三种说法因附近多水，称“淖滒”而音转为“朝歌”[②]。第二种说法中，“朝歌山”不在鹤壁境内，可排除。第三种说法，战国早期“朝歌右库”戈[③]（图17），“歌”作“诃”，未用“滒”，故“淖滒”之说恐非。审视第一种说法，当时区域内与“朝歌”同期者，有“东阳”“南阳”，均以太行山、黄河、太阳作为参考，以山西晋人为中心，“晋始启南阳之名。其地在晋山南，河北，故名南阳”[④]，《水经注·清水注》引马季长曰：“晋地自朝歌以北至中山为东阳，朝歌

① （北魏）郦道元著，陈桥驿校证：《水经注》，中华书局2007年版，第235页。

② 李宏飞：《“纣都朝歌说”的嬗变》，《安阳甲骨学会文集》，文物出版社2008年版。

③ 吴镇烽：《商周青铜器铭文暨图像集成》卷32，上海古籍出版社2016年版，第103页。

④ （宋）司马光编著：《资治通鉴》，中华书局1956年版，第148页。

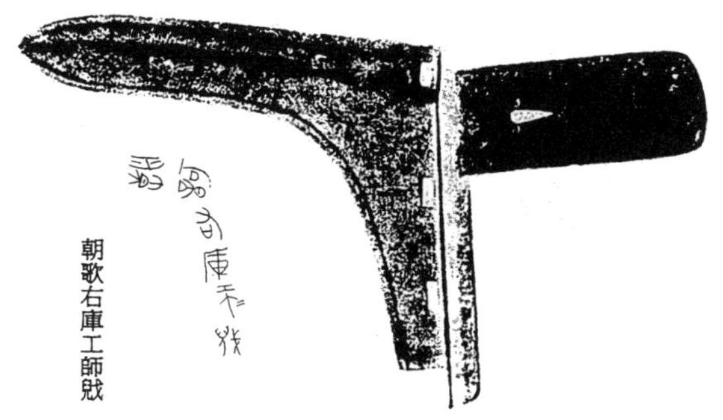

图 17　朝歌右库戈

以南至轵为南阳。”[1] 东阳地跨晋、齐、鲁三国之境，义取太行山以东朝阳之地。[2] 我们由此思路考察“朝歌”。《尔雅·释诂》“朝，早也。”《说文解字》“旦也。”与日相关，为清晨之意。若视“东阳”为太行山之东朝阳之地，那“朝”本义也当与太阳、时辰相关，无独有偶的是，在淇县县城西北 6.5 公里处亦有一座“朝阳山”，取义相似。传统说法“朝而歌”，指为不时之歌。我们抛开“墨子回车”的具体事件，回归墨子思想本身，事实上他是反对任何形式的音乐，而并非针对某个时辰的唱歌[3]。墨子回车，恰好也能说明朝歌之原义。早晨唱歌是否不时呢？如《礼记·祭义》：“夏后氏祭其闇，殷人祭其阳。周人祭日，以朝及闇。”[4] 夏代人在黄昏，商人在中午时分，周人祭祀从早上一直持续到晚上。《毛诗故训传》“曲合乐曰歌，徒歌曰谣。”[5] 若“朝歌”作为早晨以伴乐曲而歌的祭祀行为，更能表现了虔诚的态度，片面将其视为不时之歌却忽略墨子本身的学说。虽然我们已经无法获知“朝歌”具体是哪一种祭祀行为或者何种乐曲，但

① （北魏）郦道元著，陈桥驿校证：《水经注》，中华书局 2007 年版，第 223 页。

② 马保春：《晋国地名考》，学苑出版社 2010 年版，第 271—273 页。

③ 曹惠康：《墨子的非乐思想——先秦音乐思想笔记之一》，《学术月刊》1964 年第 1 期。

④ 《礼记正义》，北京大学出版社 2000 年版，第 15402 页。

⑤ 阮元校勘嘉庆二十年《毛诗正义》，艺文印书馆 2001 年版，第 208 页。

应当是具有吉祥之地名。

淇河中下游一带先后由商、卫、赤狄三方势力轮流管辖，同时期的甲骨文及金文、文献却未见到“朝歌”一词。《左传》所记史实起始年为公元前722年，值得注意的是，“朝歌”出现于《左传》的时间为公元前546年，晚了近200年，卫懿公好鹤失国，同为姬姓兄弟之国的鲁国竟然没有记载其国都名为朝歌，这是难以想象的。无独有偶，公元前546年这个时间点距离晋人灭狄，将朝歌一带纳入其疆域不到50年的时间。有学者总结先秦不同时期的地名特点，发现在甲骨文中，单名占优势，双名十分罕见，春秋时期以《诗经》为代表，则开始出现单名向双名过渡，战国时期以《禹贡》为代表，单名与双名平分秋色。《竹书纪年》“纣时稍大其邑，南距朝歌，北距邯郸及沙丘，皆为离宫别馆”[①]，从命名特点来看，“朝歌”作为地名，与“邯郸”相似，属于双名，二者均始现于春秋中晚期。中国古代地名一个重要特点，即政权的更迭、归属国的变化往往会带来地名名称的变更，以便更好地体现征服者的思想、意志、愿望，如晋启“南阳之名”[②]。“朝歌”出现时代及命名特点，推断其背景为春秋时期晋人在消灭狄人之后，在新开辟的疆域内，出于战略防备需要，修筑的两座新城，其中“朝歌”乃为吉祥用词，祝新城之修建而名之。事实也证明，“朝歌”城在不久的地缘政治斗争中，如晋卫战争、晋齐战争、晋诸卿斗争，皆发挥了重要的作用。

（三）东周晋邑朝歌与区域社会发展

城址与墓葬是构成一个社会的“生”与“死”两个方面，二者步调基本一致，共同反映了社会的发展状况。在缺乏对该城址考古发

① 李民等译注：《古本竹书纪年译注》，中州古籍出版社1996年版，第47页。

② 参考褚亚平等《地名学基础教程》，测绘出版社2009年版。

掘的情况下，我们试图利用现有的考古资料对东周朝歌城所代表的淇河流域、豫北区域社会发展进行简单地概述勾勒。

不早于西周晚期，淇县县城一带已有人群居住，但规模不大。春秋中期偏早，赤狄伐卫导致国都灭卫侯死，疆域收缩至古黄河以东，淇河中下游一带几乎未见同期的铜器墓，反映了该阶段的社会发展几乎停滞。但至春秋中期偏晚，随着晋国针对赤狄发动一系列战争，将淇河流域纳入晋国疆域。在晋卿的经营下，朝歌一带进入快速发展阶段。最为重要的标志就是筑城，名“朝歌”，城内陆续出现冶铁作坊，各类祭祀遗存，依托于城墙营建而成的高台楼阁“摘星台”已经出现。朝歌城北赵沟出现了铜礼器墓，城东约 7 公里西岗镇东宋庄村东周贵族墓地开始使用，并陆续有 7 座甲字形高等级贵族墓葬①，特别指出的是，废弃已久的西周时期卫国都邑辛村遗址铸铜作坊区在此期间重启②，部分墓伴随有青铜礼器出土③。春秋晚期晚段，盘踞在太行山东南麓朝歌一带的范氏、中行氏在晋国内斗争失败，朝歌更属其他晋卿，其发展势头依旧明显，至战国早期，三家分晋，依旧发展繁荣。战国中晚期，朝歌城远离三家的政治中心，加之朝歌以北漳河一线成为魏赵疆域接壤地带，两国展开高强度的兼并战争，多方面因素导致朝歌繁荣不再。朝歌城以西黄庄、大马庄一带出现新的墓地，数量虽多，但墓葬规模小，级别低，随葬品简单，类似宋庄甲字形贵族大墓始终未能再现，直至汉代，沦为县一级城邑。我们将视野置于整个豫北地区④，春秋早期偏晚至中期偏早始终罕见铜器墓，但到春秋中期偏晚至战国早期，在安阳、新乡一带，才涌现大量的铜器墓，如

---

① 河南省文物考古研究院：《河南淇县宋庄东周墓地 M4 发掘简报》，《华夏考古》2015 年第 4 期。

② 高振龙、韩朝会：《河南鹤壁辛村遗址两周时期铸铜及制骨作坊》，《黄淮七省考古新发现（2018）》，大象出版社 2020 年版。

③ 辛村遗址礼河屯地点出土，包括了 1 件铜鼎、1 件铜豆，现收藏于鹤壁市博物馆。

④ 本文所指豫北地区主要指的是河南黄河以北的安阳、鹤壁、新乡和濮阳一带。

辉县琉璃阁甲乙墓及相关铜器墓群①、汤阴羑河东周墓地②、安阳林州大菜园东周墓地③等，至战国中晚期，除赵固一座大型铜器墓外，其他区域则鲜见铜器墓。有学者以墓葬面积为标准，对豫北东周墓葬进行了系统的阶层划分④，发现春秋早中期发现墓葬普遍等级较低，社会发展缓慢，阶层较为单一，但自春秋晚期至战国早期阶层数量最多，社会复杂程度较高，至战国中晚期又减少，又回归单一化⑤（表3）。这种铜器墓多寡增减，正反映了豫北区域社会不同阶段的发展状况。

表3　　**豫北地区东周时期墓葬数量不完全统计⑥**

时代	铜器墓	陶器墓	合计
春秋早期	2	2	4
春秋中期		4	4
春秋晚期	7	17	24
战国早期	5	22	27
战国中期		24	24
战国晚期		105	105

---

①　河南博物院、台北历史博物馆：《辉县琉璃阁甲乙墓》，大象出版社2003年版。

②　安阳市文物考古研究所：《河南汤阴羑河东周墓地M1发掘简报》，《中原文物》2019年第4期；参见孔德铭：《安阳考古》，科学出版社2019年版，第122—126页。

③　河南省文物考古研究院：《河南林州大菜园东周墓地出土青铜器保护修复报告》，文物出版社2016年版。

④　虽然豫北地区包括了濮阳，但由于濮阳地区为黄泛区，墓葬极难发现，数量可忽略不计。

⑤　王震：《中央集权国家形成的考古学观察》，博士学位论文，吉林大学，2017年。

⑥　春秋早中期墓葬数据来源于张亮《东周社会结构演变的考古学观察》2014年吉林大学博士学位论文，其余数据来源于王震《中央集权国家形成的考古学观察》2017年吉林大学博士。需要说明的是，两位研究者统计的数据尚不包含已新闻报道，但未发表的春秋中晚期至战国早期铜器墓资料，如淇县宋庄、林州大菜园、汤阴羑里河等出土的大型铜器墓。假若这批资料发表，春秋中晚期至战国早期的铜器墓数量只多不少。

五　结语

先秦淇县古城，长期被认为是卫国都城所在地，继而又被视为“纣都”之“朝歌”，将卫国都城与朝歌攀附一起。通过对城内外遗迹遗物的系统梳理，结合文献，我们认为先秦时期淇县古城确名为朝歌，但其内涵是春秋中期晋国灭赤狄后，在原卫国疆域内营建的一座区域性城邑，为晋卿范氏或者中行氏所控制，并在春秋晚期—战国早期得到迅速发展。虽然不能否认上述包括铜器、陶器等出土具有一定的偶然性，确实也有早于西周晚期的陶片，仅有寥寥数片，远不足以支撑所谓的“商都”“卫都”之宏阔。即便如此，该城依旧是东周时期豫北地区最大的城邑，晋国在太行山东麓重要的战略支撑，应当予以重点关注研究与保护。

云南省师宗县大园子墓地出土陶器的分析与研究*

邓玲玲　杨勇　查苏芩　田苗

（南开大学考古学与博物馆学系；中国社会科学院考古研究所；
师宗县文物管理所；中国社会科学院考古研究所）

大园子墓地位于云南省师宗县，地处滇东高原，中国社会科学院考古研究所、云南省文物考古研究所、曲靖市文物管理所与师宗县文物管理所合作，分别于2015年及2016年先后进行两次发掘，清理先秦至汉代具有鲜明西南夷风格的墓葬402座①。墓地外形呈土堆状，人工堆筑而成，中间高、四周低，平面为椭圆形，面积约7000平方米。依土堆中的埋藏位置可将墓葬大致分为上部墓葬与近底部墓葬两类。所有墓葬均为竖穴土坑墓，平面多呈长方形，纵轴多西北—东南向，以面积小于2平方米者为主，墓内出土大量青铜器、玉石器，同时发现了少量陶器。下文将详述大园子墓地出土的陶器遗存，通过胎体配方、制作痕迹与使用痕迹的分析与观察，结合出土背景，对陶器的制作工艺、使用方式与器用制度进行研究。

* 本研究是国家社会科学基金青年项目“河南偃师商城遗址制陶业的考古学研究”（项目批准号：23CKG008）的阶段性成果。

① 中国社会科学院考古研究所、云南省文物考古研究所、曲靖市文物管理所、师宗县文物管理所：《云南师宗县大园子墓地发掘简报》，《考古》2019年第2期。

一　陶器标本介绍

大园子墓地出土陶器极少，多数发现于墓坑填土、土堆堆积及墓地地表，以残片为主。受红壤为主的埋藏环境影响，陶片内外壁皆呈红色。可辨认器类主要为平底罐和纺轮，平底罐数量较多。以夹砂陶为主，仅两件纺轮为泥质陶，此处的泥质仅相对夹砂陶而言拥有更为细腻的胎质，在高倍显微镜下仍然羼砂。夹砂陶分为夹细砂和夹粗砂两类，夹粗砂者数量少；根据胎体颜色还可将夹砂陶分为夹砂黄（褐）陶与夹砂灰黑陶，前者数量较多。夹砂黄陶外壁常施加一层黄色陶衣，内壁常见渗炭痕迹。夹砂灰黑陶羼有大量有机物，由于烧成温度普遍较低，胎内有机物炭化后未充分氧化烧失，使得胎体整体呈现灰黑色。纹饰以刮抹纹为主（图 1，1—2），另见水波纹（图 1，3）、折线纹（图 3，4—5）、凹弦纹（图 1，4）、几何纹等纹饰（图 1，5）。

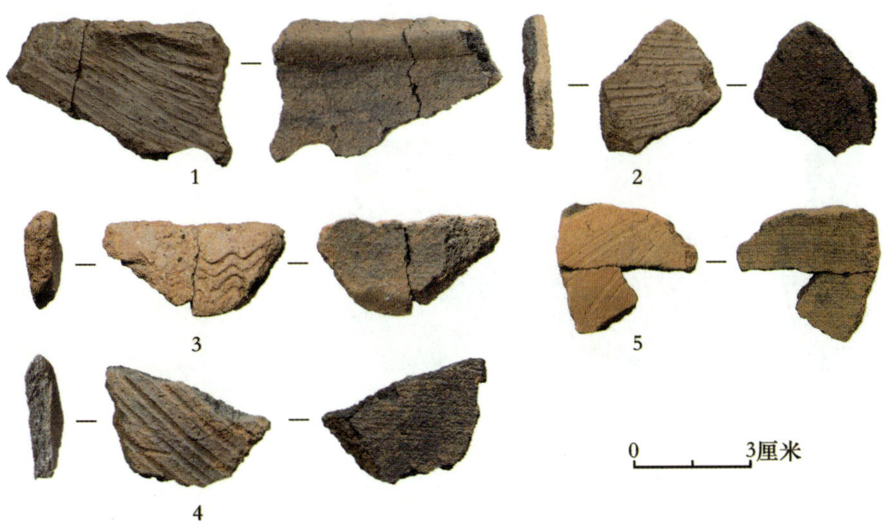

图 1　大园子墓地采集陶片的代表性纹饰

1. SDC：4（刮抹纹）2. SDC：5（刮抹纹）3. SDC：2（水波纹）4. SDC：3（凹弦纹）5. SDC：1（几何纹）

大园子墓地典型陶器标本共7件，下文将一一介绍。

M369：5保存极差，器形不明，可能为陶容器底部，夹砂灰黑陶，圜底薄胎，顶部覆盖一层淡黄色的薄壳，黄色薄层下似有一层黑色的薄炭层（图3，6）。整体长11.46厘米，高4.63厘米，底部陶片厚0.2—0.3厘米，顶部黄色薄层厚0.26厘米。胎体羼入大量砂与有机物，砂的粒度多在0.1—0.4厘米，圆度较差，多呈次棱角状。出土时紧靠墓坑西壁中部，墓内还出土铜泡饰、铜镯、铜矛及铜扣饰（图10）。

M76填：1保存较差，推测为罐底，夹砂灰黑陶，斜壁平底，内外壁涂黄色陶衣，胎因含有较多炭化有机质呈灰黑色（图3，2）。器身残高4.63厘米，壁厚0.48厘米，底部直径8.8厘米。底部中间高两边低，中部厚0.64厘米，边缘厚0.52厘米，内壁与底连接处保留有十分明显的旋纹。出土于墓葬填土中，为M76内发现的唯一遗物。

M354填：1为侈口平底罐，夹粗砂黄陶，内外壁皆留下大面积渗炭痕迹，仅内胎处可见少量原生黄色胎体。口径5.2厘米，壁厚0.28—0.44厘米，器身破碎，保存极差（图2）。发现于墓葬填土之中，墓内无其他随葬品。

图2　M354填：1照片与线图

资料来源：线图由田苗绘制。

M230：3保存较差，推测为罐底，夹粗砂黄褐陶，斜壁平底，外壁装饰刮抹纹，刮抹纹宽约1.1毫米，内壁留有大片渗炭痕迹（图3，1；图9，1）。底部直径8.22厘米，残高3.76厘米，壁厚0.54厘米。底部中间高两边低，中部厚0.8厘米，边缘厚0.5厘米，外底中部集中分布大量砂。羼和料以砂为主，圆度多为次圆状至圆状，粒度差异大，0.1—1毫米不等，应为自然河砂，未经人工处理。出土时紧靠墓坑北壁，墓坑北部与中部伴出铜扣饰与铜镯（图10）。

T5545：1仅保存器底，器形不明，夹砂黄陶，内外壁涂红色陶衣，素面（图3，3；图8，1）。实心饼足，底径4.1厘米，底厚1.39—1.97厘米，壁厚0.55—0.58厘米。羼和料主要为砂与有机物，有机物含量高，胎体中部因氧化不完全尚保留有灰黑色的炭化有机物（图8，1）。

M90填：1为陶纺轮，泥质黄陶，器身残存三分之二，横截面呈梯形。通高2.57厘米，底径3.32厘米，中部有一穿孔贯通器身，孔径0.37厘米。器表装饰4排折线纹，刻划粗疏，最下排不明显（图3，4）。器表似涂抹有陶衣，整体呈灰黑色，推测在埋葬过程中经火烧使器表普遍渗炭，颜色变黑（图9，2）。发现于墓葬填土之中，M90中还出土一件铜扣饰。

M71：2为陶纺轮，泥质黄陶，残存四分之三，呈圆台体状。通高2.02厘米，底径3.52厘米，中部穿孔贯通器身，孔径0.7厘米（图3，5）。器表装饰折线纹，刻划粗疏不规整，外壁留有黑色渗炭痕迹，一侧面渗炭范围较大（图9，3）。出土时靠近墓坑南壁，伴出一件铜器，铜器锈蚀无法分辨器形（图10）。

二　制作工艺、烧成工艺与技术传统

从生命史的角度对陶器展开分析是认识一地制陶技术传统的重要方法。针对大园子陶器的保存情况，在肉眼观察与微距摄影的基础

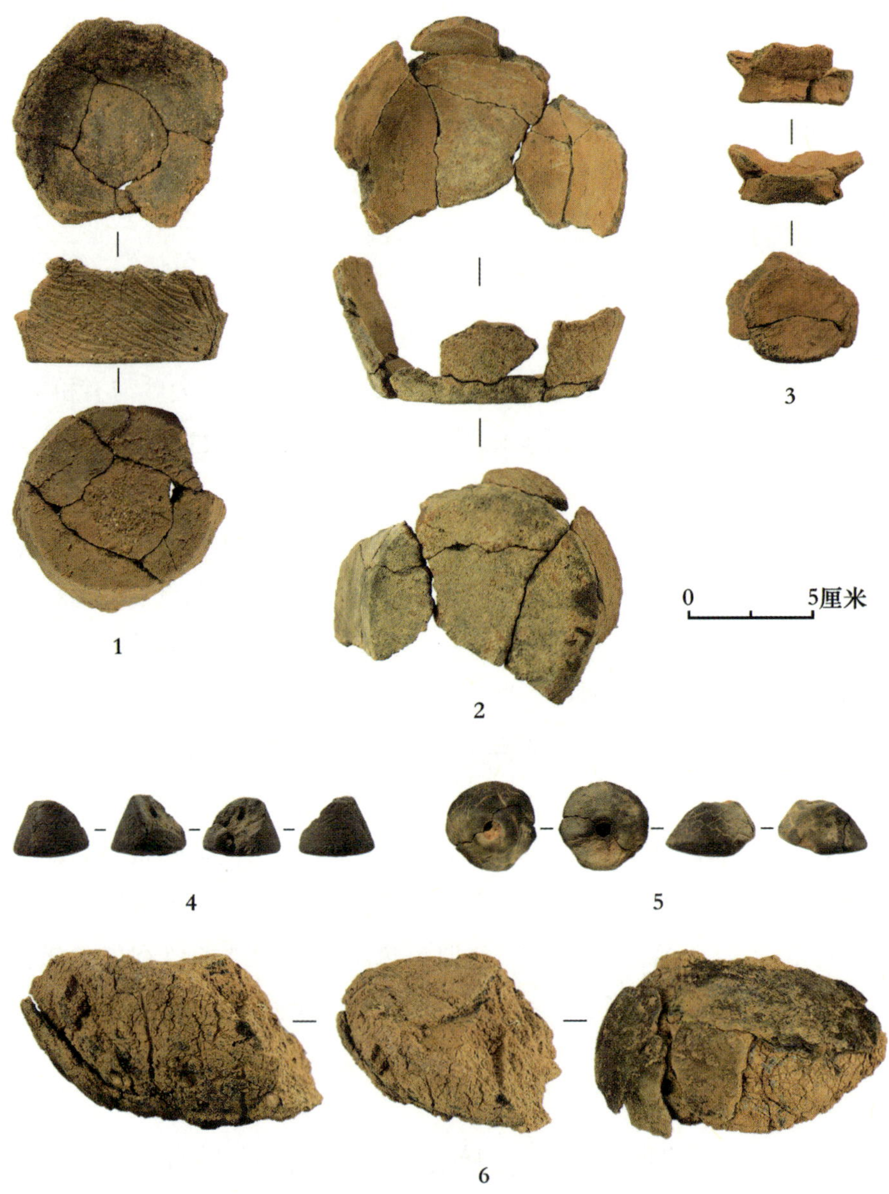

图 3　大园子墓地的陶器标本

1. M230：3 2. M76 填：1 3. T5545：1 4. M90 填：1 5. M71：2 6. M369：5

上，使用波长色散 X 射线荧光光谱仪、X 射线衍射仪、超景深显微镜对陶器的胎体配方、制作痕迹、使用痕迹进行分析，获得了一些初步的结果，详述如下。

（一）化学成分与物相分析

大园子墓地出土陶片数量较少，选取 4 片典型陶片与 3 份土样进行化学成分的测试分析。土样来自墓地下方叠压的原生沉积土，按颜色分为两类，一类为红色（图 4，3），另一类为黄色（图 4，2），另取陶器器表附着土作为文化层土样。使用帕纳科 Axios 波长色散型 X 射线荧光光谱仪对 7 件样品主次量及微量元素成分进行测试，仪器配置为铑管激发，恒定功率 3600W。由于此批陶片烧成温度低，胎体破碎，无法对样品的胎壁成分分别进行测定，因此将所有陶片制为粉末样品，带陶衣的 A1 与 A2 样品粉末为陶衣与胎体的混合物，测试结果见表 1、表 2。同时，使用日本理学 X 射线衍射仪 Ultima IV 对样品的

图 4　大园子墓地下方相互叠压的黄色（A7）与红色（A6）生土

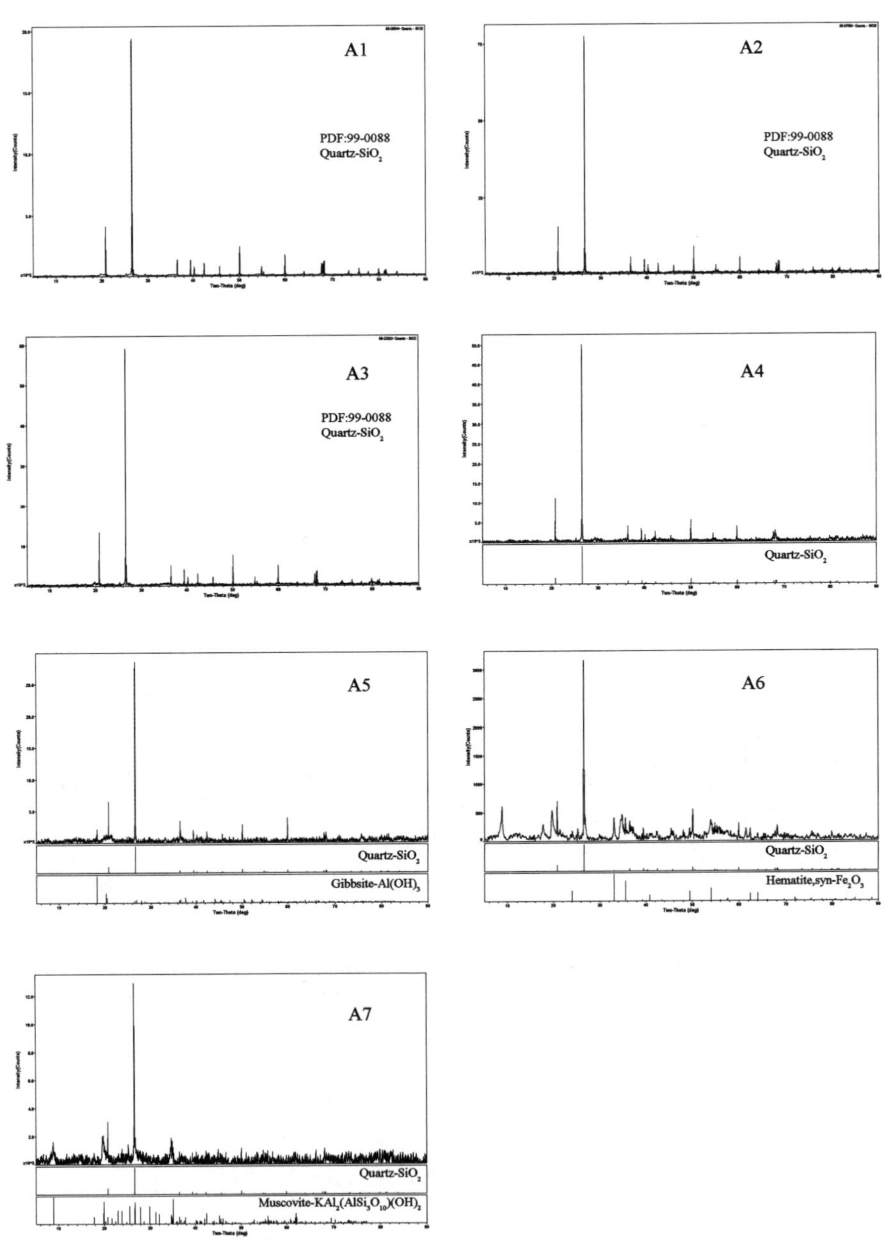

图 5　大园子墓地陶片与土壤样品 X 射线衍射谱图

物相组成进行测试，皆为粉末样品，X 射线发生器功率为 3 kW，随后使用 DMI Jade 6 软件对衍射数据进行分析，结果如图五。

表 1　　大园子墓地出土陶片与土壤测试样品登记表

序号	样品号	类别	标本号	特征
1	A1	陶片	T5545：1	夹砂黄陶，内外壁施加红色陶衣
2	A2	陶片	M75 填土	夹砂灰黑陶，外壁施加陶衣
3	A3	陶片	M369：5	夹砂灰黑陶
4	A4	陶片	M230：3	夹粗砂黄褐陶
5	A5	土样	陶器器表附着土	红色
6	A6	土样	红色生土	红色
7	A7	土样	黄色生土	黄色

除 A3 与 A5 外，土壤与陶片样品的化学成分差异较大，陶片的二氧化硅含量高、熔剂性氧化物（主要为 Fe_2O_3、CaO、MgO、K_2O、Na_2O）含量低，而土壤的二氧化硅含量低、熔剂性氧化物含量高，由此可见，陶器制作者对制陶原料进行了有意识的筛选与预处理（图 6）。前文提到，大园子墓地陶片普遍含有大量后期羼入的砂，化学成分与晶相分析结果再次证明了以上观点。A1—A4 样品的 XRD 谱图中均可见极强的石英峰，石英砂的加入有效提高了胎体的二氧化硅含量，由此提高了胎体的耐火度。相较于文化层土样 A5 来说，生土 A6 与 A7 的化学元素组成接近，仅氧化铁含量略有不同，根据 XRD 测试结果，A6 中赤铁矿的衍射峰比较明显，对应氧化铁的高含量，而 A7 中白云母的衍射峰较明显，对应较高的氧化钾含量。相较于陶片，生土的氧化钾与氧化镁含量普遍偏高。A1、A2 与 A4 坯体的化学元素含量与矿物组成相近，一定程度上说明陶衣与内胎的成分接近，陶衣的存在并未对坯体的化学组成带来显著影响（表 2、图 6，4）。A3 与 A5 的化学成分相近，应源于未对 A3 的制坯原料进行预处理，坯料元素含量趋近文化层堆积的土壤，使得坯料不易成型，胎体破碎。

表2　　陶片与土壤样品的主次量、微量元素组成（wt%）

序号	样品号	SiO_2	Al_2O_3	Fe_2O_3	TiO_2	K_2O	CaO	MgO	Na_2O	P_2O_5	熔剂性氧化物
1	A1	64.693	16.865	11.589	2.778	2.098	0.216	0.707	0.072	0.674	14.682
2	A2	66.857	18.808	6.997	2.49	2.152	0.269	1.149	0.135	0.791	10.702
3	A3	49.43	27.092	12.277	1.993	2.651	0.058	0.351		5.817	15.337
4	A4	62.565	16.509	14.104	2.814	1.996	0.274	0.758	0.063	0.584	17.195
5	A5	46.334	26.257	19.988	3.729	1.781	0.16	0.666	0.074	0.532	22.669
6	A6	51.313	18.113	17.927	3.19	6.393	0.104	2.103	0.084	0.325	26.611
7	A7	53.167	18.084	15.041	3.25	7.052	0.143	2.412	0.138	0.298	24.786

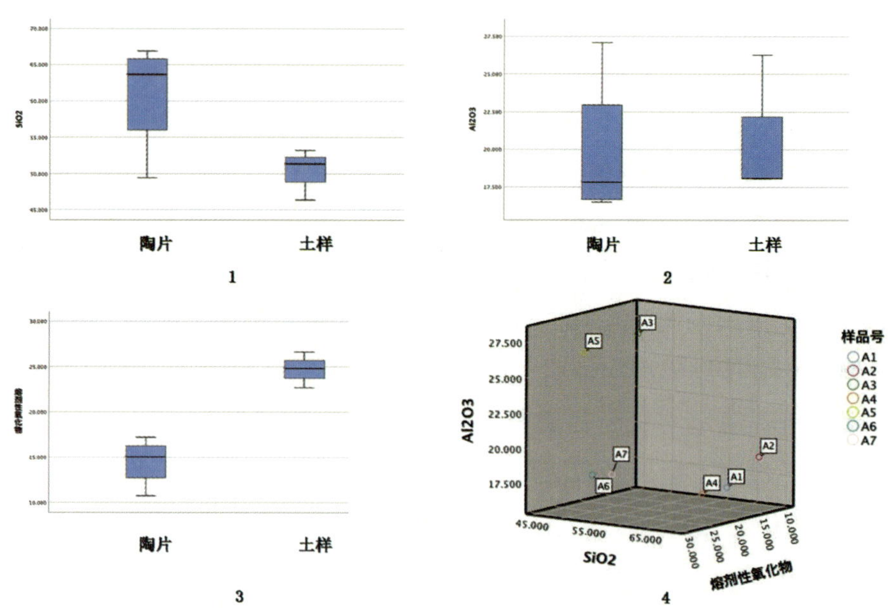

图6　陶片与土壤样品三组分含量分布箱图与三维散点图

大园子墓地的陶片、文化层土壤及生土中的二氧化钛含量均值达2.89%，且土样中皆高于3%，既可作为陶器原料本地取材的证据之一，同时也是大园子墓地陶器的典型特征。A6、A7与稀盐酸均发生反应，XRF 测试结果显示氧化镁含量高，参之大园子附近地区基岩以白云质灰岩为主，推测 A6、A7 含有一定量白云质灰岩化学风化后的产物。许继泉先生曾对昆明附近西山石灰岩母质中发育的红壤的化学成分进行测试，发现二氧化钛含量普遍高于 3%[①]，这与大园子墓地土样与陶坯的高二氧化钛含量相近。云南高原红土中存在一定含量的钛，常与土壤中的铁结合，以钛磁铁矿和钛磁赤铁矿等原生矿物形态存在于土壤中，似可作为以云南高原红土为原料制作的陶器的产地溯源证据之一[②]。

（二）成型工艺与使用痕迹

平滑工序在大园子陶器上十分常见。平滑是平整凹凸不平的器表、促使器壁颜色均匀的工序，是在胎体依旧湿润或处于硬皮状态时，使用干或湿、软或硬的工具对器表进行加工的工艺。大园子部分陶器内壁与底部交接处常见加工痕迹，M230：3 制作时先做器底，随后使用泥条在器底之上盘筑器壁，使用硬质工具如木棍刮抹内壁与底的连接处以实现塑形及加固的目的（图 7，1）。M76 填：1 的底壁交接处残留了十分规整的旋纹，该陶器内外壁涂抹黄色陶衣，应为施陶衣时使用软质工具涂抹修整所留下的痕迹，旋纹的出现并不一定意味着陶轮装置的使用，将陶器放置垫板之上旋转或手持工具在陶器内壁旋转加工皆可留下类似痕迹（图 7，2）。旋纹在陶片内壁大量发现，应为大园子墓地常见的内壁修整工艺（图 1，1、3、4、5）。

夹砂黄陶多在内、外壁施加红色或黄色的陶衣，受埋藏环境与陶器保存情况的影响，陶衣的分辨较为困难，使用基恩士 VHX－900X

---

① 许冀泉、蒋梅英、虞锁富、杨德勇：《华南热带和亚热带土壤中的矿物》，载李庆逵主编《中国红壤》，科学出版社 1983 年版，第 41—73 页。

② 王思源：《中国南方红土磁学特征、起源及其与成土过程关系研究》，博士学位论文，浙江大学，2015 年。

图 7　陶器内壁旋纹修整痕迹

1. M230：3；2. M76 填：1

超景深显微镜对两件样品进行观察。T5545：1 内胎为黄色，因胎内有机物未完全氧化部分呈灰黑色，内外壁施加红色陶衣，胎与陶衣皆羼入天然河砂，砂的磨圆度高（图 8，1）。M75 填土采集的陶片呈砖红色，清洗后于显微镜下观察发现，外壁施加的陶衣为黄色，胎因含有较多未炭化有机物呈灰黑色，陶衣内羼入的砂的粒度较胎小，质地更为细腻（图 8，2）。施陶衣是自新石器时代以来十分常见的陶器装饰工艺，通过软质或硬质工具将颜色相同的细腻泥浆涂抹在陶器内外壁，从而获得颜色均匀、平整的表面，以美化外观或为后续装饰工序预备底面。大园子陶器多羼入颗粒较大的砂，器表粗糙、凹凸不平，施加陶衣后既可获得较为光滑的内外壁，也可覆盖前序成型工序中留下的制作痕迹，获得颜色均一美观的器表。

大园子陶器皆在氧化氛围下烧成，胎体极易破碎，夹砂灰黑陶胎体内部保留了大量因未完全氧化而残留的炭化有机质，致使胎体完全

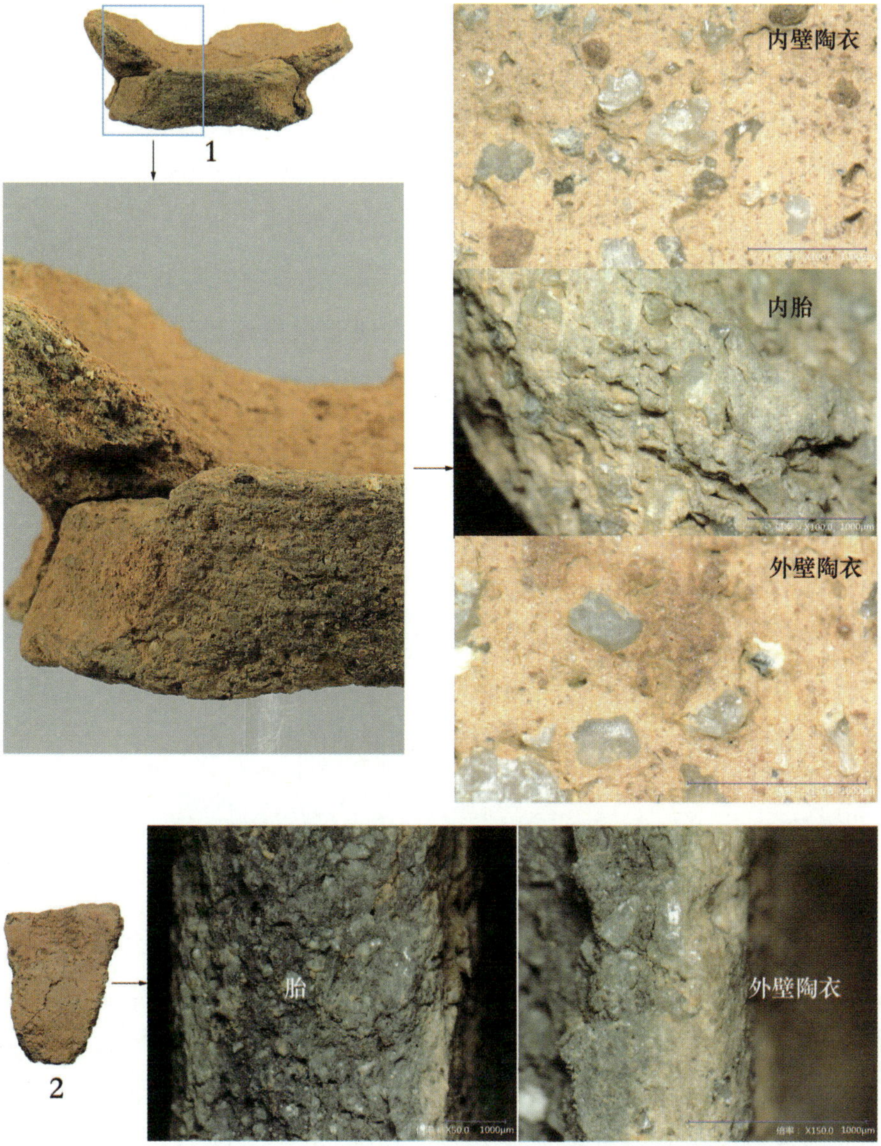

图 8　大园子陶器内、外壁陶衣与羼和料

1. T5545：1；2. M75 填土采集

呈现灰黑色，说明其烧成温度应普遍较低，且烧造时间短（图3，6）。上述7件标本中有5件发现烟炱痕，且分布范围十分随机，如M71：2，较之全部器壁皆渗炭的M90填：1，仅一侧器身渗炭，另一侧仍保留原本陶色，应在随葬前经过焚烧，但仅在接触燃料或含碳元素烟气的一侧留下渗炭痕迹（图9，2—3）。M230：3近底部内壁普遍渗炭，但薄厚不均，仅局部留下较厚的烟炱痕。外壁与底面未见任何渗炭迹象，推测有机物在罐内燃烧，因此未影响到陶器外壁（图9，1）。墓地采集陶片中，很多陶片内壁出现渗炭痕迹（图1，1、2、4；图九，4—5）。渗炭常被视为一种制陶工艺，通过植物不完全燃烧所产生的大量浓烟促使炭黑填充陶胎孔隙，使陶器内、外壁颜色均一、结构致密。渗炭迹象的出现除陶工主动促成之外，也可能是被动产生的结果，大园子的渗炭陶器应属后者。从渗炭位置而言，至少存在两种针对不同陶器器类而区分的渗炭行为，首先是以M230：3为代表的平底罐形器，多见内壁渗炭，烟炱痕厚薄不均，渗炭位置随机不固定，应为陶器内部放入燃烧物而导致；其二为以M71：2为代表的陶纺轮，外壁渗炭，范围随机，应源于随葬前的焚烧行为。

三　陶器的使用功能与葬俗

大园子陶器的胎体与陶衣原料多就地取材，对黏土原料进行了有意识的处理，如羼入大量有机物以增加胎体的可塑性，羼砂以加快坯体干燥速度、防止干燥收缩带来的裂缝、同时预防烧造过程中因初始升温过快带来的器身开裂。主要使用自然沉积的河砂为瘠性原料，使用前未经仔细筛选与预处理，砂的尺寸大，粒度差异大，加之胎内砂的含量高，虽然提供了短时间内干燥与烧成的便利，但手感粗糙，不便使用。陶器均在氧化气氛中烧成，大部分陶器烧成温度低、烧造时间短致使胎体未烧结、吸水率高、胎体极易破碎，难以长期多次使

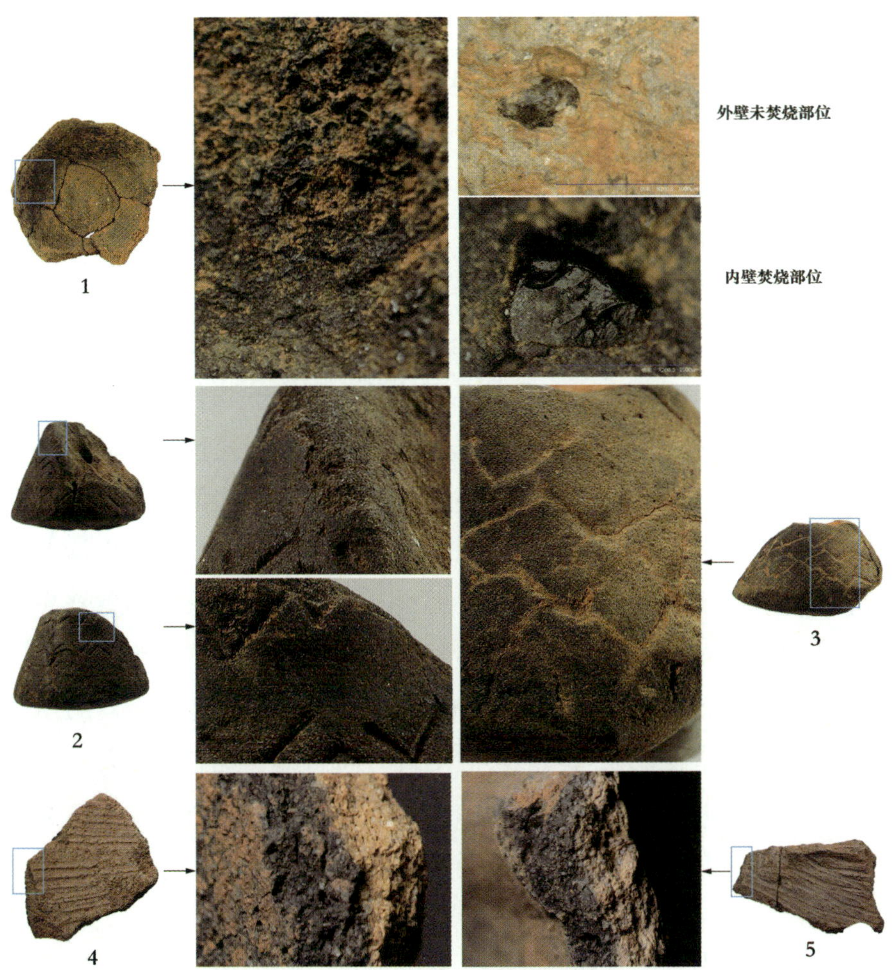

图 9　大园子陶器火烧渗炭痕迹

1. M230：3 2. M90 填：1 3. M71：2 4. SDC：5 5. SDC：4

用。结合平底罐形器尺寸小，器底未发现加热迹象，反而内部存在燃烧有机物的使用行为，推测大园子墓地发现的保存极差且内壁局部渗炭的夹砂平底罐类陶器并非日用陶器。参之以出土位置，除陶纺轮外的陶器残片多散落于墓葬填土或土堆堆积之中，埋入墓内者常靠近墓壁放置，同其他随葬品保持一定的距离，与铜器、玉石器等集中放置于墓主头部或身旁的情况不同。由上推知，大园子墓地的平底罐形器应是在墓地或附近为丧葬活动特制的墓祭陶器，并非常规随葬品。其器身大多残缺，保存极差。此外，两件陶纺轮器表皆保留有烟炱痕，埋入墓葬前可能经过焚烧，这与青铜器与玉器上发现的火烧或加热过程相对应，可见火烧随葬器物为大园子墓地的葬俗之一。陶纺轮皆残缺，在焚烧后很可能也存在毁器行为。

陶器制作者做出了十分“功利”的技术选择。首先，特定塑性与瘠性材料的羼入改善了墓地附近沉积的黏土原料的物化性质，既获得了就地取材的便利，也实现了坯体的短时间干燥以及快速升温条件下的稳定烧成。其次，虽然氧化氛围下短时间烧就的坯体因未烧结而出现吸水率高、机械性能差等缺陷，但已能满足“一次性”墓祭活动的要求，且节约了制作时间与成本。再次，通过施加陶衣、平整器表可以美化因大颗粒砂砾羼入而凹凸不平的陶器外观，一定程度上体现出墓祭活动的“仪式规范”。上述制陶技术的选择皆以墓祭陶器的使用功能为导向，是在保证陶器能够满足短时间内部焚烧有机物要求的前提下，一种因地制宜、因事制宜的实用性选择，既说明陶工对各类制陶原料的性能有一定了解，也说明使用陶器进行墓祭的活动并未处于严格的规范之下。

明确出土陶器的墓葬共 6 座，其中 M76、M354 仅发现陶器，另 4 座墓葬同时出土铜器。M369 中发现铜扣饰与铜矛，墓主应为男性；M90、M230 发现铜扣饰，墓主可能为男性①；M71 中随葬铜器残甚无法分辨器形，难以推定墓主性别（图 10）。以同属“漏卧文化区”的

① 杨勇：《云贵高原出土青铜扣饰研究》，《考古学报》2011 年第 3 期。M90 与 M71 中随葬陶纺轮，但并不一定指向女性墓主，陆良薛官堡墓地中发现过陶纺轮与铜戈、铜斧等武器共出的现象（M22、M35），详见中国社会科学院考古研究所、云南省文物考古研究所、曲靖市文物管理所、陆良县文物管理所：《陆良薛官堡墓地》，文物出版社 2017 年版。

泸西石洞村墓地及大逸圃墓地陶器墓的情况比对，发现三处墓地陶器随葬情况存在较大相似性，如器类以夹砂陶罐为主，且罐类陶器多破碎；陶器出土位置多紧靠墓壁，与其他随葬品存在一定间隔；随葬品组合多为仅随葬陶器及同时随葬陶器与铜器（装饰品与兵器）两类等等。根据报告统计数据，石洞村 26 座随葬陶器的墓葬中，仅 3 座可辨认墓主性别，两女一男，大逸圃墓地 6 座陶器墓葬中，仅 M87 确认墓主为女性①。由此可见，陶器墓墓主男女皆有，并不局限于特定性别。

大园子陶器墓面积皆小于 2 平方米，属小型墓葬，墓主应为普通部族成员。陶器墓仅占墓葬总数的 1%，数量极少，随葬陶器并非大园子墓地的主流葬俗。泸西石洞村墓地发现的 93 座竖穴土坑墓中，24% 的墓葬随葬陶器，陶器墓面积普遍小于 2 平方米；大逸圃墓地 190 座墓葬中，仅 3% 的墓葬随葬陶器，小于 2 平方米的陶器墓占绝大多数②（表 3）。虽然“漏卧文化区”的西南夷土著陶器墓以面积在 2 平方米以下的小型墓为主，但上述三个墓地皆存在陶器与铜器共存的情况，且有如石洞村 M54 者面积达到 4.56 平方米的陶器墓，说明部分墓主已具备较多社会财富，为等级较高的部族成员，因此，陶器暂无明确的身份等级指示功能。从陶器器类而言，常见侈口平底罐、高领罐、釜、纺轮。以上器类中，陶纺轮质地相对较好，有时同铜器放置一处，应为随葬陶器；罐类器物破损尤为突出，可拼合者极少，且常发现于墓葬填土中，或在墓葬中与其他随葬品保持一定距离，应多为墓祭陶器；而石洞村火葬墓中以陶釜为葬器③。陶器墓比例小，陶器数量少、

① 云南省文物考古研究所、中共泸西县委、泸西县人民政府、红河州文物管理所：《泸西石洞村大逸圃墓地》，云南出版集团公司、云南科技出版社 2009 年版，第 40 页。

② 云南省文物考古研究所、中共泸西县委、泸西县人民政府、红河州文物管理所：《泸西石洞村大逸圃墓地》，云南出版集团公司、云南科技出版社 2009 年版；中国社会科学院考古研究所、云南省文物考古研究所、曲靖市文物管理所、陆良县文物管理所：《陆良薛官堡墓地》，文物出版社 2017 年版，第 24 页。

③ 云南省文物考古研究所、中共泸西县委、泸西县人民政府、红河州文物管理所：《泸西石洞村大逸圃墓地》，云南出版集团公司、云南科技出版社 2009 年版，第 40 页。

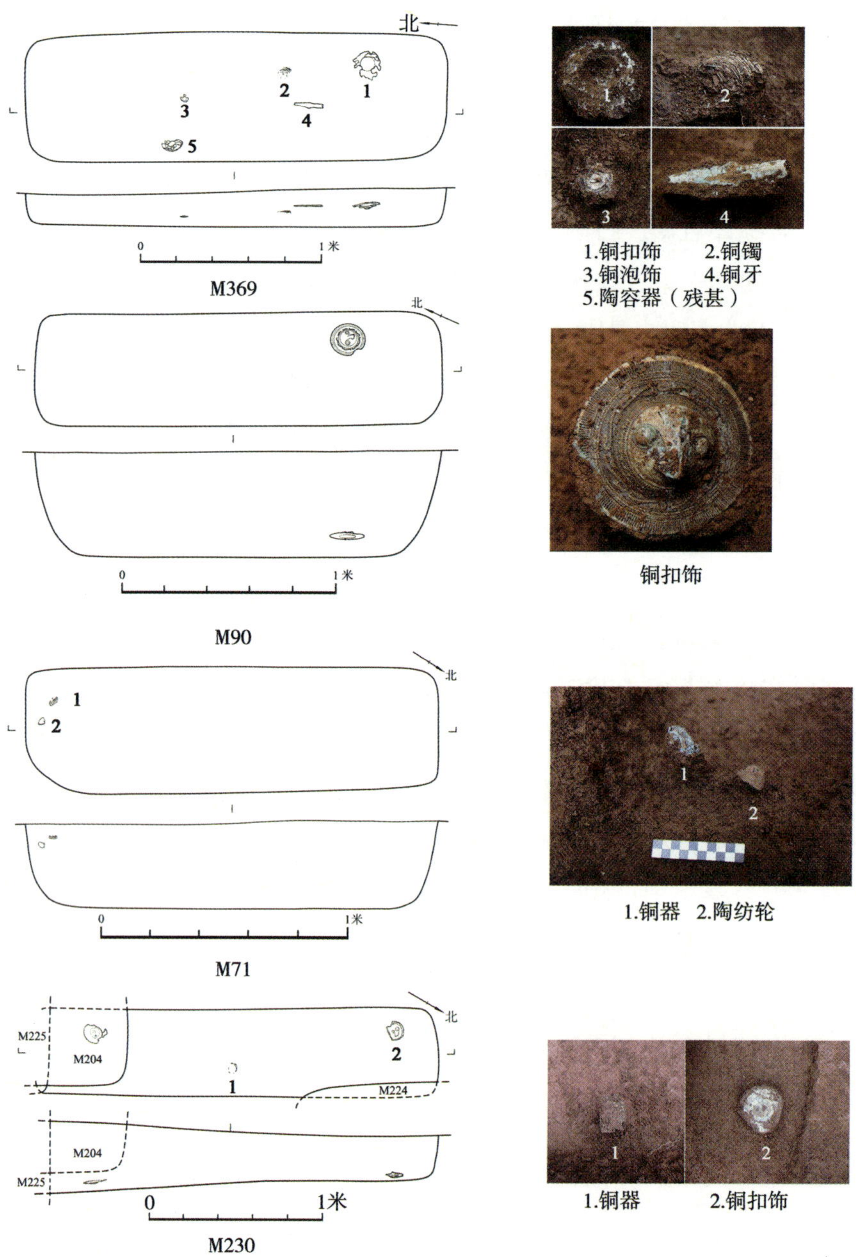

图 10 大园子墓地陶器墓中的随葬铜器

资料来源：线图与照片来自中国社会科学院考古研究所西南第二工作队。

种类单一、以残破的罐形器为主，墓地随葬青铜器、玉石器的墓葬数量多于陶器墓，以上特征说明陶器并非“漏卧文化区”普通部族成员墓葬的常规随葬品（表3）。

此外，同属滇东高原的陆良盆地与曲靖盆地也发现了呈土墩堆积的青铜时代墓葬群[①]。其中位于陆良盆地的薛官堡墓地发掘的211座墓葬中，仅13%的墓葬随葬陶器[②]。27座陶器墓中，17座仅随葬陶器，其余10座同时随葬铜器、铁器或玉石饰品，96%的墓葬面积小于2平方米。陶器出土数量极少，器类包括高领罐、侈口平底罐、釜、豆、纺轮，以高领罐和侈口平底罐为主，罐类陶器多破碎[③]。陶器墓与陶器出土情况同大园子、石洞村、大逸圃墓地十分相近。而位于曲靖盆地的八塔台与横大路墓地的情况则十分特殊。八塔台墓地一、二号堆共353座竖穴土坑墓中，23%的墓葬随葬陶器，出土陶器237件，器类丰富、保存较好，数量前三位分别为鼎（釜形鼎+罐形鼎）、深腹罐（大喇叭口罐+侈口罐）、盘，占陶器总数的78%（表3）。深腹罐类陶器体形大，与大园子墓地平底罐相近者如“圆腹罐”（M280：12）与“小罐”（M242：3），数量很少，未见明确的质地与使用痕迹描述[④]。从出土数量而言，陶器仅次于铜器（500余件），居第二位，明显属于墓葬常规随葬品。横大路墓地发掘墓葬中，陶器墓占比98%，陶器出土数量多，以鼎、罐、盘为主，鼎、罐多呈组合出现，罐形器以侈口或大喇叭口深腹罐为主，体积大且保存较完整，显然也是该墓地的典型随葬品（表3）。八塔台、横大路墓地与前述四

---

① 中国社会科学院考古研究所、云南省文物考古研究所、曲靖市文物管理所、陆良县文物管理所：《陆良薛官堡墓地》，文物出版社2017年版，第280—281页。

② 中国社会科学院考古研究所、云南省文物考古研究所、曲靖市文物管理所、陆良县文物管理所：《陆良薛官堡墓地》，文物出版社2017年版，第24页。

③ 中国社会科学院考古研究所、云南省文物考古研究所、曲靖市文物管理所、陆良县文物管理所：《陆良薛官堡墓地》，文物出版社2017年版。

④ 云南省文物考古研究所：《曲靖八塔台与横大路》，科学出版社2003年版，第22—31页。

个墓地的陶器随葬情况存在较大差异。其发掘者认为八塔台与横大路墓地文化面貌相同，表现出同滇中地区青铜文化的紧密联系，可称为滇文化的八塔台—横大路类型，也有学者认为应将其作为单独的考古学文化，称为八塔台文化①。薛官堡墓地恰处于北部八塔台、横大路墓地与南部漏卧文化区之间交接地带，陶器虽兼具两个区域的特色，但从数量、器类、使用痕迹、出土背景等方面判断，皆与南部的泸西大逸圃与石洞村墓地更为接近。薛官堡墓地的发掘者也指出，虽然曲靖盆地与陆良盆地基本相连，地理位置符合史载之劳浸、靡莫分布区，但两地文化面貌上仍存在一定差异，应分属不同族群，较之八塔台文化墓地，薛官堡墓地出土器物同石洞村和大逸圃墓地联系更加密切②。滇东高原西南夷土著族群构成十分复杂，在族群区别上，较之同质性较大的铜器，陶器表现出更大的差异性。

表3　**滇东地区典型西南夷土著墓地青铜文化陶器墓统计**

墓地名称	墓葬总数	陶器墓数量	陶器墓百分比	出土遗物墓葬百分比	陶器总数	随葬陶器器类与数量
师宗大园子墓地	402	6	1%	62%	7	纺轮2、平底罐3、残陶器2
泸西石洞村墓地	93	22	24%	61%	27	陶罐3、陶纺轮1、残陶器23
泸西大逸圃墓地	190	6	3%	57%	5	陶罐2、陶釜1、陶纺轮1、陶器1
陆良薛官堡墓地	211	27	13%	35%	51	豆3、陶纺轮10、釜1、高领罐17（残10）、罐12（残3）、残陶器8

① 云南省文物考古研究所：《曲靖八塔台与横大路》，科学出版社2003年版，第187—189页；杨勇：《战国秦汉时期云贵高原考古学文化研究》，科学出版社2011年版，第195—198页。

② 中国社会科学院考古研究所、云南省文物考古研究所、曲靖市文物管理所、陆良县文物管理所：《陆良薛官堡墓地》，文物出版社2017年版，第280—282页。

续表

墓地名称	墓葬总数	陶器墓数量	陶器墓百分比	出土遗物墓葬百分比	陶器总数	随葬陶器器类与数量
曲靖八塔台墓地	353	80	23%	62%	237	釜形鼎 34、罐形鼎 8、深腹侈口罐 41、深腹大喇叭口罐 50、圆腹罐 4、折肩罐 5、小罐 5、壶 2、瓶 1、杯 5、钵 4、豆 14、器盖 4、碗 1、盘 53、串珠 5、纺轮 1
曲靖横大路墓地	188	185	98%	98%	648	釜形鼎 120、罐形鼎 40、深腹侈口罐 154、深腹大喇叭口罐 189、直口大鼓腹罐 1、圆腹罐 14、盘 101、壶 15、豆 4、尊 10

说明：泸西石洞村与八塔台的火葬墓未纳入统计；大园子墓地仅填土中发现陶器的墓葬也纳入陶器墓统计范畴。

由前文可知，滇东高原同滇文化有密切联系的八塔台、横大路墓地存在以陶器为主要随葬品的葬俗；北界不跨越陆良盆地，以泸西、师宗为主要分布区的西南夷土著青铜文化墓葬中，陶器并非主要随葬品，暂未具备指示墓主身份等级、性别的功能。出土陶器中，至少存在三种类别，分别为以体积较小的平底罐为主的墓祭陶器①，以陶釜为主的葬具②，以及以陶纺轮为主的随葬陶器。

由于泸西石洞村、大逸圃墓地报告中陶器的成型工艺与使用痕迹

① 并非所有侈口平底罐皆为墓祭陶器，需根据胎壁配方、使用痕迹、保存情况、出土背景等信息仔细甄别。另，根据大园子墓地与薛官堡墓地情况，作为墓祭陶器使用的罐形器同一墓葬中一般仅有 1 件，极少超过 2 件，也可作为判别标准之一。

② 并非所有陶釜皆为葬具，如大逸圃 M140 与薛官堡墓地 M39，详见云南省文物考古研究所、中共泸西县委、泸西县人民政府、红河州文物管理所编著《泸西石洞村大逸圃墓地》，云南出版集团公司、云南科技出版社 2009 年版；中国社会科学院考古研究所、云南省文物考古研究所、曲靖市文物管理所、陆良县文物管理所《陆良薛官堡墓地》，文物出版社 2017 年版。

信息报道较为缺乏，对于墓祭陶器种类和墓祭方式的判断只能参照大园子墓地陶器的情况，鉴于大园子墓地完整陶器极少，不排除存在其他墓祭陶器器类与墓祭方式的可能，还需通过实物观察与取样分析多方验证。战国秦汉时期云贵高原土著青铜文化墓葬出土陶器的研究过程中，应注意区分不同器类的使用功能，通过对陶器的胎体配方、烧成制度、使用痕迹、保存情况、出土数量、出土位置等信息的综合分析，形成对西南夷各部族墓地出土陶器器用制度的深入认识。

百济、新罗、加耶地区出土玻璃器及其与丝绸之路的相关研究

王飞峰
（中国社会科学院考古研究所）

汉唐时期中国与朝鲜半岛的交流异常活跃，这一时期中国的政治、经济、文化等对朝鲜半岛影响深远，一些来自中国的器物或经由中国来自丝绸之路西端的器物进入朝鲜半岛地区，玻璃器就是其中较为典型的一类器物。本文在对百济、新罗和加耶地区出土玻璃器进行梳理的同时，对其产地、时代、当时中国与朝鲜半岛的交通路线等问题略作探讨，需要说明的是本文所说的玻璃器主要是指玻璃器容器，不包括玻璃珠子、耳饰和手镯等器物。在探讨这一问题之前，我们首先将对朝鲜半岛这一时期的形势做简单介绍。

汉唐时期朝鲜半岛南部地区的古代国家有百济和新罗，还有以联盟形式存在的加耶。百济主要位于朝鲜半岛西南部，百济的首都先在汉城（汉城时期，公元前 37—公元 475 年），公元 475 年由汉城迁往熊津（熊津时期，475—538 年），又于公元 538 年迁往泗沘（泗沘时期，538—660 年）直到公元 660 年灭亡。新罗主要位于朝鲜半岛东南部，都城庆州位于今韩国庆尚北道庆州市，随着七世纪末新罗最终统一朝鲜半岛，半岛历史由此进入统一新罗时代（676—935 年）。加耶（又称伽倻、伽耶、加倻）是以联盟形式存在的国家，又称驾洛国，《三国志·魏书·东夷传》统称其为弁韩，包括今韩国釜山市全部、庆尚北道、庆尚南道、全罗南道和全罗北道部分地区。加耶前期是以金海（今韩国庆尚北道金海市）及其附近地区的金冠加耶（42—532

年）为中心的一个联盟，后期是以高灵（今韩国庆尚北道高灵郡）及其周围地区的大加耶（42—562 年）为中心的一个联盟，随着公元 562 年新罗对大加耶的战争，加耶最终退出了历史的舞台。

一 百济、新罗和加耶地区出土玻璃器的概况、年代及来源

百济、新罗和加耶地区发现玻璃器 20 余件（参见表 1），其中多数是墓葬出土，主要器型有杯、碗、凤首壶和玻璃球等。百济地区发现的玻璃器有四件，武宁王陵王妃棺内①出土两件绿色玻璃童子，形制相同，其中一件完整。忠清南道扶余郡场岩面下黄里②出土一件银柄玻璃球，白色玻璃球上附有细长的银柄。陵寺③发现彩色玻璃器残片一件，饰有褐色条纹。新罗地区发现的玻璃器较多，其中皇南大塚北坟④出土蓝色玻璃杯（图一：1）、彩色高足杯（图一：2）、磨花浅绿色玻璃碗（图一：3）各一件、另有两件玻璃杯残损不全，南坟出土浅绿色凤首壶（图一：4）、蓝色玻璃碗、饰有蓝白波浪纹和网纹的浅绿色玻璃杯（图一：5）各一件、浅绿色玻璃杯两件（图一：6、7），另有一件玻璃器残损严重，器形不知。天马塚⑤出土蓝色玻璃杯（图一：8）和浅绿色高足玻璃杯各一件。瑞凤塚⑥出土蓝色玻璃碗（图一：9）和波浪纹浅绿色玻璃杯（图一：10）各一件。金冠塚出土饰波浪纹浅绿色高足玻璃杯（图一：11）两件。金铃塚⑦出土饰蓝

---

① 文化财管理局：《武宁王陵 发掘调查报告书》，首尔：三和出版社，1973 년。

② 百济文化开发研究院：《百济雕刻 · 工艺图录》，扶余：百济文化开发研究院，1992 년。

③ 국립부여문화재연구소：《陵寺 扶余 陵山里寺址 제 10 차 발굴조사보고서》，부여：국립부여문화재연구소，2008 년。

④ 文化财管理局、文化财研究所：《皇南大塚 北坟发掘调查报告书》，首尔：文化财管理局，1985 년。庆州文化财研究所：《皇南大塚 南坟发掘调查报告书》，1994 년。

⑤ 文化公报部文化财管理局：《天马塚 发掘调查报告书》，首尔：文化财管理局，1974 년。

⑥ 朝鲜總督府：《慶州金冠塚其遺寳》（圖版編），東京：似玉堂，1928 年。

⑦ 朝鮮總督府：《大正十三年度古蹟調查報告第一冊：慶州金鈴塚飾履塚發掘調查報告（本文）》，東京：似玉堂，1931 年。

色圆点的浅绿色玻璃杯（图一：12）两件。庆州市安康邑安溪里 4 号墓①出土蓝色玻璃杯（图一：13）一件。月城路古墓群②出土蓝绿色玻璃杯一件。加耶地区发现玻璃器两件，一件是庆尚南道陕川郡玉田古墓群 1 号墓③出土的饰蓝色圆点的浅绿色玻璃碗（图一：14），另一件为金海大成洞 91 号墓④出土的深蓝色玻璃器残件。

图一　朝鲜半岛出土玻璃器

1. 玻璃杯（皇南大塚北坟）　2. 高足杯（皇南大塚北坟）　3. 玻璃碗（皇南大塚北坟）　4. 凤首壶（皇南大塚南坟）　5—7. 玻璃杯（皇南大塚南坟）　8. 玻璃杯（天马塚）　9. 玻璃碗（瑞凤塚）　10. 玻璃杯（瑞凤塚）　11. 高足杯（金冠塚）　12. 玻璃杯（金铃塚）　13. 玻璃杯（安溪里 4 号墓）　14. 玻璃碗（陕川玉田 1 号墓）

---

① 池健吉、赵由典：《安溪里古坟群 发掘调查报告书》，首尔：文化财研究所，1981 년。

② 국립경주박물관：《庆州月城路古坟群》，경주：국립경주박물관，1990 년。

③ 赵荣济、朴升圭等：《陕川玉田古坟群Ⅲ》，晋州：庆尚大学校博物馆，1992 년。

④ 인제대학교 가야문화연구소：《최근 대성동고분의 발굴성과》，김해：김해대성도박물관，2013 년。

表1　　百济、新罗、加耶地区出土玻璃器一览表

序号	名称	特征	大小（厘米）	出处
1	浅绿色凤首壶	侈口，鼓腹，高柄足，口缘处为蓝色，颈部有11道蓝色凸弦纹，柄部为深蓝色	高24.8 腹部最大径10.2	皇南大塚南坟
2	浅绿色玻璃杯	环状口缘，弧腹，圈足，器身内部有气泡	高9.3、口径10.2	皇南大塚南坟
3	浅绿色玻璃杯	侈口，弧腹，凹底，器身内部有气泡	高7.9、口径10.7	皇南大塚南坟
4	深蓝色玻璃碗	敛口，弧腹，圈足	高6.3、口径12.7	皇南大塚南坟
5	浅绿色玻璃杯	侈口，弧腹，底残，器身内部有气泡	高5.0、口径10.2	皇南大塚南坟
6	浅绿色玻璃杯	侈口，弧腹，圈足，上腹部有蓝色波纹一道，下腹部饰网纹	高12.8、口径9.5	黄南大塚南坟
7	深蓝色玻璃器	侈口，束颈，腹部残，圈足	口径5.5、底径5.0	皇南大塚南坟
8	彩色高足杯	侈口，束颈，鼓腹，高柄足，杯身有黄褐相间的“S”形条纹，器身有气泡	高7.2、口径10.7、最大腹径9.7	皇南大塚北坟
9	深蓝色玻璃杯	侈口，弧腹，圜底，器身有气泡	高7.7、口径9.5、厚0.2—0.3	皇南大塚北坟
10	浅绿色玻璃碗	侈口，弧腹，平底，器身经过磨花处理，磨花轮廓或为圆形、或为龟甲纹等	高6.6、口径9.4、厚0.2—0.4	皇南大塚北坟
11	深蓝色玻璃杯	口残，弧腹，圈足，器身有气泡	高5.5、圈足径4.0、厚0.2—0.4	皇南大塚北坟
12	浅蓝色玻璃杯	残损严重，器身有气泡	厚0.2—0.3	皇南大塚北坟
13	浅绿色玻璃杯	2件，形制相同，侈口，弧腹，圜底，器身饰蓝色圆点且有气泡	高6.9、口径10.5	慶州金鈴塚飾履塚發掘調查報告

续表

序号	名称	特征	大小（厘米）	出处
15	浅绿色玻璃杯	侈口，直腹，高柄足，器身饰波纹和凸弦纹各两道	高9.0、口径7.0	慶州金冠塚と其遺寳
16	浅绿色玻璃杯	侈口，直腹，高柄足，器身饰凸弦纹一道	推测高约10.0	慶州金冠塚と其遺寳
17	深蓝色玻璃碗	直口，弧腹，圈足，器身有一道凸弦纹且有气泡	高5.2、口径10.4	小泉顯夫：慶州瑞鳳塚の發掘，史學雜誌，38－1
18	浅绿色玻璃杯	侈口，弧腹，圈足，器身有网纹且有气泡	高9.6	小泉顯夫：慶州瑞鳳塚の發掘，史學雜誌，38－1
19	深蓝色玻璃杯	侈口，弧腹，圜底，口沿下饰竖线纹，器身三分之二处以下饰龟甲纹，器身有气泡	高7.4、口径7.8	天马塚
20	浅绿色玻璃杯	敛口，弧腹，高柄足，器身有气泡	直径约10.0	天马塚
21	黄绿色玻璃杯	侈口，唇部蓝色，直腹，小圈足，器身有气泡	高12.5、口径10.7	庆州月城路古墓群
22	深蓝色玻璃杯	侈口，直壁，圜底，器身有气泡	高6.5、口径10.0	安溪里古墓群
24	浅绿色玻璃杯	侈口，弧腹，圜底，器身饰蓝色圆点并有气泡	高7.1、口径9.7	陕川玉田古墓群Ⅲ
25	深蓝色玻璃片	有环状耳，有气泡		大成洞古墓群的发掘成果
26	绿色玻璃童子	2件，形制相同，一件完整，呈站立抱手状	高2.8	武宁王陵
27	银柄玻璃球	玻璃球白色，并附有细长银柄	球径 4.5、柄长16.5	百济遗物图录第3辑
28	彩色玻璃片	口沿残片，口沿处透明，口沿下黄色玻璃块中饰有褐色条纹	残长 3.0、残宽2.8	陵寺

其中武宁王陵为百济王陵，史迹第13号，位于韩国忠清南道公州市金城洞，是百济第25代王武宁王及其王妃的合葬墓，根据墓志记载，武宁王卒于癸卯年（523年）五月，乙巳年（525年）八月入葬，王妃卒于丙午年（526年）十二月，乙酉年（529年）二月与武宁王合葬。天马塚为新罗墓葬，位于韩国庆尚北道庆州市皇南洞大陵苑内，因墓葬出土的桦树皮制障泥上绘有天马装饰纹样故名，又名皇南洞155号墓。根据墓葬形制及出土器物推测墓主人为新罗王族，墓葬时代为五世纪末六世纪初。皇南大塚为新罗王陵，位于庆尚北道庆州市皇南洞大陵苑内，因墓葬封土巨大故名，又名皇南洞98号墓。根据墓葬形制及出土器物推测墓主人为新罗国王及王妃合葬墓，南坟时代为四世纪末五世纪初，北坟时代为五世纪前半。瑞凤塚为新罗墓葬，位于韩国庆尚北道庆州市路西洞，1921年因偶然发现金冠，故称金冠塚，根据墓葬形制和出土遗物等判断墓葬年代为五世纪末六世纪初。大成洞古墓群为加耶古墓群，史迹第341号，位于韩国庆尚北道金海市大成洞故名，主要分布于以金海市区为中心的丘陵地带，其中丘陵的脊线部分主要分布王墓及王族墓葬，墓主人是金冠加耶所在地金海地区的统治阶级，墓葬时代以金冠加耶全盛期的四世纪为中心，并且从二世纪延续到五世纪，大成洞91号墓出土的玻璃器为大成洞墓葬群首次发现此类器物。

朝鲜半岛出土玻璃器中有的器形或纹饰与我国这一时期发现的玻璃器比较相似，皇南大塚出土的浅绿色磨花玻璃碗与湖北鄂城六朝墓[①]（图二：1）和大同南郊北魏墓群107号墓[②]（图二：2）等地出土的玻璃碗器外侧的磨花工艺相同，轮廓或为圆形、或为龟甲纹。以

① 南京大学历史系考古专业、湖北省文物考古研究所、鄂州市博物馆（编著）：《鄂城六朝墓》，北京：科学出版社，2007年。

② 山西大同历史文化学院、山西省考古研究所、大同市博物馆（编著）：《大同南郊北魏墓》，北京：科学出版社，2006年。

湖北鄂城六朝墓玻璃碗为代表的使用磨花工艺的玻璃器，安家瑶先生认为是波斯萨珊王朝的制品[①]、《大同南郊北魏墓群》的报告编写者通过对磨花工艺玻璃碗等的研究也认为大同南郊北魏墓群 107 号墓的磨花玻璃碗为波斯萨珊王朝产品。目前为止朝鲜半岛发现的玻璃凤首壶仅见于皇南大塚南坟，位于耶路撒冷的以色列国家博物馆和埃及亚历山大里亚市希腊—罗马博物馆（Graeco – Roman Museum）各收藏一件玻璃凤首瓶，形制与皇南大塚南坟出土凤首壶较为相似，其中希腊—罗马博物馆的凤首壶出土于亚历山大里亚市内四到五世纪罗马时代时代的遗址，这件玻璃器被认为是埃及当地产品，皇南大塚南坟出土凤首壶其颜色与巴勒斯坦地区传统玻璃更为接近[②]，因此皇南大塚南坟出土凤首壶的产地可能是在中东或北非，属于罗马玻璃系统。皇南大塚南坟出土一件饰有蓝色波浪纹、由波浪纹组成的网格纹的玻璃杯、瑞凤塚也出土饰有波纹浅绿色玻璃杯，其中瑞凤塚的玻璃杯与河北省景县北朝封氏墓[③]（图二：3）出土波浪纹白色玻璃杯不但器形有一定的相似，波浪纹所饰位置及风格也比较接近，与封氏墓玻璃器波浪纹位置和风格比较接近的还有皇南大塚南坟和金冠塚出土的玻璃杯。黑海北岸五世纪的罗马遗址曾经出土过许多饰有波浪纹或网纹的玻璃器残片，皇南大塚、瑞凤塚和金冠塚出土的饰有波浪纹的玻璃杯与中国发现的饰有波浪纹的玻璃器一样，其产地可能是罗马时期的黑海北岸[④]，因此皇南大塚南坟、瑞凤塚和金冠塚出土的饰有波浪纹或网纹的玻璃器也可以看作罗马玻璃。瑞凤塚出土的蓝色玻璃碗与大同

---

① 安家瑶：《北周李贤墓出土的玻璃器——萨珊玻璃器的发现与研究》，《考古》，1986 年第 2 期。

② 이인숙：《금과 유리：4—5 세기 고대 한국과 실크로드의 유보》，《중앙아시아연구》，제 2 집，1997 년。

③ 张季：《河北景县封氏墓群调查记》，《考古通讯》，1957 年第 3 期。

④ 安家瑶、刘俊喜：《大同地区的北魏玻璃器》，《4—6 世纪的北中国与欧亚大陆》，北京：科学出版社，2006 年。

南郊变电站6号北魏墓出土玻璃碗[①]的器形、颜色和纹饰都比较相似：均为直口、弧腹、矮圈足，外壁饰有一道凸弦纹，均为蓝色、内有气泡。《魏书·卷一百二·大月氏列传》有："世祖时，其国人商贩京师，自云能铸石为五色瑠璃，于是采矿山中，于京师铸之。既成，光泽乃美于西方来者。乃诏为行殿，容百余人，光色映徹，观者见之，莫不惊骇，以为神明所作。自此中国瑠璃遂贱，人不复珍之。"可知平城时期由于大月氏工匠的存在，北魏平城时期已经能够制造"五色玻璃"，大同南郊变电站6北魏号墓出土的蓝色玻璃碗应是这一时期在当地制造的。北魏宣武帝景明三年（502年）和永平元年（508）新罗（《魏书》称其为"斯罗"[②]）先后两次遣使北魏，出土蓝色玻璃碗的瑞凤塚其时代大体在五世纪末六世纪初，因此我们认为瑞凤塚出土的蓝色玻璃碗可能是来自北魏。德国科隆地区[③]、黑海附近的乌克兰及俄罗斯地区[④]都曾发现饰有蓝色和褐色斑点的玻璃器，如玻璃碗、玻璃杯和长颈玻璃瓶等，其中科隆地区出土的玻璃器时代大体在三到四世纪、乌克兰及俄罗斯地区出土的玻璃器时代大体在四到五世纪，金铃塚和陕川玉田古墓发现的饰有蓝色斑点的玻璃碗可能来自以上地区。天马塚出土饰有竖线纹和龟甲纹的深蓝色玻璃杯在德隆科隆地区和传叙利亚地区出土品种都能找到类似产品，皇南大塚和陵寺遗址出土的彩色玻璃高足杯和玻璃器口沿与科隆地区发现的部分玻璃的器

---

① 安家瑶、刘俊喜：《大同地区的北魏玻璃器》，《4—6世纪的北中国与欧亚大陆》，北京：科学出版社，2006年。

② 北齐·魏收（撰）：《魏书·卷八·世宗纪》，北京：中华书局，1997年，第195—205页：（景明三年）是岁，疏勒、罽宾、婆罗捺、乌苌、阿喻陁、罗婆、不仑、陁拔罗、弗波女提、斯罗、哒舍、伏耆奚那太、罗槃、乌稽、悉万斤、朱居槃、诃盘陀、拨斤、厌味、朱沴洛、南天竺、持沙那斯头诸国并遣使朝献……（永平元年三月）乙亥，斯罗、阿陁、比罗、阿夷义多、婆那伽、伽师达、于阗诸国并遣使朝献。

③ 권영필：《실크로드 미술》，首尔：열화당，1997 년。

④ 由水常雄：《古新罗古坟出土的ローマングゲラスについて》，《朝鲜学報》，第80辑，1976年。

形、装饰手法和纹样也大体相同，这些玻璃器当属于罗马玻璃系统[①]。金海大成洞 91 号墓出土的深蓝色玻璃器残片，附有环状器耳，从残存部分判断可能是有耳的玻璃器如玻璃壶等的残片，通过对其质地及内有气泡等情况的观察，我们认为这件器物可能属于罗马玻璃。王志高先生通过与东晋等地区出土玻璃器的对比，认为金海大成洞 91 号墓出土的蓝色玻璃器残片可能是来自新罗的北朝系统玻璃器[②]。

1

2

3

图二　中国境内发现玻璃器

1. 玻璃碗（鄂城六朝墓）　2. 玻璃碗（大同南郊北魏墓群 M107）　3. 玻璃碗（河北景县封氏墓）

皇南大塚等墓葬的发掘者和编写者曾认为新罗墓葬出土的部分玻璃器可能是本地产品，韩国境内虽然发现这一时期与生产玻璃相关的遗存，但主要是生产玻璃珠子，没有证据表明与生产玻璃容器有关。韩国学者李仁淑则认为出土玻璃器的新罗墓葬多为王陵级墓葬，这些玻璃器是四到五世纪罗马玻璃的典型器物，其产地可能在今叙利亚、东地中海沿岸一带。[③] 新罗墓葬发现玻璃器的墓葬的年代不晚于六世纪，目前新罗地区还没有发现这一时期制作玻璃容器的作坊遗址[④]。

---

① 由水常雄：《古新罗古坟出土的ローマングゲラスについて》，《朝鲜学報》，第 80 辑，1976 年。

② 王志高：《가야와 남조의 교섭에 관한 몇 가지 문제》，《최근 대성동고분의발굴성과》，김해：김해대성도박물관，2013 년。

③ 李仁淑：《한국의 古代유리》，首尔：创文，1993 년。

④ 유병하：《신라 무덤에 부장된 서역의 유리 그릇》，《유리，삼천 년의 이야기— 지중해 · 서아시아의 고대 유리》，首尔：국립중앙박물관，2012 년。

百济泗沘时期的王宫里遗址发现生产玻璃的坩埚及炼渣，但时代在百济武王（600—641 年）及其以后。六世纪后半之前朝鲜半岛国家是否已经开始生产玻璃容器及本文论述的朝鲜半岛出土的玻璃器是否有本地产品仍有待于进一步的考古发现和研究。

朝鲜半岛的玻璃器就其分布特点而言主要集中在新罗地区，百济和加耶地区发现较少，地域性差异如此明显也是一个值得关注的问题；出土玻璃器的墓葬和遗址年代大体在五到六世纪，这一时期正是朝鲜半岛国家与中国频繁交往的时期；出土玻璃器的墓葬多为高级贵族墓葬甚至是王陵级大墓，说明玻璃器在当时来说是一种非常珍贵的器物，其拥有者还仅限于贵族中的特定阶层；总体而言出土数量不多，部分来自西方，根据器形和纹饰等推测有罗马玻璃和波斯萨珊王朝玻璃，属于西方的钠钙玻璃系统；部分可能是在中国制造的器物；其中是否存在本地生产的玻璃容器仍然值得关注。

二　丝绸之路影响下的中国与朝鲜半岛交通路线

汉唐时期丝绸之路作为联系亚欧大陆的重要通道，在这一时期的文化交流和中西交通研究中具有特殊的意义。“丝绸之路”的路线主要是指：位于欧亚大陆北部的草原丝绸之路；以长安、洛阳为中心，西达中亚、西亚、罗马，东达朝鲜半岛、日本的丝绸之路；海上丝绸之路，指从中国东南沿海港口出发，经过南海、印度洋、阿拉伯海，到达红海、地中海的路线。①

除了上述玻璃器外，一些具有明显中亚和西亚特征的器物也传入在新罗地区。如新罗皇南大塚北坟出土的龟甲纹银盏（图三：1）、镶

① 冉万里：《前言》，《丝路豹斑——不起眼的交流，不经意的发现》，北京：科学出版社，2016 年。

嵌宝石和小金粒的手镯（图三：2），鸡林路 14 号墓出土的镶嵌宝石的黄金宝剑（图三：3），这些器物并不是新罗当地或朝鲜半岛其他国家制作的，中国新疆克孜尔石窟第 69 窟壁画①及哈萨克斯坦地区②曾经发现与鸡林路 14 号墓出土黄金宝剑相似的壁画或实物，从文献材料和考古发现来看，当时的朝鲜半岛国家尤其是新罗与中亚或西亚国家并无直接交往，因此我们认为这些遗物中的多数可能是经由中国流入朝鲜半岛的，当然也不能排除是经过草原丝绸之路流入朝鲜半岛的可能性。

图三　新罗地区出土中亚、西亚器物

1. 龟甲纹银盏（皇南大塚北坟）　2. 金质手镯（皇南大塚北坟）　3. 黄金宝剑（鸡林路 14 号墓）

汉唐时期朝鲜半岛与中国交往的线路，魏存成先生认为依据海路和路线的不同大致可以分为三条：北方陆海相辅，即辽西辽东到朝鲜半岛的陆路和山东半岛出海的海路；南方海路独秀，即长江口出海的

① 中国美术全集编辑委员会（编）：《中国美术全集·绘画编·16·新疆石窟壁画》，北京：文物出版社，1989 年。

② 국립경주박물관：《新罗黄金》，경주：국립경주박물관，2001 년。

海路。[①] 百济、新罗和加耶与中国交往时也大体遵循以上三条线路，但是各自的地理位置决定了其交往路线又表现出一些自身的特点。百济与中国交往的路线，从朝鲜半岛的地理特征来看陆路和海路的可能性都是存在的，但是朝鲜半岛与中国大陆相连接的半岛北部当时为高句丽所阻隔，因此可以确定百济与中国交往主要是以海路为主。百济与中国交往的海上航路主要有两条[②]：一条是从韩国中部或西部海岸港口出发到达长江口沿岸港口，一条是从韩国的唐恩津出发抵达山东半岛附近，沿东海岸南下入长江到达南京。我们认为这两条路线可能反映了当时百济与中国大陆不同地域交往时也采用不同的交通路线，与西晋、北朝隋唐交往时可能以前者为主，与东晋、南朝交往时可能以后者为主。新罗和加耶分别位于朝鲜半岛西部和南部沿海地区，与南朝交往时则是通过海路绕到朝鲜半岛东南部海岸或是直接从朝鲜半岛南海岸到达长江口后由陆路到达目的地，与北朝隋唐交往时则是绕过朝鲜半岛南部海岸到达山东半岛后改走陆路到达目的地。

结　语

丝绸之路作为中古时期联系亚欧大陆的重要通道，不但带动了东西方国家的物质交流，而且促进了沿线国家政治、经济和文化的互动及进步，具有了无可比拟的文化价值和现实意义。从世界范围内来看，“丝绸之路”在东方的终点，通过中国继续向东北延伸至朝鲜半岛，最终到达日本。[③] 朝鲜半岛作为丝绸之路上的重要一环，在百济、新罗和加耶地区出土了来自中亚、西亚的器物、如玻璃器、龟甲纹银

① 魏存成：《汉唐时期中国通往朝鲜半岛和日本的文化路线和文化交流》，吉林大学学报（社科版），2008 年第 1 期。

② 赵胤宰：《略论韩国百济故地出土的中国陶瓷》，《故宫博物馆院刊》，2006 年第 2 期。

③ 冉万里：《前言》，《丝路豹斑——不起眼的交流，不经意的发现》，北京：科学出版社，2016 年。

盏、镶嵌宝石的黄金宝剑等器物，尤以玻璃器为代表。百济、新罗和加耶地区出土玻璃器的数量表现出明显的地区差异，其中以新罗地区出土最多，出土玻璃器的遗迹多为高等级墓葬甚至是王陵级墓葬，说明在当时的朝鲜地区地区玻璃器的拥有者还仅限于贵族中的特定阶层。玻璃的来源呈现出多元化的趋势，通过对比分析，我们发现部分器物为钠钙系统的西方玻璃器，来自当时的罗马帝国或波斯萨珊王朝，部分器物可能为中国制造的产品，这些器物可能多数是经由中国进入朝鲜半岛的，当然也不排除部分器物是通过北方的草原丝绸之路流入朝鲜半岛的可能性。

后记：2006 年 7 月我从山西大学历史文化学院考古系（今改名山西大学考古文博学院）毕业，9 月到中国社会科学院研究生院报到，在王巍老师和魏存成老师指导下学习高句丽考古。硕士研究生毕业后，王巍老师安排我到韩国高丽大学攻读博士学位（指导老师：崔钟泽教授），2013 年博士毕业后到中国社会科学院考古研究所工作。从 2005 年 10 月第一次见到王巍老师，忝列门墙近二十年，对高句丽考古学的认识距离老师的要求还有相当的差距，惟有刻苦学习、坚持不懈以报老师教诲。恰逢王巍老师七十华诞，以小文奉上，恭祝老师和家人身体健康，万事顺遂。本文曾刊发于《延边大学学报》（社会科学版），2017 年第 2 期，收入本文集过程中进行了修订。2023 年 12 月 31 日学生王飞峰记于北京陋室。本文系国家社会科学基金重大专项（18VGB004、24VGB003）阶段性成果。

中华文明探源工程

——揭示中华文明起源、形成、发展的历史脉络*
（构建中国特色哲学社会科学）

王　巍

（中国社会科学院历史学部主任、
中华文明探源工程第一到第四阶段首席专家）

中华文明探源工程让更多人对中华文明起源、形成、发展的历史脉络，对中华文明多元一体格局的形成和发展过程，对中华文明的特点及其形成原因等，有了较为清晰的认识。深刻认识中华文明探源工程的缘起、实施过程和意义，有助于工程继续推进、不断深化，推动研究成果的宣传、推广、转化。

"中华文明探源工程"，全称是"中华文明起源和早期发展综合研究"，是继国家"九五"重点科技攻关项目——"夏商周断代工程"之后，又一项由国家支持的多学科结合研究中国古代历史与文化的重大科研项目。经过参加工程的20多个学科的400多位学者共同努力，中华文明探源工程取得了显著成果：对中华文明起源、形成、发展的历史脉络，对中华文明多元一体格局的形成和发展过程，对中华文明的特点及其形成原因等，有了较为清晰的认识。习近平总书记在主持中央政治局第三十九次集体学习时强调："中华文明探源工程

---

* 原文刊载于《人民日报》2022年7月4日第9版。

成绩显著，但仍然任重而道远，必须继续推进、不断深化。”面向未来，继续推进、不断深化中华文明探源工程，逐步还原文明从涓涓溪流到江河汇流的发展过程，推动研究成果的宣传、推广、转化，需要广大考古工作者和历史研究工作者持续努力。

中华文明探源工程的缘起

中国古代史籍把黄帝和炎帝时期作为中华文明的肇始，但古代文献中关于炎黄时代的记述有不少带有神话色彩，属于古史传说，并不能作为信史。直到上世纪末，国内和国际学术界都有一些人对中华民族拥有 5000 多年文明史持怀疑甚至否定态度。中国史学界很多人认为中华文明开始于中国历史上的第一个王朝——夏朝，而部分国外学者和个别国内学者怀疑甚至否定夏朝是真正存在过的王朝，认为古代中国进入文明社会的时代只能从符合“文明三要素”（冶金术、文字、城市）并为甲骨文所证明的商朝后期开始算起。

要想消除社会上和学术界存在的疑问，搞清中华文明起源、形成的历史，实证中华民族 5000 多年文明史，非常重要的就是要依靠考古发掘获得的新资料来研究和证实中华文明起源、形成与早期发展的过程。因此，“夏商周断代工程”告一段落后，参加工程的学者们建议，继续“夏商周断代工程”开启的多学科结合研究人文科学重大问题的机制，开展中华文明起源、形成、发展历史脉络的研究。2001 年底，“中华文明起源和早期发展综合研究”立项。

中华文明探源工程的实施过程

中华文明探源工程的宗旨是：多学科、多角度、多层次、全方位地研究中华文明的起源、形成与早期发展的过程，并探索形成这一过程的背景、原因、发展道路及其特点。多学科，就是各个学科的有机结合；多角度，就是要从环境、生产力发展状况（包括农业和手工业）、精神生活、社会结构等多个角度来研究文明起源；多层次，就是不仅要研究都邑遗址和贵族的状况，还要研究位于都邑附近的中小型聚落和社会中下层人们的生活；全方位，就是要研究当时的政治、经济、文化、社会等的发展变化及其相互之间的关系。迄今为止，中华文明探源工程分为预备性研究和第一、二、三、四、五阶段。

中华文明探源工程预备性研究（2001—2003 年）。由于这一项目涉及的时间和空间范围广，参与的单位和学科多，研究的内容复杂，项目的组织和实施难度较大，因此首先于 2001—2003 年进行了“中华文明探源工程预备性研究”。预备性研究设置了“历史文献与古史传说研究”“天文考古学研究”“史前符号汇集及其与文字关系研究”“关键遗址的测年技术研究”“冶金术研究”“文明形成时期的资源与贸易研究”“文明形成时期的经济状况研究”“文明形成时期聚落与社会研究”“环境变迁与文明演进关系研究”等 9 个课题。经过研究，各个课题获得了不同程度的进展。预备性研究最大的收获是，初步摸索出一套多学科结合研究中华文明起源和早期发展的技术路线和实施方案，为正式开展中华文明探源工程奠定了坚实基础。

中华文明探源工程第一阶段（2004—2005 年）。这一阶段开展“公元前 2500 年—公元前 1500 年中原地区文明形态研究”。这一时间段是龙山时代晚期到商朝初年。主要探讨中原地区这一时期的环境背景和经济技术发展状况及其在文明形成过程中的作用、各个都邑性遗址的年代、中原地区文明形成期的聚落形态所反映的社会结构、中原地区早期文明形态等问题。之所以从中原地区入手，是因为该地区考古学文化谱系已经建立，又有较多历史文献和古史传说作为参考，比较容易推动相关研究。

中华文明探源工程第二阶段（2006—2008 年）。在第一阶段的基础上，把研究的时间范围扩展到公元前 3500 年—公元前 1500 年，空间范围从黄河中游扩展至黄河上、中、下游，长江中、下游和辽河流域等地，主要研究该时间段中各个地区都邑和区域中心性遗址及其所属考古学文化的年代、环境变化、经济技术发展状况和社会结构变化。

中华文明探源工程第三阶段（2009—2012 年）。在前一阶段的基础上继续深化研究，研究的时间范围依然是公元前 3500 年—公元前 1500 年，重点研究课题包括黄河、长江及西辽河流域考古学文化年代谱系的完善和各地文明化进程中重大事件的年代学研究，各地区环境变化与文明演进的关系研究，各地区技术和生业的发展以及铜、玉、盐等重要资源与文明形成的关系研究，都邑性聚落和各个区域中心性聚落反映的社会结构研究，文明形成过程中精神文化的发展状况研究，中华文明形成和早期发展的整体性研究。

中华文明探源工程第四阶段（2013—2018 年）。这一阶段的工作主要是对第三阶段设置的年代、环境、生业、都邑和聚落反映的社会结构以及整合研究等几大课题继续开展研究，在此基础上形成第四阶段结项报告。

中华文明探源工程第五阶段（2020—2024 年）。这一阶段仍然延续探源工程前四阶段的方针和技术路线，将近几年新发现的距今 5500 年到 3500 年的重要遗址纳入工程中，并加强了理论阐释方面的力度。

中华文明探源工程的意义

中华文明探源工程以辩证唯物主义和历史唯物主义为指导，经过考古发掘和多学科结合研究，以坚实的考古材料和综合研究成果证明，中华民族5000多年文明史是真实可信的历史。这一结论性认识对于我们了解中华文明的悠久历史、增强历史自信和文化自信、推动实现中华民族伟大复兴具有深远意义。

第一，通过对浙江良渚、湖北石家河、山西陶寺、陕西石峁、河南二里头等都邑性遗址开展的大规模考古调查和发掘，对各个地区的中心性遗址（如河南双槐树和西坡、山东焦家、辽宁牛河梁、安徽凌家滩、湖北石家河、四川宝墩等）的考古工作，获得了一系列重要考古发现，证明距今5300年到4000年期间，各地区的文明化进程都有了很大发展。在农业和手工业生产发展的基础上，社会分工和贫富贵贱的分化加剧，出现了掌握军事指挥权与祭神权力、凌驾于社会之上的统治者——王和为其统治服务的官僚阶层，形成了较为稳定的、具有向心力的区域性政体——国家，相继进入了初期文明社会。

第二，通过多学科研究，对黄河、长江、辽河流域各个地区都邑和中心性遗址的年代，自然环境的变化与各地区文明兴衰的关系，各地区文明形成时期农业和手工业的发展、重要资源的获取及其与各地区文明演进的关系有了较为全面的了解。研究结果表明，文明的起源、形成、发展是一个过程，是适宜的自然环境、农业和手工业的发展、精神领域的进步、社会组织结构的变化、不同文化之间的交流互动等多种因素共同作用的结果。

第三，通过多学科研究，对各地区文明之间交流互动、汇聚融合，最终形成以中原地区为中心的历史格局的过程有了比较清晰的认识，对各地区文明在中华文明形成过程中发挥的作用有了比较清晰的认识。中华大地各个区域之间早在距今七八千年时就发生了交流，稻作和粟作农业技术由此得以在各地传播，为各地文明发展奠定了经济基础。各地人们在相互交流中逐渐形成共同的信仰。在此过程中，中原地区汇聚了各地先进的文化因素，形成了中华文明多元一体格局深刻的思想基础，为统一多民族国家的形成和发展奠定了坚实思想基础。

第四，大量考古发现表明，中华文明是土生土长的，是在自身基础上起源、形成的，但并不是封闭的。在漫长的形成和发展过程中，中华文明与其他文明之间发生过各种各样的交流。大约距今 5000 年前，黄河上游地区就接受了起源于西亚地区古文明的制作铜器、栽培小麦、饲养黄牛和绵羊等新的技术。与此同时，起源于史前时期中国的稻、粟、黍的栽培也向西亚和其他地区传播。特别需要指出的是，中华文明在接受了西亚地区传来的冶金术后，对其加以消化吸收，大约在距今 4300 年前的黄河中游地区发明了泥范铸造铜铃乃至青铜容器的技术。到了夏、商朝，青铜容器制作工艺技术得到突飞猛进的发展，形成了在世界上首屈一指的青铜文明。

第五，最为重要的是，在中华文明探源工程实施过程中，我们坚持以辩证唯物主义和历史唯物主义为指导，坚持马克思主义关于“国家是文明社会的概括”的国家观，以国家的出现作为判断一个社会进入文明社会的根本标志，突破了判断进入文明社会“三要素”的桎梏。

我们提出的进入文明社会的标志包括：生产发展、人口增加，出现城市；社会分工和社会分化，出现阶级；权力不断强化，出现王权和国家。

我们还从中国各地有关文明起源的一系列考古发现中，总结出在没有发现当时文字资料的情况下如何从考古发现中判断一个社会进入文明阶段的关键特征，即出现了作为政治经济文化中心的都城、规模巨大且制作考究的宫殿或神庙、规模大且随葬品丰富的墓葬、形成了表明尊贵身份的礼器和礼制、宽大壕沟或高大城墙以及大量武器随葬反映出的战争频发。上述判断进入文明社会的中国方案为丰富世界文明起源研究理论作出了中国贡献。

中华文明探源工程使国人和全世界炎黄子孙得以了解中华文明起源、形成、发展的历史脉络，了解中华民族 5000 多年文明史是真实的历史。中华文明探源工程所揭示的中华文明丰富内涵、灿烂成就和对人类文明作出的重大贡献，极大地增强了中华民族的历史自信与文化自信，为实现中华民族伟大复兴提供源源不断的精神动力。

从中华文明探源看世界文明交流互鉴*

王　巍

（中国社会科学院历史学部主任、
中华文明探源工程第一到第四阶段首席专家）

到今年5月，中华文明探源工程自启动已整整进行了20年。中华文明是世界四大文明之一，是其中唯一延绵至今、未曾中断的文明，在人类文明史上的地位独特而重要。中华文明的起源，不仅是我国学者潜心研究的重大课题，也是国际学术界持续关注的研究课题。中华文明探源工程提出文明定义和认定进入文明社会的中国方案，为世界文明起源研究作出了原创性贡献。中共中央政治局就深化中华文明探源工程进行第三十九次集体学习，习近平总书记在主持学习时发表了重要讲话。他指出："中华文明五千多年发展史充分说明，无论是物种、技术，还是资源、人群，甚至于思想、文化，都是在不断传播、交流、互动中得以发展、得以进步的。"

中华早期各区域文明融合发展为中华文明

2021年，中国现代考古学诞生100周年。对百年研究成果进行回

* 原文刊载于《人民日报》2022年8月29日第17版，原标题"从中华文明探源看世界文明交流互鉴"。

顾，我们看到，大约在1万年前，长江中下游地区先民开始了稻的栽培，华北地区先民则开始了粟和黍的栽培，相继开始定居生活。此后，稻作农业向北传播，到距今8000多年时已传播至淮河流域，距今7000多年时，传到黄河流域。与此同时，粟作农业也在黄河中下游地区发展起来，并陆续向南传播到东南沿海和西南地区。在农业生产发展的基础上，手工业取得显著发展。琢玉技术大约在9000年前已出现在中国东北地区。到8000多年前，在内蒙古赤峰兴隆洼文化中，已有制作精致的玉玦和玉坠等装饰品。距今7000多年前的河姆渡文化中也出现了与之形制相似的玉玦和玉坠的组合。这说明距今七八千年前，中华大地各个区域的先民们已有相互交流的可能性。

大约5500年前，辽宁西部和内蒙古东南部分布的红山文化晚期出现了制作精致的玉龙玉鸟、玉龟玉人等，它们作为礼器被置于贵族墓葬中。与之种类和形制非常相似的玉器，在同时期长江下游安徽含山凌家滩遗址的高等级墓葬中也有发现。这一时期，分布于黄河中游地区的仰韶文化中晚期的彩陶纹饰对周围影响广泛，在黄河上游、黄河下游、长江上中下游，以及辽河流域都出现了以圆点和弧线三角为主要特征的彩陶纹饰。在广阔区域内，第一次形成中原文化对周围地区影响强烈的局面，说明在5500年前这一中华大地各区域文明孕育形成的关键时期，生活在以上地区的人们交流十分活跃，已经形成龙的崇拜、以玉为贵的理念等若干共同文化因素，出现了早期中华文化圈，为形成商周时期以中原地区为引领的历史趋势奠定基础。

大约4300年前，长江下游曾经盛极一时的良渚文明衰落。黄河下游、黄河上游、长江中游等地区的文化面貌也发生了显著变化，文明化进程出现重大转折，只有黄河中游地区的史前文化在继承仰韶文化传统的基础上继续发展，形成中原崛起之势，出现了以山西襄汾陶寺遗址为都城的强大势力集团。值得注意的是，陶寺遗址包含很多其他地区的文化因素，例如来自黄河下游地区的陶制酒器、木质棺椁构成的葬具，来自良渚文化极有特色的玉琮、玉璧和玉钺，以及来自长江中游地区的双翅形玉饰等。而原产于西亚地区、经过中亚地区和中国西北地区传入黄河中游地区的小麦、黄牛、绵羊和冶金术等也有发现，这是首次出现中原地区广泛吸收周围地区先进文化因素的现象，在其他地区非常少见。正是由于中原集团以开放包容的态度，兼收并蓄各地先进因素，不断丰富和发展自己，才能在与各地区集团的竞争中脱颖而出。

纵观中华文明早期演进，中华大地各区域文明异彩纷呈，对中华文明的形成作出积极贡献。其中，中原地区以开放的心态，创造性吸收融合各种文明因素，得以发展壮大。由此可见，多元融合是中华文明生生不息的源泉。

中华文明与域外古老文明发生交流、碰撞与融合

中华文明探源工程的研究结果同样表明：中华文明既是在自身文化传统基础上形成的原生文明，在形成过程中，也与域外其他古老文明发生交流、碰撞与融合。

大约5000年前，发源于西亚地区古代文明的农作物——小麦和家畜黄牛、绵羊等经中亚传入我国西北地区，并继续向中原地区传播。与此同时，铜的冶炼和制作技术也从西亚经中亚地区至河西走廊传入黄河中游地区。

大约4000年前，家马由欧亚草原传入我国新疆地区；距今3300年左右，家马和马车经由欧亚草原地带传入商代晚期都城——殷墟。

上述外来文明因素的融入，丰富了中原地区农作物和家畜的种类，在黄河流域形成了粟、黍、稻、麦、大豆构成的五谷农业体系和以猪、狗、牛、羊、马为主的家畜饲养体系。来自西亚地区的冶金术

经我国西北地区传入黄河中游地区后，与此前仰韶和龙山时代已经掌握的高温烧制陶器的技术相结合，经过创新，诞生了青铜容器铸造技术，在尧舜时期制作出第一批青铜容器，为夏商周王朝时期辉煌的青铜文明的产生奠定了基础；马和马车的传入，则丰富了黄河流域人们的交通手段，扩大了人们活动的范围。

这些历史事实充分证明：不同文明的交流互鉴是促进人类文明发展的动力。即使在史前时期，交流就已经普遍存在，持续的跨区域、跨族群的交流，记录了文化互鉴的历程，促进了文明的发展。这是中华文明持久兴旺的关键，是中华文明魅力永恒的支撑。

交流互鉴促进世界文明发展

放眼世界其他原生文明，无一不积极吸收其他文明的先进因素。无论是两河流域文明、古埃及文明，还是印度河流域文明皆是如此。文明间的交流互鉴，使各个文明能够充分吸收融合其他文明的先进因素，丰富文化内涵，促进文明发展。至于世界各地非原生文明地区，更是由于接受了周围地区业已成熟的文明影响，从而加快了本地区的文化和社会发展，甚至实现了跨越式发展。例如，日本列岛的史前文化经历了在自身基础上的缓慢发展，进入公元前五六世纪，中国周代的稻作与粟作农业技术和青铜器经由朝鲜半岛传至日本列岛西部。进入公元 1 世纪后，日本列岛西部九州地区的一些小国向东汉王朝朝贡，与汉王朝建立了直接联系。由此，中国汉文化传入日本，稻作技术、铜器和铁器的制作技术陆续被其接受，大大促进了日本古代历史的发展。

改革开放以来，中国考古学大力吸收借鉴欧美国家先进的考古学理论、方法、技术和理念，特别是各种自然科学的方法手段，令中国考古学焕发生机活力，极大提升了中国考古学分析研究古代遗存并从中提取各种信息的能力。加之中国具有5000多年文明史，历史文化绚丽多彩，地下遗迹遗物极为丰富，我们采用这些技术手段研究出的成果，远远超过欧美发达国家应用它们所得到的信息量。这是我们作为文明古国拥有考古沃土的得天独厚之处。比如，作为探源工程主要测年实验室的北京大学碳14实验室，其测年精度在国际年代学会对全球100多个实验室的评定中位列前五，为研究各个都邑性遗址的始建、废弃年代，以及各地区文明化进程的关键时间节点提供了精确的年代数据。又如，关于良渚水坝的建筑年代学术界曾有争论，通过对水坝建筑材料“草裹泥”中的草茎进行测年，确定了水坝是在约5000年前修建的。

无论是古代的历史经验，还是改革开放以来的现实变化都充分说明，开放包容，兼收并蓄，是一个民族、一个国家文化保持活力、社会强盛发展的法宝。一切生命有机体都需要新陈代谢，否则生命就会停止。文明也是一样，如果长期自我封闭，必将走向衰落。交流互鉴是文明发展的本质要求。只有同其他文明交流互鉴、取长补短，才能保持旺盛生命活力。

党的十八大以来，习近平总书记对加强文明交流互鉴、推动构建人类命运共同体多次作出深刻阐述。中华文明自古就以开放包容闻名于世，在同其他文明的交流互鉴中不断焕发新的生命力。要坚持弘扬平等、互鉴、对话、包容的文明观，以宽广胸怀理解不同文明对价值内涵的认识，尊重不同国家人民对自身发展道路的探索，以文明交流超越文明隔阂，以文明互鉴超越文明冲突，以文明共存超越文明优越，弘扬中华文明蕴含的全人类共同价值，推动构建人类命运共同体。这是对中华文明在5000多年发展史中借鉴包容经验的准确概括，对人类社会的发展具有重要指导作用。考古人要身体力行，为增强中华文化的国际影响力，为推动人类命运共同体建设，作出中国考古学的独特贡献。

王巍：中国考古要见众生*

倪　伟

中国社会科学院学部委员、历史学部主任，中国考古学会理事长。

2002 年至 2016 年，担任中华文明探源工程首席专家、执行专家组组长。

---

* 原文刊发于 2023 年 1 月 9 日总第 1076 期《中国新闻周刊》杂志。

2022 年度学者　王巍

获奖理由

他是荧幕上出镜率最高的考古学者之一，也是中华文明探源工程的首席专家；他是中国考古的“百事通”，也是热忱的科普者；他走遍众多考古遗址，亲手挖掘出中华文明的证据，也在书斋中著书立说，让冷僻孤高的考古能与众生对话。

教育部请王巍参与审定初中历史课本，他翻开初一教材，开篇是中国史前史，依据的考古成果包括山顶洞人头盖骨、半坡和河姆渡遗址等。王巍一惊，1975 年以后的考古进展一项都没写进去。孩子们学的史前史，竟然一直停留在半个世纪前。

作为中国考古学会理事长，王巍对考古成果的普及不力感到担忧，继而深感失职。他着手修改课本，将万年前浙江浦江上山遗址的水稻栽培、八千年前河南舞阳贾湖遗址的骨笛、五千年前浙江余杭良渚遗址的巨型城和水利工程等等都加了进去。这都是最近几十年改写中国历史的重要发现。

那是 2019 年的事。那一年之后，形势突变，考古突然成了热门话题，全民关注度陡增。2020 年启动的三星堆新一轮发掘最为典型，六个器物坑出土了上千件奇特的青铜器，鼎鼎大名的三星堆面具、大立人有了新的伙伴。央视罕见地将直播间搬进考古现场，先后三次直播，王巍都作为专家，在镜头前为公众现场解读。

他领衔的一项重大工程，去年也被聚光灯照射。2022 年，中华文明探源工程进入二十周年，5 月，中共中央政治局就深化中华文明探源工程进行第 39 次集体学习，王巍作了报告，讲解工程的来龙去脉和成果。中华文明探源工程汇集了 20 个不同学科，将大量自然科学与考古结合，寻找中华文明的源头。这是中国考古领域有史以来规模最大的联合研究项目。将这项学术味浓厚的项目深入浅出地介绍给老百姓，也是他2022年的一项重要工作。

与此同时，荧屏上突然出现了好几档以考古和文物为主题的综艺节目、纪录片和公开课。王巍忙不迭地到处串场，成了出镜率最高的考古学者之一。他也堪当此任，他当了十年中国社科院考古所所长，也当了十年中国考古学会理事长，主编《中国考古学百年史》等丛书，一直站在高处纵览全局，可谓中国考古“百事通”。

从田野、书斋走上屏幕，王巍的转变也预示着中国考古的变化。2022年是中国现代考古学诞生第101年，进入第二个100年，中国考古不再满足于埋头发掘和整理，而是要走向阐释，见众生。

考古推手

去年下半年，王巍去了一趟安徽省马鞍山市凌家滩遗址。这次考察让他惊喜连连，凌家滩在早年发现了墓葬之后，近两年又找到了高等级公共建筑的踪迹。一个祭祀坑出土了六十多支象征军事权力的石钺，其中一件是中国发现的新石器时代最大的石钺。这些发现不得了，可能会增加中国文明史的长度。

深层意义得联系起来看。位于凌家滩不远的浙江良渚遗址，被视为证实中华五千年文明最有力的证据，遗址内城墙、墓葬、宫殿、祭坛等要素一应俱全。但五脏俱全的良渚文明像一个青年，它的童年时代在哪里，前身在何处？王巍一直希望这个地方能被找到。由于凌家滩此前出土了与良渚相似的玉器，早年就被推测是良渚的前身，现在证据链越发完整了。

“良渚遗址实证了五千年文明，凌家滩高等级建筑的年代是距今5500年到5350年。所以，凌家滩遗址可能是实证中华五千多年文明的证据。”王巍对《中国新闻周刊》说：“这一个‘多’字很了不得。”

王巍提醒凌家滩的考古人员赶紧发布消息，提高关注度。这么做有一个目的：出名以后，受到地方政府重视，或许能增强考古力量。凌家滩遗址一直只有一位专职考古人员负责，带着几名技师，进展缓慢，很多工作显得迟钝。

他每年在全国考古工地跑，捉襟见肘、人手紧缺的项目占多数。绝大多数项目只有一两个专职考古人员负责，有时一人要同时盯两三个工地，带着技工，招募民工，每年几百平方米小规模发掘。跟动辄百万平方米的遗址总面积相比，简直是龟速。王巍着急，希望地方上多支持，壮大考古队伍，把速度提起来。

一直以来，考古发掘都是这种手工作坊式的模式，与他入行时相比，在这方面几十年间差别不大。1979 年春天，他在吉林大学考古专业读书，跟同学集体去河北张家口蔚县的史前遗址实习。那是他们第一次进考古现场，兴奋不已。遗址在村子里，考古队请来生产队的农民发掘，一天几毛钱，积极性不高。王巍看着着急，自己在探方里发奋挖掘，农民也不好意思磨洋工了，跟着勤快起来。

现在，王巍有了更大的推动力。以前他觉得有些项目现场他不必去，但地方考古单位跟他说，你来了市里领导就得来，地方政府才会重视。中国考古项目绝大多数由地方考古机构负责，人手与资金多寡取决于当地政府。他想想也是，他是社科院学部委员，也当了十年全国人大代表，确实能起些作用。每次见到地方领导，他都要详细提醒遗址的价值，希望对方倾斜些资源。给地方作讲座时，他会特意加上几页展示当地考古项目的幻灯片，不为拉近关系，而是为了提醒注意。

去年，某市请他去作讲座，市委书记也会去听。准备讲座时，当地考古所跟他诉苦，整个市只有十几个考古人手，这两年考古关注度上升，全国各地考古单位都在扩编，他们市却迟迟没动作，市里没批。讲座那天，王巍讲到最后说，我要特别说一个情况。翻到幻灯片最后一页，是同省周边地市考古编制增长图，有的增了一倍，有的增了1.5倍，但该市的增长率是一个尴尬的零。市委书记脸色都变了，很快就开会讨论，加了十个编制。

主战场与文明源

王巍入行整整四十年，经历了改革开放以来考古发展的全过程。他将四十年分成前后两段，前二十年是东亚考古和夏商周考古，他的田野考古生涯主要在这二十年中。

考进吉林大学考古专业那年，他已经23岁。1977年秋季，恢复高考第一年，他正在长春一个公社当副书记，瞒着同事们偷偷报了名。他出生在长春一个知识分子家庭，父母都是大学生。他初二就插队了，后来回城当工人，陆续当过厂工会宣传委员、工会副主任、区工会副主席、公社副书记。他扎扎实实当过五年钳工，当时以为一辈子就在工厂了，一心苦练技术，打手锤把手打得伤痕累累。三年出徒时，已经达到八级工应知应会的水平。

有一天，他在电视里看到一个专题片，讲的是十年来中国考古成就，满屏幕秦兵马俑、马王堆汉墓、满城汉墓、殷墟妇好墓壮观的出土场景。他觉得这还挺有意思，转身拿起扳手接着上工。

高考结束后报志愿，他想报理科，但中学课缺得多，基础不好。厂里一个老领导无意说了一句：考古是文科中的理科。他一听，想起那部专题片，立马报了吉林大学考古专业。

吉大考古专业由考古学家张忠培坐镇，张忠培毕业于北大考古系，师从著名考古学家苏秉琦，造诣颇深，后来调入北京当过故宫博物院院长。张忠培亲自给白纸一张的学生们上课，王巍近视，总坐第一排，瞪大眼睛看板书，记笔记时用不同颜色标记重点，被很多同学

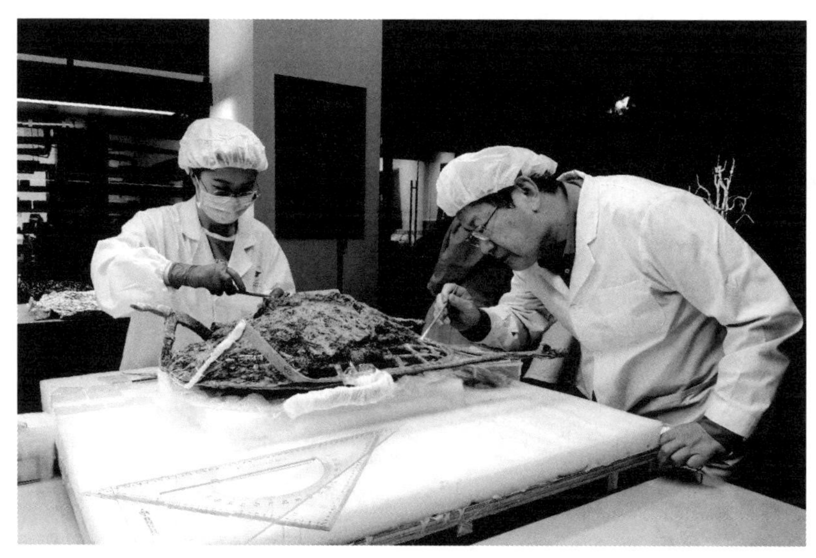

2022 年，王巍（右）在三星堆遗址考古现场查看新出土的文物。
图/受访者提供

借去做参考资料。张忠培不带讲义，有浓重的湖南口音，王巍后来成了张忠培的“翻译”，同学们听不懂的专业术语就问他。

张忠培看重田野考古的当家本领，希望学生们毕业就能熟练上手，因此给他们找了很好的实习工地。在河北张家口蔚县实习发掘之余，王巍和同学们还承担了一项任务，调查全县的遗址。王巍跟另一个同学两人一组，在田野里四处跑，趴在沟坎、断崖前看横断面，分析地层，找史前遗物，就这样找到了张家口地区第一个夏代遗存。出门时，他们背上十斤面条，一块固体酱油，就是好几天的口粮，到处跟老百姓借锅煮面。

那时候，老百姓不了解考古，也不太会主动支持。他毕业后分到了中国社科院考古所，在北京郊区房山主持了五年琉璃河西周燕都遗址发掘。为了多要点占用耕地的补偿款，大队书记跟考古人员来回拉扯。王巍和同事请书记喝酒，酒酣耳热之际劝他答应了，然后两方都醉倒了。第二天一早，大队书记找上门来说，喝多了，不算数。

琉璃河的五年发掘，王巍因为一项绝技小有名气：发掘马车。琉璃河墓葬中的木制马车朽烂在泥土里，且随葬时已经拆卸，没有完整马车的样子。唯一的区别，是木头腐烂在泥土后，颜色、软度与正常泥土有细微差别。王巍愣是把腐烂的马车给找了出来，发现了21个车马坑。一个亚洲考古会议1983年在北京召开，四十多位外国专家来琉璃河参观，都震惊于他是怎么做到的。“没什么诀窍，就是土中找土，细致再细致。”他对《中国新闻周刊》说。

80年代末期，他赴日本奈良留学三年，眼界大开，影响持续至今。奈良遗址众多，他参与过三个考古项目，说实话，那些遗址出土的东西很少，但日本同行工作细致入微。每一块陶片都要记录经纬度，使用先进的全站仪，数据输入电脑，而中国还是手工作坊阶段，用皮尺量位置，误差动辄二三十厘米。除了科技手段，日本同行还有两个特点让他印象深刻，一个是大专家给普通读者写小书，亲自做科普；另一个是国际视野，一旦有新发现，立马跟中国、韩国等地的发现对比。这些特点，中国过了一些年才追赶上。

在九州大学拿到第一个博士学位后，日本一个国立大学开出不菲的年薪请他留下当研究员，一年收入相当于他当时能在国内拿到的几十倍。但他回到了中国。回国后，他面临学术方向的抉择，是继续做东亚古代文化交流研究，还是回归中国考古学？他向老师张忠培请教，老师说了五个字：回归主战场。考古的主战场当然是中国考古学，具体而言，当时是在夏商周时期，遗址如云，谜团无数。一言点醒梦中人，他重新投身夏商周的历史迷宫。后来，他先后主持河南偃师商城、陕西周原西周宫殿宗庙、河南安阳殷墟孝民屯遗址等项目，均有重要收获。

那时，一个世纪工程已经上马——夏商周断代工程联合历史、考古与部分自然学科，为上古三代确立年谱。王巍承担了西周有关的研究课题。工程于2000年结项，但王巍和一些专家意犹未尽，觉得断代工程开辟了多学科参与的考古研究新范式，应该有更大作为。王巍与专家们策划，通过自然学科与考古学的广泛融合，尝试以黄河、长江、西辽河三大中国史前文明发源地带为轴心，全面探索中华文明起源阶段的图景。

这就是中华文明探源工程，王巍与北大考古文博学院教授赵辉共同担任执行专家组组长，主持这一宏大的项目，直到2016年底卸任。项目联合二十个学科、四百多位学者，勾勒出中华文明起源的脉络，用发掘成果构建理论，让中华五千年文明从传说变为实证。

这是王巍职业生涯后二十年最重要的事。“探源工程确立了符合中国实际的文明标准，这个意义非同凡响。”王巍说，探源工程将散落在全国的史前考古项目结为“联盟”，从各自作战变为集体攻坚，最重要的变化是目标的统一。“各个遗址的工作开展都有了针对性，那就是寻找证明文明的证据，寻找各自欠缺的要素，最主要的就是城址、宫殿、高等级建筑等。”王巍说。

中国考古要从发掘走向阐释

考古人一半时间在工地，一半时间在书斋。当空头理论家不行，只顾埋头挖宝也不行，王巍将后者称为“考古匠”。从“考古匠”到考古学者的跨越，是每个有追求的考古人的必修课。王巍坦诚地说，中国考古的一个明显不足之处，不在发掘，而在阐释。

“大家都说考古是最实际的社会学科，是，我们研究的实物是实际的，但实物本身不说明问题，需要考古人去阐释。”王巍说，对于同一批考古资料，不同的人会得出不同解释，不同的学术体系、学术背景甚至师承，都会导致差异，非常正常。“所以我经常跟大家说，不要迷信考古学家，你要看他的分析是不是合乎逻辑，有没有说服力。”

对考古成果的阐释分为两种，一种是理论建构，一种是公众科普。

与中国考古的发掘进展相比，理论建设稍显落后，这是不少学者的共识——中国当代考古缺少独创性、系统性的理论，也欠缺高屋建瓴的考古学家。

在王巍眼里，前代考古学者中，苏秉琦是真正的理论大师。上世纪 80 年代的考古所，他的办公室在苏秉琦隔壁。全国各地考古队发现了新东西，都会来北京找苏秉琦给看看，答疑解惑。但苏秉琦说话爱绕圈子，总要从大背景讲起，绕着这个遗址讲一圈。访客听完云山雾罩，常常走进隔壁王巍和学者殷玮璋的办公室，请殷玮璋给翻译翻译。

苏秉琦有诗人气质，说话常用修辞。比如他对史前中国各地文明独立起源的著名论断，就是用“满天星斗”这样一个形象的比喻概括的。他晚年提出六大区系理论，石破天惊，格局恢宏。直到今天，中华文明探源工程和考古中国等项目，依然在苏秉琦理论的底稿上丰富和延展。

如何能在理论上有进一步突破？王巍说，一定要扩大视野，今天的考古不仅要应用各种科技手段，也要有综合的人文社科知识，拓展出社会考古学、经济考古学、精神考古学等。即使在考古学内部，通晓不同时代和领域，相比于专精于一个领域，视角也会为之一变。

苏秉琦是做秦汉考古出身，后来才涉足史前考古。王巍觉得他能够以宏大视野将史前文明联系起来看，或许与对秦汉时期统一多民族国家的整体把握有关。“再比如说以夏商周的视野，往前去看史前社会，也会有不同视角，因为夏商周时期有了王朝和地方更紧密的联系。”王巍说，“这一点，我是受益于苏先生。”

王巍今年 68 岁，含饴弄孙之龄，却依然每周都辗转在全国考古工地上，新认识的考古领队中已不乏“90后”。对于未来，他希望在普及方面还能再做一些事。

改写教科书只是普及的一步，他还想组织一批考古专家，编写几套考古科普书，面向各个年龄层的读者群，讲述考古最新成果所展现的中国历史。

前不久他刚从常州考察回来，常州正筹划建设一座中华文明主题乐园。不同于考古遗址公园和博物馆，主题乐园将另起炉灶，将正确的考古和历史知识转化为游乐项目，利用最新的多媒体技术寓教于乐。这是王巍最大的心愿。在他的构想中，主题乐园可大可小，形式灵活，可以在全国落地。

他记得三十多年前在日本，考古学者周末开讲座，市民买票入场，座无虚席。座中多是老人和家庭妇女，他们带着笔记本，记得认真。看到民众对考古如此亲近，他很羡慕。现在，中国也有了这样的土壤，需要努力的，是考古学者们了。

为中华民族现代文明建设提供精神动力*

——“中华文明探源工程”项目负责人王巍谈考古串联起中华文明的版图

文化兴国运兴，文化强民族强。6 月 2 日下午，习近平总书记参观了中国考古博物馆的文明起源和宅兹中国专题展，出席了文化传承发展座谈会并发表重要讲话。习近平总书记强调，认识中华文明的悠久历史，感知中华文化的博大精深，离不开考古学。

近日，《人民画报》专访了中国社会科学院学部委员、中国考古学会理事长、“中华文明探源工程”项目负责人王巍，围绕中国考古自身特点、近十年中国考古取得的重大进步以及未来中国考古发展趋势等话题进行了访谈。

仰韶村，因仰首即可见巍峨苍茫的韶山而得名，更因“仰韶文化”而声名远播。1921 年 10 月，瑞典人安特生与中国学者袁复礼等人在河南省三门峡市仰韶村挖掘出大批陶器、石器、骨器、蚌器等珍贵遗物。依据考古惯例，仰韶村的新石器时代遗址被命名为仰韶文化，它的出现推翻了中国无石器时代文化的结论。同时，仰韶村的发掘标志着中国现代考古学的诞生。

发端于仰韶，百余年的中国考古不断迎来重大发现，取得重大成就。

---

* 原文刊发于《人民画报》2023 年 6 月 15 日，作者：殷星。

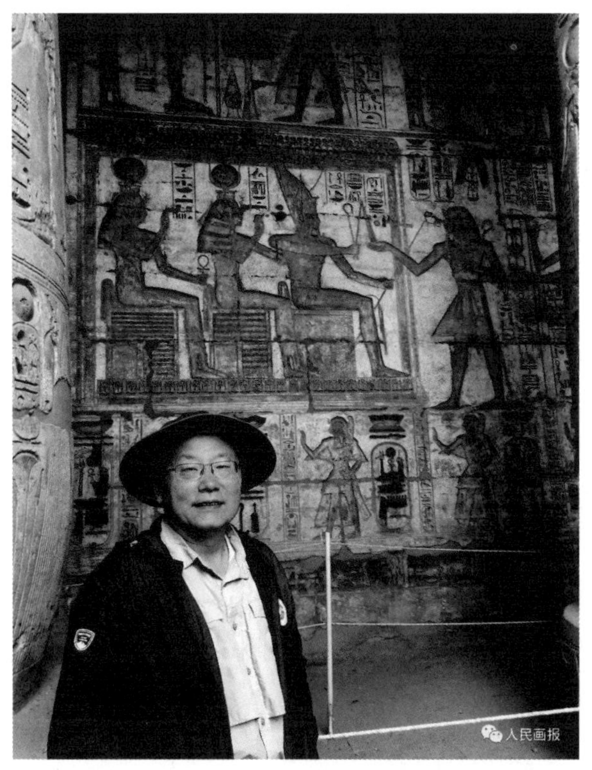

王巍，中国社会科学院学部委员、中国考古学会理事长、“中华文明探源工程”项目负责人。王巍供图

中国考古与“文明标准”

对于中国考古的特点，中国社会科学院学部委员、中国考古学会理事长、“中华文明探源工程”项目负责人王巍这样说道——尽管考古学源于西方，但中国考古学从一开始就有自己的特点。

首先，中国考古是大的历史学的组成部分，以研究中华文明、中华民族的历史为己任，目标是发现和构建中华文明起源和发展的历史脉络。同时，中国有浩如烟海的古代文献，考古学与历史文献学的结合使考古学和历史研究相得益彰。中国的考古发现有很多方面印证了考古和文献的记载，但同时也有一些是纠正了文献记载的谬误。

中国考古学必须走自己的发展道路，不能照搬外国经验模式。过去国际上的“文明标准”是具备文字、冶金术和城市“三要素”。研究发现，世界几大原生文明并非都符合这“三要素”，如中美洲的玛雅文明没有冶金术，印度河流域的哈拉帕文明印章上的图案也未被认可为文字。这说明“三要素”不是放之四海而皆准的，而是从埃及文明和两河流域文明概括出来的。

依据研究，中国提出了自己的“文明标准”：包括生产力发展，手工业专业化，有社会分工，出现严重的阶级分化，出现“王”等标准，以及出现大的考古遗址，有都城，有高等级的建筑比如宫殿，有大型墓葬，墓葬当中有表明等级身份的礼器等等。具备了这些，就可以认为进入文明。

2020 年 9 月 28 日，中共中央政治局举行第二十三次集体学习时，习近平总书记对考古工作的意义进行了非常深刻的阐述。他强调，考古工作不仅是一项重要的文化事业，而且是具有重大社会政治意义的工作。习近平总书记指出，考古延伸了历史轴线，增强了历史信度，丰富了历史内涵，活化了历史场景，展示了中华文明起源发展的历史脉络，展示了中华文明的辉煌成就，展示了中华文明对人类文明的贡献。

中华文明的特质

王巍介绍，通过考古发现可以看到中华文明至少具有三大特质：第一是连绵不断、持续发展。距今 200 万年以来有人类持续生活在中华大地上；距今万年左右出现南方水稻及北方粟黍；5000 多年前，中华大地各地区陆续进入早期文明时代的古国、邦国文明；之后进入夏商周的王国文明、秦汉以后的帝国文明，中华文明连绵不断持续发展。

在6月2日的重要讲话中，习近平总书记在谈到中华文明的突出特性时指出："中华文明具有突出的连续性，从根本上决定了中华民族必然走自己的路。如果不从源远流长的历史连续性来认识中国，就不可能理解古代中国，也不可能理解现代中国，更不可能理解未来中国。"王巍表示，这充分阐释了研究中华文明的意义，"理解中华文明具有的连续性，才能从根本上明晰中华民族走自己道路的必然性，明晰中国特色社会主义道路是中华民族走向富强的唯一道路。如果不知道我们的文明是如何走过来的，那我们怎么能明确今后的发展方向？"

第二是开放包容、兼收并蓄。中华文明不断吸收和借鉴周围地区的先进文化因素，并加以创新，从而始终充满活力，不断向前发展。例如以洛阳白马寺、敦煌石窟等为代表的佛教寺院和石窟遍布全国各地，代表着中国先民引入佛教，并以最快速度实现本土化，将其与源自本土的道教和儒教融合，使之成为中华文化重要组成部分。

第三是百川归海、多元一体。中华文明史前各地区都有初期区域

2022年6月，王巍在四川广汉三星堆遗址研究出土文物。王巍供图

文明，在漫长发展过程中，各区域间通过不断的相互交流、融合，最后形成以中原地区为中心的中华文明发展历史格局。

中国考古黄金十年

“党的十八大以来，中国考古学取得了更大的进步和发展，可以说是中国考古的‘黄金十年’。”王巍这样说道。

这些年，中国考古采用的技术手段方法是世界上最先进的，发掘的遗址数量也随之激增。十年前，一年大概有三五百项发掘，现在每年是一千七八百项。与此同时，考古专业院校也有所增多，十年前全国设有考古专业的大学大概有四五十个，现在已经增加到一百多个，为考古行业储备了大量的人才。

同时，“中华文明探源工程”“考古中国”等项目持续开展，成果丰硕：史前考古（如河南巩义双槐树遗址的挖掘）、历史考古（如汉文帝的霸陵的确认）取得重大成果；边疆考古更取得巨大进步——在新疆、西藏、内蒙古、黑龙江等地发现汉唐宋元明清时代都城遗址、烽燧遗址等，为研究统一多民族国家的形成与发展提供了宝贵的资料。

在6月2日的讲话中，习近平总书记强调，要实施好“中华文明起源与早期发展综合研究”“考古中国”等重大项目，做好中华文明起源的研究和阐释。习近平总书记指出：“只有全面深入了解中华文明的历史，才能更有效地推动中华优秀传统文化创造性转化、创新性发展，更有力地推进中国特色社会主义文化建设，建设中华民族现代文明。”

作为一名从事考古发掘研究超过40年的“老兵”，王巍对此感到非常激动，“我有一个深切的体会，习近平总书记对考古工作的重视、对中华文明历史研究的重视，不是仅仅着眼于过去，而且着眼于当今和未来。他看到了考古工作和文明起源研究具有的当代价值，即能够使广大民众特别是青少年认识和认同中华文明，增强做中国人的志气、骨气和底气，能够为中华民族现代文明建设提供智慧和经验，为中华民族伟大复兴提供精神动力。”

近年来，随着“一带一路”倡议的深入推进，中国考古学者积极参与国际考古交流合作，共促中华文明与世界各国文明交流互鉴，各美其美，美美与共。中国考古学者频繁地走出国门，目前与20多个国家进行联合考古，为当地考古研究带来更多助力，成为国际考古界的重要力量。值得一提的是，2013年中国社会科学院和上海市政府联合创办了第一届世界考古上海论坛。论坛每两年举办一次，评选前两年度的世界重大考古发现和重大研究成果。

2000年，王巍率领中国社会科学院考古研究所团队前往德国参加考古交流活动。王巍供图

考古是对历史的追问和探寻

王巍强调，考古是对历史的追问和探寻，串联起中华文明的版图。从考古发现中还可以看出，不同文明的交流互鉴是促进人类文明发展的动力。由于各地的环境不同，产生的生业不同，生活习俗、信仰理念自然各不同，所以要求同存异，不能以某个国家或地区的标准去评判其他国家和地区。“这是历史对我们的启示。”

而谈及中国考古学未来的发展方向，王巍认为是科学化、大众化和国际化。

“如今我们已经把中华文明五千多年的轮廓勾勒出来，但还缺乏‘详细的描述’。比如，各个区域都有自己的文明进程，但是为什么有些地区衰落了，而中原地区持续崛起；向东传的小麦种植和黄牛、绵羊养殖，青铜冶金术，向西传的粟和黍，具体是什么途径、路线、时代等要一一去探究，而其中的关键就是考古科学的发展。考古学界要会同经济、法律、政治、文化、社会、生态、科技、医学等领域研究人员，做好出土文物和遗址的研究阐释工作。”

王巍认为，落实习近平总书记6月2日的讲话精神，要在加大考古工作力度的同时，做好考古资料的阐释，而且要阐释得明晰。中国考古要不断推进大众化，让民众更多了解考古知识，参与到考古文物保护中，以更鲜活、更多样的形式展现传播中国考古研究所取得的成果，从而让文化遗产真正“活起来”，让每一个中国人深入了解中华文明的宏大进程。

“要做到这一点，仅仅依靠考古学本身是不够的，需要像探源工程那样，促进考古学与自然科学有机融合。更重要的是，要积极主动地与其他人文社会科学学科实现交叉融合。”王巍说道。

中国考古还需要国际化，需要有更广阔的国际视野，坚持与国际学术界开展密切交流与合作，积极吸收借鉴国际考古学界的新成果，取长补短，共同促进世界考古学的发展。另一个重要使命就是要把实证中华文明五千年历史的成果，把中华文明起源、形成和早期发展的历史，把辨识进入文明社会的中国方案向全世界宣传解说，让国际学术界了解。

“这样我们才能经由考古向世界展示可亲、可敬、可爱的中国形象，增强中华文化的影响力和感召力。”王巍说道。

做田野考古，探文明遗迹

——中国社会科学院历史学专家王巍40余年潜心考古事业*

王　珏

王巍（左二）在辽宁省朝阳市牛河梁遗址发掘现场（受访者供图）

* 原文刊发于《人民日报》2024年5月18日第5版。

人物小传

王巍，1954 年生，吉林省长春市人。中国考古学会原理事长，中国社会科学院学部委员、历史学部主任。他带领团队发掘偃师商代早期都城、陕西周原扶风西周宗庙遗址等，3 次获得“田野考古奖”；任中华文明探源工程主要负责人，主编的图书《中国考古学百年史》获得“世界考古论坛奖·重要考古研究成果奖”。

“我不是农民，却常工作在田垄；我不是地质学家，却经常翻山越岭……”从 1982 年进入中国社会科学院考古研究所工作开始，王巍从事考古工作已经 40 余年，这首由王巍作词作曲并演唱的《我是中国考古人》，是他考古生涯的真实写照。

参与发掘 4 座中国古代都城遗址

1978 年至 1982 年，王巍就读于吉林大学历史系考古专业，其间两次到河北蔚县进行考古调查实习。“一天的伙食也就是两三毛钱。同学们两人一组，背着挂面和固体酱油，住到哪里就借个锅煮挂面，用酱油拌着吃。”他说，正是这段实习经历让自己树立了“到田野去”的信念。“不做沙发‘考古学家’，是我在大学期间最重要的感悟。”他笑着说。

大学毕业后，王巍进入中国社会科学院考古研究所工作。1983 年，他参与发掘的第一个遗址是北京房山琉璃河西周燕国都城和贵族墓地。之后，他被派到日本奈良县立橿原考古学研究所留学，于 1995 年获得日本九州大学博士学位。回国后，他主持发掘偃师商代早期都城、陕西周原扶风西周宗庙遗址、安阳殷墟商代青铜器作坊和居住区。他参与发掘了 4 座中国古代都城遗址。

“考古发掘是一项艰苦的工作。在空旷的荒野中遇到恶劣的天气，考古队员们都没有可以遮蔽的地方。”王巍说，酷暑时节，要顶着烈日蹲在不透风的探方内，小心翼翼地清理珍贵的遗迹，稍有不慎便可能破坏遗迹的某个细节；寒冬腊月，则要在刺骨的寒风中慢慢清理泥土。

除了自然条件的考验外，王巍和考古队员们还要解决一个技术难题——如何找到正确的发掘点。相较于整个城址，考古队所能发掘的面积只是“九牛一毛”。如何找到关键点，非常考验考古工作者的能力。王巍带领团队进行细致勘探，了解城址布局，多次灵活调整发掘方案，选择重要地区进行试掘。“考古发掘是一个需要不断更新修正的过程。”王巍说。

考古工作常常很长一段时间都看不到进展，需要极大的耐心和毅力。王巍没有放弃，而是一遍遍地重复勘测、试掘和调整。他说：“考古第一要守住寂寞，第二要沉下心，第三要动脑子。”

用自己的脚步去感受文明的绵远悠长，王巍 3 次获得中国考古界的最高奖“田野考古奖”。

近 10 年间 3 次带领中国考古队“走出去”

2000 年起，王巍开始关注中华文明起源的研究。由王巍等考古学者领衔的中华文明探源工程，是继夏商周断代工程之后，又一个将自然科学和人文科学结合起来、研究人文学科重大问题的工程。王巍说：“之前很多对中华文明的研究是孤立的，研究成果很难串联起来。我们致力于把这些分散的研究整合成一个多角度、全方位、多学科的整体工程。”在王巍等专家的带领下，研究团队共同设置方案、同步开展工作，始终保持密切联系，保证了研究的连贯性和成果的完整性。

中华文明探源工程的研究结果表明：中华文明既是在自身文化传统基础上形成的原生文明，也在形成过程中与域外其他古老文明发生交流、碰撞与融合。

王巍说：“研究中华文明，也需要梳理其他地区的文明发展过程。做好中华文明与世界其他文明的比较研究，进而更好地阐释中华文明发展道路的历史逻辑和风格特点。”2012 年至 2020 年间，王巍率队前往乌兹别克斯坦明铁佩古城、洪都拉斯玛雅文明都城科潘高级贵族墓地、古埃及战神神庙等遗址参与发掘。

在乌兹别克斯坦，王巍和考古团队不仅适应了异国他乡的新环境，还展现了中国考古团队的扎实功底。在工作开展过程中，王巍和团队既采用钻探、层位发掘、三维模型等先进考古方法和技术，又使用洛阳铲等中国考古工具，各种方式相互配合，大大提高了发掘的精度和效率。“丰富的发掘成果、独特的发掘经验让很多国外同行刮目相看。”王巍说。

谈到 3 次“走出去”的经历，王巍说：“我们在参与其他国家的文化事业建设的同时，也要向他们介绍我们的中国文化。”他坚持推动我国考古事业国际化——既要大胆“引进来”，学习其他国家先进的考古理念和方法，又要“走出去”，把我国先进的技术和发掘经验传播出去。

向更多人讲述考古背后的故事

有人说，王巍是考古界的“音乐课代表”，王巍参与创作《我是中国考古人》《考古队员之歌》等歌曲，用音乐传递考古知识，唱响考古人的家国情怀。王巍说：“希望自己的歌曲能够引起更多年轻人的关注，让年轻人对中华文化保持自豪感和责任感。”

2023 年 12 月末，王巍又有了一个新身份——“三星堆文化大使”。作为专家咨询组组长，王巍多次来到三星堆，并对考古工作进行专业指导。在三星堆遗址发掘现场，王巍在直播中与网友共同见证了青铜扭头跪坐人像出土的场景。“我们此前从未见过这样的文物形态。”在三星堆博物馆新馆开馆之际，他为网友直播导览，细致地描述文物花纹、颜色。网友提问非常热情，他贴心地让工作人员打开弹幕功能，一一回复网友们的问题。王巍还不忘提醒屏幕前的网友："看到这些文物时，不要忘记它们是从大量的残片当中一点一点粘对、一点一点拼接修复而成的……”

近年来，王巍更多是以一个“讲述者”的身份去向更多人讲述考古背后的故事。不管是考古综艺节目、纪录片，还是关于中华文明探源工程的讲座，他都积极参与。编排考古节目，开设考古公开课，创建中华文明主题乐园，把最新考古成果编写进教材……王巍对考古文化大众化有着很多设想。

（汪馨媛参与采写）

王巍先生著述目录

整理：陈姝帆

（上海大学考古学与博物馆学系硕士研究生）

一 专著

［1］《从中国看邪马台国和倭政权》，日本雄山阁出版社，1993 年。

［2］《东亚地区古代铁器及冶铁术的传播与交流》，北京：中国社会科学出版社，1999 年。

［3］《听首席专家讲述中华文明探源工程》，北京：东方出版社，2023 年。

二 主编

［1］《呼伦贝尔民族文物考古研究》（第一辑），北京：科学出版社，2013 年。王巍、孟松林主编。

［2］《呼伦贝尔民族文物考古研究》（第二辑），北京：科学出版社，2013 年。王巍、孟松林主编。

［3］《中国考古学大辞典》，上海：上海辞书出版社，2014 年。

［4］《考古学人访谈录 · Ⅰ》，上海：上海古籍出版社，2014 年。

［5］《呼伦贝尔民族文物考古大系 · 陈巴尔虎旗卷》，北京：文物出版社，2014 年。王巍、孟松林主编。

［6］《呼伦贝尔民族文物考古大系 · 鄂伦春自治旗卷》，北京：文物出版社，2014 年。王巍、孟松林主编。

[7]《呼伦贝尔民族文物考古大系·新巴尔虎左旗卷》，北京：文物出版社，2015年。王巍、孟松林主编。

[8]《呼伦贝尔民族文物考古大系·扎赉诺尔区卷》，北京：文物出版社，2015年。王巍、孟松林主编。

[9]《呼伦贝尔民族文物考古研究》（第三辑），北京：科学出版社，2015年。王巍、孟松林主编。

[10]《追迹——考古学人访谈录Ⅱ》，上海：上海古籍出版社，2015年。

[11]《问学之路——考古学人访谈录Ⅲ》，上海：上海古籍出版社，2017年。

[12]《蒙古族源与元朝帝陵综合研究》（第一辑），北京：科学出版社，2017年。王巍、孟松林主编。

[13]《蒙古族源与元朝帝陵综合研究》（第二辑），北京：科学出版社，2018年。王巍、孟松林主编。

[14]《呼伦贝尔民族文物考古大系·海拉尔区卷》，北京：文物出版社，2018年。王巍、孟松林主编。

[15]《呼伦贝尔民族文物考古大系·额尔古纳市卷》，北京：文物出版社，2019年。王巍、孟松林主编。

[16]《求索——考古学人访谈录Ⅳ》，上海：上海古籍出版社，2020年。

[17]《中国考古学理论与方法Ⅰ》，北京：科学出版社，2020年。王巍、余西云主编。

[18]《中国考古学百年史（1921－2021）》，北京：中国社会科学出版社，2021年。

[19]《呼伦贝尔民族文物考古大系·新巴尔虎右旗卷》，北京：文物出版社，2022年。王巍、孟松林主编。

三 合著

［1］《中国考古学·夏商卷》，北京：中国社会科学出版社，2003 年。

［2］《中国考古学·两周卷》，北京：中国社会科学出版社，2004 年。

［3］《溯源中华文明》，北京：北京联合出版公司，2023 年。王巍、刘庆柱、赵辉、韩建业著。

［4］《了不起的世界文明：找寻世界十大考古遗迹》，北京：生活·读书·新知三联书店，2024 年。李零等著。

四 论文

［1］《良渚文化玉琮刍议》，《考古》1986 年第 11 期。

［2］《关于西周漆器的几个问题》，《考古》1987 年第 8 期。

［3］《商文化玉器渊源探索》，《考古》1989 年第 9 期。

［4］《北京琉璃河 1193 号大墓发掘简报》，《考古》1990 第 1 期。合著。

［5］《中国沿海地区的农耕文化对朝鲜、日本的影响》，《东亚稻作的起源与展开国际讨论会专辑》，1991 年。

［6］《日本藤之木古坟的“筒形鎏金铜器”的用途及其渊源》，《考古》1992 年第 4 期。

［7］《日本藤之木古坟发掘的新收获及其相关问题》，《考古与文物》1993 年第 6 期。

［8］《夏商周时期辽东半岛和朝鲜半岛西北部的考古学文化序列及其相互关系》，《中国考古学论丛》，科学出版社，1993 年。

［9］《商周时期辽东半岛与朝鲜大同流域考古学文化的相互关系》，《青果集》，知识出版社，1993 年。

［10］《琉璃河燕国古城发掘的初步收获》，《北京文博》1995 年第 1 期。

[11]《日本青森县三内丸山遗址的发掘意义》,《中国文物报》1995年12月17日。
[12]《从考古发现看四世纪的东亚》,《考古学报》1996年第3期。
[13]《冶铁术传入日本的年代及其相关问题》,《考古求知集》,中国社会科学出版社,1997年。
[14]《亚洲史学会第六次研究大会在北京召开》,《考古》1997年第1期。
[15]《中国古代铁器及冶铁术对朝鲜半岛的传播》,《考古学报》1997年第3期。
[16]《世纪之交考古学精品战略的实施》(关于夏商周考古的部分),《光明日报》1997年08月26日05版。
[17]《考古研究所夏商周考古二十年》,《考古》1997年第8期。
[18]《从出土马具看三至六世纪东亚诸国的交流》,《考古》1997年第12期。
[19]《偃师商城与夏商文化分界》,《光明日报》1998年07月24日。高炜、杨锡璋、王巍、杜金鹏合著。
[20]《殷墟考古七十年的回顾与展望》,《光明日报》1998年12月11日。杨锡璋、刘一曼、王巍合著。
[21]《商代车马渊源蠡测》,《中国商文化国际学术讨论会论文集》,中国大百科全书出版社,1998年。
[22]《偃师商城与夏商文化分界》,《考古》1998年第10期。高炜、杨锡璋、王巍、杜金鹏合著。
[23]《夏商周考古学五十年》,《考古》1999年第9期。
[24]《近年来夏商周考古学研究的主要进展(上)》,《光明日报》2000年02月25日。
[25]《近年来夏商周考古学研究的主要进展(下)》,《光明日报》2000年03月03日。

[26]《关于中国古代文明探源工程的构想》，《光明日报》2000 年 03 月 31 日。
[27]《先周文化的考古学探索》，《考古学报》2000 年第 3 期。王巍、徐良高合著。
[28]《论原始宗教与祭祀在王权与国家形成过程中的作用》，《中国社会科学院古代文明研究中心通讯》2001 总第二期。
[29]《考古学的世纪回顾与展望》，《考古》2001 年第 1 期。艾兰、安志敏、白云翔等合著。
[30]《中国考古存疑》，《光明日报》2002 年 02 月 21 日。
[31]《二十世纪中国考古学的重大发现》，《光明日报》2002 年 02 月 21 日。
[32]《“考古学的定位”学术研讨会笔谈》，《考古》2002 年第 3 期。王巍、安志敏、安家瑶等合著。
[33]《中国考古十点存疑》，《党政干部文摘》2002 年第 4 期。
[34]《陕西扶风云塘西周建筑基址的初步认识》，《考古》2002 年第 9 期。徐良高、王巍合著。
[35]《关于中国考古学发展方向的思考》，《21 世纪中国考古学与世界考古学》，中国社会科学出版社，2002 年。
[36]《从玉玦看东北亚地区史前文化的交流》，《二十一世纪的中国考古学》，中国社会科学出版社，2002 年。
[37]《自然环境变迁与史前文明演进》，《光明日报》2003 年 02 月 11 日。
[38]《考古学研究的范围对象、内容与目标》，《中国社会科学院院报》2003 年 07 月 01 日。
[39]《中国考古学发展方向刍议》，《光明日报》2003 年 09 月 02 日。
[40]《聚落形态研究与文明探源》，《郑州大学学报（哲学社会科学版）》2003 年第 3 期。

[41]《大辛庄遗址与山东地区商文化》,《文史哲》2003 年第 4 期。
[42]《出云与东亚的青铜文化》,《考古》2003 年第 8 期。
[43]《公元前 2000 年前后我国大范围文化变化原因探讨》,《考古》2004 年第 1 期。
[44]《来自中国文明起源研究前沿的报告》,《科学中国人》2004 年第 1 期。
[45]《墓葬制度所反映的周代社会结构及其与商代的异同》,《科学中国人》2004 年第 3 期。
[46]《商代考古七十年》,《考古学集刊 15》,文物出版社,2004 年第 2 期。
[47]《近年来夏商周考古学研究的主要进展》,《三代考古(一)》,科学出版社,2004 年。
[48]《新世纪的学术期刊与考古学的繁荣发展——纪念〈考古〉创刊 50 周年笔谈》,《考古》2005 年第 12 期。白云翔、陈星灿、樋口隆康等合著。
[49]《关于中华文明起源研究的几个问题》,《中国社会科学院院报》2006 年 02 月 28 日。
[50]《红山文化与中华文明起源研究》,《红山文化研究论文集》,文物出版社,2006 年。
[51]《中国古代国家形成论纲》,《中原地区文明进程研讨会论文集》,科学出版社,2006 年。
[52]《聚落形态研究与中华文明探源》,《文物》2006 年第 5 期。
[53]《夏商周考古学论要》,《三代考古(二)》,科学出版社,2006 年。王巍、杜金鹏合著。
[54]《青海互助丰台卡约文化遗址孢粉分析与人类活动研究——化石和现代表土花粉分析结果》,《华夏考古》2006 年第 3 期。靳桂云、王巍、M. Wagner 等合著。

[55]《山西襄汾陶寺城址天文观测遗迹功能讨论》,《考古》2006 年第 11 期。江晓原、陈晓中、伊世同等合著。

[56]《关于中华文明起源研究的几个问题》,《中瑞考古学论坛文集》,科学出版社,2006 年。

[57]《中华文明起源研究的新动向与新进展——以中华文明探源工程(第一阶段:2004—2005 年)为中心》,《社会科学管理与评论》2007 年第 2 期。

[58]《加强考古学学科建设的思考》,《西部考古(第 2 辑)》,三秦出版社,2007 年。

[59]《新世纪中国社会科学学术前沿》(十、中华文明探源工程概况),《光明日报》2008 年 02 月 19 日。

[60]《中国考古学对历史唯物主义原理的理解和运用》,《中国社会科学院院报》2008 年 02 月 28 日。

[61]《中华文明起源研究的新动向与新进展》,《黄河文明与可持续发展》2008 年第 1 期。

[62]《对中华文明起源研究有关概念的理解》,《史学月刊》2008 年第 1 期。

[63]《考古学研究的近期动态》,《社会科学管理与评论》2008 年第 1 期。

[64]《三十年中国考古学研究硕果累累》,《光明日报》2009 年 02 月 03 日 12 版。

[65]《卅年考古大揭秘——概括改革开放 30 年中国考古学之辉煌》,《中外文化交流》2009 年第 4 期。

[66]《新中国考古六十年》,《考古》2009 年第 9 期。

[67]《龙脉相传文明曙光》,《光明日报》2009 年 10 月 22 日 04 版。

[68]《从中国看日本埼玉稻荷山古坟和埼玉古坟群》,《考古》2009 年第 12 期。

[69]《西高穴大墓与考古学的认知程序》,《中国社会科学院院报》2010 年 01 月 19 日。
[70]《夏鼐先生与中国考古学》,《考古》2010 年第 2 期。
[71]《中华文明探源工程的主要收获》,《光明日报》2010 年 02 月 23 日。
[72]《从考古发现看中华文明的起源》,《人民政协报》2010 年 03 月 22 日。
[73]《浅谈中国考古学的大众化》,《中国社会科学院院报》2010 年 12 月 05 日。
[74]《中国考古学发展轨迹》,《中国社会科学院院报》2011 年 05 月 10 日。
[75]《骆驼墩文化遗存与太湖西部史前文化(上)》,《东南文化》2011 年第 6 期。林留根、郭伟民、王巍等合著。
[76]《甘肃古代文化与中华文明的形成》,《光明日报》2013 年 04 月 11 日 11 版。
[77]《让中华文明五千年得到世界认同》,《光明日报》2013 年 05 月 05 日 01 版。
[78]《随州叶家山西周墓地第二次发掘笔谈》,《江汉考古》2013 年第 4 期。李伯谦、王巍、朱凤瀚等合著。
[79]《考古学文化及其相关问题探讨》,《考古》2014 年第 12 期。
[80]《抓住历史机遇 积极开拓创新 创造新的辉煌——为纪念中国社会科学院考古研究所成立 65 周年而作》,《考古》2015 年第 8 期。
[81]《中国考古学的发展与〈考古〉的历程——纪念〈考古〉创刊 60 周年笔谈》,《考古》2015 年第 12 期。王巍、仇士华、卢兆荫等合著。
[82]《文化交流与中华文明的形成》,《光明日报》2016 年 09 月 17

日 07 版。
[83]《我的恩师与高参》,《光明日报》2017 年 08 月 01 日 12 版。
[84]《中国考古学国际化的历程与展望》,《考古》2017 年第 9 期。
[85]《新中国 70 年考古学回顾与思考》,《光明日报》2019 年 08 月 19 日 14 版。
[86]《发挥考古学独特优势 增强文化自信》,《光明日报》2019 年 08 月 31 日 06 版。
[87]《发展考古学 服务新时代》,《历史研究》2019 年第 1 期。
[88]《新中国考古学 70 年发展与成就》,《历史研究》2019 年第 4 期。
[89]《中华 5000 多年文明的考古实证》,《求是》2020 年第 2 期。
[90]《更好认识源远流长博大精深的中华文明》,《红旗文稿》2020 年第 23 期。
[91]《中原文化是中华文明的主根主脉》,《光明日报》2020 年 08 月 21 日 11 版。
[92]《我亲历的中华文明探源工程》,《光明日报》2020 年 10 月 25 日 12 版。
[93]《筚路蓝缕 成就辉煌 履行使命 再展宏图——关于中国考古学发展的回顾与思考》,《光明日报》2020 年 11 月 09 日 14 版。
[94]《新中国河南考古第一人》,《华夏考古》2021 年第 3 期。
[95]《百年考古 踔厉奋发——中国考古学与文化遗产保护事业的发展》,《自然与文化遗产研究》2021 年第 S1 期。
[96]《百年考古的启示》,《人民日报》2021 年 10 月 18 日 16 版。
[97]《百年考古　成就辉煌》,《光明日报》2021 年 11 月 01 日 14 版。
[98]《百年百大考古发现 展示辉煌中华文明》,《中国文物报》2021 年 11 月 05 日 05 - 06 版。

[99]《中国考古学百年历程回眸》，《光明日报》2021 年 11 月 17 日 13 版。

[100]《中华文明起源研究》，《中国考古学百年史（1921－2021）》，中国社会科学出版社，2021 年。

[101]《中国考古学国家化的历程与展望》，《中国考古学百年史（1921－2021）》，中国社会科学出版社，2021 年。

[102]《百年考古成就斐然 中华文明辉煌灿烂——“中国考古学百年史（1921－2021）”项目介绍》，《光明日报》2022 年 01 月 24 日 15 版。

[103]《建议设立“中国考古日”》，《中国文化报》2022 年 03 月 08 日 004 版。王巍、党云峰、刘淼等合著。

[104]《坚持以马克思主义指导中华文明探源研究》，《光明日报》2022 年 06 月 06 日 14 版。

[105]《勾勒中华文明起源形成发展图景——简述中华文明探源工程的成果与意义》，《人民日报》（海外版）2022 年 06 月 21 日 07 版。

[106]《中华文明探源工程——揭示中华文明起源、形成、发展的历史脉络（构建中国特色哲学社会科学）》，《人民日报》2022 年 07 月 04 日 09 版。

[107]《深化中华文明研究和成果转化传播》，《光明日报》2022 年 07 月 27 日 02 版。

[108]《从中华文明探源看马克思主义的指导意义》，《浙江日报》2022 年 08 月 08 日 00007 版。

[109]《从中华文明探源看世界文明交流互鉴》，《人民日报》2022 年 08 月 29 日 17 版。

[110]《考古成果的浓缩呈现》，《人民日报》2022 年 09 月 30 日 20 版。

[111]《十年考古　成就非凡》，《光明日报》2022 年 10 月 09 日 12 版。

[112]《百年考古与中华文明之源》，《社会科学文摘》2022 年第 6 期。

[113]《考古所见黄河中游地区文明的起源与形成》，《艺术博物馆》2022 年第 6 期。

[114]《万年上山文化，奠定文明基础》，《自然与文化遗产研究》2022 年第 6 期。

[115]《中华文明探源研究主要成果及启示》，《求是》2022 年第 14 期。

[116]《走向世界的中国考古学》，《跟着苏博学考古》，江苏凤凰文艺出版社，2023 年。

[117]《把中国文明历史研究引向深入》，《人民日报》2023 年 05 月 27 日 07 版。

[118]《为中华民族现代文明建设提供精神动力》，《中国社会科学报》2023 年 06 月 05 日 03 版。

[119]《深刻把握中华文明的突出特性——以考古学为中心的考察》，《光明日报》2023 年 07 月 03 日 14 版。

[120]《多元一体，百川归海——论中华文明的统一性》，《光明日报》2023 年 09 月 04 日 06 版。

[121]《探源工程所见西辽河流域文明化进程》，《光明日报》2023 年 09 月 23 日 07 版。

[122]《“中华文明探源工程”及其主要收获》，《社会科学文摘》2023 年第 3 期。王巍、赵辉合著。

[123]《长江中游地区的文明化进程》，《武汉社会科学》2023 年第 3 辑。

[124]《中华文明探源工程的重大历史价值——中华民族共同体研究

前沿讲座（2023）纪要》，《中华民族共同体研究》2023 年第 4 期。王巍、郑玉合著。
[125]《考古发现所见黄帝时代的文明与社会》，《协商论坛》2023 年第 6 期。
[126]《中华文明探源成果如何“见众生”》，《探索与争鸣》2023 年第 6 期。
[127]《认识中华文明的悠久历史》，《人民日报》2024 年 01 月 04 日 06 版。
[128]《新发现折射新变化新趋势（新语）》，《人民日报》2024 年 03 月 23 日 06 版。
[129]《西辽河流域文明化进程探源》，《中华文化公开课》，人民出版社，2024 年。
[130]《引领学术、繁荣文化、光明前行》，《光明日报》2024 年 06 月 19 日 01 版。

五　日文撰写论文

[1]《藤之木古坟随葬筒形鎏金铜器的用途》，《藤之木古坟的诉说》，《季刊考古学》特刊，1989 年 3 月。
[2]《美松里型土器の研究》，《考古學論攷：橿原考古学研究所紀要》第 14 辑，奈良県立橿原考古学研究所，1990 年 3 月。
[3]《古墳文化の成立と大陸 中国の墳丘墓と日本の古墳》，《季刊考古学》第 33 期，雄山閣，1990 年 11 月。王巍、茂木雅博著。
[4]《仰韶文化前期の社会形態》，《博古研究》第 1 期，博古研究会，1991 年 4 月。
[5]《中国からみた邪馬台国と倭政権》，雄山閣出版，1993 年 3 月。
[6]《六世纪东亚诸国的文化交流》，《东亚的古代文化》第 83 期，1995 年。

[7]《最新の研究成果からみた唐の乾陵とその陪塚》，大和書房，1995年5月。

[8]《東アジアの文化交流と聖徳太子 六世紀における東アジア諸国の文化交流》，大和書房，1995年5月。

[9]《隋仁寿宮・唐九成宮の考古学的新発見》，大和書房，1995年5月。

[10]《考古学から見た竜山時代》，《博古研究》第10期，博古研究会，1995年10月。

[11]《中国古代的漆器》，《文明的十字路口》第48期，1995年10月。

[12]《中国内蒙古兴隆洼遗址》，《考古学研究》第43卷第2号，1996年。

[13]《古墳時代の文化交流 倭の五王》，《季刊考古学》第54期，雄山閣，1996年2月。

[14]《〈魏志倭人传〉所记载的三世纪前半倭国的社会结构》，《九洲历史》1996年2月。

[15]《中国新石器时代考古新发现及三内丸山遗址的国际学术意义》，《三内丸山遗址国际学术讨论会论文集》1996年9月。

[16]《从中国看日本的考古学》，《研究专号》第26号，朝日新闻社，1997年。

[17]《从东北亚看日本北部的绳纹时代》，《朝日画报》专号，1997年。

[18]《弥生・古墳時代の墳丘墓から見た古代中国の影響》，《古代の日本と渡来の文化》，学生社，1997年4月。

[19]《北東アジア青銅器文化の成立と展開》，《古代出雲の青銅器文化：古代出雲の遺産・加茂岩倉出土銅鐸のルーツをさぐる》，1998年3月。

[20]《触手可及的中国历史之谜》，大山出版社，2001 年。王巍等著，朴占玉翻译。

[21]《中日古代墳丘墓の比較研究》，《东亚と日本の考古学Ⅰ（墓制）》，同成社，2001 年 12 月。

[22]《動向 中国北方新石器時代興隆窪文化の研究——興隆溝遺跡の発掘調査から》，《中国考古学》（2），2002 月 10 月。

[23]《中国古代国家形成論》，《文化の多様性と21 世紀の考古学：考古学研究会 50 周年記念国際シンポジウム》，考古学研究会，2004 年 4 月。

[24]《東アジアにおける金属武器の変遷とその歴史的背景》，《国立歴史民俗博物館研究報告》第 110 集，国立歴史民俗博物館，2004 年。

[25]《中国考古学と科学的年代測定（特集 弥生時代の始まり；問題点と課題）》，《季刊考古学》第 88 期，雄山閣，2004 年 8 月。王巍、上野祥史著。

[26]《漢時代以前のシルクロードを探る》，《日中交流の考古学》，同成社，2007 年 3 月。

[27]《阿倍仲麻呂と玄宗、楊貴妃の唐長安》，《遣唐使船の時代：時空を駆けた超人たち》，角川学芸出版，2010 年 10 月。

[28]《東アジアにおける国家形成と文化 東アジアのなかの中国と日本列島 文字と文明》，《交響する古代：東アジアの中の日本》，東京堂出版，2011 年 3 月。

六　韩文撰写论文

[1]《考古學上으로 본　四世紀의　東亞細亞》（亞細亞史學會 서울대회발표문），《古代東亞細亞의　再發見》，삼성미술문화재단 호암미술관，1994 년.

[2]《손에 잡히는 중국 역사의 수수께끼》, 대산출판사, 2001 년. 박점옥 옮김.

七　英文撰写论文

[1] A Preliminary Study of the Western Zhou Building Foundations at Yuntang in Fufeng Shaanxi1（合著），中国考古学（英文版），2003 年第 1 期。

八　访谈及致辞

[1]《保护好大遗址是考古工作者义不容辞的责任——在中国大遗址保护研讨会开幕式上的讲话》，《考古》2008 年第 1 期。

[2]《追寻中华文明的源头——就“中华文明探源工程”答河北学刊主编提问》，《河北学刊》2008 年第 5 期。

[3]《继往开来　再创辉煌——在中国社会科学院考古研究所成立 60 周年庆祝大会上的讲话》，《考古》2010 年第 12 期。

[4]《21 世纪中国考古学的若干特点及发展趋势：从“中华文明探源工程”说起——王巍所长专访》，《东南文化》2012 年第 3 期。王巍、林留根合著。

[5]《中华文明具有三大特征》，“中国新闻网”，2012 年 05 月 21 日。https：//www. chinanews. com/cul/2012/05 –21/3904811. shtml。

[6]《研究传承丝绸之路精神》，“人民日报网”，2013 年 11 月 01 日。http：//www. people. com. cn/24hour/n/2013/1101/c25408 – 23394826. html。

[7]《执著信念　不懈登攀——王巍先生访谈录》，《南方文物》2015 年第 1 期。王巍、曹峻、周广明合著。

[8]《“十三五”期间中国重要考古发现和研究成果》，“文博中国”微信公众号，2020 年 12 月 03 日。

[9]《谱写中国考古学更加绚丽的画卷》，“中国社会科学网”，2021年12月30日。https：//www. cssn. cn/kgxc/kgxc_ kgxl/202210/t20221010_ 5546102. shtml。

[10]《百年心语　续写华章——在〈中国考古学百年史〉首发式上的致辞》，《江汉考古》2021年第6期。

[11]《中华文明探源工程展现了中华文明起源发展历程，实证了中华5000年文明，提出了判断进入文明社会标志的中国方案》，“长安街读书会”微信公众号，2022年05月31日。

[12]《青年考古人的一个发现，也许改写历史》，《中国青年报》2022年06月07日11版。

[13]《玉文化蕴含深厚中华文明基因——访中国社会科学院学部委员王巍》，《中国社会科学报》2022年9月9日。

[14]《仙都祭祀，有何特殊意义？——专访“中华文明探源工程”项目首席专家王巍》，《浙江日报》2022年10月5日00001版。

[15]《最近10年，中国考古学迎来真正的黄金时代》，“中国新闻网”，2022年10月16日。https：//www. chinanews. com. cn/cul/2022/10－15/9873743. shtm。

[16]《王巍：中国考古要见众生》，《中国新闻周刊》，2023年1月9日总第1076期。倪伟著。

[17]《大力发展美术考古　传承弘扬中华文明——在“中央美术学院美术考古研究中心成立仪式暨在京学者座谈会”上的致辞》，《美术研究》2023年第2期。

[18]《让世界看见文物里的黄河文化——访中国社会科学院学部委员、历史学部主任王巍》，“山东电视文旅频道”微信公众号，2023年4月26日。

[19]《为中华民族现代文明建设提供精神动力——“中华文明探源工程”项目负责人王巍谈考古串联起中华文明的版图》，“人民

画报”微信公众号，2023 年 6 月 15 日。

[20]《王巍：深刻把握中华文明的突出特性》，“中央纪委国家监委网站”微信公众号，2023 年 07 月 31 日。

[21]《五千年中国看良渚》，“潮新闻客户端”，2023 年 12 月 2 日。https：//tidenews. com. cn/news. html? id =2651507&source =1。

[22]《为构建人类命运共同体贡献考古学力量》，“中国社会科学网”，2023 年 12 月 26 日。https：//www. cssn. cn/skgz/bwyc/202312/t20231226_ 5722803. Shtml。

[23]《行业擎旗者丨王巍：我是中国考古人》，“人民网”，2024 年 04 月 11 日。http：//v. people. cn/n1/2024/0411/c458519 - 40214253. html。

[24]《突破桎梏，为世界历史研究提供“中国方案”》，“青春上海 - 24 小时青年报”，2024 年 4 月 17 日。http：//www. why. com. cn/wx/article/2024/04/17/171333977511062080 41. html。

[25]《思想的力量——习近平文化思想在浙江①丨让历史文脉更好地传承下去》，“潮新闻官网”，2024 年 05 月 13 日。https：//tidenews. com. cn/news. html? id =2792250&source =1。

[26]《中国社会科学院历史学专家王巍 40 余年潜心考古事业——做田野考古，探文明遗迹（讲述·赓续历史文脉 谱写当代华章)》，《人民日报》2024 年 05 月 18 日第 05 版。

编 后 记

今年是我们敬爱的导师王巍先生七十寿辰，师门里的伙伴们商量着要向老师献一份贺礼，经过近一年的准备和努力，就有了这本祝寿论文集。

从1978年考上吉林大学考古专业算起，王巍师从事考古事业已经46个年头了。在这近半个世纪的时间里，王师不仅亲历考古发掘与研究，在夏商周考古、东北亚考古、中华文明探源等众多领域取得令人瞩目的成就，而且在他的带领与推动下，整个考古事业也都得到蓬勃的发展。在培养学生方面，老师同样是高瞻远瞩、不遗余力，在考古研究的重要甚或薄弱方面有意识地培养中坚力量、输送新鲜血液；并且对每一位学生，不论是在课堂内外还是毕业前后，老师始终指导、关心着大家的成长。作为聆听教诲多年、逐渐成长起来的弟子，我们如今大多从事着考古工作，或奋战在考古田野一线，或站立于三尺讲台之前。这本集子中的论文，也是各位对自己所从事研究领域内相关问题的思考和汇报，一定程度上代表了有关中国早期文明研究的前沿进展。我们深深感激导师的教诲与帮助，希望能不负王师期许，继续为中国考古贡献力量。

去年五一期间，门内二十余名弟子齐聚郑州，与老师的部分亲朋好友一起，过了个热闹又温馨的生日。席间，刘国祥提议，弟子们在师门内修习甚久，值此老师七十大寿，可各自撰写一篇最为得意的习作，作为献给老师最好的寿礼。此后，大家积极踊跃，在认真准备的同时，也就论文集的编撰、出版给了很好的建议。2023 年 9 月，在一次会议上与老师碰面并商量之后，贾笑冰、高江涛、曹峻组成编撰小组，初步确定论文的主题、编辑方式等具体事项。论文收集过程中，王飞峰、高振龙、徐峰也建言献策，出力甚多。最后需要提及的是，中国社会科学出版社的领导和编辑在时间紧、任务重的情况下，克服种种困难，使得论文集得以顺利出版，这是我们要特别感谢的。

编撰小组

2024 年 3 月